KB091514

The Unicorn Project

유니콘 프로젝트

The Unicorn Project

유니콘 프로젝트

애자일로 프로젝트를 구하라

박현철 · 류미경 옮김   진 킴 지음

i!i
에이콘

 에이콘출판의 기틀을 마련하신 故 정완재 선생님 (1935-2004)

이 책의 완성을 정말 고대했던 나의 아버지 김 병(1937~2019)을 위해.

내 평생의 사랑을 위해! 내 아내, 마거릿 그리고 우리 세 아들, 리드, 파커, 그랜트도 이 책이 완성되기까지 응원을 아끼지 않았다.

이 책에 영감을 주고, 이 책이 기리는 데브옵스^{DevOps} 조직의 천재들이 이룬 업적을 위해.

독자들에게 전하는 메모

『유니콘 프로젝트』는 오늘날을 배경으로 하고 있으며, 같은 시점을 배경으로 한 『피닉스 프로젝트』(에이콘, 2021)와 단짝을 이루는 소설이다. 두 소설 속 사건들이 동시에 진행되기는 하지만, 이 책에서는 현대 산업의 변화를 고려해 일부 상황 설정을 조금 변경했다.

두 책 모두 파트 언리미티드 사에 관한 내용이지만, 각각 독립적인 서사로 구성됐기에 『피닉스 프로젝트』를 꼭 읽어볼 필요는 없다! 물론 앞서 『피닉스 프로젝트』를 접했다면 몇몇 등장인물에 대해 미리 알 수도 있지만, 몰라도 전혀 상관없다.

두 책을 6년 간격으로 저술하면서 주변 상황을 받아들이는 것에 차이가 약간 있을 수는 있다. 예를 들어, 전통적 매장의 몰락^{Retail Apocalypse}이나 차량 공유(우버^{Uber}, 리프트^{Lyft} 등)에 대한 인식도는 『피닉스 프로젝트』가 나온 시점보다는 지금이 훨씬 더 높을 것이다.

구체적인 상황 전환 파악이 필요한 사람들을 위해 『피닉스 프로젝트』에 등장했던 인물은 등장인물 소개란에 기호 '●'로 표시했고, 두 책에 관한 대략적인 연대표를 책의 뒷부분에 담았다(스포일러가 있을 수도 있으니 주의할 것!).

옮긴이 소개

박현철(architect.mentor@gmail.com)

서울대학교에서 계산통계학을 전공하고 연세대학교에서 MBA를 전공했다. 1993년 현대전자(현 SK하이닉스)에 입사해 개발자로서 사회생활을 시작했다. 이후 신기술 기반 선도 과제와 대규모 프로젝트의 PM/PMO, 아키텍트, 컨설턴트, 변화 관리자[Change Agent], 애자일 컨설턴트[Agile Consultant], 자문 등을 수행했다.

다양한 프로젝트를 수행하고 컨설팅하면서 프로그래밍, 모델링, 아키텍처 등 공학[Engineering] 분야와 XP, 스크럼[Scrum], 칸반[Kanban] 등 애자일[Agile]에 관련된 16권의 저서 및 번역서를 출간했다.

2011년 제품 책임자[Product Owner], 스크럼 마스터[Scrum Master], 스크럼 개발자[Scrum Developer] 인증을 받았고, 2019년 대규모 애자일 적용을 위한 SPC[SAFe Practice Consultant] 인증을 받았다.

현재 ㈜오픈소스컨설팅에서 라지 스케일[Large-Scale]에 대한 애자일 코치 및 컨설턴트로 활동 중이며, 건국대학교 정보통신대학원 겸임교수로 신기술 관련 강의를 하고 있다.

류미경(mkyoo2010@gmail.com)

다양한 사람과 교류하며 지속적으로 배우고 성장하는 삶을 살고 있다. 번역서로는『피닉스 프로젝트』(에이콘, 2021),『프로페셔널 제품 책임자』(에이콘, 2021),『디지털 트랜스포메이션 엔진』(에이콘, 2020),『스크럼으로 소프트웨어 제품 관리하기』(에이콘, 2013),『Agile Project Management with Scrum 한국어판』(에이콘, 2012),『엔터프라이즈 애자일 프로젝트 관리』(에이콘, 2010),『데드라인』(인사이트, 2004),『소프트웨어 프로젝트 생존전략』(인사이트, 2003) 등이 있다.

옮긴이의 말

유닉스 및 Windows 등 여러 분산 플랫폼 기반의 프로젝트들에 대한 개발과 운영 그리고 관리 경험을 바탕으로 1999년에 처음으로 C++ 프로그래밍 서적인 『객체지향분석설계 VISUAL C++ PROGRAMMING』(비앤씨, 1999)를 출간했다. 이후 대규모 금융 프로젝트에 팀장으로 참여한 경험을 바탕으로 『Extreme Programming Installed』(인사이트, 2002)을 번역 출간했다. 그 후에도 프로젝트 경험이 쌓일 때마다 책을 출간해 왔고, 어느덧 17번째 책 출간에 대한 서문을 작성하게 돼 감회가 새롭다.

그동안 가장 많이 변한 것은 개발과 운영을 둘러싼 기술 환경이다. IBM 호스트로부터 다운사이징하며 고군분투하던 시절에서, 지금은 스마트폰이나 클라우드 네이티브^{Cloud Native} 기반의 시스템을 주위에서 쉽게 찾아볼 수 있고, ChatGPT와 같은 생성형 AI가 우리 일상을 변화시키는 세상이 됐다. 이처럼 IT가 세상을 빠르게 변화시킬수록 기계나 IT에 대한 이해가 매우 중요해 보인다. 틀린 말은 아니지만, 인간을 이해하고 인간을 이롭게 하는 통찰은 그 이상으로 중요해지고 있다. 더 나은 세상을 향한 사람들의 욕망과 치열한 시장 경쟁 상황이 여전히 가속화되고 있기 때문이다.

그런 관점에서 얼마 전에 '피카소로부터 배워보는 애자일 요구 사항 관리의 인사이트'라는 제목으로 세미나를 열었다. 애자일이 소프트웨어 영역, 즉 '디지털 세상 창조' 부분에서 커다란 발전을 해 온 것은 사실이지만, IT보다는 인간의 본질과 욕망을 먼저 이해하는 것이 중요하다는 생각에서 주최한 세미나였다. 디지털 가치를 현실 세상에 추가하는 과정에서 인간 욕망에 대한 불확실성 및 복잡성을 이해하는 것은 매우 어렵지만 가치 있는 일이라는 것을 피카소의 여러 작품과 함께 이야기했다.

르네상스에서 이어진 전통적 화풍을 벗어나 혁신적인 입체파를 창시하며, 다양한 시공간으로 예술가적 관점을 확장한 피카소는 자연과 인물뿐만 아니라 사람들이 살아가는 사회 속 문제에도 깊은 관심을 가졌다. 예를 들면, 피카소는 고향인 스페인의 내전을 보면서 전쟁과 폭력에 대한 아픔을 강하게 느꼈고, 그의 비판적인 메시지를 대표작 중 하나인 게르니카에 담아냈다.

피카소의 다양한 그림과 화풍 그리고 노력에서 우리는 인간과 인간의 욕망을 조금 더 이해할 수 있고, 피카소의 작품 세계뿐만 아니라, 춤, 음악이나 다양한 문학 작품 속의 세상에서 더 많은 것을 학습할 수 있다. 그에 따라 고객과 사용자에게 더 많은 가치를 지속적으로 전달하기 위한 인사이트를 배울 수 있다는 생각과 함께 세미나를 마쳤다.

이처럼 예술과 문학을 통해 세상과 사람에 관해 배울 수 있다. 하지만 현실과의 간극은 매우 크기 마련이다. 그런데 이 책처럼 실무적 관점의 다양한 IT 이야기를 통해서라면, 보다 직접적이면서도 친숙한 방법으로 세상의 변화를 배우고, 사람과 조직을 이해하면서 고객과 사용자에게 더욱 가치 있는 제품을 만들어 전달하기 위한 다양한 노력과 기술을 배울 수 있다.

주인공인 맥신^{Maxine}은 회사에서 진행 중인 열악한 프로젝트 환경에 크게 실망했고, 주류에서 동떨어진 많은 개발자의 아픔에 강하게 공감했다. 맥신은 경영자와 마케터를 이해하고자 노력했으며, 다양한 고객과 사용자를 위해 동료와 가치 있는 일을 언제든지 할 준비가 된 애자일 개발자였다. 또한 조직을 이해하고 사람들의 아픔에 공감하며, 서로에게 용기를 북돋아 문제를 함께 해결하는 열정을 가진 리더이기도 했다.

맥신은 다른 사람들에게 자신의 지식과 경험을 공유하면서 개발과 운영에 대한 다양한 문제를 함께 해결하려는 높은 수준의 책임감이 있는 사람이다. 이와 같은 맥신의 행동 속에서 우리는 애자일 프로젝트를 성공시킬 수 있는 5가지 이상ideals인 지역성과 단순성Locality and Simplicity, 집중Focus · 흐름Flow · 즐거움Joy, 일상 업무의 개선Improvement of Daily Work, 심리적 안전Psychological Safety, 고객 중심Customer Focus이 어떤 역할을 하고 왜 중요한지를 파악할 수 있다.

이 책을 읽고 조직의 실질적인 변화와 혁신을 이루는 데 일조하면서 프로젝트를 성공으로 이끌어가는 리더로서의 역량을 계속 키워가는 우리가 되기를 기대해본다.

그동안 많은 책을 함께 출간해 온 류미경 역자에게 깊은 고마움을 전하며, 인연을 이어오는 동안 많은 인내와 함께 격려를 아끼지 않은 에이콘출판사에도 감사한 마음을 전한다. 언제나 내게 힘을 주는 사랑하는 아내 인숙, 두 아들 상원과 지원 그리고 주위의 많은 이에게도 항상 건강과 행복이 깃들기를 바라며, 다가오는 새로운 세상에 대한 희망찬 기대를 한껏 품어본다.

더 나은 디지털 세상으로부터 더 나은 현실 세상이 만들어지기를 기원한다.

진 킴^{Gene Kim}

많은 상을 수상한 CTO이자 연구원이다. 트립와이어^{Tripwire}를 설립하고 13년간 CTO로 활동했다. 저서로 베스트셀러인『피닉스 프로젝트』(에이콘, 2021),『데브옵스 핸드북』(에이콘, 2018),『Beyond the Phoenix Project』(IT Revolution Press, 2018)와 함께, 신고^{Shingo} 출판 수상으로 빛나는『디지털 트랜스포메이션 엔진』(에이콘, 2020),『The Visible Ops Handbook』(Information Technology Process Institute, 2005),『Visible Ops Security』(IT Process Institute, Inc., 2008) 등이 있다.

2014년에 크고 복잡한 조직의 기술 혁신을 연대순으로 기록하는 연 2회 행사인 데브옵스 엔터프라이즈 서밋^{DevOps Enterprise Summit}을 만들었다. 컴퓨터월드^{ComputerWorld}는 2007년 '주목해야 할 40세 미만의 IT 혁신가 40인' 목록에 진 킴을 추가했으며, 뛰어난 성취와 리더십을 인정받아 퍼듀 대학교^{Purdue University}에서 컴퓨터 과학의 뛰어난 졸업생^{Computer Science Outstanding Alumnus}으로 선정됐다.

X(전 트위터)에서 @RealGeneKim을 팔로우할 수 있다.

파트 언리미티드 사의 직원 디렉터리

레드셔츠REDSHIRTS[1]

맥신 챔버스Maxine Chambers : 개발자 리더Developer Lead , 아키텍트Architect

커트 레즈닉Kurt Reznick : QA 관리자QA Manager

'투덜이 데이브Cranky Dave' 브린클리Brinkley : 개발자 리더Developer Lead

섀넌 콜먼Shannon Corman : 보안 엔지니어Security Engineer

아담 플린Adam Flynn : QA 엔지니어QA Engineer

드웨인 콕스Dwayne Cox : 수석 인프라스트럭처 엔지니어Lead Infrastructure Engineer

푸르나 사티아라지Purna Sathyaraj : QA와 릴리스 관리자QA and Release Manager

● 브렌트 겔러Brent Geller : 운영 리더Ops Lead

주니어 오피서JUNIOR OFFICERS

랜디 키이스Randy Keyes : 개발 관리자Dev Manager

릭 윌리스Rick Willis : QA 관리자QA Manager

---

1 레드셔츠라는 말은 〈스타 트렉(Star Trek)〉 시리즈에 종종 등장하는 소모품처럼 다뤄지는 하급 장교나 일반 승무원을 의미한다. 이들은 주요 캐릭터와 함께 어떤 위험한 임무나 탐사 활동에 참여하면서 먼저 사망하거나 중상을 입는 경향이 있다. 저자는 스타 트렉을 배경으로 등장 인물을 소개하면서 사람이나 조직 간 관계의 전체 조망을 제시한다. 뿐만 아니라, 본문에서도 많은 상황을 스타 트렉에 비유해 이야기를 전개하고 있다. 레드셔츠는 책 제목이기도 하며, 그 책에서의 레드셔츠는 하층민을 의미한다. – 옮긴이

- 윌리엄 메이슨^{William Mason}: QA 디렉터^{Director of QA}
- 웨스 데이비스^{Wes Davis}: 분산 기술 운영 디렉터^{Director of Distributed Technology Operations}
- 패티 맥키^{Patty McKee}: IT 서비스 지원 디렉터^{Director of IT Service Support}

브릿지 크루^{BRIDGE CREW}

- 스티브 마스터즈^{Steve Masters}: CEO, CIO 권한 대행^{Acting CIO}
- 딕 랜드리^{Dick Landry}: CFO
- 사라 몰튼^{Sarah Moulton}: 리테일 오퍼레이션 SVP^{SVP of Retail Operations}
- 크리스 앨러스^{Chris Allers}: 애플리케이션 개발 VP^{VP of Application Development}
- 커스틴 핑글^{Kirsten Fingle}: 프로젝트 관리 디렉터^{Director of Project Management}
- 매기 리^{Maggie Lee}: 리테일 프로그램 관리 디렉터^{Senior Director of Retail Program Management}
- 빌 팔머^{Bill Palmer}: IT 운영 VP^{VP of IT Operations}
- 존 페쉬^{John Pesche}: 정보 보호 최고 책임자^{Chief Information Security Officer, CISO}

스타플리트 커맨드^{STARFLEET COMMAND}

앨런 페레스^{Alan Perez}: 웨인 요코하마 이쿼티 파트너^{Wayne-Yokohama Equity Partners}의 신임 이사^{New Board Director}, 운영 책임자^{Operating Partner}
- 밥 스트라우스^{Bob Strauss}: 임원^{Lead Director}, 전 이사회 의장^{Former Chairman}, 전 CEO^{Former CEO}
- 에릭 리드^{Erik Reid}: 이사 후보^{Prospective Board Director}

〈참고〉 이름 앞에 기호(●)로 표시한 인물은 『피닉스 프로젝트』에도 등장한다.

감사의 말

나의 모든 일과 삶을 가능하게 해주는 사랑과 지원을 아낌없이 주는 나의 아내이자 파트너인 마거릿 킴에게 너무 감사한다. 그리고 우리의 세 아들, 리드, 파커, 그랜트에게도.

이 책의 모든 개발 단계에 걸쳐 나를 도와준 애나 노악, 케이트 세이지, 레아 브라운, 앤 페리 그리고 IT 레볼루션 팀 전체에게 감사한다. 이들이 얼마나 많은 것을 인내해줬는지 여러분이 알아줬으면 한다!

전문 지식을 공유하는 데 엄청난 시간을 보내준 사람들에게 감사하고 싶다. 이들이 없었다면 이 책은 나오지 못 했을 것이다. 이들에게서 자동차 부품 산업, 아키텍처 원리, 비즈니스와 기술 리더십, 함수형 프로그래밍 등에 대해 많은 것을 배웠다!

존 올스퍼John Allspaw(Adaptive Capacity Labs), 조쉬 아트웰Josh Atwell(Splunk), 크리스 베르그Chris Bergh(Data Kitchen), 찰스 베츠Charles Betz(Forrester), 제이슨 칵스Jason Cox(Disney), 존 커틀러John Cutler(Amplitude), 스테픈 피시맨Stephen Fishman(Salesforce), 니콜라스 폴스그렌 박사Dr. Nicole Forsgren(Google), 제프 갤리모어Jeff Gallimore(Excella), 샘 구켄헤이머Sam Guckenheimer(Microsoft), 스콧 해븐스Scott Havens(Jet.com/Walmart Labs), 로드 존슨 박사Dr. Rod Johnson(Atomist), 로드 전커Rob Juncker(Code42), 미크 커스튼Dr. Mik Kersten(Tasktop), 톰 롱스태프 박사Dr. Tom Longstaff(CMU/SEI), 커트니 키슬러Courtney Kissler(Nike),

크리스 오몰리^{Chris O'Malley}(Compuware), 마이크 니거드^{Mike Nygard}(Sabre), 조 패인^{Joe Payne}(Code42), 스콧 프러그^{Scott Prugh}(CSG), 마크 스와츠^{Mark Schwartz}(Amazon), 스티븐 스페어 박사^{Dr. Steven Spear}(MIT/The High-Velocity Edge), 제프리 스노버^{Jeffrey Snover}(Microsoft) 그리고 존 윌리스^{John Willis}(Botchagalupe Technologies).

내 원고에 대해 멋진 피드백을 해준 다음 사람들에게 감사한다.

폴 어크래이어^{Paul Auclair}, 리 배르네트^{Lee Barnett}, 페르난도 코르나고^{Fernando Cornago}, 도미니카 드그랜디스^{Dominica DeGrandis}, 크리스 인그^{Chris Eng}, 롭 잉글랜드^{Rob England}, 앨런 파르너^{Alan Fahrner}, 데이비드 파벨르^{David Favelle}, 브라이언 핀스터^{Bryan Finster}, 다나 핀스터^{Dana Finster}, 론 포레스터^{Ron Forrester}, 던 포스터^{Dawn Foster}, 라즈 파울러^{Raj Fowler}, 게리 그루버^{Gary Gruver}, 라이언 거니^{Ryan Gurney}, 팀 헌터^{Tim Hunter}, 핀바르 조이^{Finbarr Joy}, 샘 크누스톤^{Sam Knutson}, 아담 레븐탈^{Adam Leventhal}, 폴 러브^{Paul Love}, 스티브 메이너 박사^{Dr. Steve Mayner}, 에리카 모리슨^{Erica Morrison}, 스티븐 무라스키^{Steven Murawski}, 스콧 나셀로^{Scott Nasello}, 샤운 노리스^{Shaun Norris}, 타파브라타 팰 박사^{Dr. Tapabrata Pal}, 마크 스와츠^{Mark Schwartz}, 네이트 시멕^{Nate Shimek}, 랜디 슙^{Randy Shoup}, 스콧 스토크톤^{Scott Stockton}, 키이스 스웨트^{Keith Swett} 그리고 마이클 윈스로우^{Michael Winslow}.

지난 세월 동안 나를 도와준 모든 사람과 내가 혹시라도 잊은 사람들에게 깊은 감사를 표한다. 이 책에서 다루는 개념에 대해 더 알고 싶다면, 뒷부분에 정리한 '참고 문헌' 목록을 참고하길 바란다.

차례

발신: 스티브 마스터즈(파트 언리미티드 CEO)

수신: 파트 언리미티드 전 직원

참조: 딕 랜드리(파트 언리미티드 CFO), 로라 벡(인사 VP)

날짜: 9월 2일 오후 11시 50분

제목: 급여 지급 실패

파트 언리미티드 직원들에게

오늘 이른 아침, 기술적 결함으로 근무 카드 수천 건이 손상돼 우리 제조 시설 대부분과 매장 직원 및 계약 업체에 영향을 미쳤습니다.

제 목표는 모든 사람이 가능한 한 빨리 급여를 받도록 하는 것입니다. 급여를 적게 받은 사람은 앞으로 24시간 안에 수표로 잔여 급여를 받도록 해야 합니다.

CEO로서 제 임무는 이 조직의 일상 업무를 가능하게 해주는 직원들에 대한 의무를 확실히 이행하는 것입니다. 여러분이 없다면 우리에게 의존하면서 일상에서 자동차를 계속 사용하는 수많은 고객에게 서비스를 제공할 수 없을 것입니다.

급여 건으로 발생한 문제와 불편함에 대해 여러분과 여러분에게 의존하는 모든 분께 심심한 사과의 말씀을 전합니다. 저는 모든 청구서 발행 기업, 은행 등과의 의사소통을 포함해 여러분에게 필요한 모든 도움을 드릴 것을 약속합니다.

이메일 하단에 HR 및 비즈니스 운영에 관해 자주 묻는 질문 목록이 있습니다. 만약 여러분이 신속하게 도움을 받지 못한다면, 언제라도 제게 이메일을 보내거나 사무실로 전화 주시길 바랍니다.

현 시점의 최우선 과제는 무엇이 이 실패를 초래했는지를 이해하는 것이며, 저희는 그 일이 재발하지 않도록 모든 필요한 조치를 할 것입니다.

스티브 마스터즈

파트 언리미티드 CEO

발신: 크리스 앨러스(파트 언리미티드 개발 VP)

수신: 모든 IT 직원

참조: 빌 팔머(IT 운영 VP), 스티브 마스터즈(CEO), 딕 랜드리(파트 언리미티드 CFO)

날짜: 9월 3일 오전 00시 30분

제목: 급여 지급 실패에 대한 시정 조치

여러분,

급여 지급 실패라는 중대한 장애에 대한 원인 분석을 철저히 진행했습니다. 그 결과, 사람의 실수와 기술의 실패 둘 다 문제였다고 결론지었습니다. 다시는 이와 같은 일이 일어나지 않도록 단호하게 조치했습니다. 이 일을 책임져야 하는 담당자는 더 이상 영향을 미칠 수 없는 직책으로 재배치됐음을 알려드립니다.

궁금한 점이 있으시면 이메일 주시길 바랍니다.

– 크리스

엘크하트 그로브 헤럴드 타임즈

파트 언리미티드 사 급료 지급 실패, 현지 노조 간부 지급 실패를 '비양심적'으로 규정

자동차 부품 납품업체 파트 언리미티드가 직원들에게 급료를 제대로 지급하지 않은 것으로 드러났다. 파트 언리미티드의 내부 문건을 입수해 분석한 결과, 일부 시간제 공장 근로자에게 정확한 급료를 지급하지 못했으며, 또 다른 직원들은 작업에 대한 어떤 보상도 받지 못했다. 회사는 이 문제가 현금 흐름 문제와 연관이 있다는 것을 부인하며 급여 체계 오류 탓으로 돌렸다.

한때 고공 행진했던 40억 달러 규모의 이 회사는 최근 수익성 악화와 손실 증가로 어려움을 겪었다. 일각에서 고위 경영진의 실패라고 비난하고 있는 이런 재정적인 문제는 가족을 부양하기 위해 애쓰는 지역 노동자들 사이에서 만연한 고용 불안으로 이어졌다.

내부 문건에 따르면, 급여 지급 실패의 원인이 무엇이든 간에 직원들은 급료를 받기 위해 며칠 또는 몇 주를 기다려야 할 수도 있다.

네스터 마이어스 수석 산업 분석가 켈리 로렌스는 "이번 일은 최근 몇 년간 발생한 일련의 경영 실패 중 가장 최근의 일"이라고 말했다.

파트 언리미티드의 CFO 딕 랜드리는 급여 문제, 회계상 오류, 경영 역량 문제에 대한 의견을 요청하는 헤럴드 타임즈의 전화에 응답하지 않았다.

파트 언리미티드를 대표해 발표한 성명에서 랜드리는 그 '실수'에 유감을 표명하며 그런 실수는 반복되지 않을 것이라고 다짐했다. 헤럴드 타임즈는 상황이 진행됨에 따라 계속해서 새로운 소식을 게재할 예정이다.

PART 1

9월 3일 ~ 9월 18일

"뭘 하고 있다고요?" 맥신이 파트 언리미티드의 연구개발 부서장인 크리스를 못 믿겠다는 듯 쳐다보며 불쑥 말했다.

크리스가 책상 뒤에서 어설프게 웃고 있는 것을 보며, 크리스 자신이 얼마나 말도 안 되는 소리를 하고 있는지 스스로 알고 있다고 맥신은 생각했다.

"맥신, 이 일은 정말 유감이야. 휴가를 다녀오는 방법치고는 끔찍하다는 걸 알지만, 지난 급여 지급 중단 사태로 엄청난 후폭풍이 있었어. CEO와 CFO는 부서장들이 나서서 상황을 진정시키기를 바랐다고. 그래서 우리가 며칠 동안 고민했는데, 그나마 괜찮은 해결책인 것 같아. 어쨌든 누군가 잘릴 일은 없잖아…."

맥신은 크리스가 보낸 이메일 인쇄물을 책상 위에 내리쳤다. "바로 여기에 '사람의 실수와 기술적 실패에 의한 것'이라고 했잖아요. 그런데 이제 와서 '실수한 사람'이 저라고 하시는 건가요? 컴플라이언스 조사 결과를 어떻게 해결할지 결정하느라 그렇게 많은 시간을 함께 보내놓고, 저한테 모든 책임을 떠넘긴다고요? 이게 대체 무슨 헛소리예요?" 맥신은 크리스를 사납게 노려봤다.

"알아, 안다고…. 이건 옳지 않지." 크리스가 자신을 쏘아보는 맥신의 눈빛에 움찔하며 말했다. "여기 있는 모두가 자네의 뛰어난 기술과 재능은 물론이고 지난 8년간 회사에 가져다준 놀라운 공헌을 높이 평가하고 있어. 이번에 발생한 장애를 맥신 잘못으로 생각하는 사람은 아무도 없어. 다만, 급여 문제는 신문 1면 기사였어! 딕 CFO는 노조의 불만 제기를 미연에 방지하는 차원에서 누군가를 방패 삼아야 했다고! 노조가 들고 일어날 수도 있는 끔찍한 상황에서 나름 최선의 해결책을 생각해낸 것 같아."

"그래서 자기변호도 할 수 없게 휴가 중인 사람을 희생자로 골랐나요?" 맥신이 혐오스럽다는 듯 말했다. "정말 존경스럽군요, 크리스. 이런 건 어느 리더십 책에서 배운 거죠?"

"진정해, 맥신. 내가 당신의 열렬한 팬이자 가장 옹호하는 사람이란 걸 잘 알잖아. 사실, 이걸 칭찬으로 받아들여야 해. 맥신은 IT 분야에서 평판이 좋은 사람 중 하나잖아"라고 크리스는 말했다.

급여 중단 사태에 대한 책임을 떠넘기면서 칭찬으로 받아들이라는 해괴한 논리를 어떻게 해석해야 할지, 맥신은 잠시 생각했다.

크리스가 계속 말했다. "솔직히 그 상황에 자네 잘못이 없다는 건 다들 알고 있어. 이건 그냥 휴가라고 생각해도 좋아. 원하는 건 뭐든지 해도 좋고, 원하지 않는다면 실질적인 책임을 지지 않아도 돼."

맥신은 크리스의 말에 바로 반응했다. "잠깐만요, 크리스. 정확히 휴가 같은 걸로 치라고 했나요?"

"어…." 크리스는 맥신의 시선에 몸을 움츠리며 말을 살짝 더듬었다. 크리스가 몹시 당혹스러워하는 것을 맥신은 못 본 체했다. 주로 남성이 지배적인 이 직업군에 남아 있는 여성으로서, 맥신 자신의 이런 직설적인 태도가 크리스를 불편하게 만들 수 있음을 잘 알고 있지만, 해야 할 말을 삼켜버리는 일은 없다.

"…스티브와 딕에게 더 이상 운영 환경을 변경할 수 없게 하는 역할로 당신을 보내겠다고 약속했어." 크리스가 움찔하며 말을 이었다. "그러니까, 어…. 맥신은 지금 바로 제조 공장 ERP 시스템에서 피닉스 프로젝트를 위한 문서화 작업 지원 역할을 맡게 될 거야."

"저를 보낸다고⋯." 맥신은 숨을 쉴 수가 없었다. 크리스의 입에서 나오는 말들을 믿고 싶지 않았다.

"이봐, 맥신, 넌 달만 조용히 있으면 돼. 그 후에 어떤 프로젝트든 마음대로 선택해 진행할 수 있어, 알겠지?" 크리스가 말했다. 그러고는 힘없이 웃으며 "봐, 휴가 같은 게 맞지?"라고 덧붙였다.

"하, 세상에⋯." 그녀는 다시 말문이 막혔다. "저를 피닉스 프로젝트로 보낸다고요?!" 자제력을 잃고 소리를 버럭 지를 뻔한 맥신은 심기를 가다듬었다. 심호흡을 크게 한 뒤 재킷을 바로잡고 몸을 곧추세웠다.

"크리스, 알겠지만 이건 헛소리예요!" 맥신은 크리스를 손가락으로 가리키며 면전에 대고 말했다.

맥신은 피닉스 프로젝트에 관해 알고 있는 것들을 떠올리느라 머리가 정신없이 돌아갔다. 차라리 아무것도 모르는 게 나았다. 몇 년 동안, 그 프로젝트는 수백 명의 개발자를 덫에 빠뜨렸고 전례 없는 수준의 악명을 높인 죽음의 행진 같았다. 그 프로젝트가 엉망이 된 이유는 제대로 된 일을 하나도 하지 않아서라고 맥신은 확신하고 있었다.

피닉스 프로젝트는 명백한 실패에도 중단 없이 계속됐다. 전자 상거래 증가와 물리적 매장 감소로 점점 더 디지털화되는 시대에 파트 언리미티드라는 회사가 시장을 유지하려면 어떤 조치든 해야 한다는 것을 모든 사람이 알고 있었다.

파트 언리미티드 사는 여전히 업계에서 영향력 있는 업체 중 하나로, 전국에 약 1천 개의 매장이 있다. 하지만 맥신은 얼마 전까지만 해도 어떻게 이 회사가 창립 100주년을 무사히 넘길지 의아했다.

피닉스 프로젝트는 회사의 미래를 빛나는 희망으로 이끌어 줄 해결책이 될 것으로 여겼다. 그러나 3년을 끌어온 피닉스 프로젝트는 아직도 지연 중이며, 2천만 달러를 삼켜버리면서 개발자가 고통받는 것 외에는 아무것도 보여준 게 없다. 프로젝트 실패는 이미 코앞에 다가와 심한 악취를

풍기고 있다. 그리고 그 결과는 회사에 심각한 영향을 미칠 수밖에 없다.

"급여 중단 사태의 방패막이 돼 줄 희생양이 필요했고, 가장 유능한 사람 한 명을 뽑아 피닉스 프로젝트로 유배시키겠다고 생각하는 건가요?" 맥신은 불만이 끓어오르는 것을 느끼며 말했다. "이건 칭찬이 아니에요. '엿 먹어! 맥신!'이라고 말하는 아주 좋은 방법이라고요! 아마 피닉스에는 문서로 만들 만한 가치가 전혀 없을 거예요! 무능함에 대한 문서화라면 또 모를까? 타이타닉호의 모든 갑판 의자에 이름표 붙이기나 별반 다를 게 없네요. 이게 헛소리라고 제가 말했던가요, 크리스?"

"미안해, 맥신." 크리스가 손을 들어 올리며 말했다. "이게 내가 해줄 수 있는 최선이야. 내가 말했듯이, 아무도 맥신을 비난하지 않아. 시간만 잘 보내면 곧 모든 게 정상으로 돌아갈 거야."

맥신은 앉아서 눈을 감고 심호흡을 한 다음, 두 손을 앞쪽으로 깍지 끼고 생각에 잠겼다.

"좋아요, 좋아…." 그녀가 말했다. "희생양이 필요하겠죠. 무슨 말인지 알겠어요. 제가 이 모든 실패를 책임질 수 있다니 아주 멋지네요, 멋져…. 관리는 가끔 이렇게 하는 거죠? 악감정은 없어요. 그저 카페테리아나 벤더 관리 쪽으로 보내주세요. 피닉스 프로젝트만 아니라면 어디든 상관없어요."

맥신은 스스로 한 말을 곱씹은 지 2분도 채 지나기 전에 자신의 감정이 부정에서 분노로 전환됐다가 이제는 전면적 협상 모드에 돌입한 것을 깨달았다. 그녀는 퀴블러 로스[Kübler-Ross][1]의 고뇌 주기[Grief Cycle]에서 한 단계를 건너뛴 것 같지만, 지금은 그게 어떤 단계인지 생각나지 않았다.

"크리스" 맥신이 말을 이어갔다. "제가 서류 작업을 거부하는 건 아니에

---

1 엘리자베스 퀴블러 로스는 스위스 출신의 미국 정신과 의사이며 임종 연구 분야의 개척자다. 『죽음과 죽어감』(청미, 2018)을 저술했고, 고뇌의 5단계 이론을 처음으로 이야기했다. ─ 옮긴이

요. 모든 사람은 훌륭한 문서를 볼 자격이 있어요. 하지만 피닉스보다 문서화 작업이 훨씬 더 필요한 곳이 많아요. 제가 다른 곳에 가서 더 큰 영향을 끼치게 해줘요. 한두 시간만 주면 생각해볼게요."

"생각해봐, 맥신. 8년 전에 우리가 자네를 고용한 건 놀라운 실력과 경험 때문이야. 맥신이 소프트웨어로 불가능한 일을 가능하게 해준다는 것을 모두가 알고 있어"라고 크리스는 말했다. "그게 바로 내가 맥신을 위해 싸웠던 이유야. 그래서 자네가 제조 공장 23곳의 모든 공급망과 내부 제조 공정을 책임지는 소프트웨어 팀을 이끌어 온 거야. 맥신이 얼마나 잘하는지 누구보다 내가 잘 알아…. 하지만 맥신, 난 내가 할 수 있는 건 다 했어. 안타깝지만, 이미 결정이 난 사항이라고. 시간을 좀 갖고, 분란도 만들지 말고, 모든 게 잠잠해지면 그때 돌아와"라고 말하는 크리스는 맥신이 실제로 자신의 말을 믿는다는 것에 양심의 가책을 느끼는 것처럼 보였다.

크리스가 계속 이야기했다. "여기저기 간부들이 총질을 당하고 있는데, 이번 사태로만 그러는 건 아니야. 이사회가 스티브 마스터즈의 의장직을 박탈해서 이제 그는 CEO일 뿐이야. 그리고 어제 CIO와 IT 운영 담당 부서장 둘 다 해고됐는데, 거기에 대해서는 아무 설명도 없이 스티브가 CIO 대행을 하고 있어. 물론 모든 사람이 앞으로 더 많은 피의 숙청이 있을 거라고 걱정해…."

크리스는 문이 닫혀있는지 확인하고 소리를 죽여 말했다. "앞으로 더 크고 더 광범위한 변화가 있을 거라는 소문도 있어."

그는 자신이 너무 많은 말을 했다는 듯이 멈칫했다. "어쨌든 준비되면 피닉스 개발 관리자인 랜디와 얘기 좀 나눠봐. 랜디는 좋은 사람이야. 아까 말한 것처럼 4개월짜리 휴가라고 여기고, 혹시 도움이 된다고 생각하는 게 있으면 뭐든 해봐. 아니, 제기랄…. 그냥 아무것도 하지 말고 조용히 있어. 문제만 일으키지 않으면 돼. 그리고 당신이 뭘 하든 스티브와 딕의 레이더망은 피하도록 해. 됐지?"

맥신은 파트 언리미티드 사의 CEO와 CFO인 스티브 마스터즈와 딕 랜드리의 이름이 나오자 눈을 가늘게 뜨면서 크리스를 바라봤다. 두 달에 한 번 있는 회사의 타운 홀 미팅 때마다 만나는 사람들이다. 어쩌다가 쿠알라룸푸르의 놀라운 광경을 보는 2주간의 휴가에서 크리스가 그녀에게 이 모든 걸 뒤집어씌우는 지경까지 온 걸까?

"맥신, 진심이야. 분란 일으키지 말고, 그냥 조용히 있어. 현 상황에 관여하지 않으면 모든 게 잘 될 거야, 알겠지? 지난해에 급여 문제로 두 사람이 해고됐는데, 맥신은 이번 급여 지급 문제로 해고까지 가진 않았으니 하늘에 감사하라고." 크리스가 애원하다시피 말했다.

"그래요, 그래. 분란을 만들지 마라…. 잘 알겠습니다." 맥신이 일어서며 말했다. "4개월 후에 봐요. 그리고 크리스, 내가 당신의 자리를 지키게 해준 걸 너무 고마워하지는 마세요. 정말 끝내주네요, 크리스."

크리스를 뒤로하고 방을 나오면서 크리스가 날이 갈수록 소신을 잃어가는 것 같다고 생각하는 맥신이다. 짜증이 밀려와 문을 쾅 닫을까도 생각했지만 화를 참기로 했다. 문 뒤로 크리스의 목소리가 들렸다. "제발 분란 일으키지 마, 맥신!"

맥신은 아무도 없는 곳으로 가서 벽에 기대어 섰다. 눈물이 울컥 차올랐다. 문득 협상 후 자신이 놓쳤던 퀴블러 로스의 단계가 우울증이란 게 떠올랐다.

천천히 자리로 돌아갔다. 그녀의 책상, 지금까지 일했던 곳….

맥신은 자신에게 벌어진 일을 받아들이기가 힘들었다. 머릿속을 헤집는 부정적인 말들에 맞서려고 애쓰면서 자신의 능력을 하나씩 떠올렸다. 지난 25년 동안 그녀는 맡은 일에 창의력과 재능을 쏟아냈고, 특히 역량을 바탕으로 효율적이고 효과적으로 그리고 정확하게 기술을 활용했다.

불리한 환경이나 심지어 적대적인 환경에서 운영되는 시스템 구축 역시 누구와도 견줄 수 없는 실질적 경험이 있다는 것을 자부했다. 맥신은 당면한 임무를 달성하는 데 어떤 기술이 가장 적합한지에 대해 놀랄 만한 직관을 발휘했다. 그녀는 책임감 있고 꼼꼼하며, 일에 신중하고, 주위 모든 사람에게 같은 수준의 탁월함과 근면함을 고집했다. '젠장, 난 「포춘지」 선정 50대 기업에서 가장 많이 찾는 컨설턴트였다고!' 맥신은 스스로를 되돌아봤다.

성큼성큼 걷던 맥신이 발길을 멈췄다. 항상 정확하고 날카로웠던 그녀는 실수와 예측 불가함이 삶의 한 요소라는 걸 새삼 실감했다. 실수를 처벌하고 희생양을 해고하는 공포 문화가 조직을 갉아 먹는 결과로 이어지는 건 이미 여러 번 목격했다. 실패를 응징하고 '전령을 사격'하면 잘못을 감추는 데 급급해진 사람들은 혁신에 대한 욕구를 모두 접어 버리고 만다.

컨설팅으로 둘째가라면 서러웠던 시절의 맥신은 사람들이 정말로 생각을 입 밖으로 표출하기를 두려워하는지 몇 시간이면 알아차릴 수 있었다. 사람들이 어떤 것을 어떻게 표현할지 조심하느라 모호하게 말하고, 특정 금기어를 사용하지 않으려 극단으로 치닫는 것이 그녀를 곤혹스럽게 했다. 그래서 그런 미팅을 싫어했고, 시간과 돈 그리고 고객의 고통을 덜어주기 위해 프로젝트를 끝낼 수 있도록 자신이 할 수 있는 것을 찾아 실행했다.

파트 언리미티드에서 이런 위험 신호를 보기 시작했다는 게 믿기지 않았다.

맥신은 생각했다. '리더라면 자기 사람을 정치적, 관료적 정신 이상 상태에서 보호해줘야 하는 거잖아.'

바로 전날, 맥신은 가족과 함께 쿠알라룸푸르에서 돌아오는 비행기 안에 있었다. 스무 시간 정도의 비행이 끝나고 핸드폰을 켜자 메시지가 셀 수 없을 만큼 쏟아져 정신이 없을 지경이었다. 남편 제이크와 두 아이가 공항에서 먹을 것을 찾으러 간 동안, 맥신은 크리스에게 연락했다.

크리스는 급여 지급 중단 사태와 관련한 내용을 맥신에게 전달하며 그 아수라장을 상세히 설명해 줬다. 주의 깊게 듣던 맥신은 "…급여 데이터베이스에 있는 사회보장 번호가 모두 손상된 걸 발견했어"라는 크리스의 말에 심장이 멎는 듯했다.

식은땀이 났고 두 손의 감각이 없어졌으며 온몸에 한기가 돌았다. 순간 눈앞이 아뜩해지며 심장이 멈춘 듯했다. 맥신은 알고 있었다. "토큰화 보안 애플리케이션이죠?"

그녀가 큰 소리로 욕을 했다. 주위에 있는 부모들은 공항 중앙홀에 울려 퍼지는 험한 말이 아이들의 귀로 들어갈까 싶어 되도록 먼 곳으로 이동했다. 수화기 너머 크리스의 목소리가 들렸다. "응. 그리고 그 대가가 엄청날 거야. 될 수 있는 대로 빨리 사무실로 돌아와."

지금도 맥신은 여전히 그 아수라장의 규모에 놀란다. 그녀도 다른 엔지니어들처럼 자기가 주인공이 아닌 한 남들의 수난사를 몰래 듣는 것을 좋아했다. "돌대가리 크리스." 맥신은 8년 동안 손도 대지 않은 이력서의 먼지를 털어내고 일자리가 있을지 알아봐야겠다고 생각하면서 중얼거렸다.

맥신은 자신의 업무 공간에 도착하자, 힘겹게 유지하고 있던 평정심이 와르르 무너져 내리는 게 느껴졌다. 그대로 걸어갈 수가 없어서 잠시 멈춰섰다. 겨드랑이가 땀으로 흠뻑 젖었다. 겨드랑이에 코를 살짝 대고 냄새를 확인했다. 피해망상에 사로잡혔다는 것을 맥신 자신도 알고 있다. 아침에 데오드란트를 너무 많이 발라서 겨드랑이가 허옇게 된 게 오히려 다행이라고 생각하는 맥신이다.

맥신이 업무 공간으로 걸어 들어갔다. 사람들은 그녀의 재배치 소식을 들었음에도 애써 모른 척하고 있었다. 3년 동안 맥신의 관리자였던 글렌이 고통스러운 표정을 하고 다가와 그녀의 어깨를 꽉 쥐었다. 그러고는 "걱정마, 맥신. 조만간 돌아오게 될 거야. 다들 일이 이렇게 돌아가는 걸 마뜩잖게 생각해. 파티라도 열어주자는 사람도 많았지만, 자네라면 소란을 피우고 싶어 하지 않을 것으로 생각했어"라고 말했다.

맥신이 답했다. "제기랄, 아주 정확하네요. 고마워요, 글렌."

"아니야." 그가 쓴웃음을 지었다. "내가 도울 게 있는지 알려 줘, 알았지?"

억지웃음을 지으며 맥신이 말했다. "자, 제가 죽는 것도 아니고, 지구 밖으로 쫓겨나는 것도 아니잖아요! 전체적 업무가 이뤄지는 본부와 더 가까워지는 거예요. 능력이 부족해 중심에 있지 못하는 변두리 분들에게 새로운 이슈는 계속 업데이트해 드릴게요!"

글랜은 "그렇게 생각해줘. 모든 게 잘 풀리면 4개월 후에 여기서 다시 보자고!"라고 말하며 장난스럽게 잽을 날렸다. '모든 게 잘 풀리면'이란 표현에 맥신이 미간을 살짝 찌푸렸다. 그건 몰랐던 일이다.

글랜은 회의하러 갔고, 맥신은 짐을 싸러 자기 자리로 향했다. 그녀는 유배 기간에 필요할 만한 중요한 것들을 골랐다. 세심하게 구성한 노트북(맥신은 키보드와 RAM 크기에 매우 까다롭다), 가족사진, 태블릿 그리고 몇 년 동안 신중하게 골라 하나씩 모은 USB와 노트북 충전기 등등. 물건 위에 달아둔 표어도 챙겼다. '건드리지 말 것, 건든 자에게 죽음을!'

"안녕하세요, 맥신! 왜 짐을 싸는 거예요?" 맥신이 고개를 들어 목소리의 주인공을 확인했다. 장래가 촉망되는 젊은 전산직 인턴, 에블린이다. 맥신이 뽑은 직원이었다. 에블린이 여름 동안 보여준 업무 실력 향상에 모두가 놀라움을 금치 못했다. 에블린이 대학을 마치면 원하는 직장이 어디든 바로 취업할 것이라 맥신은 기대했다. 그래서 여름 내내 파트 언리미티드 사에 입사하길 바라는 마음으로 일하며 배울 수 있는 훌륭한 직장이라고 끈질기게 홍보했다. 아침까지만 해도 회사에 대한 신뢰는 진심이었지만, 의구심이 들 수밖에 없는 상황이 돼 버렸다. '여긴 일을 하기에 그리 좋은 곳이 아닐지도 몰라.'

맥신은 "피닉스 프로젝트에 임시로 재배정됐어"라고 말했다.

"아…." 에블린이 말했다. "끔찍하네요. 정말 안됐어요!"

인턴조차 안쓰럽게 여길 정도면 정말 최악의 상황이라고 생각하는 맥신이다.

맥신은 종이 상자를 들고 건물을 나섰다. 마치 교도소에 입소하는 기분이었다. "기본적으로 피닉스 프로젝트가 교도소나 마찬가지잖아." 그녀는 혼자 중얼거렸다.

본사 캠퍼스까지는 차로 4마일 거리다. 맥신은 운전하면서 회사에 계속 다닐 때의 장단점을 생각해봤다. 우선 장점이라면 종신 교수인 남편의 근무지가 가깝다는 것. 애초에 맥신의 가족이 엘크하트 그로브로 이사한 이유기도 하다. 또 아이들이 이곳에서의 활동과 학교, 친구들을 마음에 들어 한다.

맥신은 자기 일과 모든 도전을 즐긴다. 회사 전체에 무수히 걸쳐 있는 복잡한 비즈니스 프로세스와 상호 작용하는 것을 좋아한다. 이런 일을 하려면 비즈니스 이해력, 문제 해결 기술, 인내심 그리고 모든 대규모 조직에 산적한 난해하고 이해할 수 없는 많은 과정을 다룰 정치적 노련함이 필요하다. 그리고 급여와 수당의 수준이 높은 편이다.

단점은 피닉스 프로젝트와 크리스 밑에서 일하는 것 자체다. 기업 문화가 점점 악화하는 것으로 느껴지는 것도 문제다. '방금 내가 급여 중단 사태의 희생양이 된 것처럼….' 맥신이 생각했다.

주위를 둘러보니, 지위와 성공을 잔뜩 과시하는 건물들의 자태가 눈에 들어왔다. 파트 언리미티드는 주^州에서 직원 7천 명을 거느리는 대형 고용주 중 하나가 되면서 상당한 위신을 얻었다. 비록 모든 지표가 하락세를 보이지만, 거의 모든 주에 매장과 수백만 명의 충성 고객을 두고 있었다.

우버^{Uber}와 리프트^{Lyft} 같은 기업이 뜨는 시대에, 젊은 세대는 자가용^{自家用}의 필요성을 크게 느끼지 못하거나, 차가 있더라도 스스로 수리하면서 운행하는 일을 보기 드물다. 전략적인 재능이 없어도 조직의 장기적 번영을 이루는 데는 뭔가 새롭고 색다른 것이 필요하다.

회사 단지 안쪽으로 더 깊이 운전해 들어갔지만 5번 빌딩을 찾기가 어려웠다. 세 번을 빙빙 돌다가 마침내 주차장으로 가는 표지판이 보였다. 가슴이 철렁 내려앉았다. 그 건물은 다른 건물에 비하면 쓰레기장이었다. '심지어 감옥처럼 생겼네.' 맥신은 생각했다.

5번 빌딩은 그녀가 '일했던' 빌딩인 MRP-8 같은 제조 공장이었다. 하지만 MRP-8이 여전히 회사의 자랑거리였던 반면, 5번 빌딩은 그녀처럼 나쁜 짓을 하는 IT 사람들을 처넣고 열쇠를 던져버리는 곳이었다.

'만약 피닉스 프로젝트가 회사에 가장 중요하고 전략적인 프로젝트라면, 이 프로젝트를 추진하는 팀은 더 나은 건물에서 일해야 하는 게 아닐까?' 맥신은 궁금했다. 그러나 대부분 조직에서 기업 IT는 사랑받지 못하고 가장 볼품없는 건물에 처박혀 있는 경우가 많다는 것을 잘 알고 있었다.

이상했다. MRP-8에서 ERP 기술 팀은 설비^{Plant} 운영 조직의 구성원들과 나란히 일했다. 그들은 서로를 파트너로 여겼다. 함께 일하고, 함께 먹고, 함께 불평하고, 함께 술을 마셨다.

반면에 기업 IT 운영 조직은 대개 노트북에 문제가 있거나 인쇄가 안 될 때 전화하는 이름 없는 사람들로 여겨졌다.

5번 빌딩을 응시하면서 맥신은 피닉스 프로젝트의 명성만큼이나, 현실은 훨씬 더 심각할 것이라는 생각을 했다.

사람들은 저마다 맥신의 무한한 낙관주의를 칭찬했다. 맥신은 소지품으로 가득 찬 상자를 들고 5번 빌딩으로 걸어가면서 계속 혼잣말을 했다.

피곤한 기색이 역력한 경비원이 맥신의 배지를 검사하고 엘리베이터를 타라고 권했지만, 맥신은 계단을 걸어 올라갔다. 맥신은 이 멍청한 상자를 이리저리 끌고 다니는 대신 자신의 모든 물건을 넣을 수 있는 좀 더 크고 편한 가방이 있으면 좋겠다고 생각했다.

문을 열자 가슴이 철렁 내려앉았다. 칙칙한 회색 파티션으로 작업 영역을 잘게 나눈 칸막이 세상이 눈앞에 펼쳐졌다. 칸막이의 미로는 오래된 컴퓨터 텍스트 게임인 〈조르크^{Zork}〉를 떠올리게 했다. 맥신은 파티션이 만든 특색 없이 꼬불꼬불한 미로에 들어섰다가 길을 잃어버렸다.

'마치 빌딩의 색이 전부 빠져버린 것 같네.' 맥신은 부모님의 오래된 컬러 TV를 떠올렸다. 맥신의 남동생은 TV의 밝기, 대비, 컬러 다이얼을 만지작거리며 모든 것을 회색과 초록색으로 보이게 하려고 애쓰곤 했다.

책상마다 대형 LCD 모니터 2개씩 있는 게 보이자 맥신은 기뻤다. 잘 찾아온 것이다. 이들은 개발자다. 새로운 모니터, 오픈 코드 편집기 그리고 헤드폰을 착용한 사람이 많다는 것이 확실한 증거다.

사무실이 너무 조용해서 작은 핀이라도 떨어뜨리면 안 될 것 같았다. 영락없이 대학 도서관 분위기다. '아니면 무덤이 아닐까'라고 맥신은 생각했다. 문제 해결을 위해 모인 사람들이 일하는 활기찬 공간으로는 보이지 않았다. 소프트웨어를 만들려면 고객을 위한 새로운 지식과 가치 창출을 위한 개인 간 상호 작용이 필요하다. 협력적 대화가 지속적으로 이뤄져야 한다.

침묵 속에서 맥신은 자신의 암울한 운명을 다시 한번 실감하며 주위를 둘러봤다.

"랜디의 자리는 어디죠?" 가장 가까이에 있는 사람에게 물었다. 그는 헤드폰을 벗지도 않고 사무실의 반대쪽 모퉁이를 가리켰다.

맥신은 침묵하는 칸막이로 된 벌집 사이를 걸었다. 삼삼오오 모인 사람들이 화이트보드를 앞에 두고 속삭이듯 이야기하는 것이 보였다. 하나의 긴 벽을 따라 1미터 20센티미터 높이에 10미터 너비는 됨직한 거대한 간트 차트가 있었는데, 40장은 족히 넘는 종이를 이어 붙여 만든 것 같았다.

간트 차트 옆에는 녹색, 노란색, 빨간색 표시로 상태를 알리는 인쇄물이 있었다. 빳빳하게 풀 먹인 칼라 셔츠에 슬랙스를 받쳐 입은 사람들이 팔짱을 끼고 차트 앞에 옹기종기 서 있다. 하나같이 걱정스러운 얼굴이다.

정해진 날짜에 맞추느라 정신적 압박감에 시달리고 있음이 느껴질 정도였다. '모두의 행운을 빕니다.' 맥신이 진심으로 기원했다.

랜디가 있을 것이라는 맞은편 구석으로 걸어가는 맥신이 문득 특이한 냄새를 맡았다. 사무실에서 밤새워 일하며 여러 날을 지낸 사람들의 냄새다. 맥신에게 익숙한 이 냄새는 긴 시간, 부적절한 환기, 자포자기의 기운을 품고 있다.

기술적으로는 진부한 표현이다. 시장에 빨리 기능을 전달해야 하거나, 시장에서 기회를 바로 포착해야 하거나, 경쟁을 따라잡아야 할 필요가 있을 때, 끝도 없는 긴 시간 동안 집으로 갔다가 바로 돌아오는 것보다 책상 밑에서 자는 게 차라리 편하다. 비록 그 시간이 대중에는 때때로 미화돼 보여지지만, 맥신은 그것을 무언가 잘못된 방향으로 가는 증거로 여겼다.

무슨 일이 일어나고 있는지 맥신은 궁금했다. 시장에 뿌려 놓은 약속이 너무 많은가? 엔지니어링 리더가 형편 없나? 제품 리더가 별로인가? 기술 부채가 너무 많은가? 개발자가 생산성을 발휘할 수 있는 아키텍처와 플랫폼에 집중력을 발휘하지 못하는 건가?

맥신은 자신이 너무 번지르르하게 옷을 갖춰 입었다는 것을 알아차렸다. 몇 년 동안 출근복으로 입었던 정장을 내려다보면서 좀 튀는 복장이라는 걸 깨달았다. 이 건물에서는 빳빳하게 목을 세운 칼라 셔츠 차림보다 티셔츠와 반바지 복장이 훨씬 자연스러워 보였다. 심지어 재킷을 입은 사람은 찾아볼 수가 없었다.

'내일은 재킷을 집에 두고 와야겠어'라고 맥신은 생각했다.

랜디는 구석진 칸막이 안에서 커다란 종이 더미에 둘러싸여 타이핑을 하고 있었다. 빨간 머리에 칼라가 있는 줄무늬 흰색 셔츠와 카키색 바지로 된 관리자들의 카키랜드 유니폼 차림이었다. 맥신은 일견에 랜디가 자신보다 열 살 정도 아래인 30대 후반쯤일 것으로 추측했다. 지방이 적은 그의 체형으로 미뤄 짐작하면 매일 조깅하는 것 같았다. 하지만 아무리 뛰어도 스트레스는 해소되지 않는 것처럼 보였다.

랜디가 활짝 웃으며 자리에서 일어나 맥신에게 악수를 청했다. 맥신은 큰 종이 상자를 내려놓고서야 팔이 얼마나 아픈지 깨달았다. 맥신이 악수하자 랜디가 말했다. "크리스에게 얘기 많이 들었습니다. 어떻게 여기까지 오게 됐는지도요. 참 유감이에요. 하지만 명성은 익히 들어 알고 있습니다. 맥신처럼 실력 있는 분이 오셔서 정말 기대됩니다. 그 기술을 가장 잘 활용할 만한 곳은 아니지만, 받을 수 있는 도움은 받고 싶습니다. 여기서 뭔가를 만들어 보실 수 있을 겁니다."

맥신은 랜디가 너무 순해 보이는 데다 심지어 진지해 보여 억지로라도 웃어 보이려 노력했다. "도움을 줄 수 있다니 기뻐요, 랜디. 뭘 해야 할까요?" 그녀는 똑같이 진지해지려고 애쓰며 물었다. 맥신은 자신이 정말 유용하게 쓰이기를 원했다.

"저는 문서와 빌드를 책임지고 있습니다. 솔직히 말해 지금 엉망진창이에요. 개발자들이 사용할 수 있는 표준 개발 환경이 없거든요. 새로운 개발자들이 자기 노트북을 세팅하고 생산성을 내기까지 몇 달이 걸립니다. 서글픈 일이지만, 회사의 빌드 서버조차 문서화돼 있지 않습니다"라고 랜디가 말했다. "사실 몇 주 전부터 새로운 계약자 몇 명이 현장에 와 있는데, 아직 코드 체크인조차 못 하고 있어요. 그래서 그들이 실제로 무슨 일을 해 왔는지는 아무도 모르죠. 물론 그들에게 돈은 주고 있습니다. 기본적으로 하는 일이 아무것도 없는데 말이죠."

맥신이 얼굴을 찡그렸다. 그녀는 몸값 높은 사람들이 그냥 앉아만 있음에도 돈을 준다는 생각 자체를 하기 싫었다. 더구나 이 사람들은 개발자다. 기꺼이 일하고자 하는 개발자들이 기여하지 못하는 상황에 맥신은 기분이 상했다.

"글쎄요, 제가 할 수 있는 건 뭐든지 도울 수 있다면 좋겠네요"라고 맥신은 진심을 담아 말했다. 개발자들의 생산성을 확보하는 것은 항상 중요하다. 불이 붙어 별똥별처럼 산발적으로 곤두박질치는 피닉스 프로젝트에서 일하는 개발자라도 말이다.

랜디는 "저희가 맥신을 위해 준비한 자리를 보여 드릴게요"라고 말했다.

맥신은 랜디와 함께 여러 개의 칸막이를 지나 빈 책상과 서류 캐비닛 그리고 노트북에 연결된 두 개의 대형 모니터를 확인했다. 그녀가 예상한 것보다 평범하고 작았지만 괜찮았다. 어차피 이곳에서 지내는 기간은 몇 달에 불과할 것이라며 위안으로 삼는 맥신이다. '어떻게 해서든 여기서 나갈 거야. 내 형기가 끝나서 벗어나든 다른 곳으로 이직을 하든….'

"파트 언리미티드에서 시작하는 개발자처럼 표준 개발자 자리로 마련했습니다." 랜디가 노트북을 가리키며 말했다. "기존 자격 증명으로 이메일, 네트워크 공유, 프린터를 설정해놨습니다. 오늘 오후에 맥신을 소개하는 메일을 보내겠습니다. 조시에게 모든 준비를 도와드리라고 부탁했어요."

"좋네요." 맥신이 웃으며 말했다. "개발 관련 사항을 살펴볼게요. 어쩌면 추천할 만한 것이 생각날지도 모르겠어요. 저도 노트북에 피닉스 빌드가 있으면 좋겠네요."

"그럼 정말 좋겠습니다! 와, 정말 기대돼요, 맥신." 랜디가 말했다. "문제들을 선임 엔지니어가 봐 준 적이 한 번도 없었거든요. 괜찮다 싶은 엔지니어는 항상 다른 팀에 빼앗겼어요. 지루한 인프라에서 일하는 대신 고객들이 보는 피처 관련 작업에 끌려갔죠. 어라? 조시가 어디로 갔지?" 랜디가 두리번거리며 중얼거렸다. "이 근처에는 계약자나 컨설턴트가 너무 많아서 정작 직원 찾기가 힘들어요."

바로 그때, 노트북을 든 젊은 사람이 걸어오더니 옆 책상에 걸터앉았다. "늦어서 죄송해요, 랜디. 어젯밤 있었던 빌드 실패를 확인하러 갔다 왔어요. 어떤 개발자가 변경 사항을 합치면서 빌드를 망가뜨렸어요. 아직도 들여다보는 중이긴 해요."

"조시, 조금 이따 내가 도와줄게. 자, 여기는 맥신 챔버스." 랜디는 맥신를 가리켰다.

맥신은 살짝 놀랐다. 조시는 그녀의 딸보다 한두 살 더 많아 보일까 말까 했다. 사실, 같은 고등학교 친구일 수도 있을 것 같았다. 랜디가 팀에 나이 어린 친구들이 있다고 했던 말이 농담이 아니었다.

"맥신은 우리 회사의 선임 엔지니어이고, 여기에 두어 달 계실 거야. MRP 시스템의 선임 설계자셔. 미리 알아둬야 할 사항을 조시가 좀 챙겨 드렸으면 해."

"아! 안녕하세요, 챔버스 님. 만나서 반가워요." 조시가 어리둥절한 표정으로 맥신에게 악수를 청했다. '어쩌다 엄마뻘인 사람을 보조하게 됐는지 궁금하겠지….' 맥신이 생각했다.

"만나서 반가워요." 맥신이 웃으며 말했다. "그냥 맥신이라고 불러줘요." 딸 친구들이 그녀를 맥신이라는 이름으로 부르면 보통 짜증이 나긴 하지만, 맥신은 그렇게 덧붙였다. 조시는 직장 동료이고, 그녀를 안내해 줄 현장 가이드라 맥신은 기뻤다. '운전할 수 있는 나이가 안 됐대도 마음에 들어.' 맥신이 속으로 농담했다.

랜디는 "좋아요, 필요한 게 있으면 알려 주세요"라고 말했다. "맥신, 나머지 팀원에게 소개하는 시간을 고대하겠습니다. 저희 첫 직원회의는 다음 주에 있어요."

랜디가 조시 쪽으로 시선을 돌리며 말했다. "빌드 실패에 대해 좀 더 말해 줄래?"

맥신은 귀를 기울였다. 피닉스 프로젝트의 낙후된 기술 프랙티스에 관한 이야기는 모두 사실이었다. 빌드를 지속적으로 수행하지 못한다면 재난이 코앞에 닥칠 것을 오래전부터 인지했다.

그녀는 사무실 전체를 천천히 둘러봤다. 100명이 넘는 개발자가 노트북에 작은 시스템 조각을 작업하면서 타이핑하고 있었다. 중앙집중식 빌드, 통합, 테스트 시스템에서 나오는 끊임없는 피드백이 없다면, 자신의 모든 작업이 다른 사람의 작업과 합쳐질 때 어떤 일이 일어날지 알 수가 없다.

조시는 맥신 쪽으로 의자를 돌렸다. "챔버스 님, 저는 랜디에게 뭔가를 보여 줘야 해요. 그 전에, 방금 새 개발자들을 위한 문서와 관련해서 저희가 갖고 있던 사항들을 이메일로 보냈습니다. 저희가 작성한 모든 릴리스 노트와 개발 팀 문서를 모아 놓은 위키 페이지예요. 저희가 작성해야 하는 것에 대한 링크도 있어요. 그걸로 우선 시작하실 수 있기를 바랄게요."

맥신은 조시에게 엄지손가락을 치켜들었다. 그들이 떠난 뒤 새 노트북에 로그인하고 이메일을 열었는데, 놀랍게도 단번에 실행됐다. 맥신은 조시가 보낸 메일을 열기 전에, 새 노트북에 무엇이 있는지 더 알아보려고 이리저리 뒤적거렸다.

얼마 지나지 않아 맥신은 어리둥절해질 수밖에 없었다. HR 시스템에 대한 링크, 회사 자원에 대한 네트워크 공유, 경비 보고 시스템, 급여, 타임카드 시스템에 대한 링크 등등. 마이크로소프트 워드와 엑셀 그리고 나머지 사무용 애플리케이션이 있었다.

맥신이 눈살을 찌푸렸다. 이런 세팅은 재무 부서에 근무하는 사람에게는 괜찮겠지만, 개발자에게는 적합하지 않다고 생각하는 맥신이다. 개발 도구나 코드 편집기 또는 형상 관리 도구조차 설치돼 있지 않았다. 터미널 윈도우를 열고 컴파일러, 도커Docker, 깃Git 등 아무것도 없다는 것을 확인했다. 비지오Visio나 옴니그래플OmniGraffle 같은 도구도 없었다!

'맙소사! 새로운 개발자들이 뭘 하길 바라는 거지? 이메일을 읽고 메모나 하라는 거야?'

배관공이나 목수를 고용했을 때, 작업에 필요한 도구는 당연히 그들이 챙길 것으로 생각한다. 하지만 둘 이상의 개발자가 있는 소프트웨어 조직에서는 팀 전체가 공통 도구를 사용해 생산성을 높인다. 그런데 여기 피닉스 프로젝트의 도구 상자는 텅 비어 있었다.

맥신은 조시가 보낸 내용을 확인하려고 이메일을 열었다. 그것은 엔지니어들이 문서화 작업에 사용하는 도구인 내부 위키 페이지와 연결돼 있었다. 맥신은 위키 페이지를 위아래로 스크롤하려고 했지만 문서가 너무 짧아서 스크롤 바조차 없었다.

그녀는 초라한 화면을 망연히 바라봤다. '엿이나 먹어, 크리스.'

병적인 호기심에 이끌린 맥신은 메일 내용을 뒤져보는 데만 30분가량을 보냈다. 여기저기를 클릭해서 문서 몇 개를 겨우 찾아냈다. 아키텍처 다이어그램과 여러 회의록, 애자일 스프린트 회고 내용 그리고 3년이나 된 제품 관리 요구 사항 문서가 담긴 파워포인트 슬라이드를 읽었다. 테스트 계획에 대한 어떤 내용을 발견하고 흥분했지만, 링크를 클릭하자 로그인 정보와 비밀번호를 묻는 인증 화면이 나타났다.

아마도 QA 서버에 대한 접근 권한이 필요한 것 같았다.

맥신은 노트북에서 새 노트 파일을 열고 자신에게 접근 권한을 줄 수 있는 사람을 찾기 위해 메모했다.

그녀는 잠시 문서화를 포기하고 소스 코드 저장소를 찾아보기로 했다. '개발자는 코드를 작성하고, 코드는 소스 코드 저장소에 저장되지. 피닉스에서 일하는 개발자들이 있으니 여기 어딘가에 피닉스 소스 코드 저장소가 있을 거야'라고 맥신은 생각했다.

놀랍게도, 거의 10분 동안 샅샅이 뒤졌음에도 저장소를 찾을 수 없었다. 맥신은 노트에 다음과 같이 적었다.

피닉스 소스 코드 저장소 찾기.

더 많은 단서가 있을 수 있는 내부 쉐어포인트^{SharePoint} 서버 링크를 찾았지만, 그 서버에는 맥신 자신의 계정이 없었다.

또 다른 메모를 했다.

DEVP-101 쉐어포인트 서버에 대한 접근 권한 얻기.

그다음 한 시간 동안, 검색-아무것도 없음-검색-아무것도 없음-검색-클릭-인증 화면-클릭-인증 화면만 계속 이어졌다.

그때마다 맥신은 늘어나는 목록에 메모를 하나씩 얹을 뿐이었다.

QA-103 쉐어포인트 서버에 대한 접근 권한 얻기.

PUL-QA-PHOENIX 네트워크 공유에 대한 접근 권한 얻기.

PUL-DEV-PHOENIX 네트워크 공유에 대한 접근 권한 얻기.

더 많은 메모와 할 일을 추가하고, 필요한 사용자 계정 목록이 늘어나고, QA 위키 서버, 성능 엔지니어링 위키 서버, 모바일 애플리케이션 팀 위키 그리고 맥신이 알지 못하는 두문자어^{acronyms}를 가진 그룹을 여럿 추가했다.

네트워크 자격 인증이 필요했다. 언급된 도구들을 설치할 장치도 필요했고, 라이선스 키도 필요했다.

맥신은 시계를 보다가 한 시가 다 된 것을 보고 깜짝 놀랐다. 두 시간 동안 필요한 것을 32개나 적은 것 빼고는 아무것도 한 것이 없었다. 그리고 아직도 개발 도구나 소스 코드 저장소가 어디에 있는지 몰랐다.

'만약 피닉스 개발 설정을 제품으로 만든다면, 사상 최악의 제품이 되겠군.'

허기가 느껴지면서 먹을 게 당겼다. 주위를 둘러보니, 사무실이 텅 비다시피 한 것이 보였다. 점심 먹으러 우르르 몰려나갈 때를 놓쳤다는 것을 깨달았다.

피닉스 문서의 미로를 파헤치는 데 너무 몰두한 나머지, 사람들을 따라갈 수 없었다. 사람들이 어디에서 식사하는지도 모른다. 그것도 할 일 목록에 추가할까 싶었다.

'이력서 업데이트 후 보내기' 바로 밑에 말이다.

발신: 앨런 페레스(웨인 요코하마 이쿼티 파트너스 운영 파트너)

수신: 스티브 마스터즈(파트 언리미티드 CEO)

참조: 딕 랜드리(파트 언리미티드 CFO), 사라 몰튼(리테일 사업부 SVP), 밥 스트라우스(파트 언리미티드 이사회 의장)

날짜: 9월 4일 오전 6시 7분

제목: 진행 옵션, 1월 이사회 세션 **기밀CONFIDENTIAL **

스티브,

이틀 전에 엘크하트 그로브에서 만나서 반가웠습니다. 새로 선출된 이사로서 많은 것을 배웠고, 제 속도에 맞게 일하도록 도와주기 위해 경영진이 내주신 시간에 정말 감사드립니다. 특히 딕과 사라(각각 CFO와 SVP 마케팅)에게 깊은 인상을 받았습니다.

비록 처음이지만, 파트 언리미티드 사가 주주 가치를 높이기 위해 들인 노력이 실패로 돌아가서 회사의 자신감에 대한 의문을 불러일으켰고, 이에 대한 조치의 필요성이 생긴 것은 분명합니다. 분기마다 되풀이되는 지키지 못하는 약속의 악순환을 깨기 위해 우리는 힘을 모아야 합니다.

소프트웨어가 귀사의 계획에 얼마나 중요한지를 고려할 때, 귀사의 CIO와 IT 운영 부서장을 교체하기로 한 결정은 적절해 보입니다. 그 조치로 긴급 상황을 개선해 신뢰를 회복할 수 있기를 바랍니다.

이사회 차원에서 전략적 옵션을 검토하겠다는 저의 동기를 다시 강조하고 싶습니다. 수익 증가만이 주주들에게 보상하는 유일한 방법은 아닙니다. 우리는 파트 언리미티드를 '디지털 회사'로 만들기 위해 밀어붙이는 데만 너무 혈안이 돼 있었기에 우리가 회사를 구조 조정하면서 핵심이 아닌 저성과를 내는 자산^{assets}을 제거하는 것과 같은 가치를 실현하는 저위험 방법을 놓쳤다고 생각합니다. 수익성을 높이기 위한 두 가지 방법은, 주주 가치를 높이는 것과 전환을 위한 운영 자본^{working capital}을 제공하는 것입니다.

이사회가 검토하고 고려할 수 있는 선택 사항을 신속하게 모아볼 필요가 있습니다. 경영진이 현재의 전략에 얼마나 많은 시간을 소비하고 있는지를 감안해 이사회 의장은 이사회가 논의할 수 있는 옵션을 마련하기 위해 경영진의 몇몇 핵심 구성원과 협력할 것을 요청해 왔습니다. 저는 딕과 사라의 재임 기간에 회사에서의 폭넓은 경험을 고려해 이 두 사람과 함께 일할 것입니다. 격주로 아이디어를 논의하고 평가하기 위해 전화를 할 것이고, 1월 중에는 전체 이사회에 전략적 선택권을 제시할 수 있도록 할 것입니다.

우리 회사는 파트 언리미티드에 실현될 수 있는 상당한 주주 가치가 있다고 믿기 때문에 파트 언리미티드의 상당한 지분을 샀습니다. 생산적으로 일하는 관계를 형성하고 우리 모두 자랑스러워할 수 있는 파트 언리미티드의 개선된 결과를 기대합니다.

– 앨런 드림

맥신은 할 일 목록을 훑어보고는 좌절감에 머리를 흔들었다. 이틀이 지났고 맥신은 새로운 개발자가 할 수 있는 것처럼 노트북에서 피닉스 빌드를 수행하기로 했다. 이것이 그녀의 미션이 됐다. 하지만 맥신이 만든 목록을 보면, 그녀가 놓치고 있는 항목이 백 개가 넘는데, 그것을 어디서 찾아야 할지 아는 사람은 아무도 없는 듯했다.

맥신은 목록에 있는 어느 것도 처리하지 못했다. 고작 이력서를 업데이트하고 발송하는 일만 했다. 친구들은 즉시 답장을 보내 맥신이 관심 가질 만한 자리를 찾아보겠다고 약속했다.

가이드인 조시에게 자신이 찾지 못한 빌드 아이템에 관해 물었지만, 조시는 아무것도 몰랐다. 빌드 팀은 이런 것들을 알고 있겠지만, 세부 사항은 오래됐거나 삭제됐고, 관련 지식은 조직 전체에 흩어져 있었다.

맥신은 좌절했고, 여기저기 돌 때마다 막다른 골목에 다가서고 있었다. 이런 도전은 재미가 없다. 지금 그녀가 하는 일은 재미와는 정반대의 일인 것이 확실했다.

태생이 엔지니어인 맥신은 도전과 문제 해결을 좋아했다. 회사 역사상 가장 중요한 프로젝트 속에 내던져진 인물로도 둘째가라면 서러울 정도다. 그리고 거의 3년 동안 수백 명의 개발자가 만든 수없이 많은 소스 코드가 어딘가에 분명히 있다. 그런데 그것을 하나도 찾을 수 없었다.

맥신은 코딩을 좋아하고 정말 잘했다. 하지만 코드보다 훨씬 더 중요한 것이 있음을 잘 알고 있다. 개발자들이 빠르고 안전하게 고품질 코드를 쓸 수 있게 해주고, 중요한 비즈니스 문제를 해결하지 못하게 방해하는 모든 것으로부터 해방해주는 시스템이다.

그런데 그런 시스템이 완전히 사라진 것 같았다. 맥신은 그런 중요한 일을 하는 데 매우 뛰어난 사람 중 하나지만, 4일이 지나도록 보여줄 만한 것이 없었다. 끝없이 클릭하고, 서류를 읽고, 티켓을 열거나, 필요한 것을 얻기 위해 사람들과 회의 일정을 잡거나, 사상 최악의 쓰레기 사냥에 갇히는 것이 전부였다.

맥신은 이런 문제를 겪는 사람이 자신뿐일까 잠시 생각했다. 그러다 주변의 개발자들도 고군분투하는 것을 보고는 재빨리 의심을 털어냈다.

맥신은 자신의 실력이 꽤 괜찮다는 것을 알고 있다. 그동안 여러 번 절망적이고 불가능해 보이는 문제를 해결해 왔다. 그것도 주로 한밤중에…. 문서나 소스 코드가 없을 때도 있었다. 유명한 사례 중 하나는 아직도 '맥신의 휴일 뒤 구조Maxine Post-Holiday Save'로 알려져 있다. 크리스마스가 지난 다음 금요일에 환불을 처리하던 모든 매장 시스템이 화려하게 망가졌던 사건이다. 그때는 사람들이 사랑하는 사람에게서 받은 선물을 환불하러 온 후 실제로 원하는 것을 사는, 1년 중 가장 바쁜 쇼핑 날 중 하나였다.

맥신은 팀과 함께 데이터베이스 벤더의 ODBC 드라이버에서 멀티스레딩multi-threading 교착 상태deadlock를 해결하기 위해 토요일 새벽까지 일했다. 벤더 라이브러리를 수동으로 분해한 다음 바이너리 패치를 생성해야 했다. 그것도 하나씩 직접.

모두가 불가능하다고 생각했다. 하지만 맥신은 7시간 넘게 중단 사태를 겪었던 수십 명을 놀라움에 빠뜨리면서 그 일을 완결했다. 데이터베이스 벤더의 전문 서비스 팀은 놀라움에 휩싸여 즉시 맥신에게 함께 일할 것을 권유했지만, 그녀는 정중히 거절했다.

맥신의 전설은 그 후로도 계속 이어졌다. 맥신은 전통적 방식으로 개발자 훈련을 받았지만, CAD/CAM 애플리케이션을 위한 파노라마 그래픽 이미지와 칩 레이아웃 알고리듬을 엮은 소프트웨어, 대규모 다중 사용자 게임을 위한 백엔드 서버, 가장 최근에는 MRP 시스템을 위해 수천 개의 공급 업체를 하나의 생산 계획 안으로 조율하는 주문, 보급, 스케줄링 프로세스를 구축했다.

해결하기가 까다롭기에 완성까지 정말 긴 시간이 필요한 어려운 문제들NP-complete의 세상 한복판에 늘 맥신이 있었다. 페이퍼스 위 러브Papers We Love[1] 시리즈를 선호하는 맥신은 가장 좋아하는 수학과 컴퓨터 과학 분야의 학술 논문을 여러 번 읽어 보곤 했다.

하지만 자기 일을 단지 사전 배포 작업이나, 애플리케이션 코드 작성에 국한하지 않았다. 운영 환경 속에서 이론이 현실과 만날 때, 맥신은 크게 잘못된 미들웨어 서버, 과부하 메시지 버스, RAID 디스크 배열의 간헐적 고장, 계속해서 반이중half-duplex 모드로 플립되는 핵심 스위치를 개선하기도 했다.

맥신은 한밤중에 에러를 토해내며 모든 디스크와 로그 서버를 가득 채워 팀들이 실제 무슨 일이 일어나고 있는지를 모르게 만드는 기술 모듈을 고쳤다. 수십 년 된 직관과 수많은 운영 환경에서의 전투를 바탕으로 체계적으로 서비스를 격리, 진단, 복원하는 노력을 주도해 왔다.

또한 실제 화재 상황에서 불타고 있던 애플리케이션 서버의 스택 트레이스stack traces를 판독해, 넘쳐나는 물, 할론halon 소화기, 비상 정전으로 모든 것이 망가지기 전에 안전하게 백업하기 위해 정신없이 달리기도 했다.

---

1 'Papers We Love(https://paperswelove.org/)'는 학술 컴퓨터 과학 논문 및 논문을 읽는 것을 좋아하는 커뮤니티 사이트다. – 옮긴이

그래도 맥신은 뼛속까지 개발자다. 순수 함수pure function와 결합성 composability이 더 나은 수단이라는 것을 알기에 함수형 프로그래밍functional programming을 좋아하는 개발자다. 맥신은 선언적 사고방식을 좋아하며, 명령형 프로그래밍을 피한다.[2] 상태 변화state mutation 및 비非참조 투명성을 싫어하며, 바람직한 두려움을 갖고 있다. 수학적 순수성 때문에 튜링 기계Turing machine보다 람다 계산lambda calculus을 선호한다. 자신의 코드를 데이터로도 좋아하고 그 반대로도 좋아해서 LISP를 좋아한다.

맥신의 이와 같은 열정이 단순히 이론상 천직이어서만은 아니다. 남이 싫어하는 일에도 적극적으로 개입하고, 누구도 가능하다고 생각하지 않은 분야에서 사업 가치를 창출하고, 수십 년 된 코드 덩어리를 업무적으로 떼어 내기 위해 스트랭글러 패턴strangler pattern[3]을 적용하는 등의 일을 안전하고, 자신감 있고, 훌륭하게 수행하는 것을 좋아했다.

맥신은 vi부터 가장 최신의 에디터까지 모든 키보드 단축키를 알고 있는 유일한 사람이다. 하지만 Git에 대한 거의 모든 명령 옵션을 찾아봐야 한다고 사람들에게 말하는 것을 조금도 부끄러워하지 않는다. Git이 때로는 섬뜩하고 어려울 수도 있기 때문이다! SHA-1 해시를 UI에 사용하는 다른 도구가 있겠는가?[4]

---

2 저자가 맥신을 통해 현학적 설명을 나열하는 여러 영역의 한 분야다. C나 C++ 같은 절차적·객체 지향적 프로그래밍 패러다임과 LISP 같은 함수형 프로그래밍은 패러다임 자체가 다르다. 하지만 시장의 선택이나 표준 제정에 좋은 특성이 선택되지 않을 때가 많은 것처럼, 프로그래밍 패러다임마다 장단점이 있고, 시장 지배력은 또 다른 양상을 보인다. 역자는 모든 스타일을 좋아한다. 각자의 효용이 다르기 때문이다. 우리 주위에서 흔히 볼 수 있는 자바(Java) 언어는 맥신의 시각으로 볼 때 혐오하는 명령형 프로그래밍에, 상태 변화와 비참조 투명성(또는 참조 불투명성)을 모두 포함한다. – 옮긴이

3 모놀리스(Monolith) 아키텍처를 마이크로서비스 아키텍처로 전환할 때 기존 레거시 시스템 기능의 일부를 점진적으로 전환하는 방법을 말한다. – 옮긴이

4 현학적 설명의 연장선이다. 초기의 Git은 암호화 수준이 낮은 SHA-1 알고리듬을 사용했다. 2017년 구글은 해시 충돌을 의도적으로 일으킬 수 있는 섀터드를 선보이는 등 안전하지 않은 기술이라고 지적해 왔다. 미미한 확률로 중복이 가능하다. 이후 2020년에 Git에서는 SHA-256을 사용할 수 있다고 발표했다. – 옮긴이

맥신이 이처럼 뛰어난 인력임에도 불구하고, 수십 년 동안 갈고닦은 역량으로 기술의 절정기에 다다른 그녀가 이틀이 지나도록 피닉스 프로젝트 한가운데 앉아 피닉스 빌드를 하지 못하고 있었다. 단지, 네 개의 소스 코드 저장소 중 두 곳의 위치를 알아냈고, 일부 소스 코드 관리^{SCM, Source Code Management} 도구와 컴파일러를 위한 세 개의 설치 파일을 찾아냈다.

하지만 여전히 SCM의 라이선스 키를 기다리고 있으며, 두 개의 다른 도구에 대한 라이선스 키를 받으려면 누구에게 요청해야 할지도 몰랐다. 세 개의 네트워크 공유와 다섯 개의 쉐어포인트에 대한 인증도 필요한데, 문서에 언급된 열 개의 미심쩍은 구성 파일을 어디서 얻어야 할지 아무도 몰랐다. 맥신이 살펴본 문서를 작성한 사람들에게 보낸 이메일은 수신 불가로 회신됐다. 그들은 이미 오래전 조직을 떠났다.

맥신은 답답해 미칠 지경이었다. 그녀의 이메일, 티켓 또는 음성 메시지에 신속하게 응답하는 이가 없었다. 랜디에게 도움을 구하며 자신의 요청을 에스컬레이션[5]해 달라고 부탁했다. 하지만 다들 너무 바빴고, 에스컬레이션도 이틀은 걸릴 것이라는 답변을 들었다.

물론, 맥신은 '아니오'라는 대답을 받아들이지 않았다. 빌드가 돌아가도록 필요한 모든 것을 미션으로 삼고, 그녀에게 뭔가를 약속했던 사람 대부분을 찾아 나섰다. 그들이 어디에 있는지 알아내서 괴롭혔고, 때로는 그들의 책상에서 진을 치고 자신에게 필요한 것을 얻을 때까지 그곳에 머물렀다.

때때로 맥신은 URL, 쉐어포인트 문서, 라이선스 키, 구성 파일 등 필요한 것을 얻었다. 하지만 맥신이 쫓아다닌 사람에게는 그녀가 원하는 것이 없을 때가 훨씬 많았다. 그들은 다른 사람에게 요청해서 맥신 대신 티켓을

---

5 에스컬레이션(Escalation)이란 상부 조직 또는 상급자에게 의사 결정 등을 위임해 전달하는 행위를 의미한다. – 옮긴이

열어줬고, 이제 그들은 맥신을 위해 피드백을 기다리고 있었다.

맥신이 다음에 찾아가야 할 사람과 장소에 대한 단서나 힌트를 가진 이들도 있었다. 하지만 대부분 막다른 골목이었고, 다시 출발점으로 돌아와야 했다.

피닉스 빌드를 돌아가게 하는 것은 마치 〈젤다의 전설Legend of Zelda〉 게임을 하는 것 같았다. 가학 성애자가 만든 게임처럼 왕국에 흩어져 있는 열쇠를 찾으려 먼 곳까지 모험을 감행할 수밖에 없는데, 그렇게 해서 얻는 것이 무정한 NPC에게서 얻는 쥐꼬리만 한 단서다. 하지만 마침내 그 레벨을 끝낸대도, 다음 레벨로 넘어갈 수 없다. 종이 쿠폰 번호를 제조사에 우편으로 보내고 활성화 코드가 올 때까지 기다려야 하는 상황이다.

이게 정말 비디오 게임이었다면 맥신은 형편없는 게임이라며 그만뒀을 것이다. 하지만 피닉스는 게임이 아니었다. 정말 중요한 프로젝트였고, 맥신은 중요한 일을 그만두거나 포기하는 성격이 아니었다.

책상 앞에 앉은 맥신은 자신이 직접 인쇄해 핀으로 벽에 꽂아 놓은 달력을 물끄러미 쳐다봤다.

컴퓨터로 몸을 돌려 점점 늘어가는 할 일 목록을 손가락으로 짚어봤다. 각각의 항목은 빌드를 실행하는 데 필요한 의존성을 갖고 있었다.

방금 두 명의 개발 환경 관리자로부터 받아야 할 쉐어포인트 인증을 추가했는데, 그들은 어떤 이유에서인지 그들만의 액티브 디렉터리Active Directory 도메인만 운영하는 사람들이었다. 그런데도 맥신이 찾는 중요 정보 자료가 그들에게 있다는 이야기가 귀에 들어왔다.

랜디는 수많은 워드 문서, 비지오 다이어그램 그리고 마케팅 파워포인트 발표 자료를 보내왔고, 맥신은 그것들을 빠르게 훑어보며 단서를 찾고자 했다. 자료들은 마케팅이나 아키텍트에게 도움이 될 만한 것은 맞지만, 그녀는 엔지니어다. 그들이 만들기로 약속한 자동차의 브로슈어를 보

54

고 싶은 게 아니었다. 차를 조립할 실제 부품과 엔지니어링 계획이 궁금한 것이다.

이 문서들은 누군가에게는 유용한 정보일 수 있다. 맥신은 자료들을 위키에 올렸다. 잠시 후, 맥신이 모르는 누군가에게서 연락이 왔다. 그는 올린 자료에 기밀 정보가 들어있을지도 모르니 내려 달라고 요청했다.

할 일 목록을 읽다 보면 이런 게 있었다.

개발 또는 테스트 환경에 액세스할 수 있도록 도와줄 사람 찾기.

이 목록은 어제 읽은 일부 문서를 참조해 만든 것이지만, 접근 권한을 얻기 위해 누구에게 요청해야 할지 아직도 알지 못했다.

한 가지 항목은 삭제했다.

~~통합 테스트 환경에 대한 계정 만들기.~~

기대했던 것보다 덜 만족스러웠다. 거대한 애플리케이션을 이해하기 위해 두 시간 동안 여기저기 환경을 뒤졌다. 마치 지도나 손전등 없이 환기구 주위를 기어 다니면서 거대한 건물의 배치를 그려보는 것처럼 너무 혼란스러웠다.

맥신은 할 일을 하나 새로 추가했다.

실제로 통합 테스트를 하는 사람을 찾아서 그들이 일하는 것을 어깨 너머로 지켜보기.

누군가가 피닉스 애플리케이션을 사용하는 것을 지켜보면 방향을 잡는 데 도움이 될 것이었다. 하지만 피닉스를 실제 사용하는 사람을 모두가 모른다는 데 당황했다. 누구를 위해 이 모든 코드를 만드는 걸까?

할 일 목록을 다시 훑어보다가 지금은 할 일이 없다는 것을 깨달았다. 이미 맥신이 파악한 사람들을 괴롭혔고, 이제 그들이 그녀에게 연락하길 기다릴 뿐이다.

지금은 금요일 오후 1시 32분. 건물을 떠날 수 있는 5시까지 3시간 28분 남았다. 깊은 곳에서 뿜어져 나오는 한숨을 간신히 참아내는 맥신이다.

할 일 목록을 쳐다봤다가 시계 보기를 반복했다.

그러다가 손톱을 보고는 매니큐어를 해야겠다고 생각한다.

커피 머그잔을 들고 책상에서 일어나 탕비실로 걸어가는 동안, 후드티를 입고 옹기종기 모여, 숨죽인 듯한 긴박감에 싸인 채 대화를 나누는 무리를 지나쳤다. 뭐라도 해야겠다 싶어 커피를 한 잔 더 따랐다. 초조함에 가만히 있을 수 없어 오늘만 벌써 커피를 다섯 잔이나 마셨다는 사실이 머릿속을 스쳤다. 맥신은 들고 있던 머그잔의 커피를 하수구에 쏟아 버렸다.

자꾸 늘어나는 할 일 목록뿐만 아니라, 맥신은 지난 10년 동안 자신의 노트북에 매일 업무 일지를 써 왔다. 그 속에서 그녀는 자신이 했던 모든 일, 그 일에 얼마나 많은 시간을 썼는지, 그 일에서 배운 재미있는 교훈들, 다시는 하지 말아야 할 일들의 목록을 찾아볼 수 있었다(가장 최근 것은 '메이크파일Makefiles 내 이스케이프 문자[6]를 사용하는 데 시간 낭비하지 마라. 어렵다. 그 대신 다른 것에 시간을 활용해라'이다).

맥신은 자신의 엄청난 할 일 목록과 최근 작성한 업무 일지 내용을 보면서 믿을 수 없다고 생각했다. 여태까지 극복할 수 없는 시스템이라는 것을 맞닥뜨린 적이 없었다. '하찮은 피닉스 프로젝트가 나를 아무것도 할 수 없도록 만든 지금 상황이 말이 되는 걸까? 내가 죽은 다음이라면 모를까…' 맥신은 조용히 자신을 다독인 후 업무 일지 항목을 다시 살펴봤다.

수요일

오후 4시: 오늘 오후에 조시를 기다렸다. 조시가 설정 과정을 보여주면 내가 그대로 반복할 수 있도록 도와주기로 했다. 하지만 조시는 계속 야근하며 빌드 문제를

---

6 이스케이프 문자는 다음에 나타나는 문자가 특수 문자임을 알리는 백슬래시(\)를 사용한다. 이스케이프 문자는 미리 정의돼 있다. - 옮긴이

고심하는 중이다.

서버 빌드에 접속할 수 있는 티켓이 있지만, 보안 팀 관리자의 승인이 필요하다는 말을 들었다. 랜디에게 이메일을 보냈다.

내가 찾을 수 있는 모든 개발자 설계 문서를 읽고 있지만, 내용이 모두 비슷해 보이기 시작했다. 설계 문서가 아니라 소스 코드를 보고 싶다.

오후 4시 30분: 설계 문서 중 하나에서 피닉스에 대한 가장 간결한 설명을 찾았다. "피닉스 프로젝트는 경쟁사와의 격차를 줄여 고객이 900개 매장에서 할 수 있는 것과 같은 일을 온라인에서 할 수 있게 만드는 것이다. 최종적으로 고객에 대한 단일 뷰를 갖게 돼 매장 직원들이 고객의 선호도와 주문 이력을 보고, 더욱 효과적인 교차 채널 프로모션을 할 수 있게 하는 것이다."

피닉스의 범위가 조금은 두렵다. 기업 전체에 걸친 수백 개의 다른 애플리케이션과 서로 소통해야 한다. 문제가 없을 리가 없다.

오후 5시: 일과 마무리. 크리스가 잠깐 들러, 내게 분란을 만들거나 너무 많은 관심을 받지 않도록 하라고 상기시켰다. 그리고 운영 환경에 아무것도 배포하지 말라고 당부했다.

그래, 그러지. 엿같군! 빌드를 실행할 수도 없고, 공유 네트워크 공간에 로그인할 수도 없다고. 그런 내가 어떻게 운영 환경에 무언가를 밀어 넣을 수 있겠어? 지겨워 죽겠네. 새로 들인 강아지와 놀러 집에나 가자.

목요일
오전 9시 30분: 좋아! 위키 계정 몇 개를 더 받았네. 더 찾아보자. 이런 게 발전이겠지?

오전 10시: 실화냐? 이게 다라고? QA 문서를 몇 개 찾았는데 이게 전부일 리가 없잖아? 테스트 계획은 다 어디 있어? 자동화된 테스트 스크립트는 어디 있는 거야?

오후 12시: 좋아, QA 디렉터인 윌리엄을 만났다. 좋은 사람 같음. 네트워크 공유 관련 사용자 계정을 내게 만들어 줄 수 있을 정도만 시간을 내줬다. 수작업 테스트 계획으로 가득 찬 워드 문서들.

윌리엄에게 이메일로 그의 테스트 팀 중 몇 명을 만날 수 있는지 물었다. 그들은 어떻게 이 모든 테스트를 실행하지? 작은 그룹이 필요할 것 같은데…. 그리고 테스트 결과는 어디에 저장하지? 윌리엄의 일정에 나와의 약속이 잡혔다. 2주일 후라고? 미친!

오후 3시: 중요한 일일 프로젝트 스탠드업이 열리는 곳을 알아냈다. 화이트보드 옆. 오전 8시. 오늘은 놓쳤지만 내일은 놓치지 않겠어.

오후 5시: 이틀 동안 한 일이 거의 없다. 뭔가 하려면 이메일, 티켓 또는 누군가를 찾아야 한다. 지금 그들에게 커피를 마시자고 하는 중이다. 어쩌면 더 많은 반응이 올지도 모르겠군.

금요일

오전 10시: '15분 스탠드업 회의'는 비상사태 때문에 90분가량 진행됐다. 내가 어제 이 회의를 어떻게 놓쳤는지 모르겠다. 이렇게 소리쳐 대는 걸 모르는 게 더 힘들었을 텐데. 와우!

맙소사! 나 말고 다른 사람들도 노트북에서 피닉스를 만들 수 없다니. 2주 후면 운영 환경에 배포하기로 돼 있는데 말이다! (아무도 걱정하지 않는다. 미쳤어! 또 늦어질 게 뻔하다.)

내가 그들이었다면, 정신 못 차리고 우왕좌왕했을 텐데. 아, 그럴 수도 있겠지.

오후 2시: 두 달 전에 들어온 외주 계약 업체 개발자들을 발견했다. 그들도 빌드를 할 줄 모른다. 충격! 점심 먹으러 그들을 데리고 나갔다. 완전 실망! 나보다 더 모름. 샐러드는 나름 괜찮았다.

내가 아는 모든 것을 그들과 공유하자 그들은 매우 고마워했다. 항상 받는 것보다 더 많이 주는 것이 기분 좋다. 미래에 누가 나를 도울 수 있을지 모르니까. 네트워킹은 중요하다.

나에게– 커피 섭취량을 줄여야 해. 어제는 7잔이나 마신 것 같다. 좋지 않다. 심장이 두근거리는 것 같다.

4시 45분, 맥신은 짐을 꾸렸다. 이렇게 늦은 금요일에 누가 일을 시킬 가능성은 없었다.

계단에 거의 다다랐을 때 랜디와 마주쳤다.

"안녕하세요, 맥신. 실망스럽지만 더 이상 개발 환경에 접근할 수 없었어요. 여러 가지 이슈를 위에 전달했고 오늘 퇴근 전에 전화도 좀 해 볼게요."

맥신이 어깨를 으쓱했다. "고마워요. 누군가 똥줄 좀 타게 만들면 참 좋겠네요."

"뭐든지 해야죠?" 랜디가 웃었다. "어, 저, 필요한 게 하나 있는데요?"

'이런, 지금?' 맥신이 생각했다. 당황한 기색을 감추고 "그래, 무슨 일인데요?"라고 물었다.

랜디는 "음, 피닉스 프로젝트의 모든 사람은 타임카드를 제출해야 해요"라고 말했다. "가동률을 보여주지 않으면 프로젝트 관리자들이 우리 직원을 **빼앗아** 가거든요. 제가 타임카드 시스템에 대한 링크를 보냈어요. 퇴근 전에 작성해주시겠어요? 몇 분이면 될 거예요."

랜디는 주변을 살피면서 속삭였다. "내년 예산 편성 때문에 일하신 시간이 특히나 필요해요. 그렇게 해야 그 자리를 다시 채우는 데 도움이 될 거고요."

"걱정 말아요, 랜디. 지금 당장 처리할게요." 맥신은 이렇게 답했지만 별로 달갑지 않았다. 예산 편성에 관한 헛짓거리라면 이골이 난 맥신이다. 그러나 그녀를 괴롭히는 것은 정작 그게 아니었다. 맥신은 일주일 내내 자신이 한 일을 이미 정확히 알고 있다. 매우 꼼꼼히 메모하고 있었기 때문이다. 문제는 실제로 달성한 결과가 '0'이었다. 無. 없음. 맹세코.

맥신은 책상으로 돌아가서 타임카드 시스템에 접속했다. 그녀의 이름 옆에는 수백 개의 프로젝트 코드가 있었다. 프로젝트 이름이 아니었다. 모두 항공사 예약 번호처럼 보이는 프로젝트 코드였다. 대문자로 길게 쓰인 10글자….

랜디의 이메일을 보고는 그가 준 프로젝트 코드 'PPX423-94-10'을 필드로 복사한 뒤 수요일부터 금요일까지 각 필드에 8시간씩 착실히 기입하고 제출 버튼을 눌렀다. 순간 맥신이 눈살을 찌푸렸다. 매일 한 일을 설명하기 전에는 제출할 수 없게 돼 있었다.

맥신은 꿍꿍댔다. 기본적으로 '피닉스 빌드 작업을 하고 있지만 우주가 내게 뭔가를 가져다주길 기다리는 중'이라는 내용을 다양한 방식으로 표현하며 일자별로 썼다. 각 항목이 다르게 보이도록 5분에 걸쳐 텍스트를 수정했다.

최선을 다했음에도 이번 주에 일을 거의 하지 않고 자리만 지킨 꼴이 된 것에도 기분이 썩 좋지 않았지만, 시스템상 현 상황에 대해 거짓말해야 하는 것은 훨씬 더 불쾌했다.

맥신은 티켓 관련 업데이트가 있는지 확인하려고 주말 내내 핸드폰을 살펴봤지만, 이 사람에서 저 사람으로 넘어가는 것만 보였다. 남편인 제이크가 맥신에게 왜 우울하냐고 물어도, 자신이 작성한 타임카드 때문이라는 것을 인정하기가 싫었다. 그것은 마치 비생산성의 상처에 소금을 문지르는 것 같았다. 맥신은 집안에 새로 들인 애완견 와플스^{Waffles}와 아이들이 신나게 노는 모습을 구경하는 데 온 정신을 쏟고자 했다.

월요일 아침이 되자, 맥신은 회사의 CEO인 스티브 마스터즈가 격월로 주최하는 타운 홀 미팅에 참여하기 위해 큰 강당으로 줄지어 들어가면서 스스로를 명랑하고, 활기차고, 낙관적이라고 확신시켰다. 맥신은 입사 후 줄곧 이 미팅에 참석하는 것을 즐겼다. 임원들이 7천여 명의 직원으로부터 아무 질문이나 받고 회사 전체를 대상으로 직접 연설하는 것을 본 것이 처음이었기 때문에 첫 번째 미팅은 그녀에게 큰 인상을 남겼다.

스티브는 보통 CFO인 딕과 함께 참석했다. 약 1년 전부터 스티브는 소매 비즈니스 SVP인 사라 몰튼과도 함께 참석하기 시작했다. 사라는 연간 7억 달러 이상의 매출을 창출하는 두 번째로 큰 사업체인 소매업의 손익을 책임지고 있다. 스티브와 딕은 어느 정도의 신뢰와 진정성을 풍기지만, 사라는 왠지 신뢰나 믿음과는 동떨어져 보였다. 지난해 사라는 타운 홀 미팅 때마다 서로 다른 연설을 했는데, 이전에 제시했던 것과 전혀 다른 약속을 해서, 많은 혼란과 조직적인 어려움을 만들었고, 결국 조롱의 대상이 됐다.

스티브가 무대 밖에서 접힌 종이에 뭔가를 메모하면서 준비하고 있는 것을 맥신은 볼 수 있었다. 누군가 스티브에게 마이크를 건네줬고, 그는 정중한 박수를 받으며 무대로 걸어 올라갔다. "여러분, 좋은 아침입니다. 오늘 이렇게 자리해줘서 정말 고맙습니다. 오늘은 영광스럽게도 제가 주최한 66번째 타운 홀 미팅입니다."

"아시는 바와 같이, 거의 1세기 동안 우리 임무는 열심히 일하는 고객들이 일상생활을 할 수 있도록 고객의 차가 계속 운행되도록 돕는 것이었습니다. 그것은 고객 대부분이 월급을 벌고, 아이들을 학교에 데려다주고, 사랑하는 사람들을 돌볼 수 있도록 운전하는 것을 의미합니다. 우리 파트 언리미티드는 여러 면에서 고객을 돕고 있습니다. 우리는 세계에서 존경받는 제조 회사 중 하나로, 고객이 자동차를 계속 가동하는 데 필요한 고품질의 저렴한 부품을 만들고 있습니다. 또한 7천 명이 넘는 세계적 수준의 직원이 이 훌륭한 나라의 1천여 개에 달하는 매장에서 직접 고객을 돕고 있습니다. 우리는 고객들의 차가 비싼 서비스 센터에 들어가지 못 하게 하는 유일한 회사입니다."

맥신은 이 미팅에서 스티브가 전하는 동일한 메시지를 쉰 번 넘게 들었다. 그들의 고객이 누구인지를 모두에게 상기시키는 것이 그에게는 확실히 중요했다. 맥신은 차에 문제가 생기면 차량의 남은 보증 기간을 활용해 자신의 자동차 브랜드 대리점으로 가져갔다. 그러나 대다수 고객은 그런 사치를 누릴 수 없었다. 그들의 차는 오래됐고, 일부는 그들의 자녀보다 나이가 많았다. 사실 그들의 고객은 그녀가 10대 때 운전했던 자동차와 같은 회사, 모델 그리고 연식을 가진 차를 운전하고 있을 수도 있다. 그들은 마음대로 쓸 수 있는 돈이 거의 없는 경우가 많았다. 차에 무슨 문제가 생기면, 갖고 있는 모든 저축이 한 번에 다 털릴 수도 있었다(저축한 게 있다면). 차가 카 센터에 가 있으면, 그들은 저축한 돈을 다 써버리게 될 뿐만 아니라 직장에 운전하고 갈 수도 없었다. 그것은 가족을 부양할 수 없다는 것을 의미했다.

맥신은 고객에 대해 이렇게 상기시켜주는 것에 고마움을 느꼈다. 엔지니어들이 '고객'을 실제 사람이 아닌 추상적인 것으로 여기면, 좀처럼 올바른 결과가 도출되지 않아서다.

스티브는 계속했다. "1세기 동안 비즈니스 환경은 확실히 변했지만, 그 미션은 변하지 않았습니다. 제조업 쪽에서는 현재 가격을 낮추는 치열한 해외 경쟁사들이 있습니다. 소매 비즈니스에는 경쟁사들이 우리가 서비스하는 바로 그 시장에 수천 개의 매장을 열었습니다."

"우리는 지금 놀랄 만한 경제 혁신의 시대에 있습니다. 아마존을 필두로 수많은 전자 상거래 업체가 우리 경제를 재편하고 있습니다. 토이스러스Toys'R'Us, 블록버스터Blockbuster, 보더즈Borders 등 많은 사람과 함께 성장한 유명 소매점 몇몇은 이미 파산하고 있습니다. 회사 본사에서 이 길을 따라 내려가면 예전에 블록버스터가 있던 공간을 지나치게 되는데, 그곳은 벌써 10년 넘게 비어 있습니다."

"우리도 예외는 아닙니다. 여러 매장의 매출이 계속 줄고 있습니다. 우리 고객 중 많은 이가 실제 매장에 가서 누군가와 대화하기보다는 전화로 자동차 와이퍼를 주문하고 싶어 합니다."

"하지만 저는 사람들이 자동차 부품만 원하는 게 아니라, 그들이 신뢰하는 사람들의 도움을 원한다고 믿습니다. 이것이 우리 매장의 직원 하나하나가 중요한 이유입니다. 그래서 우리는 직원 훈련에 많은 투자를 하고 있습니다. 그리고 피닉스 프로젝트는 실제 매장이든 온라인이든 고객이 원하는 채널에서 전문 지식과 함께 신뢰를 제공할 것입니다."

"잠시 후에 사라가, 제가 가장 중요하게 생각하는 세 가지 지표인 직원 참여, 고객 만족도, 현금 흐름에 피닉스 프로젝트가 어떻게 도움이 되는지를 피닉스 프로젝트 진행 상황과 함께 설명할 것입니다. 모든 직원이 매일 기분 좋게 출근하고, 끊임없는 혁신과 훌륭한 서비스를 통해 고객을 즐겁게 해준다면, 현금 흐름은 스스로 알아서 흘러올 것입니다."

"하지만 우리가 연간 목표를 살펴보기 전에, 우선 여러분의 마음에 걸리는 것에 관해 이야기하겠습니다." 스티브가 말을 잠깐 멈췄다. "최근에 밥 스트라우스가 파트 언리미티드 의장직을 맡았다는 이메일을 제가 보내드렸습니다. 많은 분이 알고 있겠지만, 제가 이 회사와 함께한 11년 중 처음 8년은 밥을 위해 일하는 호사를 누렸습니다. 밥은 제가 다른 제조업체의 판매부장이었을 때 저를 이곳으로 불러준 사람입니다. 밥이 제게 이 회사의 COO가 될 기회를 줬고, 수년간 저를 지도해 준 것에 저는 항상 감사할 것입니다. 또한 밥이 은퇴했을 때, 저는 그를 대신해 대표이사 겸 의장이 됐습니다."

"지난주에 이사회가 밥을 이사회 의장으로 다시 임명했습니다." 스티브의 목소리가 떨리기 시작했다. 맥신도 손등으로 눈물을 훔치는 스티브를 놀란 눈으로 바라보고 있었다. "저는 당연히 이 결정을 지지하고 밥과 다시 함께 일하기를 기대합니다. 밥에게 이 자리에 나와서 그것이 이 회사에 어떤 의미인지 말씀해주십사 부탁드렸습니다."

이 순간까지 맥신은 이것이 스티브에게 얼마나 큰 좌절인지 깨닫지 못했다. 그녀는 강등이라는 말을 들은 적이 있지만, 솔직히 말해 임원급에 대한 이런 유형의 변화에 관해 잘 알지 못했고 관심도 없었다. 임원들은 들락날락했고, 맥신의 일상 업무에 큰 영향을 주지도 않았다. 하지만 맥신은 지금 눈앞에서 펼쳐지는 드라마에 푹 빠져 있었다.

흰 머리에 비꼬는 듯한 미소를 띤 약간 구부정한 노신사가 무대 위를 걸어가 스티브 옆에 섰다.

"안녕하시오, 여러분. 이렇게 오랜 세월이 흐른 뒤에 여러분 앞에 서게 돼 정말 좋군요. 낯익은 얼굴까지 보여서 무척 기쁩니다. 날 모르는 사람들을 위해 간략히 소개하자면, 밥 스트라우스라고 해요. 공룡이 지구를 돌아다니던 시절, 15년 동안 이 회사의 CEO였지요. 그전 30여 년은 이 위대한 회사의 직원으로 있었소. 스티브가 말했듯이 내가 여러 해 전에 다른 회사에서 그를 영입한 것에 대해 큰 희망과 자부심이 있어요."

"퇴직 후에는 계속 이사회에서 활동했지요. 이사회의 일은 매우 간단해요. 회사 주주들의 이익을 대변하는 것으로, 거기엔 여러분 대부분이 포함되죠. 우리는 회사의 미래가 보장되기를 원하지요. 만약 여러분에게 연금이 있거나 직원 퇴직 주식 매입 계획이 있다면, 이것은 아마도 나에게 있어 중요한 것만큼 여러분에게도 중요할 겁니다."

"우리는 주로 회사 임원들에게 책임을 묻고, 채용도 하고…. 음, 때때로 CEO를 해고하기도 하지요"라고 밥이 분명한 어조로 말했다. 맥신은 살짝

숨을 죽였다. 조금 전까지 밥은 다정한 할아버지 같았다. 다시 보니, 밥이 조금은 더 엄격하게 보였다.

"주가만 봐도 시장에서는 우리 실적이 예상보다 좋지 않다고 생각한다는 것을 알 수 있어요. 경쟁사의 주가가 오르는 동안 우리 회사의 주가가 하락한다면, 뭔가 바꿔야 하는 겁니다."

"기업에는 평시와 전시라는 두 가지 운영 방식이 있다고 생각해요. 평시는 일이 잘 풀리는 때지요. 이것은 우리가 회사와 함께 성장하고 있고 평상시처럼 사업을 계속할 수 있는 때고요. 이런 시기의 CEO는 이사회 의장직도 함께 맡는 경우가 많아요. 전시는 회사가 위기에 처했을 때 혹은 지금 우리의 상황처럼 회사가 위축되고 있거나 완전히 사라질 위험이 있는 때를 말해요."

"전시 동안에는 멸종을 피할 방법을 찾아야 해요. 전시 중에는 이사회가 CEO와 의장 역할을 따로 분담하는 경우가 보편적입니다." 밥은 잠깐 멈춰 밝은 불빛에 눈을 가늘게 뜨고 완전히 침묵하고 있는 청중을 바라봤다. "내가 스티브와 그의 지도력을 전적으로 신뢰한다는 것을 모두가 알아줬으면 해요. 모든 일이 잘 풀리면 나는 이전에 그랬던 것처럼 자리에서 물러날 것이고, 스티브를 다시 의장으로 추대할 방법을 강구할 겁니다." 청중들은 밥이 손을 흔들며 퇴장하자 어색하게 웃었다.

스티브가 무대 앞으로 다가가서 말했다. "모두 밥 스트라우스를 위해 박수를 주시길 바랍니다."

청중의 박수가 조용하게 이어진 후 스티브가 말을 이어갔다. "올해 회사의 목표는 사업의 안정입니다. 우리 제조업은 매출의 3분의 2를 차지하는데, 한동안 변동이 없지만 그래도 여전히 수익은 내고 있습니다. 이것은 거의 1세기 동안 우리 사업의 주축이 돼 왔고, 우리는 매우 치열한 아시아 경쟁자들도 물리칠 수 있었습니다."

"하지만 소매업 분야는 계속 저조한 실적을 유지하고 있습니다. 회사의 매출은 지난해보다 약 5퍼센트 감소했습니다." 스티브가 설명했다. "가장 큰 분기가 남았으니 아직 희망은 있습니다. 하지만 희망만이 전략은 아니며, 지금까지 월 스트리트가 우리 실적에 어떤 반응을 보였는지를 우리는 알고 있습니다. 그럼에도 저는 피닉스 프로젝트가 이런 새로운 시장 상황에 우리가 적응할 수 있게 해줄 것이라고 확신합니다."

"그러면 전 여기서 이만 마치고, 왜 피닉스 프로젝트가 회사의 미래에 그렇게 중요한지 설명하기 위해 소매업 SVP인 사라 몰튼에게 마이크를 넘기겠습니다."

사라는 눈부시게 아름다운 감청색 정장을 입고 무대에 올랐다. 사라에 대해 맥신이 어떻게 생각하든, 사라가 항상 멋져 보인다는 것을 맥신은 인정할 수밖에 없었다. 사실, 사라는 「포춘^{Fortune}」의 표지에 나와도 어울릴 것 같았다. 지적이고 공격적이고 야심 찬 매력으로.

"스티브와 밥이 언급했듯이…." 사라가 운을 뗐다. "우리는 소매업에서 엄청난 디지털 혁신의 시대를 맞이하고 있습니다. 우리 고객들도 온라인이나 전화로 주문합니다. 피닉스 프로젝트의 목표는 온라인, 매장, 때로는 채널 파트너를 통해서도 고객이 원하는 대로 주문할 수 있도록 하는 것입니다. 그리고 그들이 어떤 경로로 주문하든 제품을 집으로 배달하거나 특정 매장에서 받을 수 있도록 해야 합니다."

"이것이 우리가 몇 년 동안 애써온 것입니다. 우리 매장은 아직 암흑시대에 있습니다. 그것은 파트 언리미티드 1.0이었으며, 피닉스 프로젝트는 파트 언리미티드 2.0으로 만드는 것입니다. 우리가 전자 상거래 업계의 거물들과 경쟁할 수 있는 효율성을 만들기는 매우 어렵지만, 우리는 혁신적이고 애자일^{Agile}해야 합니다. 이를 위해 사람들의 눈에 우리가 새로운 비즈니스 모델을 창출하는 시장 선도자로 보이게 만들 필요가 있습니다. 처음 1세기 동안 우리한테 효과가 있던 것이 다음 세기에는 아무런 힘을 발휘하지 못할 수도 있습니다."

언제나 그렇듯이 사라의 말에 어느 정도 일리가 있다고 맥신도 마지못해 인정하지만, 너무 거들먹거리는 모습이 눈에 거슬렸다.

"피닉스 프로젝트는 우리 회사의 가장 중요하면서도 야심 찬 계획으로, 거기에 우리의 생사가 달려있습니다. 3년 동안 이 프로젝트에 2천만 달러 가까이 썼지만, 고객들은 여전히 아무런 가치도 얻지 못하고 있습니다." 사라가 계속 말했다. "저는 마침내 우리가 현실에 변화를 줘야 할 때가 됐다고 판단했습니다. 이번 달 말에 피닉스 프로젝트를 론칭하겠습니다. 더는 지체하지 않겠습니다. 더는 연기하지 않겠습니다."

맥신은 청중들이 가쁜 숨을 몰아쉬는 소리와 다급하게 중얼거리는 요란한 소리를 들었다. 사라는 말을 이어갔다. "이 프로젝트로 드디어 우리는 경쟁사와 어깨를 나란히 할 것이고 시장 점유율을 회복할 준비가 될 것입니다."

맥신은 좌절감에 한숨을 내쉬었다. 사라의 절박함을 이해하지만, 그렇다고 일상적인 빌드를 수행하기 위해 애쓰면서 회의에 너무 많은 시간을 보내고 필요한 것들을 기다리면서도 생산성이라는 것을 만들어내지 못하는 100명이 넘는 개발자가 있다는 사실이 바뀌지는 않았다. 마치 장군은 전쟁의 승리가 얼마나 중요한지를 말하고 있고, 병사들은 3년 동안 항구에 발이 묶인 채 그 사실을 알게 되는 장면을 연상시키는 사라의 연설이었다.

그나마 다행은 사라가 오늘은 완전히 새로운 것을 발표하지는 않았다는 것이다.

스티브는 사라에게 감사 인사를 한 후, 재빨리 회사 재정과 지난달 제조 공장 중 한 곳에서 발생한 재해에 관해 이야기했다. 스탬핑 기계 끼임 사고로 손가락이 부스러진 한나에 관한 내용이었다. 그리고 안전사고 예방 차원에서 사람이 위험한 곳에 있을 때 판이 닫히는 것을 방지하는 센서를 장착한 기계로 교체했다고 말했다. 스티브는 안전이 모든 작업의 전제

조건이라는 점을 명심해야 한다며 그 조치를 위해 예산을 기다리지 않고 선제 대응을 한 팀에게 박수를 보냈다.

맥신은 스티브가 직원 안전에 얼마나 신경을 쓰는지에 대해 항상 감명받고 감동해 왔으며, 이런 이야기를 듣는 것이 좋았다.

스티브가 말했다. "이것으로 보고는 마무리하겠습니다. 15분 정도 질의 응답 시간을 갖겠습니다."

사람들이 스티브에게 수익 예측, 실물 매장의 실적, 최근 제조업계 이슈에 관해 질문하자 잠시 맥신의 집중이 흐트러졌다. 하지만 누군가 급여 중단 사태에 대해 질문하자 맥신은 경각심을 느끼며 내용에 집중하기 위해 긴장하면서 자리에 움츠리고 앉았다.

"이 일로 영향을 받은 사람들에게 사과드립니다"라고 스티브는 대답했다. "저는 이 일이 모두에게 얼마나 힘든 일인지 이해하며, 다시는 그런 일이 일어나지 않도록 매우 구체적인 조치를 했으니 안심하시길 바랍니다. 이는 기술적 문제와 사람의 실수가 복합적으로 작용한 것으로, 두 가지 문제를 모두 해결했습니다."

맥신은 볼이 붉게 달아오르는 것을 느꼈고, 다른 사람이 붉어진 자신의 얼굴을 보지 않길 바라며 눈을 질끈 감았다. 맥신 자신이 피닉스 프로젝트로 유배된 것을 어떻게 해결 방안으로 여길 수 있는지 이해되지 않았다.

3장

• 9월 8일 월요일

타운 홀 미팅 후 맥신은 자기 자리로 돌아갔다. 달력을 봤다. 이곳에 수감 돼 피닉스 빌드를 수행하는 퀘스트를 시작한 지 나흘째 되는 날이지만 시간이 더디게 흘러 마치 1년은 지난 것처럼 느껴졌다.

핸드폰에 알림 메시지가 뜨자 그녀는 깜짝 놀라 현실로 돌아왔다.

피닉스 프로젝트: 이해관계자 현황 업데이트(15분 후 시작)

맥신에게는 새로운 회의였다. 퀘스트를 더 진전시키기 위해 맥신은 사람들에게 어떤 회의든 아무 때나 자신을 초대해 달라고 요청했었다. 맥신이 현황을 파악하려고 애쓰고 있을 때, 핸드폰이 미팅 소식을 알려온 것이다. 그녀는 자신에게 필요한 것을 알려줄 수 있는 사람을 찾고 있었다. 액션 아이템을 배정받지 않도록 조심했고, 재미나게 들리는 피처에도 자진해서 일하겠다고 말하지 않으려고 조심했다. 피닉스 빌드 이외 다른 곳에는 신경 쓸 여유가 없었다.

여기 있는 사람들은 애플리케이션이나, 웹 페이지 또는 API를 통해 피드백을 볼 수 있기 때문에 피처라는 것을 중요하게 생각했다. 하지만 아무도 빌드 프로세스가 얼마나 중요한지 깨닫지 못하는 것 같았다. 훌륭한 빌드, 통합 및 테스트 프로세스 없이 개발자가 생산성을 발휘할 방법은 없다.

일찍 도착했음에도 회의실 뒤쪽 말고는 자리가 없다는 사실에 놀랐다.

맥신은 벽에 기대어 선 다섯 명의 직원 옆에 자리를 잡았다. 주위를 둘러보니 눈이 휘둥그레졌다. 회사의 거물이 모두 이 자리에 있었다. 커스틴 핑글이 회의를 주도하고 있는 것을 보고 맥신은 미소 지었다. 커스틴은 PMO[1]를 책임지고 있었다. 커스틴의 PMO 인력 몇 명이 주요 프로그램을 지원할 때 맥신은 그들과 함께 일하는 것을 좋아했다. 그들은 회사 내 여러 조직에 걸쳐 조율해야 하는 중요한 프로젝트를 지원하는 인력이었다. 그들은 탁월하게 일을 진행한다. 그들은 간단하게 일을 에스컬레이션해 이슈를 빠르게 처리한다.

회의실 앞쪽에 자리 잡은 크리스가 맥신을 보고 눈인사를 찡긋했다. 크리스는 피닉스 프로젝트에 참여한 200명 이상의 개발자와 QA 업무를 관리한다. 크리스는 테이블 반대편에 있는, 아폴로 13호의 에드 해리스처럼 생긴 사람을 응시하고 있었다. 맥신이 옆에 있는 사람에게 그가 누구냐고 조용히 묻자, "새로운 IT 운영 부서장인 빌 팔머예요. 지난주 대대적인 간부 숙청 후 승진한 사람이죠"라고 대답했다.

'끝내주는군.' 맥신은 속으로 생각했다. 그녀는 방 안에 있는 사람들의 연공서열을 바라보는 것을 즐겼다. 엔터프라이즈호의 다리 위에 올라서 장교들이 서로 의사소통하는 것을 보는 듯했다.

회의 첫 15분은 재미있었다. 그건 혼돈 그 자체였다. 사람들은 사라가 타운 홀 미팅에서 '이달 말'이라고 말했을 때 그게 정확히 무슨 뜻인지 알려고 애썼다. 커스틴은 "일정은 아직 협상 중이며 구체적인 내용은 제게 전달되지 않았습니다"라고 단호하게 말했다. '그게 정말 허위 통보일 수 있을까?' 맥신은 그럴 수 없다고 생각했다.

맥신은 비즈니스 우선순위, 에스컬레이션과 주의가 필요한 주요 이슈

---

1 PMO는 Project Management Office의 줄임말로, 프로젝트 업무 범위 안에서 프로젝트를 살펴보고 조정하는 역할을 가진 사람 또는 조직을 의미한다. - 옮긴이

그리고 충돌을 피할 필요가 있는 우선순위를 검토하다 보면 일부는 좀 더 서두를 필요가 있겠다고 생각했다. 그녀는 미팅 중에 두문자어 전체의 뜻을 알 수는 없지만, 실제로 중요하다고 생각되는 단어들을 메모하면서도, 무미건조한 기업 이름은 빼놓았다.

회의가 계속됐지만 맥신이 생각했던 것과는 반대로 진행되면서 회의 초점이 누군가 열정적으로 추진하는 무의미하고 자질구레한 것들에 맞춰지자 점점 지루해졌다. 아무 생각도 없었다. 'OEP가 Order Entry Protocol인가? 아니면 Order Entry Program의 약자? 그것도 아니면 이들이 OPA에 관해 이야기하고 있는 것일까? 두 가지가 같은 거였나? 그런데 이런 것이 의미가 있나?'

40분이 지날 즈음 맥신의 눈이 게슴츠레해졌다. 회의는 '태스크 현황' 발표가 진행되는 중이었고, 맥신은 모든 관심을 잃었다. 다른 할 일이 있었다면 아마 지금 떠났을 것이다.

너무 오래 서 있어서 발이 아팠다. 누군가 그들이 필요로 하는 것을 얼마나 오랜 시간 기다려왔는지 불평하는 것을 들으며 그냥 회의에 남기로 생각했다. 맥신은 자기와 같은 사람이라고 생각하며 히죽히죽 웃었다. '그게 요즘 내가 온종일 하는 일이라고.'

주니어가 많이 모인 쪽에 있는 개발 팀 관리자 중 한 명이 대답했다. "맞아요. 분명히 뒤처져 있지만, 이번 주부터 새로운 개발자가 두 명 들어왔는데, 1~2주 안에 속도를 내서 생산성을 보여줄 겁니다."

'해! 이런 일에 능숙한 나 같은 사람도 아무런 진전을 보지 못했다고!' 맥신은 이렇게 생각하며 바닥을 바라봤다. 그러고는 혼자 히죽거렸다. '행운을 빈다, 이 멍청이들아.'

회의실 안에 길고 어색한 침묵이 감돌았다. 맥신이 고개를 들었다. 무섭게도 모두가 자신을 쳐다보고 있었다. 조금 전 생각이 입 밖으로 또박또박 튀어나온 것이다.

크리스가 기겁한 표정으로 맥신을 향해 두 손을 마구 흔들어 대며 '안 돼!'라는 무언의 메시지를 전하고 있었다.

회의실 앞쪽에 있는 커스틴이 재빨리 말했다. "만나서 반가워요, 맥신! 맥신이 피닉스에 있는 줄 몰랐어요. 이런 상황을 도와준 경험이 있는 사람이 있어서 기뻐요. 이보다 더 좋은 시기에 나타날 수는 없었을 거예요!"

크리스는 이 난감한 상황에 두 손으로 얼굴을 감싸 버렸다. 벽에 기대어 서 있지 않았다면 맥신은 아마 뒷걸음질로 도망쳤을 것이다. 맥신은 크리스가 했던 것처럼 손을 앞에다 대고 흔들었다. "아니, 아니, 아니에요…. 정말 미안해요, 여기 온 지 며칠밖에 안 됐거든요. 여러분 모두 잘하고 있어요. 계속하세요. 전 그냥 서류 작성이랑 빌드 지원차 온 것뿐이에요."

하지만 진심인 커스틴은 가만히 있을 수 없었다. 커스틴이 몸을 앞으로 약간 숙이며 말했다. "정말이에요. 제 생각엔 맥신이 조금 전에 '행운을 빈다, 이 멍청이들아!'라고 말한 것 같아요. 플랜트 운영에 큰 성공을 거두셔서 전 항상 맥신의 생각에 관심이 있거든요. 뭐가 그렇게 웃겼는지 알고싶네요."

"웃어서 미안해요." 맥신이 말을 시작했다. "지난 수요일부터 피닉스 빌드를 제 노트북에서 실행하려고 한 것 외에는 아무것도 하지 않아서 기본적으로 제가 뭘 했다고 할 만한 게 없어요. 인증, 라이선스 키, 환경, 구성 파일, 문서 등을 기다리고 있을 뿐이죠. 다들 일이 많은 건 알아요. 그리고 피닉스가 워낙 대규모 애플리케이션이다 보니 하나의 빌드를 만들기위해 모든 조각을 모으는 일이 분명히 커다란 작업일 거예요. 하지만 개발자들의 생산성 향상을 바란다면, 그들이 첫날부터 빌드를 수행할 수는 있어야겠죠. 이상적이라면, 실제 운영과 유사한 환경에서 코드를 작성해 자신이 작성하는 코드가 시스템 전체와 함께 제대로 작동하는지에 대한 빠른 피드백을 얻을 수 있어야 해요. 며칠 동안 노력했는데, 전 여전히 전체 시스템 비슷한 것도 갖고 있지 못해요. 부품이 다 빠진 조립 상자만 가진 거죠. 이런 일에는 특히 능숙한 저인데도 말이죠."

맥신은 방 안을 둘러보며 크리스를 향해 가볍게 어깨를 으쓱해 보였다. 그녀는 정말로 얘기를 털어놓을 필요가 있었다. 크리스가 당혹스러운 것처럼 보였다.

"저는 단지 여러분이 새로 고용한 엔지니어들이 저보다 운이 더 좋기를 바랄 뿐이에요." 맥신이 재빨리 말을 마쳤다.

한참 어색한 침묵이 흘렀다. 랜디는 우쭐한 표정으로 힘 있게 고개를 끄덕이며 팔짱을 꼈다. 테이블 맞은편에서 누군가가 크게 웃었다. "맥신 말이 정말 맞아요! 운을 넘어서는 뭔가가 필요해요! 여기서 개발 환경을 세팅하는 건 운전면허증을 갱신하러 도로교통공단에 가는 것과 같아요. 번호표를 뽑고, 양식을 엄청나게 작성한 다음에 기다리는 거죠. 제기랄, 생각해 보니 운전면허증은 반나절이면 받을 수 있네…. 그보다는 새 건설 프로젝트를 시작하기 위해 허가를 얻으려고 하는 것에 더 가깝겠네요. 얼마나 걸릴지 아무도 모르거든요."

회의실 안의 인원 절반은 확실히 기분이 상했지만, 나머지는 무심하게 웃고 있었다.

맥신은 자신의 말을 재치 있게 받아준 사람을 쳐다봤다. 그는 마흔다섯 살 정도 돼 보였고, 은퇴한 운동선수처럼 약간 과체중이었다. 네모난 턱에 이상할 만큼 말끔하게 면도했고, 크고 네모난 안경을 썼다. 스케이트보드 티셔츠를 입었고, 잔뜩 찌푸린 인상이었다.

맥신은 그의 몇 가지 특징을 바탕으로 그가 선임 개발자라고 유추했다. 피닉스 같은 환경에 장기간 묶여 있는 상황이 사람들에게 피해를 주고 있는 게 틀림없었다.

회의실 앞쪽에서 누군가가 말하기 시작했다. QA 책임자인 윌리엄이었다. 그는 **자진**해서 현재 처한 상황에 대한 이유를 말하겠다고 나섰다. "저희 팀들의 테스트 일정이 계속 늦어지고 있습니다. 그래서 계획에 맞추기 위해 환경 작업 관련 우선순위를 낮추기로 모두가 동의했습니다. 완전히 테스트한 피처를 제공하는 것이 우선이기 때문입니다. 이 결정이 전체 리드 타임을 증가시킬 것을 알고 있습니다. 다만, 저희 팀도 여러분만큼 고전하고 있습니다. QA도 테스트할 환경이 필요하니까요."

찌푸린 인상의 개발자가 즉시 답했다. "그건 윌리엄이 말려든 거예요. 정말 끔찍한 결정이었다고요. 재앙이라는 말입니다. 맥신 말이 맞아요. 개발자들이 생산성을 높이려면 적절한 환경이 필요합니다. 환경을 개선하고 정리하는 데 전체 팀원을 배당해야 해요. 저는 테스팅 환경이 필요한 프로젝트를 세 개나 수행하고 있는데, 모두 몇 달씩 기다렸어요. 사실, 그게 너무 중요해서 저는 적극적으로 돕고 싶습니다."

"거절합니다." 크리스가 방 앞에서 지친 듯이 말했다. "데이브, 하던 일을 계속해요. 피처에 집중해줘야 해요."

윌리엄이 말했다. "잠깐, 잠깐만요. 우리가 환경과 관련한 실제 병목은 아니라는 것을 말하고 싶습니다. 몇 가지 실행 가능한 환경을 준비한 것은 우리지만, 우리도 여전히 보안이나 스토리지의 로그인 계정과 운영 환경의 마운트 지점이 필요합니다. 그 문제에 관해 이야기했지만 아직 아무런 피드백도 듣지 못했습니다."

크리스는 빌을 비난하듯 손가락으로 가리키고 나서 커스틴을 향해 말했다. "운영 환경에 대한 우리의 요구 사항을 운영 조직으로 에스컬레이션하는 데 지원 부탁드립니다."

빌은 재빨리 대답했다. "우리가 병목이라면 제가 상황을 알아야 합니다. 윌리엄이 필요한 사항을 어떻게 얻을 수 있는지 생각해보겠습니다."

커스틴은 약간 화가 난 듯 고개를 끄덕였다. 많은 의존성이 가시화되자 커스틴이 화가 났다고 맥신은 생각했다. "그래요, 좋은 생각이에요, 빌. 좋다고요. 다음 논의 사항으로 넘어가겠습니다."

커스틴이 말하자 크리스는 맥신에게 고개를 돌려 소리를 지르는 동작을 취해 보였다. '몸을 낮추란 말을 이해 못 한 거야, 맥신?' 맥신은 입 모양으로 미안하다고 했다.

한 청년이 커스틴 옆에서 한쪽 무릎을 꿇고 맥신을 가리키며 귓속말하는 것이 보였다. 그는 카키색 바지 대신 청바지를 입고 검은색 가죽 공책을 들고 있었다.

커스틴은 고개를 끄덕이며 그를 향해 미소 짓고는 맥신을 가리키며 두어 문장을 속삭였다. 청년은 맹렬히 메모하며 고개를 끄덕였다.

맥신은 자신이 바보 같은 짓을 또 저지르기 전에 가능한 한 빨리 떠나려고 문을 향해 걸어갔다.

덥고 답답한 회의실에서 시원한 복도로 빠져나오니 한결 후련해졌다. 훨씬 더 시원한 탕비실로 향했다. 맥신은 커피 한 잔을 마실까 생각하다가, 오늘만 다섯 잔째라는 걸 깨달았다. 그때 뒤에서 누군가의 목소리가 들렸다. "안녕하세요. 맥신, 맞으시죠!"

맥신이 돌아섰다. 커스틴과 이야기하던, 회의실의 그 청년이었다. 그는 활짝 웃으며 손을 내밀고는 말했다. "안녕하세요, 전 커트예요. 윌리엄 밑에서 일하는 품질관리자 중 한 명이죠. 회의 때 듣자니 빌드를 실행하려고 라이선스 키와 환경, 기타 여러 가지가 필요하시다고 들었는데, 제가 도울 수 있을 것 같습니다."

맥신은 잠시 청년을 응시하며 그의 말을 제대로 들은 건지 헤아렸다. 며칠 동안 피닉스 빌드를 구축하는 데 필요한 것을 찾느라 여기저기 뒤졌다. 그동안 무신경하고 무표정한 조직에 계속 티켓을 제출해 왔다. 누군가 실제로 자신을 돕고 싶어 하는 것 같아 맥신은 놀랐다.

맥신은 커트가 내민 손을 잡고는 다시 현실로 돌아와 손을 흔들었다. "만나서 반가워요. 전 맥신이고, 그래요, 피닉스 빌드를 만들기 위해 받을 수 있는 도움이라면 뭐든 환영해요!"

맥신은 덧붙여 말했다. "제가 저 안에서 누군가를 곤란하게 한 게 아니었으면 좋겠어요. 지금 벌어지는 일들을 생각해보면 다들 최선을 다하고 있을 텐데 말이죠….”

커트는 더욱 환하게 웃으며 그들이 있던 회의실 쪽을 엄지로 가리켰다. “저 사람들요? 걱정 마세요. 다들 아주 곤란한 상황이라 자기 살아남으려고 남 탓하고 있는 거죠. 퇴근할 때쯤 되면 저들은 맥신이 무슨 말을 했는지 기억조차 못 할 겁니다.”

맥신은 웃었지만, 커트는 진지했다. “그러니까, 피닉스 빌드를 실행시켜야 한다고요? 어디까지 갔고 지금도 여전히 필요한 건 뭐예요?”

맥신이 움찔했다. “노력이 부족해서 그런 건 아닌데, 원하는 만큼 가지도 못했어요.” 맥신은 지금까지 해 온 일과 아직 남아 있는 모든 단계를 상세하게 설명했다. 태블릿에 정리한 체크리스트를 열어서 해야 할 일을 커트에게 보여주며 맥신이 기다리는 목록을 손으로 가리켰다.

“와, 다른 사람들은 맥신이 한 것만큼 가기도 훨씬 전에 포기해요.” 커트가 말했다. “그거, 제가 봐도 돼요?” 커트는 맥신의 태블릿을 가리켰다.

맥신이 태블릿을 건네며 말했다. “당연하죠.” 커트는 손가락으로 목록을 훑어 내려가며 고개를 끄덕였다. 마치 머릿속에 있는 다른 목록과 비교하는 것처럼 보였다.

“문제없어요. 여기 있는 것들 대부분을 드릴 수 있을 것 같네요.” 커트가 말했다. 그리고 미소를 지으며 덧붙였다. “나중에 필요하실 것 같은 사항도 몇 가지 보내드릴게요. 걱정하지 마세요, 모르실 수밖에 없었을 거예요. 저희도 어렵게 배웠거든요. 여기 사람들은 빌드 환경 관련 내용을 제대로 관리하지 못합니다.”

커트는 핸드폰으로 맥신의 목록을 찍고 나서 태블릿을 돌려줬다. “하루나 이틀 후에 연락드릴게요.” 커트가 말했다. “피닉스 프로젝트는 구석기 시대 환경이에요. 그 프로젝트 안에 수백 명의 개발자와 QA 인력이 작업 중이고, 대부분은 자기 몫의 코드 베이스만 만들 수 있어요. 정기적으로 테스트하는 것은 고사하고 전체 시스템을 구축하지도 않아요. 저는 계속 이런 상황을 권한 있는 분들께 얘기하고 있지만, 다들 잘 되고 있다고만 하네요."

커트는 맥신을 빤히 쳐다봤다. "제조 공장을 지원하는 옛 MRP 그룹에서는 그런 걸 참지 않으셨죠?" 커트가 물었다.

"참을 수 없죠." 맥신이 재빨리 대답했다. "회의에서 인상 쓰고 계신 사람이 말한 거랑 같아요. 개발자들은 자신들의 작업 품질에 대해 빠르고 지속적인 피드백을 얻을 수 있는 시스템이 필요해요. 문제를 빨리 찾지 못하면 결국 몇 달 뒤라도 나타나게 되거든요. 그때쯤이면 다른 개발자들이 만든 변경 사항과 섞여서 문제가 어디 있는지 찾을 수 없기 때문에 원인과 결과의 연결 고리가 흔적도 없이 사라져요. 그건 프로젝트를 제대로 관리하는 방법이 아니에요."

커트가 고개를 끄덕였다. "여기서 저희는 회사 내에서 가장 중요한 프로젝트인 피닉스 프로젝트를 1970년대에 프로그램을 관리했던 것처럼 관리하고 있어요. 개발자는 종일 코딩하고, 변경 사항을 통합하고, 테스트하는 건 프로젝트 말미에만 하죠. 잘못될 수밖에 없죠?" 커트는 억지로 웃으며 덧붙였다. "그 사람들은 이런 결정을 제가 신경 쓸 게 아니라고 말합니다."

둘 다 웃었다.

커트는 씁쓸하거나 냉소적인 사람으로 보이지 않았다. 그는 세상 돌아가는 방식을 쉽게 받아들이는 선량한 느낌이었다. 커트가 말을 이어갔다. "맥신의 개발 팀이 얼마나 많은 일을 했고 얼마나 많은 플랫폼을 지원했는지 부럽습니다. 피닉스에는 인원이 열 배나 많지만, 맥신의 이전 팀이 우리보다 훨씬 더 많은 일을 했던 것 같아요."

맥신이 고개를 끄덕였다. 확실히 예전 팀이 그리워졌다.

"아, 그리고! 흥미로워하실 만한 소문이 하나 있어요." 커트는 누군가

엿들을까 봐 두려운지 주위를 둘러보며 말했다. "사라가 피닉스를 이번 주에 론칭하겠다고 밀어붙였는데 스티브가 방금 승인했다는 말이 있어요. 조만간 지옥문이 열릴 거예요. 그 사람들이 릴리스 팀을 구성할 때 따라가고 싶다면 제게 알려주세요. 정말 재미있을 겁니다."

그 이상한 대화가 끝나고 맥신은 책상 앞에 다시 앉아 뭔가를 기다리는 자신을 인지했다. 그녀가 좋아하는 수스 박사의 책 『Oh, the Places You'll Go』(HarperCollins, 2020)에서 따와 책상에 붙여 놓은 인용구를 멍하니 바라보고 있었다.

그 책은 사람들이 물고기가 떡밥 물기를 기다리거나, 연을 날릴 바람을 기다리거나, 제이크 아저씨를 기다리거나, 솥의 물이 끓어오르길 기다리거나 혹은 더 나은 휴식을 기다리는 기다림의 장소를 묘사하고 있었다. 모두가 그저 기다리고 있을 뿐이었다.

> 안 돼!
> 그건 널 위한 게 아니야!
> 어떻게든 넌 벗어나게 될 거야
> 그 모든 기다림과 머무름에서
> 밝은 곳을 찾을 수 있을 거야
> 붐 밴드가 연주하고 있는.

피닉스 프로젝트의 사람들은 모두 정체된 장소에 갇혀 있었다. 맥신은 그곳에서 모두를 구하기로 했다.

오전 11시 45분. 맥신은 달력을 봤다. 이곳으로 쫓겨온 지 겨우 나흘째다. 커트에게서 아무 연락도 없었지만, 맥신은 네 개의 소스 코드 저장소 중 세 번째 저장소에 접근할 수 있었다. 오늘, 맥신은 더 이상 다른 사람들을 기다릴 수 없다고 결심했다.

맥신은 무언가를 만들기로 했다.

그 후 4시간 동안 Makefile, maven POM, bundler, pip, ant, build. sh, build.psh 그리고 찾을 수 있는 모든 빌드 스크립트와 비슷한 것이라면 다 실행해봤다. 대부분은 실행하자마자 실패했다. 일부는 엄청나게 긴 오류 메시지를 내뱉었다.

맥신은 오류 기록들을 샅샅이 뒤지며, 어떻게 하면 제대로 실행시킬 수 있는지 실마리를 찾기 위해 들여다봤다. 땅콩 한 알과 닮은 것을 찾기 위해 배설물 속을 뒤적거리는 느낌이었다. 힘들고 불쾌한 일이었다. 맥신은 자신에게 필요한 것 중 최소한 20개의 관련 모듈이나 실행 파일이 누락된 것을 확인했다. 이것들을 어디서 구해야 할지 누군가 알고 있을까 싶어 여기저기 여러 번 물어보고, 티켓을 열고, 이메일을 보냈지만 아는 사람이 없었다. 3시간 동안 구글과 스택 오버플로우[2]를 활용하면서 인터넷에서 단서를 찾아갔다.

어떻게 할지 판단이 어려워졌을 때, 맥신은 깃허브[GitHub]에서 찾은 비슷한 이름의 구성 요소들을 기반으로 누락된 구성 요소를 처음부터 직접 만들어볼 생각을 했다. 5시간 후, 끔찍한 기분이 들었다. 지치고, 좌절하고, 짜증이 나고, 절대로 내려가지 말았어야 하는 토끼굴을 내려가느라 종일 시간 낭비한 게 확실했다.

기본적으로, 없어진 엔진 부품을 대체하기 위해 알루미늄 캔을 녹여가며 부품을 만드느라 애쓰고 있던 것이다. '정말 바보 같군, 맥신.'

그날 밤 집에 돌아가자, 맥신은 직장에서의 모든 좌절감을 집까지 끌고 왔다는 것을 깨달았다. 남편과 아이들에게는 현재 대화가 불가능하다고

2　스택 오버플로우(stackoverflow.com)는 2008년 제프 앳우드와 조엘 스폴스키가 만든 오픈 웹사이트다. 이 웹사이트에는 컴퓨터 프로그래밍 관련 다양한 주제에 대해 서로 물어보고 답변한다. 매달 1억 명 이상이 방문하며, 누적 500억 건 이상의 대화가 있다. - 옮긴이

경고했고, 냉장고에 있는 두 개의 작은 뵈브 클리코 로제[3]를 찾았다. 10대인 아이들은 맥신을 보자마자, 엄마 앞에서 사라져야 한다는 것을 눈치로 알 수 있었다. "엄마가 기분이 너무 안 좋아"라는 느낌을 얼굴로 뿜어내고 있었기 때문이었다.

가족들이 저녁을 준비하는 동안, 맥신은 침대로 기어들어 가서 영화를 봤다.

'완전히 하루를 날렸어.' 그녀는 화가 나 씩씩댔다.

좋은 날과 나쁜 날의 차이를 생각해봤다. 좋은 날은 중요한 일에 얽힌 문제를 해결하는 날이다. 그 일을 좋아해서 깊이 집중할 수 있기에 시간이 빨리 간다. 일이라는 느낌을 전혀 가질 수 없는, 완전 몰입 상태에 있는 것이다.

나쁜 날엔 모니터에 머리를 갖다 박으며, 배우고 싶지 않지만 당면한 문제의 해결을 위해 필요한 것을 찾으려고 계속 인터넷을 뒤적거린다. 오류 메시지를 없앨 방안을 찾기 위해 쏟아지는 잠을 쫓으며 인터넷을 검색하는 데 얼마나 많은 시간을 낭비했는지 생각하지 않으려고 노력했다.

새로운 날이 밝았다. 숙면한 덕분에 기분이 상쾌해진 맥신은 책상에 앉아 어제의 실수를 되풀이하지 않으려 했다. 바쁘다고 해서 실제로 의미 있는 일을 한 것은 아니다. 컴퓨터에서 어제 하던 일을 꺼내고는 망설임 없이 모두 삭제했다.

그러고는 티켓팅 시스템에 있는 오픈 티켓들을 꺼내 버렸다. 자신의 목표, 열망, 욕망, 욕구를 적극적으로 방해하는 차가운 관료주의에 갇혀 속수무책으로 무력감을 느끼는 것이 싫었다.

---

3 뵈브 클리코 로제(Veuve Cliquot rosé)는 세계적으로 유명한 핑크색 박스에 담긴 노란색 병의 샴페인이다. 고급진 핑크색과 멋진 병 디자인 때문에 여성들에게 특히 인기가 있다. - 옮긴이

맥신은 티켓팅 시스템과 함께한 길고도 복잡한 경험이 있다. 좋은 것도 있고 나쁜 것도 있었다.

지난해 맥신은 커피나 차를 몇 시간 동안 원하는 온도로 유지해준다는 머그잔에 대한 킥스타터 프로젝트에 펀딩했다. 블루투스를 활용하는 그 머그잔은 핸드폰으로 음료 온도를 확인하고 설정할 수 있다. 맥신은 그 아이디어가 마음에 들었고 재빨리 500달러를 지불해 그 발명가를 도왔다.

맥신은 알림을 받을 때마다 기분이 좋았다. 발명가가 원하는 자금 목표 선에 도달했을 때, 제조업체가 선정됐을 때, 첫 생산이 시작됐을 때 맥신은 희열을 느꼈다. 가장 흥분했던 순간은 머그잔이 배달됐을 때다. 집단 여정에 참여해 마침내 처음 만들어진 500개의 머그잔 중 하나를 갖는 것은 너무나 만족스러운 일이었다.

개발 티켓팅 시스템은 전혀 다른 느낌을 줬다. 맥신이 마법의 머그잔으로 느꼈던 환희나 기대와는 완전 반대의 느낌이었다. 그것은 1990년대에 처음으로 초고속 DSL 광대역 패키지를 작동시키려고 했던 끔찍한 경험을 떠올리게 했다. DSL 모뎀을 받았지만 사용할 수 없었고, 그로 인해 인터넷 서비스 리셀러(DSL 서비스를 맥신에게 판매한 회사)와 전화 회사(맥신의 집까지 구리 선을 연결한 회사) 모두를 상대해야 했다.

집에 누가 무엇을 설치했든 간에 전혀 작동되지 않는 게 문제였다. 맥신이 각 회사에 문의했을 때 다른 회사 책임이라는 답변만 돌아왔다. 그 회사들은 맥신의 문제에 관련된 티켓을 찾기도 하고, 찾지 못하기도 했다. 맥신은 잔인하고 무신경한 부조리 속의 암울한 관료주의에 갇혀 있었다. 맥신은 4주 동안 멋지게 생긴 DSL 모뎀이 빨간색 불만 깜빡이는 것을 바라볼 수밖에 없었다. 그 모뎀은 벽돌만큼이나 쓸모없었고, 맥신은 두 회사의 수많은 오픈 티켓을 갖고 있었다.

어느 날, 맥신은 DSL 라인을 활성화하려고 일을 하루 쉬기로 했다. 그녀는 3시간 만에 두 티켓팅 시스템에 모두 접속할 수 있는 레벨3 에스컬레이션 지원 담당자에게 간신히 닿을 수 있었다. 그는 놀라울 정도로 확실한 지식이 있었고, 양쪽 회사의 두 관리자를 전화로 연결하고 필요한 모든 업무를 처리할 수 있는 적절한 키워드를 사용해 맥신의 요청을 적절한 부서에 넘길 수 있었다. 그로부터 한 시간 후, 마침내 64Kbps 광대역 네트워크가 연결됐다.

수십 년이 지난 지금도 맥신은 그 지원 담당자가 얼마나 고마웠는지 기억했다. 맥신은 담당자에게 말했다. "당신이 얼마나 놀라운 일을 했는지, 그 도움에 제가 얼마나 감사했는지에 대해 윗분과 이야기하고 싶습니다." 맥신은 그의 상사와 이야기를 나누기 위해 기분 좋게 10분 더 기다린 다음, 자신이 받은 도움에 대해 아주 상세하게 이야기를 하는 데 10분을 또 썼다.

맥신에게는 레벨3의 지원 담당자가 얼마나 비범하고 영웅적인 일을 했으며, 그의 도움이 얼마나 소중했는지를 설명하는 것이 중요했다. 맥신은 그가 승진 고려 대상이며 그녀의 전화 한 통이 승진을 성사시킬 가능성이 있다는 말을 듣고 만족했다.

그 후, 맥신은 깜박이는 녹색 불빛을 보며 엄청나게 빠른 다운로드 속도를 즐겼다.

그때의 능숙한 지원 담당자를 생각하면서, 맥신은 자신이 문제를 해결하는 것을 좋아하고, 도전을 사랑하며, 자기 일이 얼마나 중요한지를 상기했다. 그것은 모든 개발자의 생산성을 향상하는 데 도움이 될 것이다.

맥신은 심호흡을 하고 나서, 자신이 비난받았던 끈질긴 낙관론을 소환하고, 자신의 이메일에 새로운 티켓 상태 변화가 없는지 주의 깊게 살펴봤다. 대문자를 써가며 서로에게 소리 지르는 것을 살펴보며, 모든 팀의 상태 업데이트를 무시했다. 성질이 더러운 사람이 누구인지는 알아야 나중에 피할 수 있을 테니까.

계속 스크롤하다가 다음과 같은 제목을 보자 맥신의 심장이 뛰었다.

알림: 티켓 #46132 변경: 피닉스 개발 환경

개발 환경이 드디어 준비된 건가?

전에도 속은 적이 있기에 흥분하지 않으려고 노력했다. 어제 맥신은 두 번이나 알림을 받았지만, 티켓에서 아주 사소한 현황 변경일 뿐이었다. 첫 번째는 마침내 누군가가 그 티켓을 봤다는 것이었고, 두 번째는 다른 사람에게 그 티켓을 재배정한 것이었다.

맥신이 이메일에 있는 링크를 클릭하자, 브라우저에 티켓의 전체 이력이 나타났다. 눈을 가늘게 뜨고 화면 가까이 몸을 기울였다. 6일 전(주말까지 계산하면) 티켓을 열었는데, 여태까지 환경 요청에 따라 여러 사람이 작업했고, 지금까지 일곱 차례의 현황 변화가 있었다. 오늘 아침 8시 7분 현재, 티켓이 완료된 것으로 표시돼 있었다.

맥신은 큰 소리로 웃었다. 드디어 운영 쪽 사람들이 일을 끝낸 것이다! 이제 빌드를 할 수 있다!

하지만 다시 혼란스러워졌다. 환경은 어디 있지? 어떻게 로그인하지? IP 주소는 무엇이지? 로그인 인증은 어디 있지?

스크롤을 맨 아래의 메모와 의견이 있는 곳까지 내려 사람들이 티켓 작업을 하면서 입력한 내용을 읽었다. 그 티켓은 밥에서 사라에게, 테리에게, 다시 사라에게 그리고 마침내 데릭에게 갔다. 메모의 맨 아래에 데릭은 이렇게 썼다.

개발 환경을 구축하려면 관리자 승인이 필요합니다. 올바른 프로세스는 아래에 기록돼 있습니다. 티켓을 마감합니다.

맥신의 얼굴이 붉으락푸르락 달아올랐다.

'데릭이란 사람이 내 티켓을 닫았다고?! 그렇게 기다렸는데 관리자 승인 하나 없다고 내 티켓을 닫아 버렸단 말이야?'

'데릭이 대체 누구야?!' 맥신이 속으로 소리쳤다.

클릭할 만한 것을 찾으려고 티켓팅 스크린을 중심으로 커서를 움직였다. 하지만 클릭할 수 있는 유일한 링크는 데릭이 제공한 정책 문서뿐이었다. 데릭이 누구인지, 어떻게 그에게 연락해야 할지 알 길이 없었다. 티켓을 다시 열려고 버튼을 찾았지만, 버튼은 회색으로 처리돼 있었다.

'고마워, 데릭, 이 개자식아!' 맥신이 화를 내며 생각했다.

머리를 좀 식히고 싶어졌다. 맥신은 건물을 뛰쳐나가 사무실 앞 벤치에 앉아 호흡을 가다듬은 뒤 눈을 감고 50까지 세어봤다. 그러고는 다시 사무실로 들어가 책상 앞에 앉았다.

새 티켓을 열기 위해 버튼을 클릭했다. 채워야 할 수많은 필드와 함께 빈 티켓이 나타나자 포기하고 집으로 갈 뻔했다. 맥신은 포기하지 않고, 억지 미소를 지으며 가장 친절한 자아를 소환했다.

안녕하세요, 데릭. 피닉스 프로젝트에 꼭 필요한 제 환경을 위해 애써주셔서 정말 감사드립니다. 티켓 #46132(아래 링크)를 참조하세요. 제 관리자(랜디 키즈)의 승인을 이 티켓에 첨부하면 될까요? 30분 안에 랜디에게서 승인 이메일을 받을 수 있습니다. 오늘 이 일이 확실히 처리되도록 전화할 수 있을까요?

제출 버튼을 클릭하고 랜디에게 개발 환경 생성을 허락해 달라는 짧은 이메일을 쓴 다음 랜디의 책상으로 달려갔다. 랜디가 거기 있었고 회의에 참석하지 않은 것을 보고는 안심했다. 맥신은 랜디에게 필요한 것을 말하고 나서 랜디가 '승인'이라고만 쓴 답장을 보내는 동안 그 앞에 버티고 계속 서 있었다.

책상으로 돌아오자, 맥신은 살벌한 결단력과 끊임없는 집중력을 느꼈다. 개발 환경을 얻기 위해 무엇이든 할 것이다. 자리에 앉자마자 서비스 데스크 티켓에 랜디의 승인을 복사해 붙이고 메모를 남겼다.

데릭, 정말 고마워요. 여기 관리자 승인이 있습니다. 오늘 이 환경을 설정할 수 있을까요?

제출 버튼을 눌렀다.

회사 전화 디렉터리를 꺼내어 IT 조직에서 데릭이라는 이름을 찾아봤다. 세 개 있었다. 맥신이 찾는 사람은 헬프 데스크 부서의 데릭일 가능성이 커 보였다.

맥신은 데릭에게 친절하게 메모를 보내면서 랜디를 참조로 넣어, 미리 데릭에게 그의 도움에 감사하고 자신이 피닉스를 위해 빌드를 실행하게 된 것에 얼마나 고마워하는지 알려줬다. 하지만 실상은 데릭이 자신의 티켓을 처리하는 데 일주일 더 걸릴 수도 있는 대기열의 맨 아래에는 놓지 말라고 애원하는 몸부림이었다.

전송 버튼을 눌렀다. 5초 후 메시지가 도착했다.

자동 회신입니다. 모든 서비스 데스크 관련 작업은 서비스 데스크에 제출하십시오. 이메일을 모두 읽고 72시간 안에 답장할 수 있도록 최선을 다하겠습니다. 급한 일이라면 이 번호로 전화하십시오.

욕설이 튀어나왔다. 데릭이 책상 위에 발을 올려놓고 앉아 비참한 표정의 맥신을 비웃는 모습이 그려졌다. 티켓 #46132, 맥신의 이메일 그리고 세 데릭의 이름과 관련된 모든 것을 프린트해 그들이 앉아 있을 장소를 각각 찾아봤다. 헬프 데스크 데릭은 두 개의 빌딩 건너 아래층에 있었다.

맥신은 데릭이 있는 층의 엘리베이터에서 내려 컴퓨터 앞에 헤드셋을 쓴 사람들이 늘어선 작은 칸막이를 봤다. 창문도 없었다. 천장은 놀라울 정도로 낮았다. 형광등의 윙윙거리는 소리를 들을 수 있었다. 하지만 이상할 정도로 조용했다. '퀴퀴한 공기를 정화하려면 환풍기가 좀 더 필요하겠네'라고 생각했다. 사람들이 타이핑하는 소리와 몇몇 사람이 전화로 다른 사람에게 공손하게 말하는 것이 들렸다.

이 모든 것을 보고 있자니, 맥신은 갑자기 데릭에게 느꼈던 분노에 죄책감이 들었다. 데릭이 어디에 앉아 있는지 누군가에게 물어봤다. 칸막이의 미로 속을 걷던 맥신은 잉크가 떨어져 희미해진 잉크젯 프린터로 인쇄한 데릭의 이름표를 마침내 보게 됐다. 그리고 데릭을 봤다.

맥신의 예상과 달리 데릭은 경직된 관료 출신이 아닌 20대 초반이었다. 동양인인 데릭은 작은 LCD 화면 속 무언가를 살펴보며 진지한 표정을 짓고 있었다. 맥신은 앞에 보이는 싸구려 PC보다 화면이 더 큰 노트북을 갖고 있었다. 데릭을 두고 나쁜 생각을 했던 것이 너무 미안해졌다.

남는 의자가 없어서 데릭의 옆에 무릎을 굽혀 앉았다. "안녕하세요, 데릭." 최대한 다정한 목소리로 말했다. "지난주에 개발 환경에 관한 티켓을 제출한 맥신이라고 해요. 오늘 아침에 관리자 승인이 없어서 티켓을 종료시켰더라고요. 방금 승인받았어요. 그리고 티켓을 종료시켜서 제가 새로 열었어요. 이 문제를 해결할 수 있도록 도와주실 수 있을까요?"

"아, 이런, 티켓을 종료시켜서 죄송해요. 이런 일은 처음이어서요!" 데릭이 진지하게 대답하면서, 자기가 일을 망쳤을지도 모른다는 생각에 심란한 것처럼 보였다. "제가 할 수 있는 것은 승인이 필요한 요청에 승인이 있는지를 확인하는 거예요. 티켓은 다시 열어드릴 수가 없어요. 관리자만 할 수 있거든요. 그리고 새 티켓들은 다음 사람에게 배정되는 대기열에 들어가요. 제 관리자분께 도와 달라고 할까요?"

맥신은 무슨 일이 벌어질지 두려워 움츠러졌다. 그러나 사람들이 우글우글 모여 있는 이곳을 둘러보며 지금 이 일을 바로잡지 못하면 결코 개발 환경을 얻지 못하리라는 것을 깨달았다.

"네, 그렇게 해주세요. 그러면 좋겠네요, 데릭." 맥신이 미소를 띠며 답했다. 둘은 바깥쪽 사무실을 향해 함께 걸어갔다.

그 후 15분 동안 맥신은 데릭의 관리자가 수많은 티켓의 흔적을 능숙하게 따라가며 티켓 히스토리를 조사하는 모습을 지켜봤다. 맥신이 자신의 책상을 떠난 뒤, 사만다라는 사람이 이미 자신의 새로운 티켓을 종료시키면서, 승인을 '노트' 칸에 붙인 부적절한 티켓이라는 의견을 적어 놓았다.

맥신은 냉정을 잃지 않으려 노력했다. 이 사람들은 그녀를 돕는 중이었다. 관리자는 불편을 끼친 것에 사과했다. 관리자는 맥신의 두 티켓을 합친 후 승인자 필드에 랜디의 이름을 넣고 티켓을 다시 제출했다. "이제 랜디가 버튼 하나만 눌러주면 됩니다! 저희가 요청을 바로 승인해드릴 수 없어 죄송해요. 지정된 관리자만 승인할 수 있거든요."

"랜디가 지금 당장 핸드폰으로 승인해주면 안 될까요?"라고 맥신은 목소리 톤을 한층 밝게 만들어 물었다. 그렇게는 안 된단다. 헬프 데스크 환경은 스마트폰이 존재하기 전에 만들어졌고 당시 핸드폰은 7개의 LED 숫자만 표시하는 가방 크기였을 것이다.

맥신은 한숨을 쉬었지만, 마침내 목표를 달성할 수 있겠다는 확신에 그들에게 감사 인사를 했다. 맥신이 떠나려고 몸을 돌리자 데릭이 조심스럽게 물었다. "제가 바보 같은 질문을 해도 될까요?"

"물론이죠. 바보 같은 질문은 없어요. 얘기해 보세요." 맥신은 조울증 환자처럼 보이지 않으려고 애쓰며 웃었다.

"개발 환경이 뭐예요? 전 노트북 문제, 비밀번호 재설정 같은 문제는 다뤄본 적 있거든요. 그런데 '환경'이란 말은 들어본 적이 없어서요."

'그래 이거야.' 맥신은 겸손한 태도로 생각했다. '이번 주 내가 배운 인내, 친절, 공감에 대한 교훈은 데릭과 헬프데스크 부서가 제공해준 거야.'

사람들이 말하는 맥신은 침착하고 동정심이 깊으며 타인에 공감할 줄 안다. 맥신은 자신에 대한 평판에 자랑스러워했다. 하지만 지금, 그런 면모를 전혀 보여주지 않았음을 알았다. 피닉스 프로젝트에 배정된 게 맥신을 나쁜 사람으로 변하게 한 건가?

데릭을 향했던 분노가 얼마나 잘못된 방향이었는지를 깨달았다. 이 가없은 남자는 맥신이 개발자라는 이유로 그녀를 싫어하지는 않았다. 데릭은 심지어 맥신이 요청하는 것이 무엇인지도 몰랐고, 그것이 얼마나 중요한 것인지 알 수도 없었을 것이다. 데릭은 경험이 부족했고, 정해진 규칙에 따라 맥신의 티켓을 종료시켰을 뿐이다. 데릭은 단지 배운 대로 최선을 다해 자기가 맡은 일을 했을 뿐이다.

맥신은 두 시간 후에 자리로 돌아왔다. 그들의 도움에 대한 감사의 표시와 데릭을 원망했던 것에 대한 속죄의 의미로 데릭과 그의 관리자에게 점심 식사를 대접했다. 맥신은 데릭에게 개발이라는 세상에 관해 설명할 기회를 얻었고, 데릭의 간절한 호기심은 전염성이 있었다. 맥신은 헬프 데스크 밖의 기술자들에게 열린 모든 흥미로운 직업에 관해 설명하면서, 데릭이 자신에게 열린 옵션 일부라도 탐색하기를 바랐다.

맥신은 랜디가 그녀의 요청을 승인했는지 확인하기 위해 랜디를 찾아갔다. 랜디는 자리에 없었다. 랜디에게 전화를 걸었다.

랜디는 "자리로 돌아갈 때까지는 승인이 어려워요"라고 말했다. "회의가 끝나자마자 승인할게요. 5시 전에는 끝날 겁니다."

맥신은 갈등을 느끼며 자리로 돌아갔다. 그녀는 자동화된 워크플로우의 필요성을 이해하고 있었다. 제조 공장에서 사용했던 MRP 시스템은 일 분마다 수천 명이 일하는 모든 것을 통제한다. 엄격한 공정 없이는 수천 달러의 비용이 드는 제품을 대량으로 생산할 수 없다.

이곳이든, 수십 년 전에 DSL 모뎀을 설치하기 위해 일하는 회사든, 헬프 데스크 프로세스는 수천 명의 콜센터 직원을 통해 전달하더라도 비교적 일관된 고객 서비스를 제공할 수 있는 꽤 좋은 방법이다.

'그런데 왜 유독 이곳의 티켓팅 시스템이 더 끔찍하게 느껴질까? 모두가 파트 언리미티드에 속해 있는데, 왜 모든 것이 정부 관료나 무분별한 판매업자를 상대하는 것처럼 느껴질까?' 맥신은 곰곰이 생각해봤다. '친구의 부탁을 들어줄 때, 먼저 티켓을 열라고 요구하지 않기 때문이겠지.'

다음 날 맥신은 랜디가 약속을 지킨 것을 확인했다. 개발 환경 티켓은 승인됐지만, 작업을 시작하기에는 아직 멀었다.

승인을 얻었음에도 맥신은 여전히 개발 환경을 기다리고 있었다. 실망한 그녀는 자기 자리에 한가롭게 앉아 기다리는 것이 싫어 이 회의에서 저 회의로 목적 없이 방황했다.

탕비실에서 커피가 완성되기를 기다리며 시간을 죽이고 있는데 맥신의 핸드폰이 울렸다. 티켓 #46132의 변경 사항에 대한 이메일 알림이 화면 가득 차례로 표시됐다. 분산 시스템 그룹에 할당된 가상 시스템 요청, 어떤 그룹의 스토리지 요청, 다른 그룹의 IP 주소, 특정 그룹의 네트워크 마운트 지점, 세 개 그룹의 애플리케이션 설치 등등.

맥신은 기뻐서 감탄사를 연발했다! 산타가 마법의 엘프 군대를 동원해 아주 절실하게 필요한 개발 환경 구축을 도왔다. 드디어 기병대가 온다!

환희에 찬 맥신은 티켓들을 하나씩 꼼꼼히 읽었다. 전체 운영 조직과 관계된 것으로 보이는 많은 부분이 처리 중이었다. 맥신은 문득 하나의 환경을 만드는 데 필요한 인력 규모가 대단히 크다는 생각이 들었다.

자리에 앉아 개발 환경에 대해 무엇을 먼저 할 것인지 계획하고 있는데, 핸드폰이 울려대기 시작했다. 이메일을 열자 받은 편지함에 40통의 알림이 있어 입이 딱 벌어졌다. 스크린 맨 위에는 맥신의 모든 티켓이 종료됐다고 표시된 새로운 알림이 쇄도하고 있었다.

"아니, 아니, 아니야." 맥신은 신음하면서 티켓 히스토리를 처음부터 더듬어봤다. 사용자 계정이 생성되고, 마운트 지점이 구성된 것을 확인했지만, 스토리지 관리자 중 한 명이 보낸 메모가 눈에 들어왔다.

티켓을 종료하게 돼 죄송합니다. 믿기 어려우시겠지만, 저희는 지난 3개월 동안 저장 공간이 부족했습니다. 더 많은 스토리지 확보를 위해 주문했지만 1월까지 신속하게 처리하는 것은 불가능하며, 설상가상으로 모든 컨트롤러의 용량이 이미 다 찼습니다. 구매 부서에 따르면, 벤더에 가장 좋은 할인을 받으려면 연간 2회만 주문

할 수 있다고 합니다. 당신은 요청 리스트 상위권에 있으니 저희가 2월로 일정을 잡도록 하겠습니다.

맥신이 눈을 깜박였다.

지금은 9월이다.

피닉스는 회사에서 가장 중요한 프로젝트다. 그들은 3년 동안 2천만 달러를 썼다. 그런데도 더 많은 디스크 공간을 확보하는 데 고작 5천 달러도 못쓰겠다는 것이다. 이제 맥신은 디스크 공간 때문에 5개월 동안 개발 환경을 갖지 못할 것이다! 맥신은 두 손으로 머리를 감싸 쥐고 키보드를 향해 침묵의 소리를 질렀다.

완전히 패배한 맥신은 멍하니 업무 공간을 배회했다. 오후 2시 30분이었다. 달력에 표시한 회의 중 어느 것도 더 이상 흥미로워 보이지 않았다. 대기하는 것에 불평만 커질 뿐이었다. 뭔가를 기다리는 중이거나, 누군가를 기다리는 중…. 모두 기다리는 일뿐이었다. 맥신은 그 어느 곳에도 끼고 싶지 않았다.

자리로 돌아가 재킷과 노트북 가방을 들고 우선 밖으로 나가기로 했다. 어디로 갈지 모르지만, 오늘은 그냥 여기 있고 싶지 않았다.

운전대를 잡은 맥신은 아이들이 예전에 다니던 학교를 둘러보는 게 좋겠다고 생각했다. 아이들을 만나러 가는 건 아니었다. 맥신의 아이들은 부모님과 함께 있는 모습을 보이고 싶어 하지 않을 나이가 됐다. 그래서 5·6학년[4] 학생들과 방과 후 활동을 위해 만나는 중학교에 가기로 했다. 맥신은 3년 전에 이 학교 교사들이 코딩 클럽을 만들 수 있도록 도운 것을 자랑스럽게 여겼다. 그 코딩 클럽은 엄청나게 인기가 있었다. 그리고 맥

---

4 미국의 학제는 우리나라와 다른데, 대체로 6~8학년을 중학교로 편제하며, 일부 지역에서는 5학년부터 중학교로 편제를 달리하기도 한다. 여기의 5~6학년 학생들은 중학생에 해당한다. – 옮긴이

신은 학생들이 고등학교에 들어가기 전에 과학, 기술, 공학, 수학에 재미를 느낀다는 것을 알 수 있어서 기뻤다.

코딩은 다가올 10년 안에 모든 직업군에 필요한 능력이므로, 이런 기술을 배우는 것은 매우 중요하다고 맥신은 믿었다. 코딩은 더 이상 개발자만을 위한 분야가 아니다.

교실로 걸어 들어가자마자 맥신이 가장 좋아하는 두 아이, 마이아와 페이지가 보였다. 둘은 절친한 친구이면서 치열한 경쟁자이기도 했다. 둘다 똑똑하고, 야망이 있으며, 문제 해결에 재능이 있었다.

이번 학기에는 첫 방문이었다. 맥신은 아이들이 얼마나 컸는지 그리고 코딩 기술이 얼마나 발전했는지를 보고 놀랐다. 자바스크립트로 게임처럼 보이는 것을 만드는 학생, 웹서버에 뭔가를 하는 학생, 핸드폰 애플리케이션을 작성하는 학생 등 다양한 작업을 하고 있었다.

맥신은 그다음 한 시간 동안 각 그룹이 무엇을 하는지 보면서, 그들이 만든 결과를 자랑하는 것을 보고 기뻐하며 웃고, 그들이 맥신에게 질문하자 매우 좋아했다. 마이아와 페이지가 그녀에게 문제 해결을 도와 달라고 부탁하자 맥신은 재빨리 의자를 끌어당겼다.

그들은 파이썬으로 일련의 숫자들에 대한 평균, 최빈값 mode 그리고 사분위 간 범위를 계산하는 실습을 완료하려 했다. 맥신은 그들이 똑같은 실수를 반복해서 저질렀다는 것을 즉시 알아차렸다.

프로그램을 실행하려고 하면, 파이썬 파서 parser 는 들여쓰기 오류를 토해냈다. 그들은 정확히 무엇이 잘못됐는지 알아내려 애썼고, 실수를 없애기 위해 할 수 있는 모든 것을 시도하고 있었다.

"내가 제안을 하나 해도 되겠니?" 맥신이 좀 더 적극적인 자세로 물었다.

"물론이죠, 챔버스 부인." 마이아가 말했다. 맥신은 10대 아이들에게 어떻게 불리길 원하는지 여전히 확신하지 못하고 한숨을 쉬었다.

맥신은 파이썬 들여쓰기 indentation 가 어떻게 작동하는지, 그리고 그것이

다른 프로그래밍 언어와 어떻게 다른지 설명했다. "하지만 어떤 언어를 사용하든, 가장 중요한 것은 항상 프로그램을 실행하는 거야." 맥신이 말했다. "처음 뭔가를 할 때는, 어떤 것이든 바꿀 때마다 프로그램을 실행하는데, 그건 그것이 여전히 컴파일되고 실행되는지 확인하기 위해서야. 그래야 나도 모르게 몇 시간이고 똑같은 실수를 저지르지 않거든. 처음 실수할 때부터 바로잡는 게 좋겠지?"

맥신은 그들에게 어떻게 들여쓰기를 제대로 정렬할 수 있는지 알려줬다. "첫 번째 오류를 해결하는지 보자…."

편집기의 버튼을 살펴봤다. "컨트롤-엔터Control-Enter를 치면 프로그램을 실행할 수 있을 것 같아. 아, 수정할 게 하나 더 있는 것 같네. 그래, 이제 첫 번째 오류를 고쳤어. 작업을 다시 시작하기 전에, 다음 오류를 해결해 보렴. 수정을 하나 할 때마다 계속 확인하면 크게 고칠 일이 없을 거야."

맥신은 자기가 한 말을 되새기며 덧붙였다. "프로그램을 자주 실행할 때 좋은 점 중 하나는 그게 실행되는 것을 보게 된다는 건데, 음, 재미있잖아. 그것이 바로 프로그래밍인 거지."

아이들은 직접 만든 프로그램이 정말로 실행되는 것을 보고는 활짝 웃었다. 결과를 보던 마이아는 뭔가 잘못된 것을 알아차렸다. 계산된 평균값이 틀렸다.

"흠…. 내 생각에 이건 'OBOOff By One' 오류[5] 같아." 맥신은 말했다. "개발자들이 저지르는 가장 흔한 오류 중 하나야. 우리가 배열array의 모든 요소를 반복 실행할 때 종종 일어나는데, 어떤 것이 마지막 요소인지 잘못 계산하는 것을 말해. 그리고 그게 여기서 나타난 것이고. 우리가 마지막 요소를 잘못 계산했어. 믿거나 말거나, 너희들이 실수로 하나의 요소를

---

5 처리할 인덱스가 차이나는 문제에서 발생하는 에러로, 없는 인덱스를 참조하는 경우 예상하지 못한 결과나 런타임 에러가 발생할 수도 있다. – 옮긴이

더 많이 처리하면, 프로그램이 망가지거나 심지어 해커에게 이용당할 수도 있어."

맥신은 이야기하는 동안 웃음을 멈출 수가 없었다. 이 교훈을 아이들에게 전달하는 것에 신이 났다. 지난 수십 년 동안, 상태 변이^{state mutation}와 반복 수행^{looping}은 매우 위험하고 제대로 하기 어렵다는 것을 배웠기 때문이다. 맥신이 10년 전 한밤중에 고친 ODBC 데이터베이스 드라이버는 그녀를 매우 유명하게 만들었는데, 그게 바로 이런 유형의 문제에서 비롯된 것이었다.

이런 문제가 맥신이 함수형 프로그래밍^{Functional programming} 작성 원리를 어디에나 적용하기 위해 애쓰는 까닭이다. 맥신이 가장 좋아하는 프로그래밍 언어인 클로저^{Clojure}를 배우는 것은 지금까지 맥신이 한 일 중 가장 어려운 일이었다. 변수를 변경시키는(또는 변이시키는) 기능이 완전히 없어졌기 때문이다. 당연히 그것은 맥신이 가장 보람을 느낀 점 중 하나였다. 이전에 만들었던 오류의 약 95%가 완전히 사라졌다는 것을 알 수 있어서였다.

함수형 프로그래밍은 정말로 좋은 도구였다.

"멋진 거 보고 싶어?" 맥신이 아이들에게 묻자 고개를 끄덕였다. 맥신은 "난 이렇게 해. 좀 이상해 보이겠지만, 이터레이터^{iterators}를 써서 루프를 완전히 제거할 수 있거든. 이렇게 하면 루프를 작성하는 것보다 쉽고 안전해"라고 말했다.

맥신이 인터넷에서 찾은 파이썬 문서를 살펴보고 편집기에 코드 한 줄을 입력하고는 컨트롤-엔터를 두어 번 누르자 정답이 나왔다.

"어때! 이것 좀 봐. 너희들이 쓴 것과 같은 일을 하지만, 배열의 끝을 확인하는 루프나 조건부 로직이 없어. 사실, 이건 코드 한 줄뿐인데, 'OBO' 실수를 할 위험도 없어!" 맥신은 방금 작성한 코드를 자랑스러워하며 말했다.

아이들이 눈을 동그랗게 뜨며 "오!", "와!" 탄성을 지르자 맥신은 보람을 느꼈다. 정말 기뻤다. 이 작은 실습조차 세상의 불필요한 복잡성을 없애는 데 일조했다는 생각에서다. 이것은 아이들을 수십 년 동안 겪을 좌절에서 구하고 세상을 더 안전한 곳으로 만들지도 모른다.

맥신은 다음 한 시간 동안 팀 사이를 왔다 갔다 하며 아이들이 문제를 해결하는 것을 지켜보며, 더 효과적이고 즐겁게 만들기 위해 여기저기서 작은 요령을 가르치면서 즐거운 시간을 보냈다. 아이들이 실습을 끝내고 크고 무거운 배낭을 쌀 때, 맥신은 기분이 한결 나아졌다는 걸 깨달았다.

사람들이 배우고 싶어 하는 것을 가르치는 데서 오는 기쁨은 굉장하다. 게다가 이 아이들은 정말 최고다. 여기에서는 모든 것이 얼마나 쉬운지 맥신은 느낄 수 있었다. 컨트롤-엔터를 누르면 프로그램이 구축되고 실행됐다. 오류가 있으면 오류를 해결하고 키를 누른 다음 다시 시도했다.

지금의 업무 지옥과는 정반대의 모습이다. 맥신은 여전히 피닉스 시스템의 어떤 부분도 만들 수 없었다. 어찌 된 건지 빌드는 모든 사람에게 일상 업무의 일부가 되는 것을 그만뒀다.

마이아와 페이지는 30분 동안 똑같은 들여쓰기 실수를 했다. 파트 언리미티드에는 100명의 개발자가 더 큰 실수를 하고 있을 것이고, 그들이 뭔가 잘못했다는 것을 깨닫기까지는 몇 달이 걸릴 것이다.

모두가 맥신에게 손을 흔들며 도움 준 데 감사를 표했다. 차에 올라탄 맥신은 운전석 깊숙이 몸을 파묻었다. 놀랍게도, 슬프고 절망스러웠다. 여기서 방금 경험한 기쁨과 배움을 직장에서는 얻을 수가 없었다. 지금의 낙담을 피닉스 프로젝트의 모든 사람이 항상 느끼는지 궁금했다.

맥신이 차에 시동을 걸려고 할 때 핸드폰 진동이 울렸다. 개인 업무 관리를 위해 오픈소스 프로젝트 작업을 함께한 협력자 중 한 명이 보낸 문자 메시지였다. 당시 맥신은 멋진 업무 기록을 위해 5년 전에 이 프로젝트를 시작했다. 맥신은 항상 시간을 어떻게 보내는지 광적으로 기록하는 사람이다.

처음에는 생산성을 더 높이고 싶었고, 이메일, 트렐로Trello, 슬랙Slack, 트위터, 독서 목록은 물론 업무가 생성되는 엄청나게 많은 곳에서 들어오는 자신의 업무를 분류하기 위한 것이었다. 그 애플리케이션은 업무를 쉽게 깃허브, 지라JIRA, 트렐로 그리고 맥신이 다른 사람이나 팀과 소통하는 도구들로 일을 밀어 넣을 수 있게 해줬다.

몇 년 동안, 맥신은 일과 개인 삶에 있어 매일 이 프로그램을 사용해 왔다. 그 애플리케이션은 맥신이 모든 업무를 보내는 곳이기도 했다. 맥신의 마스터 수신함이랄 수 있는데, 맡은 업무를 전부 볼 수 있고 자신이 일하는 모든 시스템 간 업무를 이동시킬 수 있었다.

다른 사람들도 맥신의 애플리케이션을 사용했다. 어떤 사람들은 연결해야 할 툴에 연결하기 위해 어댑터를 썼다. 맥신은 전 세계에서 수천 명이 매일 그것을 사용하고 20명 이상이 적극적으로 코드 작성에 기여하고 있음에 놀랐다.

맥신은 텍스트 메시지에 새로 올라온 풀 리퀘스트pull requests[6]를 확인했다. 누군가 작업 관리자용 새 어댑터를 만들었다. 제안된 변화는 훌륭해 보였다. 맥신은 몇 년 동안 그 일을 하고 싶어 했다. 변화는 매우 깔끔했다. 그 변화가 다른 어떤 것도 망가뜨리지 않고 작동한다는 것을 보여주기 위해 작성한 테스트 자동화 내용을 맥신은 승인했다. 또한, 그 제안자는 자신이 한 일과 그 이유에 대해 몇 단락에 걸쳐 자신의 업무를 기록했다. 그가 그것을 튜토리얼로 바꾼 내용을 다른 사람들도 비슷한 일을 할 수 있도록 맥신은 바로 승인했다.

맥신은 다른 사람들의 독창성과 애플리케이션을 더 좋게 만들려는 그

---

6 내가 수정한 코드가 있으니 내 브런치(branch)를 가져가서 검토한 후 머지(Merge)해 달라고 요청하는 것을 말한다. 예를 들어, 깃(Git)에서 포크(fork)한 저장소를 원본 저장소 관리자에게 머지해 달라고 요청하는 경우다. – 옮긴이

들의 의지를 보는 것이 좋았다. 특히 프로젝트 책임자로서 프로젝트에 기여하는 사람들이 더 효율적으로 일할 수 있도록 하는 것이 자신의 일차적 의무라고 생각했다.

몇 년 전만 해도 20개가 넘는 적극적인 반영 요청이 있었지만, 여러 이유로 맥신은 그것들을 병합할 수 없었다. 변경된 것들이 상충하기도 했고, 때로는 맥신이 작성한 API가 그들이 필요로 하는 것을 충분히 수용하지 못했다. 누군가가 프로젝트에 변경 사항을 제출했는데 아무도 신경 쓰지 않거나 통합할 수 없다고 말해주지 않는다면 낙담할 일이라는 걸 잘 안다. 그런 일이 여러 번 일어나면, 사람들은 결국 프로젝트를 포기하거나 여러 갈래로 나뉘어 공동체가 분열되고 만다.

그래서 이런 일이 맥신의 프로젝트에 나타나면, 맥신은 사람들이 원하는 변화를 빠르고 쉽게 그리고 안전하게 만들 수 있도록 시스템을 재설계하기 위해 몇 주 동안 매일 저녁 시간을 보냈다. 커다란 노력이 필요했지만, 맥신은 개인적으로 모든 요청을 반영해서 기여한 사람들이 굳이 일을 다시 할 필요가 없도록 재구성했다. 그들의 변경 요청이 반영됐을 때 다들 기쁘고 고마워했지만 사실 맥신이 더 기뻤다.

맥신은 애질리티^{agility}가 결코 공짜가 아니라는 것을 알고 있다. 애질리티에 대한 투자가 없다면, 시간이 지남에 따라 소프트웨어는 점점 더 변경하기가 어려워진다. 40년 동안 변하지 않은 부동 소수점 수학 라이브러리 floating-point math libraries와 같은 예외도 있다. 수학은 변하지 않기 때문에 변경할 필요가 없다.

그러나 대부분의 도메인에서, 특히 고객이 있는 분야라면 변화는 진리다. 잘 만든 소프트웨어 시스템은 사람들이 쉽게 기여할 수 있고, 효율적인 속도로 변경할 수도 있는 시스템을 말한다. 그게 바로 재미있고 기여할 만한 가치가 있는 프로젝트를 만들고 가장 활기찬 커뮤니티를 찾는 방법이다.

맥신은 집으로 차를 몰았고 남편이 이미 저녁을 준비했다는 사실에 기뻐했다. 아이들의 옛 중학교를 방문한 맥신의 결정과 흥미진진한 새로운 세대의 괴짜들에 관한 이야기로 아이들을 즐겁게 해줬다.

아이들이 과제를 하러 각자 방으로 들어간 뒤, 맥신은 노트북을 켜고 흥미진진한 새로운 반영 요청을 확인했다. 그러고는 그 코드를 반영해서 노트북을 새 버전으로 돌렸다. 로그인하고 여기저기 클릭하면서 그가 세부 사항을 제대로 만들었는지 확인하기 위해 몇 개의 특수한 상황을 테스트해봤다.

맥신은 미소를 지으며 브라우저에서 반영 요청을 띄우고 그것을 코드 베이스에 병합하도록 버튼을 클릭했다. 제출자에게 감사 편지를 써서 그의 영리함과 진취성을 칭찬했다.

보내기 전에 맥신은 그가 쓴 내용 중 무언가 추가 사항이 있다는 것을 알아차렸다. "맥신, 누군가가 프로퍼티를 수정할 때마다 데스크톱에 수정 알림을 표시할 수 있다면 제가 큰 파티를 열어 줄게요."

'좋은 생각이야.' 맥신이 생각했다. 코드 편집기를 꺼내서 15분 동안 이 아이디어를 구현해봤다. 처음에 실행되자, 맥신은 기뻐서 손뼉을 치며 크게 웃었다. 기분이 아주 좋았다. 이런 기술들의 기적 때문에 적은 노력으로도 많은 것을 할 수 있었다.

맥신은 제안자에게 쓰던 메모를 새로 작성했다.

다시 말하지만, 정말 좋았어요. 저만큼 다들 좋아할 거예요. 고마워요! (그리고 방금 알림 기능을 추가했습니다. 파티를 열어주겠다는 제안은 받을게요.)

발송 버튼을 누른 맥신은 전능한 누군가가 메세지를 보내는 듯한 느낌을 받았다. 중학생들과의 오후, 그리고 자신의 애플리케이션에 기능을 쉽게 추가한 것(피닉스 프로젝트보다 오래된 애플리케이션)은 코딩이 어떤 느낌이어야 하는지 일깨워줬다.

맥신은 집중Focus, 흐름Flow, 즐거움Joy이 있다면 무언가를 만들 수 있었다. 일에 대해 빠른 피드백을 받았다. 사람들은 다른 많은 이에게 의존하지 않고서도 원하는 것을 할 수 있었다. 이것은 위대한 아키텍처가 가능하게 만드는 것이다.

맥신은 회사 전체의 존폐가 달린, 회사의 가장 전략적이며 야심 찬 프로젝트로 옮겨졌다. 그런데 와서 보니, 수백 명의 엔지니어가 마비된 채 해야 할 일을 하지 못하고 있었다.

그 순간, 맥신은 잠시 개인적인 고통이 따를지라도, 중학생들과 자신의 오픈소스 프로젝트를 위해 스스로가 만든 더 나은 생산성을 피닉스 프로젝트에도 갖고 와야 한다고 결심했다.

다음 날 아침, 맥신은 전날 거둔 승리로 여전히 의기양양했다. 하지만 커트의 예상대로 모두가 겁에 질린 상태였다. 모두의 충격과 불신에도 론칭은 취소되거나 연기되지 않을 것이다. 그 대신 피닉스 프로젝트는 내일 5시에 론칭될 것이다.

엔지니어인 스코티가 커크에게 묽은 리튬 결정이 곧 폭발할 것이라고 말했음에도 불구하고 커크 선장은 최고 속력을 내는 버튼을 눌러버렸다. 그래서 오늘은 지루한 현황 회의가 없었다. 사람들은 회의 때마다 공황 상태였다. 한 회의는 질문, 반대 그리고 충격에 휩싸인 불신으로 가득 차 순식간에 대혼란에 빠지면서 아수라장이 됐다. 사람들은 핸드폰과 노트북에 맹렬히 타이핑하고 있었고, 방에 있던 인원 3분의 1은 전화를 걸고 있었다. 마치 40년대의 오래된 영화에서 기자들이 법정을 벗어나 뉴스를 먼저 보도하려고 공중전화가 있는 곳이나 사무실로 미친 듯이 뛰는 장면을 보는 것 같았다.

맥신은 옆에 있는 사람에게 큰 소리로 물었다. "운영 환경에 피닉스를 배포한 적이 있어요?!"

"아니오." 그가 되받아 소리쳤다.

"릴리스 팀이 있나요?" 맥신이 물었다.

"아니오. 크리스, 커스틴, 빌이 오늘 정식 릴리스 팀을 꾸리고 있지만 누가 책임자가 될지 모르겠어요." 그는 초조함과 두려움 속에 손톱을 물어뜯는 시늉을 했다.

말문이 막힌 맥신이 그를 쳐다봤다.

맥신은 다른 사람의 고통을 즐기지 않지만, 피닉스를 둘러싼 이 불꽃놀이를 보는 것은 자신의 티켓에 대한 사람들의 작업 처리를 기다리는 것보다 훨씬 흥미로웠다. 이 난리통을 생각해보면 이제는 아무도 맥신의 티켓을 처리해줄 수 없겠다는 생각이 들어 한숨을 내쉬었다.

그날 아침 늦게 크리스는 QA 디렉터인 윌리엄이 릴리스 팀을 맡을 것이라고 발표했다. 그의 목표는 모든 것을 릴리스할 수 있는 상태로 만들고, 갑작스러운 상황에 부닥친 운영 조직과 협력하는 것이다.

'불쌍한 놈.' 그들은 큰 곤경에 빠진 것이다. 피닉스 개발자들은 일부 코드를 실수로 남겨 놓거나 빌드를 망치지 않고는 자기들의 코드를 합칠 수조차 없을 것이다. 성공적인 운영 환경 배포를 추진하는 것이 매우 낙관적인 것처럼 보였다. '아니면 그냥 미친 짓일 수도 있지.' 맥신은 생각했다.

"윌리엄, 릴리스 팀 회의는 언제예요?" 맥신이 뛰어가는 그에게 물었다. 맥신은 그를 따라잡으려고 같이 달렸다. "내가 도와줄까요?"

"첫 회의는 한 시간 후에 있어요. 얻을 수 있는 도움이라면 전부 다 필요해요." 그는 뛰는 속도도 줄이지 않고 말했다. 맥신은 기뻤다. 마침내 자기 기술과 경험을 활용할 기회였다.

'흥미로운 회의가 되겠군.' 맥신이 생각했다. 맥신은 피닉스 주변에서 개발과 운영 조직이 어떻게 협력하는지를 봐 왔다. 이들 조직은 팀처럼 행동하기보다는, 외교관들이 대사관과 의정서, 공식 절차를 모두 갖추고 불안한 평화를 유지하려 애쓰는, 전쟁 직전의 주권국가처럼 행동했다. 이 두 조직 간의 회의 일정을 잡으려면 정상 회담과 변호사 출석까지 필요할 정도다.

어쨌든 맥신은 이 일에 참여하게 돼 내심 기뻤다. 정상적인 상황은 아니지만, 이것은 맥신이 지금까지 피닉스 프로젝트에서 봐 왔던 것 중 가장 큰 흥미 덩어리다. 맥신의 입이 귀에 걸렸다. '이러면 내가 나쁜 사람이 되는 건가?' 맥신은 궁금했다. 하지만 아랑곳하지 않고 또 웃었다.

일찍 도착하려고 노력했음에도 전략 회의에 늦었다. 회의 장소가 수용할 수 있는 인원보다 많이 모여 두 번이나 회의실을 옮긴 것이다.

회의실은 복도보다 10도는 더 더운 것 같았고, 공기도 탁했다. 회의실 크기에 적절한 수용 인원의 거의 두 배가 되는 50명 정도가 빽빽이 들어찼다. 크리스, 커스틴, 윌리엄 그리고 수석 개발자들과 관리자들이 보였다. 커트는 윌리엄 옆에 앉아 맥신에게 손을 흔들었다.

테이블 반대편에는 빌 팔머가 있었는데, 맥신이 모르는 사람들에 둘러싸여 있었다. 맥신은 그들만의 뭔가 다른 점이 있다는 것을 알아차렸다.

빌의 왼쪽에 가장 덩치가 큰 사람은 불쾌하다는 듯 눈살을 찌푸린 채 팔짱을 끼고 있었다. 그는 믿을 수 없다는 듯이 고개를 가로저었다. "도대체 뭔 말이야? 많은 리눅스 서버가 필요하고…. 얼마나 많은 윈도우 서버가 필요한지는 모르겠다…. 다시 한번 말해봐. '많은 리눅스 서버'가 정확히 몇 대인 거야? 미터법이야? 아니면 파운드법으로 몇 개라고 한 거야? 말 나온 김에 하나 더 묻자. 컴쿼트^{Kumquat} 박스나 탠덤^{Tandem} 같은 게 필요한 거야?"

그의 옆에는 여자 한 명과 젊은 남자 한 명이 있었다. 그들이 비웃는 모습에 맥신은 크랩^{Crabbe}과 고일^{Goyle}을 떠올렸다. 그 둘은 해리 포터의 라이벌인 슬리데린 하우스에서 온 말포이와 가장 친한 친구였던 비열한 두 괴짜다.

"음…." 개발 관리자 중 한 명이 말했다. "사실 컴쿼트 서버에서만 실행할 수 있는 구성 요소가 하나 있어요. 기존 메시지 버스에 만들었던 것의 연장선이에요. 하지만 그건 아주 작은 수정일 뿐이죠. 어떤 문제도 일으키지 않아서 무시해도 될 정도여야 하는데….”

테이블 반대편에 있는 슬리데린 진영뿐 아니라 방 전체에서 ‘끙’ 하는 소리가 들렸다. 맥신이 덩치 큰 말포이를 떠올렸던 남자 옆의 젊은이가 한숨을 쉬었다. “기술적으로 볼 때 컴퀴트는 큰 문제가 없어요. 다만, 운영환경에 대한 작업 부하가 크다는 것을 10년 이상 경험해서 그 특성을 잘이해하고 있습니다. 한 가지 문제라면 그 클러스터의 재부팅 시간이 8시간 가까이 걸린다는 거죠. 보안 패치처럼 재시작해야 하는 일에는 주의를 기울일 필요가 있습니다. 어떤 변경 사항에는 재부팅이 여러 번 필요할 수도 있는데, 그렇게 되면 다운타임이 하루가 될 수도 있고…. 아니면 언제 끝날지 아예 기약할 수도 없는 상황이….”

여기 있는 이들이 모두 운영 인력이라는 것을 맥신은 깨달았다. 맥신의 주변에서 이들을 보지 못한 것은 당연했다.

“웨스, 우리도 그 시나리오가 두려워요.” 개발 관리자가 테이블 건너편에서 대답했다. “3년 동안 이 애플리케이션을 다른 플랫폼에 배치하려고 노력했지만, 더 중요한 일 때문에 항상 뒷전으로 밀려나 있었어요.”

큰 말포이(웨스)는 화가 난 듯한 제스처를 하며 말했다. “그래, 너희 개발자들은 항상 피처가 우선이고, 너희가 만들어 놓은 기술 부채[1]는 청산할 생각도 안 하지…. 헛소리나 늘어놓고 말야.”

빌은 고개도 돌리지 않은 채 큰 말포이에게 말했다. “그만 해, 웨스. 문제를 해결해. 집중하자고!”

“네, 네. 알겠습니다, 보스.” 웨스가 말했다. “리눅스 서버 조금, 윈도우 서버 조금, 컴퀴트 서버 하나…. 알았어. 이제 누가 ‘조금’이 무슨 뜻인지

---

1 기술 부채는 바람직한 방법을 사용하는 대신 쉬운 방법이나 임시방편을 채택함으로써 발생하는 추가적인 재작업 비용을 의미하는 말이다. 금융 부채를 관리하는 것이 중요한 것처럼, 기술 부채도 관리가 중요하다. – 옮긴이

얘기해줄 거지?"

맥신은 개발 관리자들이 머리를 맞대고 각 구성 요소에 대해 필요한 컴퓨터를 표로 정리하는 것을 지켜봤다. 그들은 단지 추측만 할 뿐, 신중하고 구체적으로 용량을 산정하는 게 아니라는 것은 분명했다.

맥신은 이 릴리스가 생각보다 훨씬 더 난감한 상황이라는 것을 깨달았다. 개발자들은 아직도 모든 코드를 통합하지 않았다. 그리고 이들은 애플리케이션의 실행을 위한 운영 환경을 아직 정의하지도 않았으며, '조금'이라는 모호한 용어로 환경에 관해 이야기하는 상황은 확실히 말이 안 됐다.

맥신이 목소리를 높여 물었다. "제품 검색과 주문에 필요한 초당 트랜잭션이 얼마나 되는지 알고 계시나요? 그리고 현재 빌드가 처리할 수 있는 초당 트랜잭션 수는 얼마나 되죠? 그걸 알면 서버를 수평으로 확장할 때 얼마나 많은 서버가 필요한지, 데이터베이스처럼 수직으로 확장된 구성 요소에 대해 얼마나 차이가 나는지 알 수 있잖아요."

방 안이 조용해졌다. 모두 맥신 쪽을 돌아봤다. 그들은 맥신의 지극히 상식적인 질문에 놀란 것 같았다. 웨스의 왼쪽에 앉은 여자가 "고마워요! 그게 바로 우리가 알고 싶은 거예요!"

맥신이 고개를 살짝 끄덕이며 윙크를 했다.

크리스가 일어섰다. "이것은 회사 역사상 매스컴의 주목을 가장 많이 받는 릴리스입니다. 마케팅은 모든 수단을 다 동원했습니다. 그들은 피닉스 론칭에 대한 정보를 퍼뜨리는 데 약 100만 달러를 쓸 예정입니다. 매장 관리자들은 고객에게 애플리케이션을 다운로드하고 토요일에 웹사이트를 방문하라고 얘기해 왔습니다. 심지어 어떤 매장이 가장 많은 신규 모바일 고객을 등록시키는지 콘테스트까지 열었습니다. 모든 산업과 기업 언론을 부추기고 있습니다. 심지어 ABC의 아침 방송 프로그램 '굿모닝 아메리카'까지 사라나 스티브 중 한 명을 출연시키려 애쓰고 있고요."

"제가 마케팅에서 최선의 예측 계산을 받아왔습니다." 크리스는 수첩을 휙휙 넘겨보며 말을 이어갔다. "파트 언리미티드 웹사이트와 모바일 애플리케이션에 총 100만 명이 접속할 것으로 예상해야 합니다. 모든 것이 잘된다면 초당 최소 200건의 주문을 지속적으로 처리할 수 있어야 합니다."

여기저기에서 욕하며 중얼거리는 소리가 들렸다.

방을 훑어보던 웨스는 마침내 크리스에게 시선을 돌렸는데, 웃음이 싹 가신 얼굴이었다. "좋아요, 알게 되니 좋군요." 웨스는 맥신을 가리켰다. "우리 똑똑한 아키텍트께서 피닉스가 현재 얼마나 많은 트랜잭션을 처리할 수 있는지 물었죠. 어때요?"

크리스는 인쇄된 자료를 꺼내는 윌리엄을 바라봤다. "오늘 아침에 보내온 내용입니다. 테스트 환경에서 피닉스는 현재 초당 약 5건까지의 거래를 처리하고 있습니다. 그 이상이 되면 데이터베이스 클라이언트가 다운되기 시작합니다. 모바일 애플리케이션을 포함해서…. 데이터베이스 인덱스가 여러 개 누락된 것 같은데, 아직 어떤 것인지는 파악하지 못했어요."

윌리엄은 고개를 들었다. "아주, 아주 좋지 않네요, 크리스."

웨스는 잠시 망연자실한 채 침묵 속에 앉아 있었다. 그러고는 크리스를 보며 세상 물정에 지친다는 듯 무뚝뚝한 목소리로 말했다. "못 해 먹겠네요, 그렇죠?"

아무도 아무런 말을 하지 않았다. 마침내 빌이 물었다. "웨스, 어떤 도움이 필요하지?"

"…그걸 모르겠네요." 웨스가 답했다. "팀원들이 일에 집중할 수 있도록 엄호해주면 될 것 같은데 말이죠."

그 순간 문 근처에서 커다란 목소리가 들려왔다. "파트 언리미티드의 생존을 위해서는 이 일을 해야 하고, 우린 당연히 해낼 겁니다."

'이런!' 맥신은 생각했다. 사라 몰튼이었다.

밝고 값비싸 보이는 노란색 정장 차림의 사라는 얼굴에서 광채를 뿜고 있었다. 맥신은 어떻게 그럴 수 있는지 궁금했다. 사무실에 있는 형광등은 그 안에 보인 사람의 얼굴을 색깔 없는 송장처럼 보이게 했다. 맥신은 1950년대 침대 밑 시계처럼 자신을 빛내려고 라듐을 메이크업에 첨가하는 것은 아닐까 하고 생각했다. 사라는 위험한 매력이 있었고, 그 방에 있는 사람들은 다들 넋이 나간 것처럼 보였다.

"치열한 경쟁자들이 우리에게서 시장 점유율을 빼앗고 있어서, 우리 시장이 줄어들고 있습니다." 사라가 말했다. "전체 시장 영역을 교란하는 아마존 같은 거대 기술 선도 기업과 수많은 스타트업은 말할 것도 없고요. 스티브가 타운 홀 미팅에서 얘기했듯이, 우리는 이 상황에 대처하기 위해 3년을 준비해 왔습니다. 이제는 전쟁에 나가 정당하게 우리의 것들을 수호해야 할 때입니다."

사라는 방 안을 둘러보며 저항이나 반란의 징후를 살폈다. "이것이 회사 간부들이 결정한 전략입니다. 이 결정에 이의 있는 사람 있습니까?" 사라가 물었다.

맥신은 자신도 모르게 그만 크게 웃어버렸다. 너무 놀라 허겁지겁 입을 가리고는 마음속으로 외쳤다. '정신 차려, 맥신!' 맥신은 나쁜 짓을 하다가 걸린 여고생마냥 사색이 됐다. '내가 언제부터 높은 사람들의 이목을 신경 썼지?' 잠시 궁금해졌다.

크리스가 숨죽여 있으라고 경고한 이후부터라는 것을 깨달았다. 맥신은 멋지고 냉정한 논리만 보여주는 최정예 사빅 장교[2] 표정으로 사라를 냉정하게 응시하려고 노력했다.

"뭔가 웃긴 일이 있나 봐요. 음, 죄송하지만, 이름이 뭐죠?" 사라는 냉랭한 말투로 맥신을 바라보며 물었다.

"맥신입니다." 침착하게 대답했다. "왜 피닉스가 중요하다고 생각하는

---

2 사빅(Saavik)은 스타트렉(Star Trek) 속 가상 인물 중 한 명이다. - 옮긴이

지 말씀하셔서 웃고 있었어요. 하지만 이 방에서는 피닉스를 어떻게 배포시킬지 궁리만 하고 있거든요."

"어느 쪽이든 잘 되는 것은 끔찍하게도 없네." 웨스는 긴장된 웃음을 터뜨리며 큰 소리로 중얼거렸다.

"여러분 중 몇몇이 우리 미션을 믿지 않는 게 보이네요." 사라는 방 안의 사람들을 평가하듯 말했다. "글쎄요, 타운 홀에서 말씀드렸듯이, 우리를 여기까지 오게 한 기술이 꼭 우리가 가야 할 곳으로 데려다줄 기술과 같을 필요는 없겠죠. 리더로서 우리는 목적에 맞는 사람들이 한배에 타고 있는지 알아내야 하죠. 스티브에게도 계속 얘기할 겁니다. 이번 릴리스가 그에게 개인적으로도 중요하다는 것을 잘 알고 있거든요."

스티브의 이름을 들은 크리스는 믿을 수 없다는 듯이 맥신을 바라보다가 두 손으로 얼굴을 가렸다. '저자세를 유지한 건 잘했어.' 맥신이 자찬했다.

"좋아요, 사라. 그 정도면 충분해요." 빌이 일어서며 말했다. "스티브에게 이 문제 중 몇 가지를 알리고 팀이 릴리스를 실행하는 방법을 알아내도록 합시다. 우린 여기서 방해만 하고 있어요."

"그래요, 스티브도 알 건 아셔야죠." 사라가 말했다. 그녀는 방을 나가려고 몸을 돌리다가 다시 맥신을 돌아봤다. "생각하고 있는 걸 말해줘서 좋아요. 주중에 시간 한번 내서 같이 점심이나 하시죠. 당신을 더 잘 알고 싶군요."

'이게 무슨….' 맥신은 헤드라이트 앞에 선 사슴처럼 얼어버렸다.

"여자들끼리 뭉쳐야 하지 않겠어요?" 사라가 윙크하며 말했다.

맥신은 얼어붙은 듯한 미소를 지으며, "으음…. 감…감사합니다. 그거 좋겠네요." 맥신은 빤히 보이는 거짓말을 너무 많은 사람이 목격했다는 것에 당황하며 자기 자신을 증오했다.

"시간 한번 내보시죠." 사라는 온화한 미소를 지으며 말했다. "그리고 멘토가 필요하다면 제가 기꺼이 해드릴게요." 그녀는 핸드폰을 보며 말했다. "스티브네요. 저한테 볼일이 있나 봐요. 기억하세요, 우리 모두 낙관적이어야 해요."

사라가 사라지자 맥신은 어안이 벙벙해져 길게 숨을 내쉬었다. 맥신은 중요한 일에 도움 줄 사람들을 찾을 수 있는 훌륭한 네트워크를 갖는 것이 얼마나 중요한지 알고 있었다. 하지만 사라가 아무리 영향력 있는 사람이라 해도 그녀와 엮이는 것은 그다지 좋은 일이 아니었다. 맥신은 누구를 사귀느냐에 매우 까다롭다.

그 후 한 시간 동안 맥신은 릴리스 팀이 대규모의 피닉스 론칭을 지원하기 위해 무엇이 필요한지 최대한 이해하려고 노력하면서 여러 그룹 사이를 떠돌았다. 최소한 12가지의 서로 다른 기술 스택을 배포해야 하는데, 그건 맥신이 여태까지 빌드 규모를 추정한 것 중 가장 컸다.

맥신은 윈도우와 리눅스의 다양한 애플리케이션 서버와 웹에서 실행되는 프론트엔드 애플리케이션에 대해 잘 알고 있었지만, 두 개의 모바일 애플리케이션(아이폰용과 안드로이드용)과 업무 전반에 걸쳐 최소 10개의 서로 다른 백엔드 시스템 간 연계되는 피닉스의 문제를 수용하기 위한 변경을 다 알 수는 없었다.

맥신은 또한 운영 환경에서 모든 애플리케이션을 실행하기 위해서는 서버 관리 팀, 가상화 팀, 클라우드 팀, 스토리지 팀, 네트워킹 팀 등이 필요하기 때문에, 운영 팀을 포함한 두 배 이상의 팀이 관여한다는 사실을 간과하고 있었다.

왜 운영 환경 배포가 기술 관련 조직에서 가장 복잡한 활동 중 하나인지를, 이 모든 것이 맥신에게 상기시켜줬다. 배포는 서로 다른 조직 간 매우 많은 조정을 필요로 했다. 더구나 피닉스는 단순한 배포가 아니었다. 피닉스는 고객과 상호 작용하는 방식을 포함해서 조직의 거의 모든 부분을 바꾸기 위해 만들어진 시스템이었다.

맥신은 이야기를 들으면 들을수록 기분이 나빠졌다. 너무나 많은 부분이 명확하지 않은 현재 상황에서는 처음부터 모든 것을 제대로 한다는 것 자체가 불가능해 보였다. 환경을 조성하기 위해 맥신은 수십 장의 티켓을 열어야 했지만, 여전히 성공적이지 못했다. 피닉스를 배포하려면 수백, 아니 수천 장의 티켓이 필요할 것이라는 생각이 들었다.

맥신이 앉아 있는 그룹의 프로젝트 관리자가 말했다. "방화벽도 많이 변경해야 하지 않을까요? 외부 트래픽뿐만 아니란 말이죠. 이런 시스템 중 몇 개는 아직 서로 연계 테스트를 한 적이 없는 것 같은데…."

맥신은 눈썹을 찡그렸다. 여기저기서 신음이 들렸다. "아, 끝내주네요. 방화벽 팀에 변경 요청을 신청하려면 보통 최소 4주가 필요한데요." 패티라는 여자가 말했다. "변경 관리 프로세스가 느리다고 생각하세요? 그나마 정보 보안에 비하면 엄청 빠른 거예요."

맥신 뒤에서 갑자기 요란한 소리가 나며 문이 열리자 패티가 고개를 들었다. "음, 호랑이도 제 말 하면 오네요. 정보 보안 책임자인 존이에요. 재미있겠네요…." 패티가 말했다.

존은 30대 후반에 정상보다 9킬로그램이 더 나가는 과체중이지만, 옷은 헐렁했다. 옛날 서양 영화에서처럼 존은 양옆에 두 사람의 호위를 받고 있었다. 남자 한 명과 여성 엔지니어 한 명인데 어렴풋이 낯익어 보였다. "마침내 여러분을 다 찾아냈군요." 존은 마치 무법자들을 추적하는 보안관처럼 주위를 둘러보며 비웃었다. "저는 피닉스 애플리케이션을 배포하려는 미친 계획 때문에 여기 왔습니다. 이번 배포는 제가 죽기 전까지는 안 됩니다."

존 뒤에 있던 여자가 난처한 표정을 지었다. 존이 이런 말을 하는 것을 본 적이 있는 것 같았다. 존은 말을 이어갔다. "피닉스 프로젝트에는 수천만 줄의 새로운 소스 코드가 있으며, 우리 팀이 취약성을 테스트하기 전까지는 배포할 수 없습니다. 방금 감사관들과 아주 흥미로운 회의를 하고 나왔는데, 우리가 운영 환경에 무언가 변화를 가해 컴플라이언스를 위태롭게 한다면 감사관들은 그걸 친절하게 받아주지는 않을 겁니다."

"저는 CIO와 IT 운영 담당 부서장이 그냥 넘어갈 수 없는 일부 컴플라이언스 감사 결과 때문에 해고당했다는 상당히 확실한 소식을 들었습니다." 존은 계속 말했다. "컴플라이언스는 단순한 도덕적 의무나 계약적 의무가 아니라는 경고로 받아들이시길 바랍니다. 컴플라이언스는 법입니다."

맥신은 존이 그 대사를 몇 번이나 리허설했는지 궁금했다. 그러면서 '꽤 좋은 대사네'라며 인정했다.

커스틴이 방 앞쪽에서 말했다. "알다시피 피닉스 출시 결정은 저 위에서 내려왔어요. 스티브 마스터즈 CEO와 리테일 SVP인 사라 몰튼이죠. 사라는 방금까지 여기에 있었고, 우리에게 그걸 상기시켜주고 갔어요. 릴리스는 토요일 아침에 매장이 문을 열면 모든 것이 가동에 들어갈 수 있도록 내일 5시부터 시작할 예정입니다."

"그건 커스틴 생각이겠지요." 존이 말했다. "저는 지금 당장 스티브에게 이야기하러 갈 겁니다. 제가 이 광기를 막을 테니 안심하세요."

그는 웨스 쪽으로 돌아섰다. "감사관들과의 회의에 참석하셨잖아요. 그럼 지금 상황이 얼마나 심각한지, 왜 내일 릴리스를 시작할 수 없는지를 사람들에게 얘기해주십시오!"

웨스는 재빨리 대답했다. "아니, 난 빼주세요, 존. 버스는 이미 떠났고, 엎지른 물은 다시 주워 담을 수 없어요. 우리가 할 수 있는 유일한 방법은 로켓이 발사대에서 폭발해 모두가 죽는 걸 막는 일뿐이에요. 은유법을 써서 미안해요." 웨스는 큰 소리로 웃으며 누가 자기 말에 동의하는지 보기 위해 방 안을 둘러보며 말했다.

"아니면 직유법인가?" 웨스가 어리둥절한 표정으로 불쑥 물었다.

존 뒤에 있던 여자가 무뚝뚝한 목소리로 말했다. "은유법이죠, 웨스. '쓰레기 더미'라고 말하면 은유고요. '쓰레기 더미 같다'라고 말하면 직유가 되죠."

"고맙군요, 섀넌." 웨스가 활짝 웃으며 말했다. "난 그게 항상 헷갈리더라고."

존은 섀넌을 노려보다가, 웨스에게 화를 내며 말했다. "이 일에서 빠질 수 없어요, 웨스. 이 릴리스 중단은 웨스가 도덕적으로 책임져야 하는 일입니다!" 그는 방을 쭉 둘러봤다. "이번 릴리스를 중단시키는 것이 여기 계신 모두의 도덕적 책임입니다! 제 입장은 아실 겁니다. 제가 말했듯이, 이 릴리스는 제가 죽기 전엔 안 됩니다."

웨스가 중얼거렸다. "항상 바라는 것까지는 가능하지."

존과 그의 일행이 떠나자 맥신은 킬킬거리는 소리를 들었다. 커스틴이 약간 불편한 표정을 지으며 일어섰다. "글쎄요, 우리는 금요일에 피닉스를 배포하기로 약속했다는 것을 말씀드려야겠습니다. 하지만 여러분 중 누구라도 이번 릴리스에 참여하지 않을 도덕적 의무가 있다고 느끼신다면, 제게 알려주세요."

웨스는 낄낄거렸다. "커스틴, 이 길을 가는 건 내가 일하면서 본 것 중 가장 바보 같은 짓이에요. 하지만 팀을 지원하기 위해 우리가 할 수 있는 일을 할 거라고 약속하죠." 지치고 체념하는 기색으로 웨스는 말했다. "그냥 해치우자고요."

맥신은 주위를 둘러보며 사라에 이어 존의 갑작스럽고 초현실적인 등장을 생각해봤다. 맥신은 스타트렉처럼 우주를 소재로 한 재미있는 책인 존 스칼지와 윌 위튼의 『레드셔츠』(폴라북스, 2014)를 떠올렸다. 그 책은 주변을 배회하는 이름 없는 하층민을 뜻하는 레드셔츠의 관점에서 쓰인 것으로, 그는 선내 장교들과 교류하는 것이 나쁜 일이라는 것을 알게 된다. 누구든 선내 장교들과 함께 지구에 가기로 선택된 사람은 엽기적인 방법으로 죽을 운명이었다. 알테란Alteran의 혈액 벌레, 마인드 바이러스, 육식성 식물, 잘못된 클링곤 폭발Klingon disruptor 등. 이 책에서 레드셔츠는 커크 선장이나 스팍 사령관 같은 사람들이 갑판 아래로 내려오는 것을 감지하는 센서를 도처에 심어 그들이 숨을 수 있는 환경을 만들었다.

맥신은 선내 장교들인 파트 언리미티드의 경영진이 기술 조직에 종사하는 '레드셔츠'의 일상 업무와 너무나 단절돼 있다는 것에 낙담했다. '우주를 구하는 것'이 피닉스에 달렸다고 모두에게 상기시켜준 사라는 도움되는 것이 없었다. 그리고 존의 '올바름을 추구하는 도덕성'에 호소하는 것도 아무런 도움이 되지 않았다.

'회사가 직면한 위협이 진짜라는 것을 모두가 알고 있어.' 맥신이 생각했다. 선내 장교들의 업무가 회사 전략으로 실행 가능한지 확인하는 것이지, 사람들에게 그 전략을 상기시키면서 사람들을 죽을 만큼 세세하게 관리하는 것은 아니다. 그들의 업무는 모두가 자기 일을 끝낼 수 있도록 하는 것이어야 한다.

어쩌다 이렇게 된 거지?

맥신은 끝없는 피닉스 릴리스 회의와 론칭 소용돌이에 비슷하게 빨려 들어간 사람들에게 둘러싸여 있다가, 샌드위치를 들고 너무 지쳐 자기 자리로 몸을 질질 끌며 돌아갔다. 이상하게도 몇몇이 그저 평범한 하루인 것처럼 책상에서 즐겁게 일하는 모습을 봤다.

호기심이 많은 맥신은 그들 중 한 명에게 왜 별로 걱정하지 않는 것처럼 보이는지 물었다. 그는 어리둥절한 표정으로 대답했다. "전 개발자입니다. 피처 작업을 하죠. QA와 운영 팀이 테스트하고 배포할 수 있도록 피처를 전달합니다. 그리고 나서 다음 릴리스의 피처 작업을 하죠. 그걸로도 충분히 바쁘거든요."

맥신은 그의 말에 당황하며 그 자리를 떠났다. 그동안 일하면서 모든 테스트와 배포를 다른 사람에게 맡긴 적이 없었다. '사용에 대한 피드백을 받지 못한다면 가치 있는 것을 어떻게 만들지?' 그녀는 생각했다.

맥신이 자리에 도착했을 때 이미 커트가 검은색 3링 바인더를 들고 그곳에 와 있었다. 맥신을 보자 커트는 환하게 미소 지었다. "선물이 있어요!"

색인 태그로 가득한 80쪽짜리 문서였다. 제목을 훑어보는 것만으로도 맥신의 가슴이 뛰었다. 그것은 힘들게 모은 피닉스 빌드 지침서로 문서는 물론 라이선스 키, 단계별 튜토리얼, 심지어 여러 비디오 링크까지 완벽하게 갖추고 있었다. 비디오 링크를 얼핏 살펴보니, 'uberjar를 망가진 운영 환경의 웹 클러스터에서 실행시키기(8분)', '운영 팀과 상관없이 자기가 만든 애플리케이션을 모니터링하는 방법(12분)' 등이 있었다.

맥신은 20자 16진수 문자열로 된 활성화 코드와 라이선스 키를 봤다. 네트워크 공유를 위한 사용자 이름과 임시 비밀번호가 보였다. 무엇보다 관리자 권한이 있는 4노드 가상 머신 클러스터 링크가 있었다! 그 말은 맥신이 별도의 서비스 데스크 티켓을 작성하지 않고도 그녀가 원하는 것은 무엇이든 할 수 있다는 것을 의미했다!

맥신은 말문이 막혔다. 눈에 눈물이 차오르는 것을 느꼈다. '고작 라이선스 키 때문에?'

혹시 모든 관점을 잃어버린 건 아닌지 의아했다. 피닉스 프로젝트에 갇힌 후, 누군가 그녀가 필요로 하는 것에 대해 실제로 관심을 준다는 것은…. 너무나 예상 밖이었고, 너무나 감사한 일이었다.

맥신은 가족과 함께 새로운 난민 가족을 돕기 위해 하루 동안 자원봉사했을 때를 떠올렸다. 난민 가족들이 음식, 비누, 세탁 세제를 받고 울었을 때 맥신의 10살과 8살짜리 아이들이 어떻게 반응했는지 기억났다.

도움이 정말 필요한 사람에게 무언가를 제공하는 것만큼 보람 있는 일은 없다. 맥신은 절실하게 도움이 필요했고 그것을 받았다.

벅찬 느낌을 받으며 맥신은 문서들을 획획 넘기며 살펴봤다. 설정해야 할 윈도우 레지스트리 키로 구성된 긴 목록이 보였다. "너무 걱정 마세요, 맥신." 커트는 맥신의 감정적인 반응을 정중하게 무시하며 말했다. "이 문서들의 내용은 제가 보낸 메일의 첨부 문서 파일에도 있으니, 필요하다면 내용을 복사해서 붙여넣을 수 있을 겁니다."

커트가 눈을 반짝이며 덧붙였다. "그리고 우리가 뭔가를 놓쳤을 때 어떤 메모도 통합할 수 있는 위키 페이지 링크도 있어요. 맥신이 한 일을 정말 고맙게 여기는 사람도 많이 있거든요. 몇 달 동안 피닉스 빌드 퍼즐을 깨려고 노력했어요! 하지만 풀 타임으로 그 일에 매달릴 수 있는 사람은 없었죠. 우리가 모든 조각을 모으는 데 맥신이 만든 노트가 도움 됐어요. 이걸로 몇 달 치 일이 줄어든 거죠!"

맥신이 눈살을 찌푸렸다. 커트가 무슨 말을 하고 있는지 전혀 알지 못했지만, 신경조차 쓰지 않았다. "정말 고마워요! 이게 제게 얼마나 중요한지 말로 표현 못 해요. 이 은혜를 어떻게 갚죠?"

"다른 엔지니어들의 생산성을 높일 수 있도록 지원하는 엔지니어를 도울 수 있는 모든 것으로요." 커트는 웃었다. 그러고는 진지한 표정으로 덧붙였다. "이런 위대한 위업을 방해하는 상당한 역경과 거대한 장애에도 불구하고, 이 모든 것을 이룬 사람들을 만나고 싶다면, 오늘 밤 5시에 도크사이드 바Dockside Bar에 오세요. 우린 목요일마다 거기서 만나거든요."

"잠깐만, 잠깐만." 맥신이 의심스럽다는 듯이 말했다. "이 모든 것이 의미가 있다면, 어째서 모두가 이것을 사용하지 않고 있는 거죠?"

"그건 매우 좋은 질문인데, 대답 또한 매우 놀랍죠." 커트가 말했다. "거두절미하고 핵심만 말하자면 '공식 빌드 팀'이 이걸 승인하지 않았다는 거죠. 그들은 우리가 하는 일을 귀찮은 것으로, 더 나쁘게는 경쟁으로 보는 것 같아요. 회사 역사상 가장 크고 가장 위험한 애플리케이션이 출시되기 전날, 이런 상황이 정말 이상해 보이지 않나요?"

"어쨌든 간에 우리가 한 일이 마음에 든다면, 그걸 필요로 하는 사람들과 얼마든지 공유하세요. 오늘 밤에 더 설명해드릴 수 있어요. 꼭 5시에 합류해 주세요. 맥신을 만나고 싶어 안달이 난 사람이 많아요!" 커트가 말했다. "그리고 빌드가 잘 되길 빕니다!"

맥신은 노트북에서 윈도우를 열어 커트가 준 설명서를 따라 하기 시작했다. 그것이 실제로 작동하는 개발 환경일 수도 있다는 것을 깨닫는 순간 흥분감이 더 커졌다.

로그인한 후 명령줄에 'make'를 입력하자 화면에 행복한 결과물이 스크린 가득 나열되기 시작했고 맥신은 활기가 넘쳤다.

파일이 정리되고, 바이너리가 연결되고, 프로그램이 복사되고, 빌드 도구가 설치되고 실행되고…출력이 지속적으로 나오고, 또 나오고, 나오고….

놀랍게도, 모든 것이 10분 동안 계속 진행되고 있었다. 15분…30분…. 오류 없이 계속되는 것을 보고 맥신은 안심했지만 피닉스 빌드의 크기에 놀라기 시작했다. 엄청나게 크다.

45분 후, 화장실 가는 것을 더는 미룰 수 없었다. 자리를 비우면 무언가를 놓칠 것 같아 너무 두려웠다. 화장실에 급하게 갔다 와서는 아직도 터미널 윈도우에 끝없는 출력이 생성되면서 빌드가 아직 실패하지 않은 것을 보고 안심했다.

재미있는 것을 놓친 것이 없는지 히스토리를 스크롤해 살펴봤다. 계속되는 빌드를 지켜보려고 다음 릴리스 팀 회의를 가지 않기로 결심하고 보니 약간 무책임해 보이긴 했지만, 훌륭한 빌드 프로세스가 있다는 것은 좋은 코드 배포와 릴리스 프로세스에 대한 열쇠라는 것을 잘 알고 있었다. 그리고 어쩌면 이 미스터리한 후원자들의 도움으로 맥신은 마침내 피닉스 빌드를 정복하기 직전까지 왔는지도 모르겠다.

피닉스의 몇 가지 요소는 처음 보는 것이다 보니, 빌드 출력은 최면을 거는 듯하면서도 교육적이었다. Java JAR 파일, NET 바이너리, 파이썬, 루비 스크립트 그리고 수많은 배시bash 스크립트가 있었다.

'잠깐, 순간적으로 나타난 저게 리모트 쉘remote shell과 인스톨러installer인가?' 그 것이 무엇인지 파악하기도 전에, 윈도우는 바로 사라졌다. 피닉스의 크기 와 다양성에 대한 맥신의 경외심과 함께 걱정도 커지고 있었다.

맥신은 어디선가 이클립스Eclipse가 다운로드되는 것을 보고 더 뒤로 스 크롤하려고 했다. '도대체 뭐지?' 하는 생각이 들었다. 20분이 더 지나자, 맥신은 분명히 인스톨쉴드InstallShield 설치 프로그램을 봤다고 확신할 수도 있지만, 점점 지쳐가며 어쩌면 무언가를 상상하고 있었는지도 모르겠다는 생각이 들었다.

빌드 출력을 한 시간 넘게 보고 나니 화면에 집중하는 게 어려웠다. 하 지만 피닉스에서 일하는 다른 팀의 다양한 특성과 기술력을 확실히 볼 수 있었다. 그렇게 많은 줄 몰랐다.

'이건 미친 짓이야.' 맥신은 생각했다. '피닉스에서 일하는 팀이 이렇게 많을 리가 없잖아?' 특히 이 시스템은 매우 다양한 기술 스택으로 구축돼 있었기 때문에, 한 사람이 이 시스템을 전체적으로 이해할 수 있을지에 대한 의문 도 생겼다.

맥신은 보통 엄격한 표준화를 좋아하는 사람은 아니지만, 모두가 그때 그때 원하는 것을 선택하게 하는 편은 아니었다. 어떤 결정은 몇 년, 혹은 수십 년 동안 그것을 지원하겠다는 약속이었다. 이런 결정은 한 팀을 넘어 서는 파급 효과가 큰 결정이었다.

개발자 대부분이 그렇듯이 맥신은 그 빌드를 쳐다보는 것을 멈추면 실 패할 것이라는 미신을 많이 믿었다. 마침내, 빌드를 시작한 지 거의 3시간 후에, 빌드 윈도우에서 스크롤링돼 나오던 출력이 멈췄다. 다음 글을 읽 고 맥신은 가슴이 내려앉는 느낌을 받았다.

builder: ERROR: missing file: credentials.yaml

'젠장!' 맥신에게 없는 로그인 인증이 필요했다.

커트에게 문자를 보내자 곧바로 답장이 왔다.

"아, 네. 액티브디렉터리^{ActiveDirectory} 계정에 연결된 로그인을 하려면 티켓을 열어야 해요. 그걸 해결할 사람은 수잔뿐이에요. 수잔의 연락처를 전달할게요."

맥신은 수잔에게 이메일을 보내는 대신 수잔의 자리를 찾아갔고, 이 누락된 파일에 보안 그룹에서 온 암호 인증서가 들어 있다는 것을 알 수 있었다. 수잔은 새로운 인증서를 얻는 방법을 찾기 위해 수년간의 이메일을 뒤졌다. 원하는 것을 발견하자 맥신은 수잔의 핸드폰으로 이메일 주소를 사진으로 찍었다.

피닉스 빌드가 실행되는 것이 바로 목전이었다!

피닉스 빌드에 진전이 있어서 아직 기분이 좋은 맥신은 커트와의 비밀스러운 만남 시간에 맞춰 5분 거리에 있는 도크사이드 주차장으로 가려고 차에 껑충 뛰어올랐다.

맥신은 주차장에 있는 빛나는 새로운 렉서스 IS300이 커트의 차라고 생각했다. 옆에 주차한 닷선 300이 그의 차라는 생각은 들지 않았다. 모임이 도크사이드에서 열린다는 것은 놀라운 일이었다. 도크사이드는 기술직 종사자보다 공장 노동자들이 오랫동안 즐겨 찾는 곳이었다.

맥신은 그날 오후 몇몇 사람에게 커트에 관해 물었다. 몇 사람이 커트가 얼마나 유능하고 도움 되는지 묘사하면서 맥신에게 커트에 대한 열렬한 지지를 보냈다. 맥신이 예전에 속했던 조직의 한 개발 관리자는 커트를 전체 기술 조직에서 매우 똑똑한 사람 중 한 명이라고 했다. 재미있게도 맥신의 동료 중 한 명은 다음과 같이 문자를 보내왔다.

커트? 제일 똑똑한 사람은 아니야. 그래서 QA에 갇혀 있는 거야. 그런데 정말 오지랖이 넓어. 근데 그건 왜 물어?

맥신은 더욱 궁금해졌다. '커트는 정확히 뭘 꾸미고 있는 거지?' 커트가 선물로 준 바인더는 아마도 수개월이 될 수도 있었던 맥신의 기다림을 덜어줬다. 하지만 커트의 동기는 무엇일까? 커트는 분명히 사람들이 필요로 하는 것을 얻는 데 있어 유리한 위치에 있는 건 분명했다. 커트가 기업 자원을 도용하고 있지는 않다고 맥신은 확신했다. 그리고 커트가 그랬대도, 왜 커트는 바인더를 맥신에게 건넸을까?

문 안으로 들어서자마자 맥주 냄새가 훅 들어왔다. 여기에 몇 년 동안 오지 않았는데, 기억보다 훨씬 깨끗하고 밝은 것을 보고 맥신은 안심이 됐다. 바닥에 날아다니던 톱밥도 없고, 밖에서 보는 것보다 공간도 널찍했다.

바는 반쯤 찼지만 시끄러웠다. 아마 깨끗하게 청소된 시멘트 바닥 때문인지도 모르겠다.

맥신을 본 커트는 미소를 지으며 몇 개 부스 옆에 있는 바 너머 테이블로 오라고 맥신에게 손을 흔들었다. "여러분, 여기는 맥신이에요. 반란군의 가장 새로운 구성원이죠. 그동안 제가 얘기했던 분이에요."

맥신은 피닉스 현황 회의에서 환경에 관한, 자신을 지지했던 그 까다로운 개발자를 바로 알아봤다. 오늘 아침 존과 함께 있었던 섀넌이라는 이름의 자그마한 여자를 보고는 깜짝 놀랐다. 30대 후반의 한 남자와 함께, 이곳과 전혀 어울리지 않는 어떤 사람이 앉아 있었다. 그는 50대로 보였고 볼링 셔츠를 입고 있었다. 그의 옆에는 피닉스 릴리스 회의에서 맥신도 봤던 브렌트가 있었다. 브렌트와 섀넌은 그 테이블에서 가장 어렸다.

모든 사람 앞에는 노트북이 열려 있었다. 문득 맥신도 노트북을 갖고 올 걸 싶었다. 최근에는 할 일이 거의 없어서 노트북을 들고 다니는 버릇이 없어졌다.

"데이브 기억하시죠?" 커트가 까탈스러워 보이는 개발자를 가리키며 말했다. "데이브는 데브 팀 리더 중 한 명이에요. 불평은 많지만 기술 부채를 청산하면서 아키텍처, 플랫폼, 프랙티스를 현대화해야 한다고 가장 큰 소리를 내고 있을 겁니다."

커트가 웃었다. "데이브가 좋은 이유는 절대로 허락을 구하지 않기 때문이죠!"

투덜이 데이브는 시원하게 웃으면 통증이라도 생기는지 설핏 미소를 지으며 맥신에게 잔을 들어 보이고 맥주를 한 모금 마셨다. 가까이에서 보니 데이브는 맥신보다 나이가 들어 보였다. 데이브는 "여기서 뭐든 하려면 규칙을 어길 수밖에 없거든요." 데이브가 또 투덜거렸다. "적어도 회의를 스무 번은 해야 겨우 뭔가를 건질 수 있죠." 투덜이 데이브가 멈칫했다. "그거 알아요? 커트가 해준 말은 제게 해준 최고의 칭찬이에요. 커트가 회사 내부에서 자기만의 암시장을 운영 중이라는 건 눈치채셨죠?"

커트는 데이브의 말에 개의치 않았다. "저는 사람들의 문제를 해결하려는 것뿐이에요. 제게 죄가 있다면, 피닉스의 성공, 심지어 회사 전체의 성공에 너무 신경을 쓰고 있어서 관료주의가 그것을 망치게 놔두지 않는다는 거죠! 그리고 만약 그게 범죄라면, 저는 유죄를 인정합니다! 우리가 하는 이런 위대한 업적에 대해 아무도 훈장을 주지 않는 것은 유감스러운 일지만요. 사람을 돕는 데 따라오는 만족감은 충분한 보상이겠죠?"

테이블 맞은편에서 누군가가 큰 소리로 "맞는 말이야, 커트"라고 외쳤다.

커트는 빈정대는 말들을 무시하고, 우스꽝스러운 티셔츠를 입은 30대 후반의 남자를 가리켰다. "이 사람은 제 테스트 엔지니어 중 한 명인 아담이에요. 평범한 엔지니어로 생각지는 마세요. 아담은 타고난 개발자이고 제가 만난 최고의 인프라 능력자 중 하나거든요."

"여러분은 모든 가상 머신과 미리 빌드해 놓은 컨테이너pre-built containers에 대해 아담에게 감사하셔야 해요. 그걸 다 만들었거든요. 그리고 그건 아담이 한 일의 일부분에 지나지 않아요. 그는 평소에 우리가 외주 업체에서 받는 기존 테스트 도구들의 큰 영역들에 대한 자동화 일을 돕고 있어요."

아담은 겸연쩍게 웃으며 "사실, 저기 있는 브렌트가 거의 다 했어요"라고 말했다. "브렌트는 인프라의 에이스죠. 우리는 1년 넘게 자동화 환경을 만들기 위해 함께 노력해 왔어요. 공식적으로 허가된 게 아니라 저녁은 물론 주말에도 일해야 하는 힘든 여정이었죠. 정말 고되고 험난한 길이었음에도 우리가 해낼 수 있었던 것이 자랑스럽습니다."

"맥신이 만든 빌드 노트는 굉장했어요. 여기 있는 브렌트는 그걸 읽으며 걷다가 넘어져서 죽을 뻔했어요. 그는 몇 달 동안 이 문제를 해결하려고 노력했거든요." 아담이 말했다.

브렌트는 맥신을 향해 미소 지었다. "정말 놀라운 탐정 업무였어요, 맥신. 모든 환경 변수를 기록한 것은 정말 도움이 됐어요!"

아담은 "그 환경 변수들이 어떻게 작용하는지 알려주세요"라며 계속 말했다. "정상적인 경로를 통해 운영에서 얻는 것은 너무나 힘든 일이기 때문에, 우리는 몇 개 팀을 지원할 수 있을 만큼 큰 클러스터를 구축할 수 있을 정도의 하드웨어를 긁어모았죠. 이제 티켓을 열 필요 없이 온디맨드로 환경을 얻을 수 있게 된 거죠."

맥신이 내뱉듯이 말했다, "와, 정말 고마워요. 환경 설정이 작동했어요! 인증서가 없어 실패할 때까지 그걸로 피닉스 빌드를 하는 데 3시간이 걸렸어요."

"와! 놀랍네요!" 브렌트가 말했다.

"그런데 하드웨어가 운영 쪽에서 나온 것이 아니면 어디서 나온 거죠?" 맥신이 물었다.

아담은 능글맞게 웃었다. "커트한테 다 방법이 있죠. 여기서 조금, 저기서 조금…. 알죠? 커트는 그게 어디서 왔는지 묻지 않는 게 좋다고 말하고 있어요. 만약 상황을 확인한다면 서버 클러스터 전체를 온전히 갖고 있지 못한 사람이 꽤 있을 거라고 저는 항상 의심하고 있어요."

커트는 상처 입은 표정으로 "서버를 비축하는 건 큰 문제죠"라고 말했다. "운영에서 우리한테 뭘 해주는 데 너무 오랜 시간이 걸려서 사람들은 항상 필요한 것보다 많은 걸 요구해요. 그것 때문에 운영 일이 더 어려워지고 다른 사람의 리드 타임이 늘어나서 인프라 부족 현상이 더욱 악화되거든요! 마치 모든 것을 줄 서서 기다려야 하는 구소련에 있는 것처럼 말이에요. 미사용 환경 중 일부에 대해, 그것들을 가장 필요로 하는 곳으로 보내는 2차 시장을 우리가 만들고 있다고 말할 수 있겠네요. 수요와 공급의 불일치를 개선하기 위해서죠." 커트가 말했다.

마치 강단에 선 교수처럼 일장연설을 하는 커트를 보며 투덜이 데이브가 중얼거렸다. "커트가 또 시작하지 못하게 해."

이에 아담이 거들었다. "데이브 말이 맞아요. 커트가 암시장을 운영하는 것이 맞거든요."

"다른 사람은 신경 쓰지 마세요, 맥신." 커트가 말을 이어갔다. "테이블 저 아래 있는 사람은 자동화된 보안 툴을 만드는 보안 엔지니어 섀넌이에요. 예전에 데이터 웨어하우스 팀에서 5년 가까이 일했죠. 지금은 브렌트와 함께 머신러닝과 데이터 시각화 툴킷을 실험하고 있고, 빅 데이터 인프라를 구축하면서 우리가 알고 있는 마케팅 계획 중 일부를 따라잡으려고 노력하고 있어요. 아마 지난해 섀넌이 했던 본격적인 레드 팀 훈련red-team exercises에서 섀넌을 본 기억이 있을 겁니다."

맥신이 미소를 지었다. 그제서야 섀넌이 낯익었던 이유를 알 것 같았다. 맥신은 확실히 기억하고 있었다. 사람들이 기를 쓰고 침투하려는 테스트 대상이 된 것은 그때가 처음이었다. 사람들은 제조 시설에 물리적으로 접근하거나, 악성 링크를 이메일로 보내거나, 회사 임원인 척, 그들의 가장 중요한 벤더인 척하면서 악성 코드를 심으려고 했다.

그때 맥신은 크게 감명받았다. '그런 종류의 훈련을 하려면 큰 용기가 필요한데'라고 생각했었다. 맥신은 사람들을 나쁘게 보이게 만든 어떤 사람이 해고된 것을 기억했다.

섀넌이 노트북에서 고개를 들고는 말했다. "만나서 반가워요, 맥신. 그쪽 그룹을 기억해요. 맥신은 회사 전체에서 가장 잘 준비된 사람 중 한 명이었어요. 아무리 공식적인 내용으로 보일지라도 이메일의 링크를 클릭하지 않아야 한다는 것을 맥신 쪽 부서 전원이 알고 있다는 것에 감명받았어요. 사람들을 훌륭하게 훈련시켰더라고요."

맥신은 존경의 표시로 고개를 끄덕였다. "섀넌, 만나서 반가워요. 몇 주 동안 섀넌 팀이 찾아낸 문제들을 해결하는 데 시간을 보냈죠. 수고하셨습니다."

섀넌은 다시 노트북을 내려다보며 무언가를 타이핑했다. 갑자기 섀넌이 모두를 올려다보며 말했다. "아, 존과의 에피소드는 미안해요. 그는 정말 꼭두각시예요. 다만, 존이 제 상사라는 게 문제죠."

모두가 웃었고, 몇몇은 오늘 오전 섀넌의 표정을 흉내 냈다.

"그 옆에는 앞서 말했던 브렌트인데, 인프라와 관련된 모든 일에 관여하고 있어요." 커트는 계속 이어갔다. "AC 전력을 사용하는 거라면, 아마 브렌트가 마스터했을 거예요. 네트워크, 스토리지, 컴퓨터, 데이터베이스…. 브렌트는 인프라를 잘 다룰 뿐만 아니라, 자동화의 최전선에도 항상 있어요. 불행히도, 브렌트의 능력이 너무 출중해서 다들 그의 핸드폰 번호를 단축 번호로 저장해둔 거 같아요. 그리고 브렌트를 너무 자주 호출해서 우리가 그걸 바꾸려고 노력하고 있죠."

브렌트는 어깨를 으쓱할 뿐이었다. 갑자기 브렌트의 폰카메라 플래시가 깜박거리면서 화면에 알림 메시지가 넘쳐났다. 브렌트가 수화기를 들고 중얼거렸다. "빌어먹을, 또 장애 전화야. 해결하러 가봐야 할 것 같은데…." 브렌트는 남은 맥주를 다 마시고는 전화를 걸기 시작했다.

"그래, 이건 정말 문제야." 자리를 뜨는 브렌트를 보면서 커트가 말했다. "브렌트가 직장 생활을 제대로 하게 해줘야 하는데, 너무 똑똑해서 여기서기 불려나니고 있어요. 사람들이 막무가내로 일을 맡기는 바람에 몇 년 동안 휴가 기간에도 연락을 받을 수밖에 없었거든요."

커트는 잠시 말을 멈췄다가 테이블에서 가장 나이가 많은 사람을 가리키며 말했다. "마지막이지만 가장 중요한 드웨인이에요." 그는 다른 사람들과 옷차림뿐만 아니라 사용하는 노트북도 달랐다. 노트북에는 짐승처럼 거대한 모니터가 달려 있었다. "데이브는 운영 팀에서 선임 데이터베이스 및 스토리지 엔지니어고 브렌트를 이 그룹에 불러들인 사람이죠. 둘은 더 나은 인프라 관리 방법을 찾으려고 항상 함께 일해요."

맥신이 웃었다. 피닉스 프로젝트의 사람들에게 중앙화된 운영 팀은 단순히 티켓의 반대편에 있는 사람들에 불과할 뿐이었다. 그들은 모든 사람이 불평하는 대상이었다. 하지만 분명히 커트를 비롯해 여기 사람들은 일하는 방식도 다르고, 아무리 비공식적이더라도 조직의 정상적인 의사소통 노선을 우회하고 있었다.

드웨인은 테이블의 반대편으로 손을 뻗었다. "만나서 반가워요, 맥신."

맥신은 드웨인이 그의 이니셜인 'DM'이 수놓아져 있고, 그 옆에는 빛바랜 겨자 얼룩이 있는 진짜 볼링 셔츠를 입고 있다는 것을 알아봤다.

"드웨인은 브렌트와 함께 수년 동안 자동화 계획을 추진했지만, 항상 거절당했어요." 커트가 말했다. "그 대신 아담이 우리만의 인프라를 구축할 수 있도록 도왔죠. 드웨인은 운영에 종사하는 사람 대부분을 알고 있어서, 그들한테 일을 많이 시키는 편이에요. 이번 주 초에 두 개의 내부 네트워크 사이에 방화벽 포트를 열어야 했을 때처럼 말이죠. 드웨인이 잘 해줬죠."

드웨인은 다정한 미소를 지으며 "하루 만에 다 끝냈어요"라고 말했다. "솔직히, 불가능한 일을 성사시키는 데는 커트만 한 인물이 없죠. 이 친구한테 아직도 배우는 중이고요!"

맥신은 드웨인의 말이 과장이라고 생각했다. 드웨인은 50대 중반으로 보였다. 커트 같은 젊은 사람한테 배울 게 얼마나 있을까?

커트는 다시 의자에 기대어 팔짱을 꼈다. "맥신, 피닉스 빌드의 암호를 해독한 작업은 우리 모두에게 깊은 인상을 심어줬어요. 그 환경의 거의 모든 조각을 성공적으로 찾아내는 동안 보여준 기술적·사회적 역량에 경외심을 느꼈죠. 이런 성과를 만들려면 믿을 수 없을 만큼 강한 인내심과 집중력은 물론 절대로 '아니오'를 대답으로 받아들이지 않아야 하거든요!"

칭찬에 쑥스러워진 맥신이 주위를 둘러보니, 다들 그녀가 한 일에 진정으로 감명을 받은 듯 고개를 끄덕였다. 커트는 계속해서 말했다. "우리는 맥신을 '반란군'의 핵심으로 초대하고 싶어요. 조직에서 가장 우수하고 영리한 엔지니어를 모집해서 비밀리에 훈련하며 준비하고 있어요. 꼭 무너뜨려야 하는 고대의 강력하고 부당한 질서인 제국을 전복시키기 위한 적절한 시기를 대비해서 말이죠."

사람들은 낄낄거렸고, 투덜이 데이브는 웃으며 잔을 높이 들고 소리쳤다. "제국의 전복을 위해!"

당황한 맥신은 테이블을 둘러봤다. 이들은 QA, 보안, 개발, 운영에 속한 사람들로, 함께 일하는 것은 고사하고 어울리기도 쉽지 않은 사람들이었다. 이들의 노트북에는 하나같이 작은 스티커가 붙어 있었는데, 스타워즈의 X윙 조종사들이 헬멧에 붙이는 것과 같은 반란 연합Rebel Alliance이라는 문구가 새겨져 있었다. 맥신은 그들의 미묘하지만 파괴적인 연대 마크를 보고 활짝 웃었다.

빈손으로 건배하는 맥신을 본 커트가 벌떡 일어났다. "뭐 마실래요?"

"피노 누아 한 잔이요."

커트가 고개를 끄덕이며 바 쪽으로 향하려는데, 큰 키에 몸집이 좋고 머리가 희끗희끗한 남자가 그에게 다가가 포옹을 했다. 그러고는 크고 거친 목소리로 "커트! 다시 만나서 반가워, 내 젊은 친구. 뭐가 필요한데?"라고 말했다.

커드 일행이 술집 직원들에게서 받는 관심을 보고는, 그들이 이곳에 자주 들른다고 맥신은 추측했다. 맥신은 미소 지었다. 피닉스 프로젝트로 옮긴 후 처음으로 동족과 함께 있는 듯한 느낌이 들었다.

"당신들은 누구죠? 다들 왜 여기 있는 거예요? 뭘 성취하려고 하는 거죠?" 커트가 바에 가 있는 동안 맥신이 재빨리 물었다.

모두가 웃었다. 드웨인은 "알다시피 우리는 거대한 컴퀘트 데이터베이스 상점Kumquat Database Shop이죠. 제가 경험을 쌓았던 곳 말이죠. 우리가 할 수 있다면 MySQL과 오픈소스 데이터베이스로 옮기고 싶어요. 우리를 모욕하는 벤더에 매년 수백만 달러를 보내는 데 지쳤거든요. 어떻게 해야 할지 방법을 고민하고 있어요."

주위를 둘러보며 드웨인은 모두에게 말했다. "다른 회사들은 이미 옮아 갔어요. 컴퀘트 데이터베이스에 아직도 유지 보수 비용을 지불하는 사람은 너무 멍청해서 다른 걸로 바꾸질 못하는 것뿐이라고 생각해요."

맥신이 찬성의 뜻으로 고개를 끄덕였다. "똑똑한데요! 내가 예전에 속했던 조직에서는 그걸로 수백만 달러를 절약해서 이제는 그 돈을 혁신과 다른 비즈니스 요구에 쓸 수 있게 됐어요. 그리고 그렇게 하는 게 지금까지 즐거웠어요. 그런데 왜 이 오픈소스 소프트웨어를 위한 십자군 원정을 하는 거죠?"

"그건 제가 얘기할게요." 아담이 말했다. "제가 운영 조직에 있을 때 거의 5년 동안, 우리가 사용한 미들웨어 때문에 새벽 2시에 계속 호출기가 울리는 팀이 있었어요. 대부분 데이터베이스 드라이버 때문이었죠. 제가 바이너리 드라이버 패치를 만들어야 했던 사람이었거든요! 모든 작업이 끝나고 6개월 후에 그 문제가 다시 발생하기 시작했는데, 벤더가 패치를 릴리스할 때마다 제 수정 사항을 코드에 통합하지 않았던 거예요. 그다음은 아시겠지만, 우리 모두 새벽 2시에 일어나 같은 일을 반복하고 있는 거죠."

맥신은 감동했다. '아담도 능력이 아주 좋네. 여기 있는 다른 사람들도 마찬가지야.'

투덜이 데이브는 얼굴을 찡그렸다. "5년 가까이 파트 언리미티드에 있었는데, 관료주의와 사일로가 어떻게 장악해 왔는지 믿을 수가 없을 정도예요. 운영 위원회와 아키텍트들을 먼저 설득하거나 수많은 양식을 작성하거나 각자 우선순위를 가진 서너 개의 다른 팀과 함께 일하지 않고는 아무것도 할 수 없더라고요. 모든 것은 위원회가 결정하고요. 아무도 결정을 내릴 수 없고, 아무리 사소한 것이라도 구현하려면 모두의 합의가 필요한 것 같아요. 제가 해야 할 일은 두 단계 올라갔다가, 두 단계를 넘어서다시 두 단계 내려와야 동료 엔지니어와 얘기하게 되는 거죠!"

"그거 완전히 '스퀘어 비디오 게임$^{The\ Square}$'이잖아!" 아담의 말에 모두가크게 웃었다.

드웨인이 끼어들었다. "운영에서는 돌아오는 것까지 해야 해. 올라갔다건너가서 내려오고 다시 올라갔다, 건너가서 내려오고. 두 명의 엔지니어가 힘을 합쳐 무언가를 완료하기 전에 말이야."

"저는 개발자가 관심을 두는 누군가를 위해 쉽고 빠르게 가치를 창조할수 있었던 시절을 되살리고 싶어요." 투덜이 데이브가 말했다. "장기적인뭔가를 개발하고 유지하고 싶다고요. '오늘의 피처'를 출시하느라 모든 기술 부채를 질질 끌고 다니긴 싫어요."

투덜이 데이브가 계속 말을 이었다. "이 회사는 기술에 대해 아무것도모르는 간부들과 여러 가지 난해한 과정을 따르기를 바라는 프로젝트 관리자들이 운영하고 있어요. 다음에 저보고 제품 요구 사항 문서^{Product}$_{Requirements\ Document}$를 작성해 달라고 하는 사람이 있으면 그 사람한테 소리를 질러버릴 거예요."

"PRD!" 모두 웃으며 소리쳤다. 맥신이 눈썹을 치켜떴다. 수십 년 전,개발자들의 시간을 낭비하기 전에 문서로 정리하기를 원했을 때는 수긍할수 있었다. 하지만 이젠 PRD 한 페이지를 작성하는 데 걸리는 시간에 대부분 기능을 프로토타입으로 만들 수 있다. 수백 명이 필요했던 것을 이제는 한 팀이 만들 수 있다.

커트는 맥신 옆에 앉아 붉은 포도주잔을 앞에 놓았다. "우리는 〈스타

트렉〉의 레드셔츠처럼 진짜로 일을 해내는 거예요."

맥신이 웃으며 "아까 그 생각을 하고 있었어요"라고 말했다.

"맞죠? 맥신은 함대원들이 처한 현실의 거품을 직접 본 거라고요." 커트가 말했다. "그 사람들은 피닉스 프로젝트의 중요성을 알고 있지만, 목적을 이루기 위해 조직을 구성하고 일하는 방법이 이보다 더 나쁠 수는 없어요. IT를 아웃소싱했다가 다시 들여오고, 한 개, 어쩌면 두 개 정도를 아웃소싱했다가 그것들을 섞고…. 다양한 분야에서 우리는 아직 아웃소싱한 것처럼 조직돼 있고, 서너 단계 경영진의 허락 없이는 아무것도 할 수 없어요."

"커트가 옳은 말만 하네요." 투덜이 데이브가 말했다. "우리는 단지 비용만 잡아먹는 센터일 뿐이고, 지구상의 어떤 구석진 곳으로 쉽게 아웃소싱할 수 있는 큰 기계의 작은 톱니바퀴에 불과해요. 언제든 대체할 수 있는 소모품 정도로만 여기는 거죠."

"그래서 제가 여기 있는 거예요, 맥신." 섀넌이 말했다. "우리는 세계적인 기술 조직을 만들고 엔지니어링 문화를 만들 수 있어요. 그것이 우리가 고객을 위해 살아남고 혁신하는 방법이거든요. 제 꿈은 모두가 회사 데이터의 관리인이 되는 거예요. 한 부서가 맡아서 하는 일이 아니고요."

"스티브가 타운 홀 미팅에서 우리가 어떻게 방해받고 있고, 전자 상거래 거물들과 어떻게 경쟁해야 하는지에 관해 얘기했지요." 섀넌이 말했다. "글쎄요, 고객을 혁신하고 이해해야만 이길 수 있는데, 그러려면 데이터를 마스터해야만 해요. 우리가 지금 만들고 있는 역량이 회사의 미래라고 생각합니다."

모두 환호하며 잔을 들어 올렸다.

단체 건배를 마친 뒤 드웨인은 커트에게 고개를 돌려 물었다. "보스와의 만남은 어땠어? 윌리엄에게 테스트 자동화 관련 파일럿 예산에 관해 얘기했다고 했잖아."

모두 몸을 앞으로 숙이며 귀를 쫑긋 세웠다.

"어, 정말 그 사람이 덤벼들 줄 알았어. 개발 관리자 두 명과 제품 책임자 한 명에게서 그것이 얼마나 좋을지에 대한 추천서를 받았거든. 그중 한 명은 '테스트 자동화가 없으면 코드를 더 많이 작성해야 하고, 그렇게 되면 테스트하는 데 더 큰 비용이 든다'라는 훌륭한 말을 했거든. 하! 난 정말 그 말에 윌리엄이 겁먹을 줄 알았어!" 맥신은 테이블 주위의 분위기가 가라앉는 것을 느낄 수 있었다.

"우리를 불안하게 만들지 마, 커트. 윌리엄이 뭐라고 했어?" 드웨인이 재촉했다.

"자네, 내가 뭘 좀 설명하겠네." 커트는 윌리엄을 놀라우리만치 비슷하게 흉내 내며 말했다. "자넨 젊어. 그러니 이 게임이 정말 어떻게 돌아가는지 이해하지 못하겠지. 우리는 QA야. 개발자들로부터 조직을 보호하지. 내가 듣기엔 자넨 그 사람들이랑 너무 많은 시간을 보낸 것 같아. 그 사람들을 믿지 마. 친해지지도 마. 개발자들을 도와주면 보따리 내놓으라고 할 거야."

맥신은 커트의 묘한 인상을 보고 웃었다.

"이봐, 자넨 50만 달러 예산을 가진 꽤 괜찮은 QA 관리자야." 커트는 계속했다. "일을 잘하면 300만 달러 예산을 가진 나처럼 될 수 있어. 게다가 내가 맡은 일을 잘하면 승진해서 2천만 달러의 예산을 갖게 될 거야. 자네가 QA 자동화를 수행하면 예산은 늘어나기는커녕 줄어들게 돼. 자네가 멍청하다는 말은 아니야. 단지 이 게임이 어떻게 돌아가는지 정말 이해하지 못하는 것 같단 말이지."

맥신도 다른 사람들과 함께 웃었다. 그녀는 커트가 과장하고 있다고 확신했다.

"윌리엄은 비즈니스 리더가 아니라 노조 리더 같네요." 섀넌이 말했다.

"그는 노조 가입비를 늘리는 데만 신경을 쓰지, 사업에 뭐가 좋은지는 신경 쓰지 않아요. 운영이나 정보 보안에서도 전혀 다르지 않죠."

찡그린 표정이 드웨인의 상냥한 얼굴에 교차했다. "내 말을 믿어도 돼. 운영에서는 훨씬, 아주 훨씬 더 나빠. 적어도 개발은 이윤을 내는 센터로 여겨지기나 하지. 운영에서 우리는 돈 잡아먹는 센터라고! 인프라 자금을 조달하는 유일한 방법은 새로운 사업뿐이야. 새로운 자금원을 찾지 못하면 망하는 거야. 그리고 예산을 다 쓰지 않으면 내년에는 그 돈을 빼앗아가지."

"아, 프로젝트 펀딩 모델…. 여기 파트 언리미티드의 또 다른 큰 문제지." 커트의 말에 모두가 동의하듯 한숨을 뱉었다.

"그래서, 이제 계획이 뭐야, 커트?" 드웨인이 물었다.

"걱정하지 마, 드웨인. 다른 계획이 있어." 커트가 자신 있게 말했다. "몸을 낮추고 하던 일을 계속하면서 새로운 잠재 고객과 신입을 찾아야 해. 그 게임에 동참할 기회를 찾기 위해 눈과 귀를 열어둬야지."

"우와! 아주 멋진 계획이야, 커트." 드웨인이 눈을 굴리며 말했다. "술집에서 어울려 불평이나 하고 맥주를 마신다. 훌륭해."

드웨인은 맥신에게 몸을 기울이며 설명했다. "사실, 그렇게 미친 짓은 아니에요. 중앙 서비스 조직이 상황을 개선해 줄 일은 없기 때문에, 〈브라질〉이라는 영화처럼 최고의 탈주자는 에어컨을 고쳐주는 불량 에어컨 수리공이죠. 그게 우리예요. 우리는 항상 우리가 도울 수 있는 곳을 찾고 있어요. 친구를 사귀고 반란군의 잠재적인 신병을 찾는 좋은 방법이거든요."

"뭐라고요?" 맥신은 믿을 수 없다는 듯이 말했다. "그건 별 효과 없지 않아요?"

"글쎄요, 그렇게 해서 맥신도 여기 와 있잖아요?" 드웨인이 활짝 웃으며 말했다.

"전 모든 수단을 다 쓰고 있어요." 커트가 말을 이어갔다. "윌리엄에게 그와 그의 상관인 크리스와 면담할 수 있는지 물어볼 생각도 있어요. 윌리엄에게 크리스가 제 제안을 듣는 것이 제게는 정말 중요하다고 말하고 그가 그 자리에 있기를 원한다고 말하려고요."

맥신은 생각했다. '와! 꽤 배짱 좋고 요령도 있어서, 아마 치명적일 거야.'

"계속 소식을 전할게요." 커트가 말했다. "자 그럼, 공유할 새로운 정보나 지식을 가진 사람이 누구죠?"

섀넌은 함께 일했던 마케팅의 초기 데이터 분석 그룹에 대해서 그리고 그들과 커트 사이의 만남을 어떻게 준비하고 있는지에 대해 사람들에게 알려줬다. "그들은 고객 프로모션 전환율을 높이기 위해 여러 가지 프로젝트를 진행하고 있는데…. 아, 정말 그 사람들은 도움이 필요해요. 버전 컨트롤도 안 쓰고 있어요! 기본적인 데이터 엔지니어링 문제로 어려움을 겪고 있는 데다가 아직도 데이터 웨어하우스 직원들한테 필요한 것을 얻으려고 애쓰고 있거든요"라고 그녀가 말하는데, 그들이 고생하는 게 꽤 신경 쓰이는 듯했다. 커트는 재빨리 노트북에 있는 조직도를 꺼냈다.

커트는 섀넌에게 물었다. "또 다른 데이터 분석 프로젝트라고? 누가 자금을 대? 예산을 얼마나 있어? 누가 리드하지?" 섀넌이 말하고, 커트는 메모했다.

드웨인의 차례가 되자 그가 말했다. "난 나쁜 소식이야. 피닉스 릴리스로 운영 쪽 전원이 발목 잡혔어. 지난주만 해도 그럴 줄 몰랐지. 그걸 지원할 예산이 배정되지 않았고. 모두가 충분한 컴퓨팅 및 스토리지 인프라를 찾기 위해 분주히 움직이고 있어. 이건 우리가 거의 20년 동안 한 것 중 가장 큰 론칭인데, 필요한 것들이 충분하지 않아. 상황이 안 좋아."

"빌어먹을!" 아담은 말했다.

"맞아." 드웨인이 말했다. "몇 달 동안 모두에게 얘기하려고 했지만 아무도 신경 쓰지 않았어. 음, 이젠 신경을 쓰지. 그리고 다들 피닉스 출시를 지원하기 위해 하던 것을 내려놓고 있어. 오늘은 규율과 달리 연간 주문 프로세스에서 벗어난 주문을 할 수 있도록 조달 부서와 일하려는 사람이 있다고 들었어."

'위기에도 회계 직원은 여전히 회계 직원이군.' 맥신은 생각했다.

"모두가 내일 있을 릴리스 환경을 마련하기 위해 아직도 허둥지둥하고 있어." 드웨인이 말했다. "개발이나 운영 모두 동의하는 빌드 사양을 가진 사람은 아무도 없어. 그 사람들에게 우리가 쓴 것을 줬더니, 그걸 확 낚아채고 바로 사용하기 시작했어. 그렇지만 이 릴리스는 분명히 아주 빠르게 안 좋아질 거야."

"드웨인의 말이 옳아요." 맥신이 말했다. "난 정말, 이런 일에 능숙해요. 그리고 피닉스 빌드를 실행하려고 일주일간 노력했죠. 커트가 준 환경이 아니었다면 아직도 원점에 있었을 거예요. 릴리스 팀이 오늘 시작해서 내일 론칭하는 상황이라면 엄청난 곤경에 처한 거죠."

커트는 앞으로 몸을 기울이며 진지한 표정을 지었다. "더 얘기해줘요."

맥신은 순간, 그들이 자기를 초대한 이유와 커트는 바보가 아니라는 것을 깨달았다.

그 후 20분 동안, 맥신은 핸드폰을 열어 접근 가능한 업무 일지를 읽으면서 자기 경험을 얘기했다. 노트북을 가져오지 않은 것을 후회했다. 사람들은 맥신의 이야기를 청취하며 메모했고, 특히 브렌트는 되돌아와서 동참했다. 브렌트와 아담은 CIA에 붙잡힌 비밀 요원을 심문하는 것처럼 맥신에게 질문을 퍼부었다. 사람들은 맥신이 어떻게 다른 사람들보다 빨리 피닉스 빌드 퍼즐을 맞출 수 있었는지에 관심이 있었다. 그들은 그녀가 누구와 이야기했는지, 그들이 어떤 팀이었는지, 그녀가 어디에 발이 묶여 있었는지 등 많은 질문을 했다.

"정말 인상적이에요, 맥신." 투덜이 데이브가 말했다. "몇 년 전에 저는 우리 팀이 매일 사용할 수 있는 빌드 서버를 구축했어요. 하지만 그때 피닉스에는 두 팀밖에 없었어요. 지금은 20개가 넘어요. 빌드 팀은 제 역할을 아예 못했죠. 이런 말을 하자니 좀 미안하지만, 그들은 애플리케이션 개발자가 될 만큼 충분한 경험이 없던 사람들이거든요."

아담은 "이제 거의 가까워졌어요. 결재 처리 서비스에 대한 인증서 하나만 누락된 것 같은데…."

"맞아!" 브렌트가 말했다. "맥신, 빌드 로그 좀 보여주시겠어요? 제 생각엔 우리가 그 인증서를 만들 수 있을 것 같거든요. 실제로 유효하지는 않지만, 개발이나 테스트 환경에는 충분할 거예요."

맥신은 자기 노트북이 아직도 책상 위에 놓여 있는 것을 떠올리며 욕을 했다. "내일 제일 먼저 보여줄게요"라며 맥신이 한숨을 쉬었다.

"잘됐어요, 여러분. 여전히 우리에게 필요한 것은 환경을 만들고 빌드를 수행할 수 있는 자동화된 방법이에요." 커트가 손가락을 하나씩 꼽으며 말했다. "그런 테스트를 자동화할 방법과 빌드를 생산 환경에 배포할 자동화된 방법이 필요해요. 개발자들이 실제로 일할 수 있는 빌드가 필요하고요."

"그럼, 맥신이 피닉스 빌드를 실행하는 걸 도울 수 있게 시간을 내줄 사람이 누가 있죠?" 커트가 물었다. 놀랍게도, 모든 사람이 손을 높이 들어 올렸다.

"맥신, 이런 의지와 재능이 있는 지원자들의 도움으로 이 일을 이끌어 갈 수 있겠어요?" 커트가 물었다.

맥신은 사람들의 갑작스러운 지원에 어쩔 줄을 몰랐다. 지난주, 그녀는 누구의 도움도 받을 수 없었고 다른 회사에 구직 인터뷰를 할 생각을 하고 있었다. 그런데 이제 그녀는 꼭 그래야 하나 싶었다.

맥신은 잠시 마음을 가다듬고 말했다. "그럼요, 그러고 싶어요. 디들 고마워요. 여러분과 함께 일할 수 있기를 기대할게요."

맥신은 흥분됐다. 이 집단이 이제껏 해 온 일과 자신이 도움을 받을 사람으로 선택됐다는 사실에 진심으로 놀랐다. '마침내 내 동료들을 찾은 거야.' 그녀가 생각했다. '이게 바로 효과적인 네트워크지. 공식적인 조직도와 전혀 달라 보여도 동기부여가 된 사람들로 구성된 그룹을 모아 큰 문제를 해결할 수 있을 때 비로소 효과적인 팀이 되는 거지.'

'사라와 점심을 먹는 것보다 이 그룹과 함께하면 더 많은 것을 배우고 성취할 거야.' 맥신은 자기 자신이 옹졸하고 쩨쩨한 사람은 아닌지 잠시 고민했다. 그러면서 회의에 참석해야 할지, 사라가 그녀에 대해 잊어버리기를 기다려야 할지 생각했다.

"정말 좋아요! 저한테 필요한 게 있으면 알려주세요." 커트가 테이블에 있는 사람들에게 말했다. 그는 맥신에게 "우리는 매주 만나려고 해요. 보통 두 가지 안건만 있어요. 첫 번째는 누가 도움이 필요한지 살피고 잠재적으로 도움 줄 수 있는 다른 사람들에 대한 정보를 공유하죠. 그런 다음 최근에 알게 된 것이나 파트 언리미티드가 운영되는 방식을 변화시킬 수 있다고 생각하는 새로운 기술을 공유해요. 전 피닉스 빌드의 진척 상황에 관한 논의를 제3의 안건으로 추가할 것을 제안하는데, 동의하십니까?"

모두가 고개를 끄덕였다.

커트는 시계를 봤다. "여러분, 휴회하기 전에 한 가지 더! 언제 릴리스 팀이 피닉스 애플리케이션을 성공적으로 운영 환경에서 실행할 수 있을지에 대한 배팅을 시작하겠습니다."

가장 낙관적인 배팅은 투덜이 데이브가 했는데, 그는 배포 시작 8시간 후인 토요일 새벽 2시로 추정했다. 배팅은 대부분 새벽 3시부터 9시 사이에 분산돼 있는데, 맥신은 오전 6시로 했다.

"결과적으로 보자면…." 맥신이 말했다. "토요일 아침 8시까지 매장 POS가 실행돼야 하죠."

드웨인은 놀랍게도, 일요일 저녁에 베팅했다. "여러분은 우리가 이번 릴리스에 얼마나 준비가 부족한지 모르는군요. 이건 역사에 기록될 거예요."

발신: 앨런 페레스(운영 파트너, 웨인 요코하마 이쿼티 파트너^{Equity Partners})

수신: 딕 랜드리(파트 언리미티드, CFO), 사라 몰튼(소매 운영 SVP)

참조: 스티브 마스터즈(파트 언리미티드, CEO)

　　　밥 스트라우스(파트 언리미티드, 이사회 의장)

날짜: 9월 11일 오후 3시 15분

제목: 주주 가치 극대화 **기밀**

사라와 딕,

우선 오늘 전화를 주신 데 감사드립니다. 또한 전략과 피닉스 프로젝트와 관련해 자세히 안내해 주신 것에도 감사드립니다. 특히 전자 상거래의 위협을 생각해보면, 오늘날 소매업자들이 살아남으려면 옴니 채널 전략이 필요하다는 것에 동의합니다. 그리고 낮은 판매 비용으로 사내에서 제조된 제품을 판매하는 것은 아주 흥미롭습니다.

하지만 제조업(20만 달러)에서 전환해서 지난 3년 동안 확실한 수익 없이 리테일에 투자한 현금이 얼마나 되는지 걱정됩니다. 문제는 만약 이것이 사업의 다른 곳에 투자되거나 주주들에게 되돌아갔다면 어떤 수익을 낼 수 있었을까 하는 것입니다. 현재로서는 복권에 투자하는 것이 더 경제적일 것 같습니다.

혁신과 옴니 채널에 관한 스토리는 좋지만, 이사회는 스토리와 파워포인트 슬라이드 그 이상이 필요합니다.

내일 있을 피닉스 릴리스에 행운을 빕니다. 그것에 많은 것이 달려 있음을 잘 알고 있습니다.

— 앨런

6장

• 9월 12일 금요일

금요일, 비상 릴리스 준비가 계속되면서 순식간에 지나갔다. 맥신은 개발, QA, 운영이 배포를 위해 수백 개의 움직이는 부품을 정렬하려는 끝없는 야단법석을 봤다. '드웨인이 옳았어'라고 그녀는 생각했다. 하지만 일요일로 내기를 바꾸기에는 너무 늦었다.

오후 5시, 예정대로 릴리스가 시작됐다. 윌리엄, 크리스, 빌이 어디에도 안 보이다 보니 릴리스를 필사적으로 중지시키려고 시도했다는 소문이 돌았다. 그 희망은 사라와 스티브가 이메일을 보내 릴리스가 예정대로 진행될 것이라고 명확히 못을 박으면서 깨져버렸다.

맥신은 그날 저녁 10시에도 여전히 사무실에 있었다. 이제는 일이 아주, 아주 엉망이 돼 버린 진정한 공황 상태였다. 정말 극적으로 잘못되고 있어서, 피닉스 릴리스에 대한 내기에서 가장 비관적이었던 드웨인조차 맥신에게 "이건 생각보다 더 나빠지겠는데요"라고 중얼거릴 정도였다.

그때 맥신은 진심으로 겁이 났다.

자정이 되자 데이터베이스 마이그레이션은 5분이 아니라 5시간이 걸릴 것이 분명해 보였지만 중지하거나 다시 시작할 방법이 없었다. 맥신은 도움이 되려고 노력했지만, 그녀가 어디에 가장 유용할지 알 만큼 피닉스 시스템에 익숙하지도 않았다.

이와 대조적으로 브렌트는 진행 중인 거대한 데이터베이스 붕괴부터 사람들이 그들의 구성 파일 복구를 돕는 것에 이르기까지 거의 모든 문제에 활용되고 있었다. 이를 본 맥신은 골키퍼 역할을 할 팀을 조직해 브렌트가 필요 없는 문제를 처리하게 하면서 브렌트를 방해하지 못하게 했다.

맥신은 다른 것도 알아차렸다. 릴리스의 일정 부분을 책임지는 사람들이 200명쯤 되는데, 사람들이 할 일은 5분 정도밖에 안 됐다. 그런데 그들은 이 지독하게 길고 복잡하고 위험한 일에서 그들의 작은 소임을 수행키 위해 몇 시간 동안 기다려야 했다. 남는 시간은 지켜보면서 기다리는 데 사용했다.

이런 위기 속에서도 사람들은 마냥 앉아서 기다리고 있을 뿐이었다.

새벽 2시가 되자, 사람들은 1천 개에 가까운 매장의 모든 POS 기기를 무용지물로 만들어 파트 언리미티드를 석기 시대로 다시 되돌릴 수 있는 실질적인 위험이 있다는 것을 깨달았다. 그리고 마케팅이 해 온 모든 홍보와 함께, 매장들은 약속받은 것을 살 수 없어 성난 고객들로 가득 찰 것이다.

브렌트는 맥신에게 SWAT 팀에 합류해 데이터베이스 쿼리를 가속화하는 방법을 알아내 달라고 했는데, 그날 아침 늦게 매장이 개점할 때 예상되는 부하를 처리하는 데 필요한 성능보다 거의 천 배는 느렸다.

몇 시간 동안 맥신은 수많은 피닉스 개발자, 운영 DBA들과 함께 IDE와 브라우저를 열어 놓고 일했다. 그들은 제품 카테고리 드롭다운 박스를 클릭하면 데이터베이스가 8천 개의 SQL 쿼리로 넘쳐나는 것을 발견하고 깜짝 놀랐다.

그들은 웨스가 그 방에 머리를 들이밀면서 "브렌트, 문제가 생겼어"라고 할 때도 그 문제를 해결하고 있었다.

"전 바빠요, 웨스"라고 답하는 브렌트는 노트북에 얼굴을 고정한 채 돌아보지도 않았다. "아니, 이건 심각해." 웨스가 말했다. "전자 상거래 사이트와 모바일 애플리케이션 내 제품의 최소 절반 정도 가격이 사라졌어. 가격이 표시돼야 할 곳에 아무것도 나타나지 않거나 '널null'이라고 나와. 스크린샷은 #launch 채널에 있어."

맥신이 스크린샷을 꺼내 보다가 얼굴이 핼쑥해졌다. '이건 느린 데이터베이스 쿼리보다 훨씬 더 심각한데'라고 생각했다.

"빌어먹을, 가격 책정 팀이 또 잘못 업로드한 게 분명해." 브렌트는 몇 분 동안 스크린을 응시한 후 말했다. 브렌트가 다양한 관리 화면과 제품 표를 꺼내자 맥신이 그쪽으로 몸을 기울였다. 일부 화면은 피닉스 내부에 있고 일부는 그녀가 알아보지 못하는 시스템에 있었다.

브렌트가 로그 파일을 열어서 운영 데이터베이스에 대해 SQL 쿼리를 실행하고, 다양한 애플리케이션에서 더 많은 테이블 내용을 끌어내자, 맥신은 메모를 했다. 브렌트가 터미널 창을 열고 서버에 로그인하자 맥신은 "지금 뭐 하고 있는 거예요?"라고 물었다.

"그 사람들이 애플리케이션에 업로드한 CSV 파일[1]을 점검해야 해요." 브렌트가 말했다. "애플리케이션 서버 중 하나에 있는 임시 디렉터리에서 찾을 수 있을 것 같아요." 맥신이 고개를 끄덕였다.

브렌트가 눈을 가늘게 뜨고 스크린을 보면 맥신도 그렇게 했다. 그것은 첫 줄에 칼럼 이름이 있는 쉼표로 구분된 텍스트 파일이었다. 상품 SKU[2], 도매가격, 리스트 가격, 프로모션 가격, 프로모션 시작 날짜 등등. "괜찮아 보이는데?" 브렌트가 중얼거렸다.

맥신도 동의했다. "저 파일을 채팅방에 복사할 수 있어요? 한번 보려고요." 맥신이 말했다.

"좋은 생각이에요." 브렌트가 말했다. 맥신은 그 파일을 엑셀과 그녀가 좋아하는 몇 가지 도구로 불러들였다. 괜찮아 보였다.

---

1 CSV는 Comma Separated Values의 약어로 몇 가지 필드를 쉼표(,)로 구분한 텍스트 데이터를 가진 파일 또는 확장자를 의미한다. – 옮긴이

2 SKU는 Stock Keeping Unit의 줄임말로 상품이나 재고 관리를 위한 최소 분류 단위를 말한다. – 옮긴이

웨스가 개발 관리자 중 한 명과 통화를 시도하는 동안, 브렌트는 무엇이 잘못되고 있는지 알아내려고 했다. 그가 욕한 것은 거의 30분이 지난 뒤였다. "믿을 수가 없어. BOM이에요!"

맥신의 어리둥절한 표정을 본 웨스는 "바이트 순서 표식Byte-Order Mark이에요!"라고 풀어 말했다.

"말도 안 돼." 맥신이 중얼거리며 파일을 여는데, 이번에는 바이너리 파일 편집기였다. 맥신은 그것을 놓쳤다는 것에 망연자실해 스크린을 응시했다. BOM은 빅엔디안big-endian인지 리틀엔디안little-endian인지를 나타내기 위해 CSV 파일에 넣는 보이지 않는 첫 번째 문자다. 맥신은 전에도 이렇게 당한 적이 있었다.

몇 년 전, 한 동료가 SPSS 통계 분석 애플리케이션에서 내보낸 파일을 그녀에게 줬는데, 맥신은 동료의 애플리케이션 파일이 예상대로 로드되지 않는 이유를 알아내느라 반나절을 보냈다. 맥신은 마침내 그 파일에 BOM이 있다는 것을 발견했는데, BOM이 첫 번째 열 이름의 일부로 해석됐고, 그것이 모든 프로그램을 망쳤다. '그게 바로 여기서도 일어나고 있는 게 확실해.' 맥신은 생각했다.

이 특정 퍼즐을 이해하면서 느끼는 지적 만족감은 금방 사라졌다. 맥신은 브렌트에게 물었다. "전에도 이런 적 있었어요?"

"말도 못해요." 브렌트가 눈을 굴리며 말했다. "누가 파일을 생성했느냐에 따라 매번 다른 문제가 있죠. 최근 가장 흔한 문제는 제로 길이의 파일이나 행이 없는 파일이에요. 가격 책정 팀만 그러는 게 아니에요. 이런 데이터 문제가 여기저기에 있어요."

맥신은 간담이 서늘해졌다. 그녀가 즉시 했어야 하는 첫 번째 일은 자동화된 테스트를 작성해서 운영 데이터베이스를 손상하기 진에 모든 입력 파일이 올바르게 만들어진 것인지, 그리고 정확한 수의 행이 실제로 파일에 있는지 확인하는 것이었다.

"내가 맞춰볼게요. 이런 나쁜 업로드를 고칠 줄 아는 건 당신뿐이죠?" 맥신이 물었다.

"넵." 그녀는 뒤에서 웨스가 대답하는 것을 들었다. "모든 길은 브렌트로 통한다." 맥신은 더 많은 메모를 적어 놓고, 이것을 기반으로 나중에 뭔가 조치하기로 했다.

가격표가 수정되기까지는 두 시간가량 걸렸다. 브렌트가 말한 것 때문에, 맥신은 그 파일을 이중으로 검사했고, 그것이 상당한 수의 제품 항목을 빠뜨렸다고 확신했다. 그리고 가격 책정 팀은 릴리스의 일원이 아니어서, 한밤중(또는 이른 아침)에 어떻게 하면 그들과 연락할 수 있는지 아무도 몰랐다. 맥신은 이런 일이 다시는 일어나지 않도록 만들겠다고 주장할 몇 가지를 그녀의 목록에 추가했다.

오전 7시, 맥신은 데이터베이스 팀과 다시 합류했다. 그들은 여전히 쿼리 속도를 높이는 작업을 하고 있지만 너무 늦었다. 동부 해안의 매장들이 개점하기 시작한다는 발표가 있었다.

피닉스 릴리스는 여전히 완성과는 거리가 멀었다. 드웨인은 "론칭 14시간 전인데, 미사일이 아직 튜브에 박혀 있네요"라고 침울하게 말했다.

맥신은 웃어야 할지, 헤벌쭉하고 있어야 할지 아니면 토해야 할지 몰랐다. 미사일이 발사관에 박혀 있다는 것은 매우 위험한 시나리오다. 왜냐하면 그 시점에 미사일은 이미 무장돼 있고 접근하기에는 너무 위험했기 때문이다.

오전 8시, 아직 POS를 작동시키려면 몇 시간 더 필요했다. 사라와 그녀의 팀은 모든 매장 관리자에게 먹지 사용법에 대한 교육을 해야 했고 일부 상점들은 현금이나 개인 수표만 받을 수 있었다.

맥신의 나머지 토요일이 순식간에 지나갔다. 그녀는 집에 갈 수 없었다. 피닉스 론칭은 엄청난 중단 사태 그 이상이었다. 그것은 맥신이 지금까지 본 운영 데이터 손실 중 가장 놀라운 사례였다.

어떻게 된 건지, 들어오는 고객 주문에 오류가 있었다. 수만 건의 고객 주문이 분실됐고, 같은 수의 고객 주문이 어떻게 된 건지 중복됐다. 어떤 경우에는 세 번이나 네 번까지도. 수백 명의 주문 관리자와 회계사가 동원돼 매장에서 이메일이나 팩스로 보내오는 종이 주문 전표와 데이터베이스 항목을 서로 맞춰봤다.

섀넌은 반란군 모두에게 문자 메시지를 보냈는데 고객 신용카드 번호가 암호화되지 않은 채 전송되고 있지만 전체적으로 봤을 때 그것은 피닉스 재앙의 또 다른 일시적인 문제일 뿐이라고 겁냈다.

오후 3시에 커트는 모두에게 문자를 보냈다.

이 어마어마한 쓰레기 더미를 드러내고 싶진 않지만, 드웨인이 내기에서 이겼어요. 축하해요, 드웨인.

드웨인의 응답:

이길 가치도 없어! 이런 개 같은….

그는 불붙은 타이어 이미지를 게시했다.

토요일 밤이 돼서야 맥신은 집에 가서 6시간 동안 잠을 자고 다시 사무실로 돌아왔다. '드웨인 말이 맞았어, 이건 역사에 기록될 거야.' 그녀는 침울하게 생각했다.

월요일 아침, 맥신은 거울에 비친 자기 모습을 보고 충격을 받았다. 주변의 다른 사람들처럼 그녀도 엉망이었다. 눈 밑에는 다크서클이 내려앉았고 머리는 푸석푸석했다. 빳빳하게 다림질한 재킷은 이제 없다. 잔뜩 구겨진 데다 얼룩까지 진 블라우스를 감추려고 걸친 허름한 재킷에 청바지를 대충 받쳐 입었다. 품위를 갖춘 모습은 온데간데없다. 다른 사람들처럼, 맥신도 전날 밤에 옷 입은 채로 자고 일어나 숙취를 해소하고 있는 것처럼 보였다.

토요일 아침부터, 그들의 전자 상거래 사이트는 전례 없는 수준의 고객 트래픽에 계속해서 다운되고 있었다. 사라는 현황 업데이트 회의에서 피닉스를 홍보하는 마케팅이 한 일은 자랑스럽게 떠들어댔지만 IT 쪽에는 제 역할을 해줄 것을 촉구했다.

"믿을 수 없어." 섀넌이 중얼거렸다. "사라가 이 모든 재앙을 만들었잖아요! 이 일로 사라에게 뭐라고 할 사람이 있을까요?" 맥신은 그저 어깨를 으쓱해 보일 뿐이었다.

그 아수라장은 믿기 힘들 정도였다. 매장 내 시스템은 대부분 다운됐다. POS뿐만 아니라 매장 직원들을 지원하는 백오피스 애플리케이션도 예외는 없었다.

사람들을 계속해서 혼란스럽게 하는 그 이유로, 기업 웹사이트와 이메일 서버조차 문제를 겪고 있어서 정보가 필요한 사람들에게 중요한 정보를 줄 수 있는 능력까지 방해받고 있었다. 모두가 개발자 채팅방에 접근할 수 있는 것은 아니었다.

이런 상황에서, 가라앉는 잠수함에 물이 범람하는 것과 같이 기술적 문제들은 조직 안에 폭포수처럼 쏟아졌다.

맥신은 정신을 바짝 차리려고 탕비실에 커피를 더 마시러 갔다. 먼저 와서 커피를 내리고 있던 드웨인과 서로 아는 척했다. 드웨인은 "카드가 작동하지 않아 건물에 들어가지도 못하는 사람이 수백 명이라는 말 들었어요?"

"네?!" 지친 기색이 역력한 맥신이 힘없이 웃어 보이며 말했다. "일괄 처리 작업이 실행되지 않는 이유를 알아내려는 사람과 대화 중이었어요. 그는 심지어 급여 지급이 또 연기될지도 모른다고 하던데. 음, 그건 다른 사람들이 고치게 놔두려고요." 맥신은 작은 웃음으로 끝을 맺었다.

"흠⋯." 드웨인은 생각에 잠겼다. "우리가 HR 애플리케이션의 인터페이스를 뚝딱 만들 수 있을지 궁금하네요. 그게 이 이상한 오류들을 설명해줄지도 모르거든요. 너무나 많은 것이 망가졌네요."

복구하는 동안 맥신은 온종일 다음과 같은 질문을 받았다. 왜 트랜잭션들이 안 되는 걸까? 어디가 문제일까? 어떻게 그런 상태가 된 걸까? 문제를 해결할 수 있는 세 가지 아이디어 중 어느 것을 시도해야 할까? 상태가 더 나빠질까? 우리가 고친 것 같긴 한데, 정말 고친 걸까?

맥신의 감정은 이 모든 시스템이 서로 얼마나 얽혀 있을지 생각하니 또다시 기분이 안 좋았다. 그 시스템의 어떤 부분도 독립적인 상태에서 이해하기는 매우 어려웠다.

때로는 당황하지 않는 것이 어려웠다. 그날 오전 파트 언리미티드의 전자 상거래 사이트는 신용카드 번호를 도용하는 외부의 공격을 받는 것처럼 보였다. 섀넌과 보안 팀이 애플리케이션 오류였다는 이메일을 보내는데 1시간이 넘게 걸렸다. 누군가가 정상적이지 못한 시간에 쇼핑 카트를 새로고침하면, 무작위로 고객의 전체 신용카드 번호와 세 자리 CVV 코드가 표시됐다.

좋은 소식은 외부 해킹이 아니라는 것이고, 나쁜 소식은 진짜 카드 소유자의 데이터가 노출된 사건이라 신문 1면 기사가 될 또 다른 이유라는 것이었다. 소셜 미디어에서 폭발하는 관심과 조롱은 모든 사람의 스트레스를 가중시킬 뿐이었다.

잠시 휴식을 취하면서 맥신은 자기 책상으로 돌아갔다. 지난주 릴리스에 무관심했던 개발자가 보였다. 깔끔한 옷차림인 걸 보니, 잘 쉰 것 같았다.

"힘든 주말이었죠?" 그가 맥신에게 말했다.

맥신은 말문이 막힌 채 그를 응시했다. 그 개발자는 여전히 다음 릴리스를 위한 피처 작업을 하는 중이었다. 유일한 큰 변화는 사람들이 피닉스 사태에 빨려 들어가 그의 모든 회의가 취소됐다는 것이다.

그는 스크린으로 고개를 돌려 퍼즐 조각을 맞추는 작업을 했다. 실제로는 어떤 조각도 서로 맞지 않는다는 것은 신경 쓰지 않았다. 주말에 집과 동네 전체와 함께 그 퍼즐 전체에 불이 붙었다는 것도 신경 쓰지 않은 채….

발신: 앨런 페레스(웨인 요코하마 이쿼티 파트너, 운영 파트너,)

수신: 딕 랜드리(CFO), 사라 몰튼(소매업 SVP)

참조: 스티브 마스터즈(CEO), 밥 스트라우스(이사회 의장)

날짜: 9월 15일 오전 8시 15분

제목: 피닉스 출시 **기밀**

사라와 딕,

피닉스 릴리스에 관한 뉴스 헤드라인을 봤습니다. 좋은 시작은 아니군요. 다시 말하지만, 저는 소프트웨어 분야가 파트 언리미티드가 만들 수 있는 역량에 속하는지 의문이 듭니다. IT를 아웃소싱하는 게 좋지 않을까요?

사라, 도움을 주기 위해 당신이 계약한 개발자들을 언급했죠. 그들이 완전한 기여를 할 수 있을 때까지 얼마나 걸릴까요? 영업 팀을 확장할 때, 신규 영업 사원이 전체 할당량을 감당하려면 시간이 걸립니다. 새로운 개발자들이 정말로 변화를 일으킬 만큼 충분히 빠르게 제 역할을 할 수 있을까요? 아니면 이미 많은 돈을 썼는데 돈을 더 쓰는 건 아닐까요?

– 앨런 드림

발신: 사라 몰튼(소매 운영 SVP)

수신: 모든 IT 직원

참조: 모든 회사 임원

날짜: 9월 15일 오전 10시 15분

제목: 신규 생산 변경 정책

피닉스를 고객에게 인도하는 데 많은 노력을 해주셔서 감사합니다. 이것은 우리가 시장에서 동등한 지위를 되찾기 위해 꼭 필요한 조치입니다.

그러나 IT 조직의 특정 구성원이 행사한 판단력 저하에 따른 예상치 못한 문제 때문에 고객에게 끼친 해로 인해, 모든 운영 환경 변경은 크리스 앨러스와 빌 팔머는 물론이고 제 승인을 반드시 받아야 합니다.

승인 없이 변경하면 징계 처분을 받게 됩니다.

감사합니다.

– 사라 몰튼

맥신은 사라의 이메일을 읽었다. 피닉스 프로젝트에 새롭고, 어쩌면 사악하고 역동적인, 소름 돋는 일들이 엿보였다. 각각의 중단 사태에 대한 소집과 위기관리 회의에서 고위 지도자들은 어떻게 일했는지에 대한 그들의 태도를 유지하려는 것으로 보였지만, 다른 사람들은 일을 안 하면서 가식적으로 행동하는 것처럼 보였다. 때론 미묘하게, 때론 아주 노골적으로 말이다.

'배 전체를 위협하는 맹렬한 엔진 화재를 진압하기 위해 레드셔츠가 싸우는 동안, 브릿지 장교들은 계속해서 자기 살길만 찾는군.' 맥신은 생각했다. 일부는 심지어 이 야단법석을 개인의 정치적 이익을 위해, 종종 직무 유기라는 이유로 개별 엔지니어나 부서 전체를 처벌했다.

분명히 IT 리더 중 누구도 안전하지 않았다. 맥신은 개발과 운영의 수장인 크리스와 빌이 모두 해고될 위기에 처해 있으며, IT 전부가 다시 아웃소싱될 것이라는 소문을 들었다. 그러나 사람들은 QA의 수장인 윌리엄이 축출될 가능성이 가장 크다고 믿었다.

'그건 말도 안 되는 소리야.' 맥신은 생각했다. '윌리엄은 릴리스 24시간 전에 릴리스 팀을 이끌게 됐잖아! 재앙이 일어나는 것을 방지하려다 해고당할 사람은 아무도 없지 않겠어?'

섀넌은 "TV 쇼 '서바이버Survivor' 같아요"라고 말했다. "기술 임원들은 한 회를 더 버티려 하고 있을 뿐이에요. 다들 자제력을 잃은 거죠. 스티브는 강등됐고, 사라는 자기가 회사를 구할 수 있다고 모두를 납득시키려 하고 있어요."

그날 오후 늦게 브렌트는 맥신에게 회의에 참석하라고 초대했다. "데이터베이스에 거의 6만 건에 달하는 오류가 있거나 중복된 주문이 있어서, 재무 담당자들이 정확한 매출 보고서를 얻을 수 있도록 이를 수정해야 해요."

맥신은 한 시간 동안 그 그룹이 문제 해결하는 것을 도왔다. 결국 해결책을 찾아냈을 때 마케팅 관리자 중 한 명이 말했다. "이건 제가 결정할 사안이 아닌 것 같습니다. 사라는 지금 변화에 대해 매우 민감합니다. 그녀의 승인을 받아야 해요."

'아, 투덜이 데이브가 말한 〈스퀘어 게임〉이 진행되는군.' 그러나 이제는 '올라갔다가 하나 건너가기'가 필요한 의사 결정이 '올라갔다 두 개 건너가기'를 해야 했다. 이제 제품 관리자들은 사라의 판단에 모든 것을 맡기게 됐다. 누군가가 중얼거렸다. "금방 될 거로 생각하지 마세요. 사라는 대답을 빨리해주는 법이 없거든요."

'끝내주는군.' 맥신이 생각했다. '사라는 이 방에 있는 사람들을 정말 효과적으로 옴짝달싹 못 하게 했네.'

온종일 모든 결정과 에스컬레이션은 맥신도 예상하지 못했던 비상사태에도 금세 정지됐다. 왜 그런지 맥신은 알았다. 모든 관리자는 의사소통 계획의 일부가 되기를 고집했다. 왜일까? 그들은 아무리 나쁜 소식이라도 먼저 듣고 싶어 했는데, 그렇게 해서 연락이 닿지 않는 것처럼 보이고 싶지 않았으며 어떤 메시지도 위로 올려보낼 수 있어서다.

맥신이 자기 생각을 커트에게 전달하고 있는데 커트의 핸드폰이 울렸다. 그의 시큰둥한 표정을 보고 맥신은 "무슨 일이에요?"라고 물었다.

"사라예요." 커트가 말했다. "사라는 오류가 난 주문 데이터에 대해 웨스와 저에게서 상반된 정보를 받고 있다고 하네요. 실제 응급 상황이 두 건이나 있는데 사라한테 그걸 설명하느라 30분이나 써야 하다니."

커트는 맥신이 행운을 빌어주기도 전에 서둘러 떠났다. 맥신이 고개를 가로저었다. 신뢰 부족과 너무 많은 정보가 흘러 다니는 것이 사태를 점점 더 느리게 만들었다.

화요일, 맥신은 웨스가 이끄는 전자 상거래 사이트와 POS 시스템 전체에 대한 미스터리하고 간헐적인 중단 사태와 관련된 회의에 참여했다.

사라는 사람들에게 이것이 얼마나 중요한지 상기시키려고 때때로 모든 글자를 대문자로 써서 이메일을 보냈다. 그러나 사람들은 이미 이것이 얼마나 중요한지 알고 있었다. 주문을 처리하는 것은 모든 리테일 회사에 정말 중요한 기능이다.

심각도 1급 장애인데도 방은 너무 썰렁했다.

보아하니, 모두 아파서 집에 가야 했다. 피닉스의 릴리스로 사람들은 밤낮을 가리지 않고 잠도 거의 못 자면서 긴 시간을 함께 일해야 했다. 이제는 모두 파리떼처럼 우수수 쓰러지고 있었다. 이 회의에 필요한 사람 중 사무실에 있을 만큼 건강한 사람은 아무도 없었다. 사실, 단 두 사람만이 회의장에 설 수 있을 정도로 건강했다.

사라가 소리치는 것을 듣고 맥신이 고개를 들었다. "이걸 어떻게 해야겠어요? 누가 이걸 고칠 수 있죠? 매장 관리자들은 우리의 도움이 필요하다고요! 이게 얼마나 중요한 일인지 몰라요?"

맥신은 믿기지 않아 사라를 응시했다. 사라는 평상시의 완벽한 모습이 아니라 피곤해 보였다. 사라조차 피닉스의 이 야단법석을 완벽하게 피해 가지 못하고 있었다. 파트 언리미티드에서 보낸 3년 동안 거의 모든 비난을 피해 갔던 테플론 프라이팬 같은 그녀의 능력에도 불구하고 말이다.

웨스는 두 손을 번쩍 들었다. "우리가 뭘 어떻게 할 수 있죠? 아무것도 없어요. 지원 팀 전체가 결근했거든요. 브렌트는 아파서 집에 갔고. DBA들도 아파서 결근했고. 아주 유능한 맥신이 여기 있지만, 그녀나 나나 다를 게 없습니다. 우리는 지원 팀이 이미 하고 있는, 시스템을 재부팅하는 것 말고는 뭘 할 수 있을 만큼 해당 서비스에 관해 충분히 알지 못한다고요."

맥신은 웨스도 아프다는 걸 알았다. 눈은 충혈돼 있고 상태는 엉망이었다. 그의 새빨간 눈 밑에는 다크서클이 있고 목소리는 잔뜩 쉬었다. 맥신은 갑자기 자신이 그처럼 상태가 안 좋은 건 아닌지 걱정됐다.

"이건 용납할 수 없어요, 웨스." 사라가 말했다. "비즈니스는 우리에게 달려 있어요. 매장 관리자들은 우리에게 의존한다고요. 뭐라도 해야 해요!"

"글쎄요, 당신이 피닉스 론칭을 진행하자고 제안했을 때 우리가 경고했던 리스크가 바로 이런 것이었어요. 그런데 당신은 '오믈렛을 만들려면 달걀부터 깨야 한다'라고 이메일을 보냈죠? 우리가 할 수 있는 일은 다 하고 있으니, 당신이 일부 서버 재부팅을 도와주고 싶지 않으면 우리가 할 수 있는 일은 아무것도 없다고 말하고 싶네요."

웨스는 계속 말했다. "얘기할 게 있긴 해요. 어떻게 하면 직원들이 실제로 일을 할 수 있을 정도로 건강을 유지해줄 수 있을까? 어떻게 하면 그들이 그만두지 않도록 충분히 행복하게 해줄 수 있을까? 크리스는 그가 데리고 있는 핵심 엔지니어 두 명이 지난주에 그만뒀다고 하더군요. 나도 운영 쪽에서 두 명을 잃었고, 세 명을 더 잃을 가능성이 큽니다. 얼마나 많은 사람이 적극적으로 이직을 준비하고 있을지 누가 알겠어요?"

"게다가 그런 일이 일어나면 우리는 정말로 곤경에 처하게 될 겁니다. 항상 이렇게 텅 빈 상태로 회의를 진행해야 할 테니까요." 냉소에 찬 목소리로 말하던 웨스가 기침을 해댔다.

노트북을 들고 문 쪽으로 향하던 웨스가 밖으로 나가기 전에 말했다. "사라, 당신 생각엔 이 중요한 문제를 해결하기 위해 남은 사람이 아무도 없다는 게 이상하겠지만, 원래 다 그런 거예요. 돕고 싶다면 의사가 되거나 미들웨어라도 배우시죠. 그동안 우리가 최선을 다하고 있으니 방해나 하지 말아줘요."

맥신은 웨스의 직설적인 면이 마음에 들었다. 그는 겁이 없고 항상 마음속에 있는 말을 그대로 했다.

맥신은 반란군에게 웨스를 영입하는 것에 관해 물어보기 위해 마음속으로 메모했다.

반란군을 떠올리던 맥신은 그 집단이 얼마나 중요한지 문득 깨달았다. 그녀에게 그것은 희망의 등불이었다. 수면 부족으로 정신이 없고 혼란스러운 상태일 수도 있지만, 반란군은 그 회사에서 가장 뛰어난 기술자 몇 명을 모았다. 그리고 그들은 이 모든 것에서 사람들을 해방시킬 수 있었다.

'우리는 반란군과 함께 이 중요한 일이 지속되도록 해야 해.' 맥신은 생각했다.

그녀는 즉시 커트에게 다음과 같이 문자를 보냈다.

무슨 일이 있어도 목요일의 도크사이드 회의는 취소할 수 없음.

곧바로 회신이 왔다.

생각이 통했군요. 사실, 모두를 위한 깜짝 선물이 있어요. 이틀 후에 봐요!

목요일이 되자 상황은 눈에 띄게 안정됐다. 우선 피닉스에서 가장 두드러진 결함과 성능 문제가 해결됐다. 그것은 고객 트래픽이 감소하는 데 큰 도움이 됐다. 주문을 받을 수 없는 매장이나 웹사이트에 누가 가고 싶겠는가? 그 결과, 모든 사람이 더 이상 밤샘 작업을 할 필요가 없게 됐다. 맥신은 오늘 아침 10시까지 잠을 잤다. 차를 몰고 출근하면서 그날 저녁 도크사이드 회의를 얼마나 고대하고 있는지 깨달았다.

약속대로 커트는 반란군 모두에게 다음과 같이 문자를 보냈다.

조금 늦을 거예요. 드웨인, 맥신, 피닉스 환경 빌드 등 표준 의제 논의를 진행해주세요. 전 매우 특별한 손님을 모셔갈게요.

맥신은 오늘 밤 모두가 그곳에 올 것이라고 믿었다.

잠을 좀 잤음에도 몸 상태가 별로였다. 동료들을 떼죽음으로 몰고 간 질병에 걸리지 않기를 간절히 바랐다. 그런데도 맥신은 피닉스 빌드 작업을 함께하게 돼 매우 기뻤다.

그날 저녁, 맥신이 도크사이드에 도착해 모두를 보니 너무 좋았다. 그녀는 노트북에 붙일 반란군 스티커를 어떻게 구하는지 묻고 싶었고, 전장에서 싸운 이야기를 서로 나누고 싶었다. 하지만 맥신은 화가 나 있거나 낙담한 듯한 사람들의 모습에 놀랐다.

재킷을 의자 등받이에 던지며 맥신은 쾌활하게 말했다. "안녕하세요, 여러분! 무슨 일로 다들 그렇게 입이 나와 있죠?"

드웨인은 맥신을 바라봤다. "방금 들어온 이메일을 읽어봐요. 윌리엄이 해고됐어요."

발신: 크리스 앨러스(개발 VP)

수신: 모든 IT 직원

날짜: 9월 18일 오후 4시 58분

제목: 인사 변경

즉시 시행되는 것으로, 피터 킬패트릭(프론트엔드 개발 관리자)이 회사를 떠나고 윌리엄 메이슨(QA 디렉터)이 휴직합니다. 그들의 공헌에 진심으로 감사드립니다.

모든 프론트엔드 개발 관련 이메일은 랜디에게 보내고 모든 QA 관련 이메일은 제게 보내주십시오.

고마워요.

― 크리스

맥신이 메시지를 읽으면서 털썩 주저앉았다. 마녀사냥이 시작됐다. 아담은 화가 나서 고개를 가로저으며 말했다. "내가 윌리엄을 엄청 좋아하지는 않았지만, 이 모든 것을 두고 윌리엄을 비난하는 것은 잘못된 거야."

크리스의 이메일에는 피닉스 재앙에 대한 자기 책임 관련 언급이 없었다. 그리고 비록 맥신이 처벌이나 희생양을 믿지 않더라도, 모든 책임을 기술 조직에 덮어씌우고, 비즈니스나 제품 쪽에서는 아무도 책임을 지지 않는 것은 두 배로 억울했다.

투덜이 데이브는 역겨운 표정으로 핸드폰에서 얼굴을 들었다. "피터도 마찬가지야. 그저 비즈니스 관리자가 요구하는 대로 했을 뿐인데 말이야. 정말 완벽한 개판이군."

"이건 정말 잘못됐어요." 섀넌이 중얼거렸다. "청원서 같은 걸 쓰는 게 도움이 되지는 않겠죠? 그들을 해고한 것에 대해 우리가 이의를 제기하는 거 말이에요."

아담이 말했다. "중요한 사람은 아무도 책임을 지지 않는군! 우리가…."

아담은 갑자기 말을 멈추고 입을 딱 벌린 채 맥신 뒤에 있는 무엇인가를 보고 있었다. "이런…." 그가 마침내 말을 했다. 아담 옆에 있는 사람들도 맥신 뒤에 뭐가 있는지 충격을 받은 얼굴이었다.

맥신이 돌아보니 커트가 입구를 지나 걸어오고 있었다.

그 옆에는 프로젝트 관리 책임자인 커스틴이 있었다.

"맙소사!" 맥신은 아담이 하는 말을 들었다. 겁먹은 표정으로 노트북을 닫고 일어서는 모양새가 마치 현장을 피해 어디로든 튀려는 것으로 보였다.

"오! 빌어먹을…. 다시 앉아요, 아담." 맥신이 말했다. "암행 경찰이 나타난 게 아니잖아요. 우리 중 누구도 나쁜 짓을 하지 않았으니 품위를 좀 지켜요."

투덜이 데이브는 신경질적으로 웃었지만, 다른 사람들처럼 숨길 것이 있는 듯 노트북을 닫았다.

커스틴은 값비싼 재킷을 입고 있었는데, 맥신이 평소에 입는 캐주얼한 비즈니스 정장보다는 두 단계, 테이블 주위에 있는 다른 엔지니어들이 입는 후드티, 티셔츠, 볼링 셔츠보다는 네 단계 정도 수준이 높았다. 술집 안의 사람들은 누가 이곳에 임원을 초대했는지 궁금해하며 쳐다보고 있었다.

맥신은 도크사이드와 커스틴이 좀 어울리지 않는다고 생각은 했지만, 이토록 어색할 줄은 몰랐다. 커스틴은 마치 수석 법률 파트너 행사에 가기 위해 운전하다가 타이어가 터졌는데 핸드폰이 방전돼 도움을 얻으려 되돌아간 듯한 모습이었다.

커트가 주위를 둘러보며 말했다. "커스틴을 모르는 분들을 위해 말씀드리자면, 우리 기술 쪽 사람들과의 연관성에도 불구하고 파트 언리미티드에서 가장 신뢰받는 프로젝트 관리를 이끌고 있습니다." 커트는 웃으며 말을 이었다. "가장 중요한 회사 계획은 모두 커스틴과 그녀의 프로젝트 관리 직원들을 거치며, 커스틴은 우리의 CFO인 딕 랜드리에게 각각의 진행 상황을 수시로 브리핑하죠."

'진짜야….' 맥신은 생각했다. 커스틴은 정말로 질서와 규율의 대제사장이었다. 그녀는 적색, 황색 또는 녹색의 점수를 조직의 주요 계획에 할당하는데, 이는 관련된 사람들에게 직업적 성과나 결과를 가져올 수 있었다. 사라와 세일즈 부서장 외에 커스틴은 타운 홀에서 CFO가 가장 많이 언급하는 사람이었다.

커스틴은 자리에 앉아 테이블 위에 놓인 피처에서 맥주를 알아서 따르고는 커트에게도 한 잔을 따랐다. 커트는 커스틴에게 사람들을 소개하고 맥신을 가리켰다. "맥신은 반군 엘리트 그룹에 가장 최근에 들어왔어요. 그녀는 급여 중단 사태에 대한 희생양으로 피닉스 프로젝트로 유배됐고, 이후 그녀의 엄청난 재능은 완전히 낭비되고 있죠. 그 말은, 우리가 맥신을 영입해서 낡고 무신경하면서 강력한 현존 질서를 바로잡으려는데…. 어, 음…." 커트가 갑자기 당황한 표정을 지었다. 커스틴 역시 그 잘못된 질서의 일부라는 것을 깨달은 듯했다. 그래서 "물론 여기 있는 사람들은 제외하고요"라며 마무리했다.

커스틴은 이에 응해 잔을 들어 올릴 뿐이었다.

커트가 말을 이어갔다. "지루해서 의미 있는 일을 찾으려던 맥신은 1년 넘게 피닉스 팀이 해내지 못했던, 반복 가능한 피닉스 빌드를 만드는 작업을 하기 시작했죠. 우리는 많은 위대하고 선량한 것을 믿지만, 모두가 동의하는 한 가지는 빌드를 다시 실행되게 만드는 것이 우리에게 지금 당장 필요한, 가장 시급하고 중요한 엔지니어링 프랙티스 중 하나라는 겁니다. 일단 지속적인 빌드를 실행하고 나면, 테스트 자동화가 가능해지거든요. 테스트 자동화를 통해 수백 시간의 수동 테스트에 의존하지 않고도 보다 빠르고 자신 있게 변경 작업을 수행할 수 있어요. 그리고 그것은 우리가 어떻게 더 나은 가치를 더 안전하고, 더 빠르고, 더 행복하게 제공할 수 있는지에 대한 중요한 첫걸음이라고 생각합니다."

"지속적인 빌드가 없다면 공장 목표와는 무관하게 누구나 원하는 것은 무엇이든 할 수 있는, 조립 라인 없는 자동차 제조업체와 같죠." 커트는 말을 이어갔다. "배포나 운영이 아닌 빌드나 테스트 과정에서 문제를 발견해야 합니다."

커트가 몇 마디 덧붙였다. "전 1년 동안 이걸 하고 싶었지만, 제 상사는, 어, 최근에 떠나버린 전(前) 보스는 그게 중요하다고 생각하지 않았죠. 그래서 비밀리에 일하기 위해 팀에서 사람들을 데려오고, 기꺼이 도울 수 있는 회사 최고의 엔지니어들을 찾아왔습니다. 그리고 맥신은 놀라울 정도로 짧은 시간에 엄청난 도움이 됐어요."

커트는 잠시 멈췄다가 입을 열었다. "어, 우리 모두 윌리엄을 위해 잔을 듭시다. 그와 전 다른 점도 있지만, 분명한 건 피닉스 대실패의 책임이 윌리엄의 몫은 아니라는 거죠."

다른 사람들과 똑같이 맥신도 잔을 들었다. 그녀는 시간을 들여 테이블 주위의 모든 사람과 잔을 부딪쳤다.

커스틴을 보면서 맥신이 말했다. "미친 소리 같겠지만, 커스틴, 난 정말 이 모임이 큰 차이를 만들 수 있다고 생각해요. 개발자들이 개발 환경을 얻기 위해 몇 달 동안 기다리는 것을 봤어요. 올바른 환경과 중앙집중식 빌드가 없으면 여러 면에서 느려질 수밖에 없어요. 실제로 대부분 개발 팀은 환경이나 빌드를 기다리거나 시스템과 전체로 작동하는지와 상관없이 코드를 작성하는 데 주력해요."

맥신은 계속 말했다. "지난주에 피닉스가 릴리스됐을 때 무슨 일이 일어났는지 생각해 보자고요. 더 나은 엔지니어링 프랙티스는 그런 일을 많이 막을 수 있었을 거예요. 그런 낭비가…."

"우리 모두 맥신의 말에 동의해요"라고 투덜이 데이브가 말했다. "하지만, 커스틴, 어, 도대체 여기서 뭐 하시는 거죠?"

커스틴이 웃으며 답했다. "이 회사에서 기술을 관리하는 방법이 별 효과가 없다고 오래전부터 생각해 왔어요. 피닉스 릴리스 대참사만 말하는 건 아니에요. 피닉스로 우리가 필요로 하는 모든 것을 봐요. 원래 프로젝트 계획에 아직 몇 년은 뒤처져 있죠."

"커트는 몇 달 전부터 반란군이 하는 일들을 말해줬어요. 하지만 내가 '아하!' 했던 순간은 수백 명의 기술자가 엄청난 양의 의사소통과 조율 없이는 간단한 일조차 할 수 없는 시스템을 우리가 만들었다고 지적했을 때였어요." 커스틴이 설명했다. "물론, 회사에서 가장 중요한 프로젝트를 보호하는 게 우리 일이죠. 하지만 우리에게 아무런 도움도 받지 않고 사람들이 각자 해야 할 일을 하는 게 가장 이상적이죠. 어찌 된 일인지 프로젝트 관리는 모든 의존성 때문에 이런저런 일에 끌려다니면서 하찮은 사무직 무리로 변했다고 생각해요."

"우리는 피닉스의 여러 파트에서 일하는 약 300명의 작업을 추적하죠. 하지만 진정한 업무는 그것보다 훨씬 커요." 커스틴이 계속해서 말했다. "각 팀이 독립적으로 일을 처리할 수 있는 열 명으로 이뤄진 30개 팀이 있다고 생각하면 돼요. 하지만 가끔은 300명으로 이뤄진 한 팀밖에 없는 것 같아요. 아니면 1명으로 이뤄진 300개의 팀이던가. 뭐가 됐든, 뭔가 아주 잘못됐죠…."

커스틴은 커트에게 시선을 돌렸다. "커트가 말했던 그때 그 단어가 뭐였죠? 워터멜론 프로젝트? 겉은 초록인데 안은 빨갛게? 바로 요즘 우리 IT 프로젝트가 그래요." 커스틴은 씁쓸하게 말했다.

커스틴이 말을 이어갔다. "여기서 일한 15년 세월 동안 줄곧 IT를 아웃소싱하고 인소싱하는 이 게임을 계속해 왔어요. 지난번에는 CIO가 파트 언리미티드는 더 이상 '사람 장사'를 하지 않는다고 선언하고, 여러분이 믿을 수 있을지 모르겠지만 모든 것을 아웃소싱했죠."

"결국 대부분을 다시 들여왔지만, 우리가 되찾은 것은 그 어느 때보다 안 좋은 상태였어요. 가장 기본적인 것들도 스스로 할 수 있는 능력을 잃어버린 거죠. 지난해에 우리는 데이터 웨어하우스에 대해 간단한 스키마 변경을 해야 했어요. 그 요청을 정상적인 아웃소싱 파트너 목록에 올렸죠. 견적을 내는 데 약 3주가 걸리더니, 그걸 완성하는 데 1만 시간가량 걸릴 거라고 하더군요." 커스틴은 말했다. "IT를 아웃소싱하기 전에는 몇 시간 안에 할 수 있는 일이었어요."

맥신은 머릿속으로 계산했다. 그녀는 컨설팅할 때부터 한 명의 완전히 숙달된 엔지니어가 1년에 약 2천 시간을 일한다는 것을 알고 있었다. 즉, 그들이 휴가를 가지 않는다면 일주일에 40시간, 1년에 52주라는 것이다. 맥신이 웃음을 터뜨렸다. "그건 데이터베이스 칼럼을 바꾸려고 5명의 엔지니어가 1년 동안 풀타임으로 일하는 건데요?! 그건 제가 15분 안에 할 수 있는 일이에요!"

"네." 커트가 슬픈 미소를 지으며 말했다. "데이터 웨어하우스 변경은 둘 또는 셋의 각기 다른 아웃소싱 업체가 작업해야 합니다. 그 팀에서 온 담당자들과 회의를 해야 할 겁니다. 각 담당자는 변경 수수료와 타당성 조사를 요구할 거고요. 모든 기술자가 변경 계획에 동의하도록 하는 데는 몇 주가 걸리고, 그 후에도 몇 주 동안 티켓이 오락가락하는 거죠. 실제로 변화를 일으키려면 초 영웅적인 노력이 필요합니다."

드웨인은 큰 소리로 웃었다. "그게 나쁘다고 생각하긴 해요. 다만, 그건 아무것도 아니에요! 모든 제조 공장에 세 개의 네트워킹 스위치가 있었어요. 하나는 내부 공장 운영용, 하나는 직원과 방문자용 와이파이, 나머지 하나는 본사에 전화해야 하는 모든 장비 공급업체용이었어요."

"2년 전, 아마도 예산 책정 기간이었던 같은데, 몇몇 회계 담당자가 그 세 개의 네트워킹 판매 업체를 보고, 하나의 스위치로 통합하기로 했죠. 어느 정도 일리는 있잖아요?" 그는 계속했다.

"그러니까 누구에게도 묻지 않고 그대로 밀고 나갔던 거예요. 한 공장만이 아니라, 여러 공장에서 다 그렇게 한 거죠. 세 개의 스위치를 더 크고 더 튼튼한 스위치 하나로 교체한 다음 모든 공장 트래픽을 그 스위치로 이동시켰어요"라고 드웨인이 설명했다. "하지만 그들이 몰랐던 건 세 개의 서로 다른 네트워크를 관리하는 외주 업체가 셋이었다는 거죠. 각자의 스위치로만 작업하던 외주 업체 셋이 한 스위치 작업을 하게 됐고, 그러다 보니 서로의 영역을 침범하게 된 거예요."

"일주일 만에 제조 공장 중 한 곳은 전체 네트워크가 오프라인 상태가 됐고, 공장 내부에서는 외부 세계와 연결될 만한 게 전혀 없게 된 거죠. 아무도 공장 일정에 관한 정보를 얻을 수 없었고, 보충 주문은 당연히 보낼 수 없었고, 장비들은 정비 업데이트를 받을 수도 없었죠. 모든 인터페이스가 죽은 거라고요!" 드웨인은 여전히 장애 규모에 놀라며 말을 이어갔다.

"작동한 것은 팩스뿐이었어요. 경영진에게 보내는 주간 생산보고서, 원자재 주문 같은 것을 보내려고 부서 전체가 줄 서서 기다려야 했죠." 드웨인은 말했다.

맥신이 웃음을 터뜨렸다. "저도 기억나요. 진짜 말도 안 되는 일이었어요. 네트워크 프린터에 연결이 안 되는 두어 개의 시스템을 위해 그 근처 사무용품점에서 USB 프린터를 몇 개 사야 했거든요. 거의 일주일 동안 1970년대로 돌아간 것 같았어요."

아담은 테이블 건너편에서 중얼거렸다. "맞아요, 이번 주말에 우리가 매장 시스템에 했던 것처럼…."

드웨인은 맥주를 한 잔 더 마시며 뒤로 몸을 기댔는데, 사람들의 시선을 즐기는듯 했다. "서비스 복구에 왜 일주일이나 걸렸는지 궁금하실 텐데요. 음, 그동안 아무도 그 일을 책임지지 않았어요. 세 곳의 외주 업체 모두 자기네는 아니라고 부인했죠. 그중 하나가 다른 둘의 계정을 마비시

컸다는 것이 분명히 나와 있는 로그 파일을 제시했을 때도 발뺌하더라고요. 분명히 누군가가 다른 두 사람 때문에 자기들이 한 변경 사항이 번복되는 게 짜증 나서 그냥 나머지 것들을 잠가버린 거예요."

모두 껄껄 웃었지만 맥신은 놀라서 입이 떡 벌어졌다.

드웨인이 계속했다. "일주일 내내 세 외주 업체 사람들은 서로를 비난했고, 네트워크는 며칠 동안 다운돼 있었어요. 그 문제는 스티브에게까지 확대됐고요. 그래요, CEO 말이에요. 아웃소싱 업체 3곳의 CEO를 전화로 모두 불러 모은 뒤에도 네트워크를 복원하는 데 24시간 가까이 걸렸어요."

모두가 야유하는 소리를 내자, 맥신도 천천히 말했다. "정말 흥미롭네요. 네트워크 스위치를 통합하는 것이 본질적으로 나쁜 생각은 아니에요. 이전에는 세 팀이 각자의 네트워크에서 독립적으로 일할 수 있었겠죠. 그러다 그들 모두가 하나의 네트워크 스위치로 묶이자 갑자기 서로 연결되는 바람에 독립적인 작업을 할 수 없게 됐고, 서로를 간섭하지 않기 위해 의사소통하고 조정해야 했겠죠. 그렇죠?"

맥신은 목소리에 경외심을 담아 계속 말을 이어갔다. "다들 알다시피, 그들이 한 스위치에 엮인 후에, 제 생각에는 그 팀들은 자기들이 작업할 마스터 스케줄을 만들었어야 했을 거예요. 심지어 이전에는 필요치 않았던 프로젝트 관리자들을 데려와야 했을 거고요."

"이런!" 맥신이 계속 이어갔다. "비용을 줄이기 위해 그렇게 했지만, 결국 주변 모든 사람에게 비용이 더 들었겠죠. 사람들이 의사소통하고, 조정하고, 승인을 받아야 하고, 프로젝트 관리자들이 모든 일을 질질 끌고 서로 충돌하지 않으려고 해서 이 일을 하는 데 더 오랜 시간이 걸렸을 거예요…."

"이런, 세상에! 피닉스 프로젝트와 완전히 똑같잖아!"라고 맥신이 외쳤다.

모두가 공포와 깨달음이 뒤섞인 채 맥신을 응시하는 가운데 테이블 위는 침묵만 흘렀다.

"피닉스 프로젝트에 잘못된 모든 것을 우리가 했다는 거예요?" 섀넌이 물었다.

커스틴은 이맛살을 찌푸리며 난처해하는 모습이 역력했지만 아무 말도 하지 않았다. "네." 맥신이 답했다. "우리 스스로 한 것 같네요."

"맥신 말이 맞아. 우리 앞에 있는 도전의 규모를 진정으로 이해하는 단계에 와 있군." 맥신의 뒤에서 누군가 툭 끼어들며 말했다.

귀에 익은 목소리의 주인은 놀랍게도 지난번 도크사이드 바에 갔을 때 만
난 바텐더였다.

그는 맥신 옆에 음료수 쟁반을 놓고 커트의 등을 다정하게 두들겼다.
그러고는 커스틴을 향해 말했다. "아, 미스 핑글이군! 오랜만이야! 신예
반란군 본부인 도크사이드에 온 걸 환영하네."

"어머, 어머!" 커스틴이 쳐다보며 말했다.

"어, 서로 아는 사이인가요?" 평소와 달리 커트는 확신 없는 말투로 물
었다.

커스틴이 웃으며 말했다. "이쪽은 에릭 리드 박사예요. 알지 모르지만,
스티브와 딕은 몇 달에 걸쳐 에릭을 파트 언리미티드 이사로 영입하려고
노력했어요. 우리 회사와 수십 년 동안 일한 경력이 있거든요. 사실, 에릭
은 80년대 초기 MRP 구축에 참여했고, 그 후 제조 공장들이 린 원칙과 프
랙티스를 채택하는 데 기여했어요. 우리는 MRP 시스템을 최초로 자동화
한 회사 중 하나였고, 그는 제조 업계에서 내로라하는 영웅이에요."

"그래요?" 커트는 믿을 수 없다는 듯이 엄지손가락을 바텐더 쪽으로 가
리키며 말했다.

맥신도 놀랐다. 그녀는 몇 년 전에 놀라운 국산 MRP 시스템의 지속적
인 개발과 운영을 이어받았다. 맥신은 그것이 훌륭한 작업 방식을 규칙화

해 환상적인 흐름을 이끌었을 뿐만 아니라 라인 노동자와 공장 관리자 모두에게 지속적인 학습을 가능하게 한 방법에 항상 깊은 인상을 받았다.

"그 말을 전부 믿지는 말게." 에릭이 코웃음을 치며 말했다.

맥신은 재빨리 에릭을 훑어봤다. 그는 MRP 시스템의 창시자로 보기에 알맞은 50대 중후반으로 보였다. 한창때는 몸이 훨씬 좋았을 것 같은 체격이었다. 어깨까지 오는 회색 머리카락이 〈위대한 레보스키^{The Big Lebowski}〉의 듀드^{The Dude}를 연상시켰다. 그러나 에릭은 부드럽고 멋진 유형이라기보다는 날카롭고 배려 깊은 쪽에 가까웠다.

에릭은 다 알고 있다는 듯 미소를 지으며 맥신에게 시선을 돌렸다. "제조업에 종사하는 사람들을 대표해서 MRP 시스템을 그렇게 잘 관리해줘 고맙다고 말하고 싶다네. 자네는 단순함과 지역 특성을 살린 소프트웨어를 만들고 유지하는 데 도움을 줬지. 비즈니스 목표를 훌륭하게 달성했을 뿐만 아니라, 소규모 엔지니어 팀들이 거대하고 추하고 복잡한 난장판으로 된 '섞어 짜기^{complected}'를 만드는 대신, 컴포넌트들을 서로 잘 분리되게 만들어 생산적이고 독립적으로 일할 수 있는 시스템을 만들었어."

"진정으로 공학과 건축의 훌륭한 위업을 달성한 거야!" 에릭이 환하게 웃으며 말했다. "자네가 가능하게 만든 개발 생산성은 우아한 단순함의 아름다운 증거지. 더욱 인상적인 것은 일상 업무의 일부로 기술 부채를 무자비하게 없앤 거야. 이렇게 만나게 돼 기쁘군!"

맥신이 에릭을 쳐다봤다. '몇 년 동안 힘들게 쓰고 지켜온 코드에 대해 바텐더가 칭찬하는 것이 흔한 일은 아니야.' 맥신은 생각했다.

"고맙습니다. 팀원들에게 꼭 그 말 전할게요." 맥신은 당혹스러워하며 이렇게 답했지만 자긍심만큼은 숨길 수 없었다.

"어⋯. '섞어 짜기'가 무슨 뜻이에요?" 커트가 물었다.

에릭은 "리치 히키 선생이 부활시킨 고어^{古語}라네. 간단한 것을 복잡한 것으로 만드는 걸 말하지"라고 간략히 설명했다.

160

"강하게 결합되고 섞어 짜서 만들어진 시스템은 코드의 한 군데만을 바꿀 수 없어서, 코드의 백 개 아니, 천 개의 영역을 변경해야 해서, 무언가를 바꾸는 것은 거의 불가능해지지. 그래서 아주 작은 변화조차 시스템의 먼 부분, 어쩌면 자네들이 들어본 적도 없는 어떤 것에 예측할 수 없는 영향을 미칠 수도 있어."

"히키 선생은 말했지. '독립적으로 걸려 있는 네 가닥의 실을 생각해보라'라고 말이야. 그게 바로 간단한 시스템이야. 이제 그 네 가닥의 실을 가져다가 함께 땋아봐. 이제 자넨 그것들을 섞어 짜서 만든 거지. 섞어 짠 것과 그렇지 않은 것 모두 똑같은 엔지니어링 목표를 달성할 수 있지만, 섞어 짜지 않은 것은 변경하기가 훨씬 쉬워. 간단한 시스템에서는 한 문자열을 다른 문자열을 건들지 않고도 독립적으로 변경할 수 있거든. 그게 아주 좋은 거야."

에릭은 웃으며 말을 이었다. "하지만 섞어 짠 시스템에서는 한 가닥의 실을 바꾸고 싶을 때, 다른 세 가닥도 바꿔야 해. 사실 자네들이 하고 싶은 많은 일도, 모든 것이 서로 얽혀 있어서 결국은 할 수 없게 되지."

"그리고 그런 일이 일어나면…." 에릭이 계속 말했다. "자네들은 실질적인 비즈니스 문제를 더 이상 쉽게 해결할 수 없는 업무 시스템 때문에 옴짝달싹 못 하게 돼. 대신, 온종일 퍼즐만 푸는 거지. 단계마다 자네가 섞어 짠 시스템 때문에 가로막히다 보니 작은 변경 사항 만드는 방법을 알아내려고 말이야. 그럼 다른 팀과 회의 일정을 잡아야 하고, 그 사람들에게 바꿔 달라고 설득해야 하고, 그러면 그들의 관리자가 그것을 확인해야 하는데, 어쩌면 계속 조직의 윗선까지 올라가기도 하는 거야."

"자네가 하는 일들은 이제 해결하려던 실제 비즈니스 문제와 점점 멀어지게 되는 거지." 에릭은 말했다. "그리고 드웨인, 그게 바로 그 제조 공장에서 라우터를 바꾸자 모든 사람이 알게 된 거지. 이전에는 3개의 독립된 가닥이 있어서, 팀이 독립적으로 일할 수 있었지만 네트워킹 스위치를 3

개 유지해야 하는 비용을 부담해야 했지."

"그걸 한 스위치에 합치면서 그들의 가치 흐름을 섞어서 짜깁기했고, 이제는 이전에는 존재하지 않았던 상호 의존성을 갖게 된 거야. 이제 그 사람들은 자기네 일에 관해 끊임없이 소통하고, 조정하고, 스케줄을 잡고, 통제하고, 순서를 정하고 충돌을 피해야 하지. 특히 그런 조율에 대해 매우 높은 대가를 치르는데, 그건 리드 타임이 연장되고 품질은 떨어지고, 자네 이야기를 들어보면 1주일 내내 비즈니스에 큰 손상을 입혀서 스티브에게까지 올라가게 된 거지." 에릭의 말에서 뭔가 고소해 하는 느낌을 받았다.

"소프트웨어 개발에서 리드 타임의 중요성은 니콜 포스그랜과 제즈 험블의 공동 연구에서 발견한 것처럼 아주 중요하지." 에릭은 말했다. "코드 배포 리드 타임, 코드 배포 빈도와 문제 해결에 걸리는 시간은 소프트웨어 개발, 운영 역량 및 조직 역량을 예측하는 것이며, 그건 번아웃이나 직원 참여 등과도 상관 관계가 있어."

"단순함은 지역성^{locality}을 가능케 하기에 중요해. 코드에 있어서 지역성은 시스템을 느슨하게 결합해 피처를 더 빨리 개발하게 해주거든. 팀은 신속하고 독립적으로 고객에게 가치를 개발, 테스트 및 배포할 수 있고. 조직의 지역성은 팀들이 팀 외부 사람들과 의사소통하고 조정하지 않고도 결정할 수 있게 해주며, 잠재적으로는 의사 결정할 때 적절한 근거가 되지도 않는, 지금까지 업무와 동떨어져 있던 관계자들이나 위원회의 승인을 받아야 하던 것을 제거해주지." 에릭은 그런 것을 확실히 혐오하듯 말했다.

"파일 하나, 모듈 하나, 서비스 하나, 컴포넌트 하나, API 콜 하나, 컨테이너 하나, 애플리케이션 하나. 뭐 그런 것들을 변경함으로써 가치를 창출할 수 있어야 해! 로깅^{logging}, 보안 또는 재시도 정책$^{retry\ policies}$처럼 교차 문제를 한곳에 두는 것이 좋은 이유가 바로 거기에 있지. 거기서 바꾸면 모조리 바뀌는 거니까"라고 그가 말했다. "피처는 자네가 구축하는데, 가끔 UI 팀, 프론트엔드 팀, 백엔드 팀 그리고 데이터베이스 팀에서 변경을 해야 한다는 게 불합리하지 않나?"

"재밌네요." 맥신이 말했다. "코드와 조직의 지역성은 너무나 바람직하네요. 지금 우리 상황은 완전히 반대로 여기저기 코드가 흩어져 있잖아요!"

"그래, 바로 그거야. 뿔뿔이 흩어져 있지." 에릭이 말했다. "그리고 이 위대한 간결함을 성취하는 것은 결코 공짜가 아니야. 일상 업무 그 자체를 향상하는 일에 집중하고 확대해야 하지. 이렇게 집중하지 못한다면, 간단한 시스템조차 시간이 지남에 따라 점점 기술 부채의 툰드라에 묻혀 버리고 말아. 피닉스 빌드 시스템이라는 재앙만 봐도 알 수 있지."

맥신이 미간을 잔뜩 찌푸리며 말했다. "피닉스가 예전에는 단순했는데, 지금은 알아볼 수 없을 정도로 섞어 짜깁기됐다고 말씀하시는 거죠? 그 피닉스도 예전엔 훌륭한 빌드 프로세스가 있었지만, 몇 년 동안 외면당하면서 뒷자리로 나앉았고 결국 완전히 차 밖으로 내쫓긴 거네요."

"정확해!" 에릭이 말했다. "빌드 책임은 개발에서 QA로 그리고 인턴interns으로 옮겨갔지. 페이스북, 아마존, 넷플릭스, 구글, 마이크로소프트와 같은 거대 기술 업체들은 가장 높은 직책의 경험이 많은 엔지니어에게만 개발의 생산성 책임을 맡기지. 하지만 여기 파트 언리미티드에서는 정반대야."

드웨인이 웃었다. "적어도 빌드는 더 이상 외주로 넘기지 않잖아요. 얼마 전까지만 해도 하나의 빌드를 수행하려면 85달러가 들었거든요." 맥신을 포함한 모두가 못 믿겠다는 듯이 큰 소리로 웃었다.

커스틴이 말했다. "엔지니어들이 기술 부채에 불만이 많다던데요? 그런데 그게 정확히 뭐죠? 나쁘다는 것은 알겠는데…."

에릭이 웃었다. "여러 정의를 내릴 수 있지만, 내가 가장 좋아하는 것은 2003년 워드 커닝햄이 처음에 정의한 걸세. 커닝햄은 '기술 부채는 다음에 변화를 만들고 싶을 때 당신이 느끼는 것'이라고 했지. 사람들이 기술 부채라고 부르는 것은 많지만, 그것은 대개 우리가 정리해야 할 것, 혹은 단순함을 만들거나 복구해야 할 사항을 가리킬 때가 많아. 이런 점에서 신속하고 자신감 있게, 그리고 안전하게 시스템을 변경하기 위해 개선이 필요한 대상이라고 할 수 있어."

"때로는 개발자에게 빠른 피드백을 주지 않는 빌드와 테스트 시스템일 수도 있고, 이 때문에 아예 작동을 멈추는 일도 있지." 에릭이 말을 이어 갔다. "때로는 단순한 컴포넌트가 섞여서 짜깁기돼 엄청난 노력 또는 재앙의 위험 없이는 더 이상 그것을 판단하거나 바꿀 수 없게 되지. 때로는 의사 결정 프로세스나 조직 구조가 지역성을 상실해 작은 결정조차 확대해야 할 때도 있어. 자네들이 말하는 악명 높은 〈스퀘어〉 게임처럼 말이야."

"난 이 모든 것을 '복잡성 부채'라고 부르기 시작했지. 왜냐하면 이는 단순한 기술적 문제가 아니라 사업상 문제이기 때문이야. 그것은 항상 선택이고." 에릭이 말했다. "새로운 피처를 구축하거나 복잡한 부채를 상환하는 것 중 하나를 선택할 수 있지. 자신의 모든 시간을 피처에만 할애하는 바보가 있다면, 그로 인해 생기는 필연적 결과는 쉬운 일조차도 어려워지고 실행하는 데 걸리는 시간만 늘어나게 돼. 사람이 많거나 열심히 노력한 대도, 결국 그 무게를 견디지 못하고 무너져서 처음부터 다시 시작할 수밖에 없게 되거든."

그는 맥신을 보고 이렇게 말했다. "그래서 당신이 MRP 시스템을 갖고 한 일이 놀라운 거야. 당신 팀은 피닉스 팀 전체가 부러워할 만한 속도로 피처를 추가할 수 있었거든. 오직 당신이 일상 업무의 일부로 기술 부채를 상환했기 때문에 가능한 일이지. 우리 조직과 코드에서 지역성과 단순성을 볼 수 있는 첫 번째 이상First Ideal에 관한 좋은 사례야. 잘했어, 맥신."

에릭이 일어섰다. "오늘 밤은 일손이 좀 모자라서…. 나중에 보자고! 만나서 반가웠네, 커스틴!"

"아, 한 가지 더!" 그가 돌아서며 말했다. "기술 쪽 직원들과 다른 비즈니스 쪽 직원들의 참여 지수에 대해 생각해보고, 특히 피닉스 프로젝트에서의 차이점을 생각해보게나."

에릭이 바 쪽으로 돌아가는 것을 맥신이 지켜보고 있는데, 사람들이 갑자기 웅성댔다.

맥신은 "방금 무슨 일이 일어났는지 모르겠어요"라며 커스틴과 커트를 번갈아 바라보며 물었다. "이게 다 뭐였죠? 그리고 첫 번째 이상이라는 게 무슨 뜻이었을까요?"

"모르겠어요." 커트가 고개를 저으며 말했다. "에릭을 안 지 1년이 넘었는데, 회사와 연고가 있는 분일 줄은 전혀 몰랐어요."

드웨인이 커트에게 말했다. "얘기해야겠다고 생각한 적은 없었어. 그게 그렇게 중요해 보이지 않았거든. 그런데 어느 날 저녁 에릭이 쿠버네티스 Kubernetes 클러스터 구성에 대해 아는 게 있냐고 묻더라고. 그때 좀 이상하기는 했었어."

"그러고 보니 이상하네요." 섀넌이 말했다. "지금 생각해보니, PCI 데이터 보안 표준을 준수하기 위해 카드 소유자의 데이터 환경을 얼마나 완벽하게 격리해야 하는지, 아니면 그렇게 하지 말아야 하는지에 대해 그와 토론을 벌인 적이 있었어요. 심지어 그 표준의 구체적인 하위 섹션에 대한 링크까지 에릭이 보내줬거든요. 매우 박식한 사람 같았어요. 심지어 전문가일 수도 있겠더라고요. 전 단지 이 술집이 신용카드를 받기 때문이라고 생각했었죠…."

"그가 IT 운영 새 부서장인 빌 팔머와 많은 얘기를 나누고 있다고는 들었어요." 커스틴이 덧붙였다. "빌은 에릭이 자신에게 3가지 방식과 4가지 유형의 업무에 대해 가르쳐주고 있다고 얘기했었죠."

"그건 들어본 적 없는 말이군요." 맥신은 말했다. "에릭은 단지 첫 번째 이상만을 언급했잖아요. 다른 이상이 얼마나 더 있는지 궁금하네요."

"그리고 참여 지수는 무슨 뜻이었을까요?" 커트가 물었다.

"모르겠어요." 커스틴이 대답했다. "하지만 우리 회사가 속한 산업군에서 가장 높은 직원 만족도를 갖고 있다는 것은 알고 있어요. IT 부서를 제외하고 말이죠. IT 부서가 -27인 것 같아요."

"그렇게 나빠요?" 드웨인이 물었다.

커스틴은 난처한 표정을 지었다. "몹시 나쁘죠."

맥신은 놀라지 않았다. 그렇지만 뭔가 신경 쓰이는 게 있었다. 타운 홀에서 스티브는 자신이 직원 참여에 얼마나 신경 쓰는지를 얘기했었다. 그런 그가 회사에서 가장 전략적인 프로그램을 담당하는 부서가 비참해한다는 것을 알면 어떻게 생각할까? 걱정하지 않을까?

가득 찬 맥주잔을 들고 지나가는 에릭을 본 맥신은 자리에서 서둘러 일어나 그를 따라잡았다. "에릭! 좋은 말씀, 다시 한번 감사드리려고요. 첫 번째 이상에 관해 말씀하셨는데, 이상이 몇 개나 있고 그것들은 뭐예요?"

"하! 그런 식으로 되는 게 아니야." 에릭이 웃으며 대꾸했다. "사실, 빌 팔머가 네 종류의 일을 모두 찾으려 애쓰느라 이리저리 뛰어다니게 만들고는 지켜봤거든. 하지만…. 어쩌면 자네들은 좀 유리하게 해줄 필요도 있겠군."

에릭과 맥신은 테이블로 되돌아왔다. "이상은 총 5가지야." 에릭이 말을 시작했다. 테이블에 있는 사람들이 에릭 쪽으로 시선을 집중했다. "이미 지역성과 단순성이라는 첫 번째 이상에 대해 말한 것처럼, 우리의 시스템과 그 시스템을 구축하는 조직이 지역성을 갖도록 디자인할 필요가 있지. 그리고 우리가 하는 모든 일에는 단순함이 필요해. 내부적으로는 복잡성을 제거해야 하고. 그게 코드, 조직 또는 프로세스 이디에 있든지 간에 말이야. 외부 세계는 충분히 복잡한 상태야. 우리가 실제로 통제할 수 있는 것들에 그 복잡성을 허용한다면 문제가 많아지겠지! 일을 쉽게 할 수 있도록 만들어야 하니까."

맥신은 다시 자리에 앉아 노트북을 열고 (이번엔 잊지 않고 가져온 걸 뿌듯해하며) 메모를 시작했다.

"두 번째 이상은 집중Focus, 흐름Flow, 즐거움Joy이야. 이건 우리의 일상이 어떤 느낌인지를 말하는 것이지. 우리의 일이라는 것이 지루하고 다른 사람들이 우리를 대신해서 일을 처리하기를 기다리는 건가? 전체의 작은 부분인 배포 때 모든 문제가 터져서 진화 작업, 처벌, 번아웃 등으로 이어지는 결과를 보는 것이 우리가 일하는 건가? 아니면 단일 흐름으로, 우리가 한 작업에 대해 빠르고 지속적인 피드백을 얻는 작은 배치로 작업하는 것이 이상적인가! 집중과 흐름, 도전, 학습, 발견, 도메인을 마스터하고 기쁨까지 누리는 것이 바람직하지."

에릭은 의기양양한 표정으로 테이블을 둘러봤다. "자네들이 지금 얻을 수 있는 건 이게 다야. 준비되면 그때 세 가지 이상에 관한 내용을 공유하지."

"농담하시는 거죠?" 맥신이 말했다. "무슨 요다나 미야기 씨도 아니고 말이에요? 적어도 다른 이상들의 이름은 말해줘야죠!"

"운이 좋군, 젊은이들. 저기 바에 사람들이 줄 서 있어서 내가 따질 겨를이 없거든." 에릭이 어쩔 수 없다는 듯 말했다. "아주 간단히 말하자면, 세 번째 이상은 일상 업무의 개선이야. 토요타 안돈 코드가 일상 업무 자체보다 일상 업무의 개선을 어떻게 향상시켜야 하는지에 대해 가르쳐 준 것을 생각해봐. 네 번째 이상은 문제에 관해 이야기하는 것이 안전해야 하는, 즉 심리적 안전이야. 문제를 해결하려면 예방이 필요하고, 예방에는 정직이 필요하고, 거기에는 두려움이 없어야 하기 때문이지. 제조업에서 심리적 안전은 물리적 안전만큼 중요하지. 마지막으로 다섯 번째 이상은 고객 중심Customer Focus인데, 여기서 우리는 고객에게 실제로 중요한 것이 무엇인지 가차 없이 물어봐야 하네. 가령 고객들이 그 무언가에 기꺼이 대가를 지불할 것인지, 아니면 그게 우리의 기능적 사일로에만 가치가 있는 것인지를 말이야."

에릭은 맥주를 마저 마시고 웃으며 말했다. "자네들 모두에게 행운을 빌겠네. 다음 주에 또 보게나."

"잠깐, 잠깐만요! 그게 다예요?" 맥신이 물었지만 에릭은 이미 가버렸다. 맥신은 재빨리 자기가 타이핑한 노트를 내려다봤다.

첫 번째 이상 – 지역성과 단순성

두 번째 이상 – 집중, 흐름, 즐거움

세 번째 이상 – 일상 업무의 개선

네 번째 이상 – 심리적 안전

다섯 번째 이상 – 고객 중심

맥신은 목록을 공유했다. 모든 이상은 그럴 듯하지만 도대체 어떻게 그것들을 사용해서 피닉스 프로젝트의 궤적을 바꿀 수 있을까?

"정말 뜬금없기는 하네요"라고 말하는 커트는 모든 사람이 생각하는 바를 대변하는 듯했다.

투덜이 데이브가 말을 덧붙였다. "그래도 네 번째 이상에 대한 부분은 정곡을 찌르는데! 모두가 나쁜 소식 공유하기를 두려워하는 공포의 문화라고? 꼭 집어 우리를 말하는 거잖아."

"에릭 말이 맞아." 아담이 말했다. "아무도 진짜 문제를 말하지 않잖아. 사람들은 대부분 자기가 생각하는 것을 말하거나 옳은 일을 할 만큼 용감하지 못해. 동의를 하든 안 하든 그저 '예'라고 말할 뿐이야. 하지만 어쩌면 이것이 기회가 될지도 모르겠네. 지금 조직도에는 크게 갈라진 틈이 있긴 하시." 그가 커트에게 말했다. "그중 한 자리에 지원해보는 것은 어때? 윌리엄의 역할이라도 말이야."

모든 사람이 아담과 커트를 쳐다보자 테이블 위로 침묵이 내려앉았다.

"거, 참 좋은 생각이야, 커트. QA 조직에 뭔가 큰 차이를 만들 수 있을 거야. 우리 모두 좋아할 일이잖아." 섀넌이 말하자 테이블에 둘러앉은 사람들이 동의하듯 웅얼거렸다.

"그럴지도 모르겠네." 커트가 천천히 고개를 끄덕였다. "하지만 알다시피, 우리가 정말 변화를 일으키고 싶다면 다른 방법도 있어. 크리스에게 피터의 자리를 원한다고 말할 생각이야."

맥신은 테이블 주위에서 숨이 턱 막히는 소리를 들었는데, 뒤이어 투덜이 데이브가 큰 소리로 웃었다. "네 말이 맞아, 커트. 개발 쪽을 맡으면 확실히 훨씬 더 큰 변화를 만들 수 있을 거야. 모두 QA가 테스트하는 방법을 바꿀 필요가 있다는 것을 알고 있지만, 그걸 위한 가장 좋은 출발점은 개발이 테스트하는 방법을 바꾸는 거지. 그러려면 개발 관리자가 돼야 하고…. 하지만 아주 작은 문제가 하나 있어. 그들은 결코 자리를 내주지 않을 거야, 커트." 데이브가 말했다. "넌 그냥 QA 관리자니까."

맥신은 움찔했다. 투덜이 데이브는 개발자들이 QA에 대해 갖고 있는 너무 대중적인 편견에 관해 말한 것인데, 그게 맥신을 당황하게 만들고 있었다. QA는 종종 하층 계급으로 여겨지기는 하지만, 적어도 운영보다는 위에 있었다. '다 헛소리지'라고 맥신은 생각했다. 그녀도 고등학교 때부터 백업 테이프를 돌리며 운영 역할을 시작했고, 나중에 대학원생이 되기 전에 QA를 했었다. 그 경력이 없었다면 맥신은 여기 없었을지도 모른다. 기술은 아직도 카스트^{caste} 제도에서 크게 벗어나지 않았다.

아담이 커트에게 말했다. "너도 알잖아, 내가 너의 엄청난 팬이고 너랑 함께 일하는 것을 좋아한다는 걸. 넌 끝내주는 리더지만 나도 데이브의 말에 동의해. 개발 관리자들이 QA 관리자가 그 자리를 차지하도록 놔둘 리가 없어. 윌리엄의 예전 직책에 만족하는 게 좋을 거야. 결국 누군가는 QA를 석기시대에서 벗어나게 해서 피닉스 프로젝트에 테스트 자동화를 들여와야 하니까."

"당신 동료들의 의견에 나도 동의할 수밖에 없네요, 커트." 커스틴이 말했다. "당신이나 나, 윌리엄이 당신들의 열렬한 팬이 아니었다는 것을 잘 알고 있잖아요. 윌리엄은 회의에서 당신들을 높이 평가한 적이 없죠. 아마 외부에서 사람을 데려올 겁니다."

커트는 커스틴의 의견에도 아랑곳하지 않는 듯 활짝 웃었다. 커트는 윌리엄 흉내를 내면서 말했다. "그래요, 커스틴, 그 말이 맞아요. 커트가 잠재력이 있기는 하지만, 그가 그 테스트 게임을 이해하지 못하는 게 분명해요. 아마 2, 3년 안에 그는 QA 조직을 운영할 수 있을 거예요."

모두가 웃었다. 커트는 정상적인 목소리로 말을 이어갔다. "여러분, 여기 우리가 변화를 만들 기회가 있네요. 하지만 QA 조직 어디에서도 할 수 없을 것 같은데요. 우리가 알고 있는 QA는 변하고 있습니다. 우리는 사실을 계속 시험이나 하는 사람이 될 수는 없죠. 그 게임에 참여해야 하는데, 그건 실제로 피처 개발과 그 산출물의 품질을 책임지는 개발 팀으로 가는 것을 의미하죠. 그 외의 방법은 다 시간 낭비예요."

커트는 계속했다. "사실 피터의 팀을 맡을 수 있다면, 피닉스 프로젝트의 다른 모든 개발 팀을 능가할 수 있다는 것을 보여주는 것이 제 목표예요. 이 테이블에 모여 있는 사람들은 이 회사에서 뛰어난 기술 인재들이기에, 이미 그 게임에 훌륭한 기술 프랙티스를 도입할 수 있는 인프라를 갖고 있는 거예요."

커트는 앞으로 몸을 기울였다. "제가 크리스에게서 그런 기회를 얻어낼 수 있다면, 여러분도 기꺼이 팀에 합류해서 피닉스 프로젝트의 궤적을 바꿀 수 있다는 것을 보여주시겠습니까?"

"당근이지, 커트. 나도 끼워줘!"라고 투덜이 데이브가 말했다. 맥신은 그가 제일 먼저 자원했다는 사실에 놀랐다.

맥신도 그 뒤를 따랐다. "저도요! 그건 제가 하고 싶은 거예요. 저는 우리가 다른 모든 팀을 능가할 수 있다는 것을 알아요. 경쟁을 가까이서 지켜봤거든요"라고 말하며 미소를 지었다.

테이블에 둘러앉은 사람들이 잠재적 기회에 흥분하며 맞장구를 쳤다. 투덜이 데이브가 말했다. "좋아, 우리 다 같이 하는 거야, 커트. 하지만 솔직히 나는 별 기대 안 해. 아담 말이 맞아. 개발 팀을 얻는 건 어림도 없는 일이야."

커스틴은 "커트, 당신 직관에 동의해요. 원한다면 크리스에게 추천서를 써줄게요."

"그러면 정말 좋죠, 커스틴." 커트가 환하게 미소 지었다. 커스틴의 제안에 진심으로 놀라고 감사한 듯 보였다. 그 순간 맥신은 커트가 그동안 진짜 리더의 공중 엄호 없이 이 그룹을 운영해 왔다는 것을 깨달았다. '나쁜 짓을 했다고 해고될 수도 있겠는걸?'

"돕게 돼 기뻐요." 커스틴이 말했다. "하지만 분명히 말해 두죠. 커트의 생각을 지지하기 위해 편지 쓸 용의가 있지만, 여러분과 함께 있는 걸 공개적으로 보일 수는 없어요. 적어도 아직은요. 사람들은 나를 공정한 사람으로 볼 필요가 있거든요."

"아, 우리가 위험 감수하고 해고당하게 할 기회를 줄 용의는 있는데, 당신은 안전하게 옆에 빠져 있고 싶으시다?" 투덜이 데이브가 농담 반 진담 반으로 말했다. 커스틴은 그저 데이브에게 잔을 들 뿐이었다.

PART 2

9월 23일 ~ 11월 9일

———

8장

• 9월 23일 화요일

그다음 주 화요일, 맥신이 회사에 도착하니 커트가 환하게 웃으며 "그 직책, 얻었어요"라고 활기차게 말했다.

"정말? 개발 일?" 맥신이 물었다.

"넵, 그 개발 일이요!" 커트는 자기도 완전히 믿을 수 없다는 듯이 말했다. "커스틴의 지지가 없었다면 안 됐을 거예요. 데이터 허브 팀에 합류할 건데 맥신도 저랑 같이 가실 거예요."

"그거 잘됐어요!" 맥신이 기뻐하며 말했다. "랜디가 저를 재배치하는 것을 승인하게 했죠?"

"글쎄요, 좋아하는 것 같진 않았어요. 맥신이 여기에 있는 게 이곳에 일어날 수 있는 최고의 일이라고 계속 얘기했지만…. 어쨌든, 제 방식대로 잘 이야기했어요"라고 음흉한 미소를 지으며 커트가 말했다.

맥신은 그에게 하이 파이브를 했다.

그는 주위를 둘러보며 속삭였다. "관리자들이 아주 이상한 얘기를 하고 있어요. 이번 주 초에 기술 임원들이 스티브와 밖에서 회의했는데, 그들이 동의한 것 중 하나가 1개월 동안 피처를 동결하는 거예요. 보아하니, 우리가 몇 년 동안 쌓아온 기술 부채를 모두 갚기 위해 피처 개발에 제동을 걸고 있는 것 같아요!"

"그래요?!" 맥신은 충격을 받았다.

"자기들이 구축한 모든 쓰레기를 고쳐야 한다는 걸 깨달았나 봐요." 커트가 말했다. "운영은 피닉스 프로젝트와 관련되지 않은 모든 작업을 중단하면서 기술 부채를 관리하고 업무를 자동화할 수 있을 거예요. 개발과 QA는 기술 부채 관리를 위해 모든 피처 작업을 중단할 거고요."

"지금이야말로 우리가 빛을 발할 때예요. 공학적인 위대함이 어떤 것인지 사람들에게 보여줄 기회인 거죠!" 커트가 외쳤다.

그날 늦게 커트의 새로운 직책을 알리는 이메일이 발송됐다. 맥신은 커트의 감정을 상하게 하고 싶지 않지만, 커트가 그 일을 맡게 된 진짜 이유는 개발 쪽의 누구도 그 일을 원하지 않았기 때문이라는 확신이 들었다. 데이터 허브는 피닉스 릴리스 도중과 그 이후 발생한 대참사의 '근본적 원인'으로 널리 화제에 오르고 있었다. 크리스는 심지어 맥신이 참석했던 회의 중에 그들의 이름을 대놓고 부르기도 했는데, 맥신은 그것이 꽤 불공평하다고 생각했다.

바닥에서 연기가 뿜어져 나오는 큰 구멍이었던 피닉스 배포에 대해 데이터 허브 팀을 비난하는 것은 비행기 사고에 대한 비난을 안전벨트를 충분히 조이지 않고 비행기 뒷좌석에 앉았던 승객에게 하는 것과 같았다.

맥신은 데이터 허브 팀을 비난하는 것이 왜 그렇게 쉬운지 잘 알고 있었다. 그 팀은 그 회사에서 정말 매력이 없는 기술 분야 중 하나였다. 데이터 허브는 크고 지루한 메시지 버스 시스템 일부였다. 주요 애플리케이션과 기록 시스템이 서로 대화하는 방식이기 때문에 맥신은 그 일이 좋았다. 제품 데이터베이스, 가격 데이터베이스, 재고 관리 시스템, 주문 이행 시스템, 영업 의뢰 시스템, 회사 재무 및 거의 100개의 주요 애플리케이션과 시스템이 관여하고 있었는데, 그중 다수가 수십 년 된 시스템이었다.

맥신은 재고 관리 시스템이 세 개나 있다는 것을 좋게 생각한 적이 없었다. 즉, 물리적 매장(인수할 때 넘어온 것인데 바꾼 적이 없다)에 두 개, 전자 상거래 채널에 한 개가 있었다. 주문 입력 시스템은 적어도 6개나 있었다. 물리적 매장을 지원하는 3개, 전자 상거래에 1개, OEM 고객을 위해 1개, 서비스 스테이션 채널 세일을 위한 1개.

맥신은 소아과 의사가 아픈 아이들을 좋아하는 것 같은 복잡미묘한 과정을 좋아하지만, 맥신조차도 데이터 허브가 얼마나 많은 시스템과 소통해야 하는지에 대해서는 당황스러웠다.

맥신은 데이터 허브의 기능에 관해 연구하면 할수록 더욱 당황하게 됐다. 데이터 허브는 피닉스 일부가 돼야 할 것으로 보이지 않았다. 데이터 허브의 대다수는 20년 전에 만들어졌는데, 그때는 피닉스 개념조차 생기기 훨씬 이전이었다.

분명히 데이터 허브는 회사 전체에 흩어져 있는 소규모 애플리케이션의 집합체였다. 일부는 ERP 시스템과 함께 재무 부서에 있고, 일부는 제조 사업부 내부에, 다른 일부는 크리스 산하 개발 그룹 내 있었다.

통제 불가능한 피닉스의 힘이 움직이기 시작했을 때, 그 팀들에 믿을 수 없을 정도로 많은 새로운 요구가 쏟아졌지만, 대처할 인력이 없었다. 데이터 허브의 경쟁적인 사업 우선순위 때문에 새로운 피닉스 기능이 차단됐고, 피닉스 피처는 매달 지연되고 있었다.

마침내, 재조직의 일환으로 모든 컴포넌트가 데이터 허브라는 새로운 그룹으로 묶여 피닉스 프로젝트 아래에 놓이게 됐고, 피닉스의 우선순위가 항상 먼저라는 것을 확실히 했다. 그리고 지금, 사람들은 잘못된 것을 데이터 허브 탓으로 돌렸다.

수요일 아침, 맥신과 투덜이 데이브는 데이터 허브 엔지니어들과 첫 회의를 하기 위해 커트와 만났다. 맥신은 투덜이 허브가 데이터 허브에 그렇게 빨리 합류할 수 있었다는 것에 놀랐다. 맥신은 데이브에게 어떻게 합류할 수 있었는지 물었다.

투덜이 데이브는 가볍게 미소 지으며 말했다. "제 장점 중 하나죠. 저를 다른 팀에 넘겨줄 기회를 놓치는 관리자는 없거든요. 덕분에 전 원하는 곳 어디든 갈 수 있죠."

다른 5명의 데이터 허브 엔지니어들이 중앙 회의 구역에 모여 있었고 맥신은 투덜이 데이브 옆에 서 있었다.

맥신과 비슷한 나이대도 있고, 대학을 갓 졸업한 사람도 있었다. 그 사이의 연령대는 아무도 없었다. 아마도 나이 많은 선임 개발자들은 처음부터 그 팀에 있었고, 젊은 엔지니어들은 더 흥미로운 일을 위해 빨리 떠난 통에 그 자리가 대학 졸업생들로 교체된 것으로 생각했다.

크리스가 목을 가다듬고 방에 있는 사람들에게 말했다. "여러분, 좋은 아침입니다. 피터를 대신해 이 팀을 맡게 될 커트 레즈닉을 환영해 주십시오."

커트는 짧은 소개에 놀란 듯하면서도 기운차게 말했다. "여러분 안녕하십니까. 아시다시피, 이 팀이 제가 관리하게 된 첫 번째 개발 팀입니다. 제가 할 일은 매우 간단한 것 같습니다. 이야기를 잘 들어주고, 여러분을 성공시키기 위해 제가 할 수 있는 모든 일을 하고, 여러분의 앞길을 가로막는 장애물을 제거하는 것입니다." 사람들의 무표정한 얼굴을 보니, 커트가 경험이 없다는 것을 잘 알고 있는 것이 분명했다.

커트는 말을 계속 이어갔다. "저는 수많은 내부 고객과 이야기했고, 그들은 제게 데이터 허브가 얼마나 중요한지 말해줬습니다. 하지만 우리가 자주 기업 전반에서 필요한 변화와 피닉스 프로젝트에 병목 현상이 된다는 것도 말해줬습니다. 우리 모두 알다시피, 우리의 서비스가 중단되면 피닉스도 마찬가지로 중단됩니다. 그래서 이번 주 후반에 어떻게 하면 우리의 서비스를 더 신뢰할 수 있고 더 탄력적으로 만들 수 있는지 브레인스토밍할 수 있도록 일정을 잡았습니다."

"피닉스가 중단된 것을 데이터 허브와 피터 탓으로 돌리는 것은 개수작이죠." 수석 개발자 중 한 명이 말했다.

"저도 전적으로 그 말에 동의합니다, 톰." 커트가 말했다. "그 인식을 제가 바로 잡을 테니 안심하십시오."

커트가 계속했다. "제가 시작하기 전에 피터가 저를 기꺼이 만나줬던 것에 정말 감사드립니다. 피닉스 통합과 관련해 비즈니스 요구가 계속 증가하고 있기에 몇 년 동안 수석 개발자들을 추가해 달라는 요청을 해 왔다고 말해주더군요. 저보고도 계속 노력하라고 권했습니다."

커트는 크리스에게 손짓을 했다. "그리고 저는 더 많은 인원을 달라고 계속 크리스에게 로비할 것을 약속하겠습니다."

"그러면 나는 스티브에게 계속 로비할 거야." 크리스가 입을 굳게 다문 채 미소 지으며 답했다. 커트가 웃었다. "그래서, 저는 팀에 자원해서 합류한 두 명의 선임 개발자를 데리고 왔습니다. 맥신은 MRP 팀에서 온 선임 개발자이고, 데이브는 피닉스 백엔드 서버 팀의 선임 개발자입니다. 제가 가장 신뢰하는 두 명의 개발자입니다."

데이터 허브 개발자들은 맥신과 투덜이 데이브가 여기에 있다는 사실에 놀라는 한편 진심으로 기뻐하며 그들을 바라봤다.

"크리스가 곧 피처 동결에 관한 지침을 내놓을 예정이어서 고객에게 영향을 미치는 결함을 고치고 문제 되는 코드 영역을 개선하는 작업을 할 수 있을 겁니다." 커트는 말했다. "하지만 발표를 기다릴 필요는 없습니다. 최우선 과제는 고쳐야 한다고 사람들이 생각하는 것을 고치는 것이며, 여기에는 생산성이 향상되거나 데이터 허브를 더욱 안정적으로 만드는 데 도움이 될 것으로 생각하는 모든 것을 포함합니다. 저희 쪽으로 오는 불만은 제가 다 처리하겠습니다."

맥신은 데이터 허브 엔지니어들의 마지못해 끄덕이는 표정을 보고 씨익 웃었다.

새로운 엔지니어로서, 투덜이 데이브와 맥신은 데이터 허브 팀의 일상적인 업무에 알아서 합류했다. 스탠드업에도 참석하고, 일을 돕기 위해 빠르게 자원하기도 했다.

맥신은 피닉스 실패의 희생양이 되는 것의 부당성에 대해 언급했던 나이 든 개발자 톰과 짝을 이뤘다. 톰은 40대 후반으로 안경을 쓰고, 청바지와 티셔츠를 입고 있었다. 맥신은 톰이 현재 하는 일을 설명하는 동안 노트북을 열고 톰의 책상에 앉아 있었다.

톰의 말을 들으며 데이터 허브가 자바 서블릿에서 실행되는 큰 덩어리, 몇몇 파이썬 스크립트 그리고 델파이인 듯한 소스 등 수십 년 동안 축적된 기술들이 뒤죽박죽 섞여 있는 것을 알게 됐다. 심지어 PHP 웹 서버도 있었다.

맥신은 이런 기술 스택을 판단하거나 묵살하지 않았다. 어쨌거나, 그것들은 수십 년 동안 성공적으로 기업에 서비스를 제공해 왔기 때문이다. 그것이 비록 그녀가 본 것 중 가장 우아한 소프트웨어가 아닐지는 모르지만, 20년 동안 운영에 있어 필요하지 않은 것은 거의 없다. 소프트웨어는 도시와 같아서 끊임없이 변화를 겪고 있으며, 보수와 수리가 필요하다. 맥신은 데이터 허브가 아주 진보적인 영역은 아니라는 것을 안다. 새로운 대학 졸업생들이 가장 인기 있고 수요가 많은 언어와 프레임워크를 배우고 사용하는 곳에 채용되기가 어려운 것도 사실이다.

그러나 적어도 데이터 허브는 사람이 살 수 없는 방사능 슈퍼 펀드 현장이나 전장의 포탄이 된 잔해와 같은 피닉스 빌드 시스템보다는 훨씬 좋은 상태였다.

맥신은 톰의 책상에 앉아 있고 톰은 그가 하는 일을 설명하고 있다. "급한 결함을 고치고 있었어요. 데이터 허브는 가끔 잘못된 메시지 트랜잭션을 생성해서 부하를 높이고는 맛이 가거든요. 매장 직원이 서비스 스테이션 신청서에 고객 수리 작업을 완료한 것으로 표시하면 가끔 발생해요." 톰이 말했다. 그는 난처한 듯 말을 이어갔다. "이걸 며칠 동안 고치던 중이에요. 드디어 반(半) 재현 가능한 테스트 케이스를 만들었어요. 열 번 중 한 번 정도 있는 일이죠. 분명히 경합 조건^{race condition} 때문일 거예요."

'힘든 일에 내몰리는 것에 관해 이야기'라고 맥신은 생각했다. 하지만 도전을 즐기고 문제를 해결하면, 팀 전체에 매우 긍정적인 인상을 줄 것이라고 확신했다. 결국, 경합 조건은 모든 분산 시스템과 소프트웨어 공학 분야에서 어려운 문제 중 하나였다. 여중생들과 함께 일하는 것이 태권도의 노란 띠 수준이라면, 톰이 설명하는 것은 아무리 경험이 많은 검은 띠 10단이라도 절망감에 미쳐버릴 수도 있었다.

맥신은 톰이 그 문제를 재현할 수 있다는 것에 감명받았다. 누군가 이런 문제들을 '하이젠버그^{heisenbugs}'라고 부른 적이 있는데, 그건 관찰 행위가 현실의 본질을 바꾸는 양자물리학 현상을 가리키는 것이다.

이런 종류의 작업은 영화에서 코딩이 묘사되는 방식과는 매우 달랐다. 영화에서는 젊은 남자 프로그래머가 후드 티를 입고 맹렬히 타이핑을 하고 있는데, 신기하게 선글라스도 끼고 있다(실제로 개발자가 그런 모습을 한 것은 한 번도 본 적이 없다). 많은 윈도우가 열려 있고, 윈도우마다 문자 메시지들이 빠르게 스쳐 지나간다. 그 뒤에는 한 무리의 사람들이 걱정스럽게 기다리며 어깨 너머로 상황을 지켜보고 있다. 몇 초 후, 코딩하던 사람이 "됐어!"라고 외치면 사람들은 환호한다. 놀라운 솔루션을 생성했거나, 피처를 개발했거나, 세상을 구한 것이다. 그리고 그 장면이 끝난다.

그러나 실제로 개발자들이 일할 때 그들은 대개 집중한 상태에서, 의도하지 않은 부작용으로서 다른 어떤 것도 망가뜨리지 않으려고 안전하게 코드를 바꿀 수 있도록 그 코드가 무엇을 하는지 이해하려고 애쓰며 스크린을 뚫어져라 바라본다. 특히 어떤 중요한 일을 하고 있다면 더욱 그렇다.

톰은 맥신에게 그 문제에 대해 자세히 설명했다. "여러 개선^{repair} 트랜잭션이 동시에 처리될 때 가끔은 트랜잭션 중 하나가 잘못된 고객 ID를 얻기도 하고, 때로는 데이터 허브가 완전히 다운되기도 해요"라고 했다. "고객 객체object에 락lock을 걸어봤지만, 전체 애플리케이션의 속도가 너무 느려져서, 그건 올바른 방법은 아닌 듯해요. 성능 관련 문제는 이미 넘쳐 나거든요."

맥신이 고개를 끄덕이는 것은, 톰이 그녀가 오랫동안 믿었던 것들, 즉 멀티 스레드 오류가 인간이 사고할 수 있는 바로 그 한계에 있다는 것을 확인시켜주기 때문이다. 특히 자바, C#, 자바스크립트와 같은 대부분의 주류 프로그래밍 언어가 공유 상태의 변이를 촉진하기 때문이었다.

'프로그램의 다른 부분이 언제든지 당신이 의존하는 데이터를 바꿀 수 있다면 프로그램이 어떻게 동작할지 예측하는 것은 거의 불가능하지.' 맥신은 생각했다. 하지만 맥신은 이 문제를 해결할 방법을 알고 있다고 꽤 확신하고 있었다.

"코드 경로를 함께 다시 한번 볼 수 있을까요?" 맥신이 물었다. 그렇게 하는 동안, 맥신은 자신의 가설을 확인하기 위해 마음속의 체크리스트를 확인했다. 수신 메시지를 처리하는 스레드 풀이 있다. 확인. 서비스 기록 은 여러 개의 동시 스레드로 처리한다. 확인. 스레드가 객체를 거쳐 가는 데, 이때 메소드가 호출되면 변이가 만들어진다. 확인.

'가설은 다 확인했네. 확실히 상태 변이가 잘못되고 있었어. 그게 문제야.' 맥신 이 생각했다. '중학교에서 했던 것처럼 말이야.'

"맞네요, 그건 확실히 경합 조건이네요." 맥신이 말했다. "우리가 전체 고객 객체 주변에 락을 걸지 않고도 이 문제를 해결할 수 있을 거예요. 제 가 생각하고 있는 것을 보여드릴까요?"

톰이 고개를 끄덕이자, 맥신이 여중생들에게 했던 것처럼, 함수형 프로 그래밍 원리를 이용해 코드를 다시 작성하자고 제안했다. 톰의 테스트 케 이스에는 형상 관리, 데이터베이스, 메시지 버스, 고객 객체 팩토리customer object factory 등 운영 환경을 시뮬레이션하기 위한 많은 목업mockups과 스텁

stubs이 있었다.

맥신은 주위의 더미들을 모두 버렸다. 왜냐하면 그것들은 맥신이 테스트하고 싶은 시스템의 영역이 아니기 때문이다. 그 대신, 맥신은 모든 입력·출력 및 사이드 이펙트side-effects를 가장자리로 몰고, 수신되는 수리 주문 메시지 처리 방법, 고객 데이터 변환 방법, 발신 메시지 종류 등을 중심으로 단위 테스트를 생성했다.

맥신은 각각의 스레드가 자체로 고객 객체의 복사본을 만들도록 했다. 맥신은 각 객체의 함수들을 다시 작성했는데, 그 함수들은 전역 상태에 대한 접근이나 변이, 사이드 이펙트가 없이 완전히 입력에만 의존했다.

맥신이 톰에게 문제를 100% 재현하는 단위 테스트와 현재 100% 효과가 있는 스레드에 완전히 안전한 개선 코드를 보여주자 톰은 놀라움에 눈이 휘둥그레지며 맥신을 쳐다봤다. "저거…. 저거…. 정말 믿을 수 없어요."

맥신은 톰이 감명받은 이유를 잘 알고 있다. 맥신의 코드는 너무 간단해서 이해하기 쉽고 정확성을 테스트하기도 쉬웠다. 톰은 화면을 보면서 경탄하며 질문을 쏟아내기 시작했다. "얼마나 단순화했는지 도저히 믿을 수가 없네요. 그 단순한 코드가 어떻게 우리가 이전에 갖고 있던 엉망진창인 것과 같은 일을 수행할 수가 있죠?" 오후의 나머지 시간 동안 톰은 질문을 던졌는데, 맥신의 테스트 케이스가 문제를 포착했다는 것과 다시 작성한 코드가 맞는다는 것을 자신에게 분명히 증명하려고 노력하는 것 같았다. 마침내 톰이 말했다. "믿을 수 없지만 맥신 말이 맞아요. 이건 분명히 효과가 있을 거예요!"

톰의 반응에 맥신이 환하게 웃었다. 함수형 프로그래밍 원칙이 생각하기에 더 좋은 도구라는 또 다른 증거였다. 그리고 그들은 처음 문제를 살펴볼 때보다 코드를 더 잘 만들었다. 그것은 확실히 더 안전하고, 테스트하기 쉬우며, 이해하기가 훨씬 더 쉬웠다. '이거 정말 재미있는데?' 맥신은 생각했다. '지역성과 단순성이라는 첫 번째 이상에 관한 좋은 예시이기도 하고.'

"좋아요, 이 수정안을 통합해 보죠!"라고 말하며, 톰은 터미널 창을 열고 몇 가지 명령을 입력했다. 그는 맥신에게 시선을 돌렸다. "축하해요! 방금 첫 결함을 고치고 맥신이 만든 첫 번째 변경 사항을 체크인했어요!"

맥신은 얼굴에 함박웃음을 지으며 톰에게 크게 하이 파이브 했다. 맥신의 첫날 경합 조건 오류를 해결한 것은 정말 굉장했다. "대단해요! 그러면 이걸 테스트해 보고 운영에 넣어보죠." 맥신은 그들에게 감사하는 지점장을 상상하며 들떠 있었다. "어, 으음…." 톰은 잠시 말을 멈췄다. "테스트는 월요일에나 시작한다네요."

맥신은 심장이 멎는 것처럼 느껴졌다. "우리가 직접 테스트할 수 없다는 거예요?"

"피닉스로 재편되기 전에는 했었죠." 톰이 애석해하며 말했다. "QA 그룹이 테스트를 인수했어요. 동시에 테스트 환경을 사용하는 다른 팀과 약간의 문제가 생겼을 때, 모든 사람의 접근 권한을 빼앗아 갔어요. 지금은 QA 그룹만 테스트를 실행할 수 있을 뿐 아니라 로그인할 수 있는 유일한 사람들이에요."

"잠깐만요." 맥신이 말했다. "테스트는 우리가 작성하는데 실행은 못 한다?"

톰이 웃었다. "아니, 아니요. 그 사람들이 테스트를 작성해요. 테스트 계획서조차 더 이상 볼 수 없거든요."

맥신은 이 대화가 어디로 가는지 알기에 더욱 힘이 빠졌다. "그러면 운영에 밀어 넣을 수도 없다는 건가요?"

톰은 다시 웃었다. "네, 더 이상은 안 돼요. 예전에는 그것도 가능했죠. 하지만 이제는 다른 사람이 그걸 배포해요. '선을 넘지 마'라고 하더군요." 톰은 어깨를 으쓱해 보였다. 선을 넘지 말라고 한 사람은 크리스일 게 뻔하다고 생각하는 맥신이다.

맥신이 문제를 해결하는 동안 온종일 느꼈던 기쁨이 사라졌다. 결국,

피처에 대한 코드를 고치는 것은 전체 업무의 일부에 불과했다. 그들이 작성한 것을 고객이 사용할 수 있을 때까지는 완성된 것이 아니었다. 그때가 되더라도, 고객이 그들의 목표를 가장 잘 달성할 수 있도록 도울 방법에 대해 항상 더 많이 배울 수 있어서, 그것은 여전히 진행 중인 작업이었다.

"헛소리…." 맥신은 중얼거리며 생각했다. '이전으로 돌아왔네. 첫 번째 이상과는 거리가 먼. 내가 혼자서는 아무것도 할 수 없잖아.' 다시 한번, 맥신은 고객 가치를 창출하기 위해 다른 사람들에게 의존해야 했다.

그런 상황을 모르는 톰은 웃으면서 새로운 윈도우를 열었다. "그렇게 나쁘진 않아요. 티켓팅 시스템에 들어가서 이 문제를 '완료'로 표시하기만 하면 돼요. 그러면 QA 팀이 테스트해야 한다는 것을 알 수 있고, 운영으로 배포되는 거죠."

톰은 시계를 한번 보고 맥신을 돌아봤다. "정말 좋았어요. 오늘 많은 일을 끝냈네요. 다른 결함을 골라 작업하실래요?" 맥신이 억지로 미소 지으며 고개를 끄덕였다. '엿같네!' 맥신은 생각했다. 그녀는 일을 시작하는 것뿐만 아니라 끝내는 것을 좋아하는 사람이었다.

맥신은 수정해야 할 다음으로 시급한 결함을 골라 온종일 톰과 함께 작업을 계속했다. 톰은 맥신이 문제를 생각하는 방식에 대해 다시 한번 칭찬했다. 톰은 복잡한 통합 테스트 환경 없이도 실행할 수 있는 단위 테스트를 작성하는 맥신의 방식에 깊은 인상을 받았다.

그러나 한계는 있었다. 데이터 허브의 일은 시스템을 서로 연결하는 것이다. 노트북 하나로 시뮬레이션할 수 있는 것은 다소 제한적이었다. '그렇게 할 수 있도록 데이터 허브를 다시 설계하면 좋겠네.' 맥신은 애석하게 생각했다.

맥신은 데이터 허브와 거기에 연결된 비즈니스에 대해 배우는 것은 좋지만, 이 모든 일에는 맥신에게 깊은 만족감을 주지 못하는 무언가가 있었다.

맥신은 에릭의 두 번째 이상인 집중, 흐름, 즐거움을 생각해봤다. 그녀가 느꼈던 모든 기쁨은 톰이 가치를 창출하는 데 필요한 일의 극히 일부분만 완성했다고 말했을 때 날아가버렸다. 그것은 맥신에게 충분하지 않았다. 맥신의 MRP 팀에서는 어떤 개발자든 그들 자신의 코드를 테스트하고 심지어 운영에 코드를 밀어 넣을 수 있었다. 그들은 다른 사람들이 무언가를 해줄 때까지 몇 주를 기다릴 필요가 없었다. 코드를 테스트하고 운영에 적용할 수 있어야 더 생산적이고, 고객을 더 행복하게 하며, 그 코드를 작성하는 사람들에게 코드 품질에 대한 책임감을 창출하고 작업을 더 즐겁고 보람 있게 만든다.

맥신은 반란군이 만들고 있는 몇 가지 도구를 어떻게 도입할 것인가에 대해 생각하기 시작했다. '최소한 표준화된 개발 환경이 있어야 내 노트북으로 빌드를 할 수 있어.' 맥신이 생각했다. 다음 도크사이드 미팅에서는 할 얘기가 더 있겠다.

맥신은 톰이 배정받은 일을 도와주면서 계속 열심히 일했다. 둘이 함께 두 가지 결함을 해결하고 충돌 우선순위 피처를 해결했는데, 이번에는 피처 동결에서 예외가 될 정도로 중요한 보증 기간 연장 계획을 중심으로 몇 가지 비즈니스 규칙을 만드는 것이었다.

"이게 왜 그렇게 우선순위가 높은 거죠?" 맥신이 티켓을 읽으면서 톰에게 물었다.

"이게 엄청난 수익 창출을 하거든요." 톰이 설명했다. "가장 높은 이윤이 나는 상품 중 하나가 이 새로운 보증 기간 연장 계획이거든요. 고객들은 특히 타이어와 같은 것들에 대한 파일럿 보증 기간 연장 프로그램을 좋아했어요. 매장 직원들은 이 정보를 열어볼 방법이 필요해요. 그래서 수리 직업을 하고 제3자 보험사에 칭구를 할 수 있게요."

톰은 계속했다. "고객에게도 좋고, 우리에게도 좋고, 제3자 보험사가 모든 재정적 위험을 떠안는 거죠."

"좋네요." 맥신이 기운을 내며 말했다. 이런 피처들이 스티브가 타운 홀에서 말한 모든 것을 지원하는 것이다. 맥신은 비즈니스의 수익 창출 측면에 대한 작업을 한 지 오래됐다.

본연의 임무를 수행하면서 무조건 낙천적으로 되기 위해 맥신과 톰은 피처를 분석하며, 중요한 비즈니스 역량을 가능하게 하는 데 무엇이 필요한지 알아내려고 노력했다. 오늘 끝낸대도 QA 팀이 테스트하기를 얼마나 기다리게 될 것인지에 대해 맥신은 생각하지 않으려고 애썼다.

다음 날 아침, 톰과 맥신은 화이트보드에 서서 보증 기간 연장을 가능하게 하도록 변경해야 할 모든 시스템의 목록을 작성하고 있었다. 그 범위가 계속 증가하자 엔지니어 두 명이 더 합류했다. 그들은 다른 두 팀의 엔지니어들과도 대화가 필요하다는 것을 알게 됐다. 맥신은 이것이 많은 비즈니스 시스템에 영향을 미치기 때문에 그들이 6개의 다른 팀을 데려와야 할 것으로 생각했다.

맥신은 참여해야 할 팀의 수가 계속해서 증가하자 깜짝 놀랐다. 이것은 지역성과 단순성이라는 첫 번째 이상과는 반대되는 것이었다. 여기서 만들어야 할 변화는 지역적이지 않았다. 오히려 다른 팀들에 넓게 흩어져 있었다. 이것은 아마존의 그 유명한 '투 피자 팀'도 아니었다. 그것은 두 개의 피자를 먹는 개별 팀이 만들 수 있는 피처 크기를 말한다.

'이 피처를 개발하려면 피자가 트럭 한 대는 필요하겠네.' 화이트보드에 또 다른 상자를 그리는 톰을 보면서 맥신은 생각했다.

커트가 회의실 안으로 얼굴을 빼꼼 들이밀었다. "저기요, 방해해서 미안해요. 운영의 누군가와 채널 트레이닝 관리 애플리케이션 관리자가 콘퍼런스 콜로 들어와 있어요. 모든 고객의 로그인이 안 되고 있다네요. 커넥터가 작동을 멈췄다고 하던데?"

"또요?" 톰이 말했다. "인증은 피닉스 배포 이후부터 삐걱거리고 있었어요. 처리할게요….”

“알겠어요.” 커트가 핸드폰 화면에 뭔가를 두드리며 말했다. “방금 우리가 쓸 채팅방을 만들었어요, 괜찮죠?”

맥신은 톰을 따라 책상으로 돌아갔다. 톰이 또 다른 브라우저 윈도우를 열고 무언가를 타이핑하니 화면에 로그인 오류가 나타났다.

“오케이, 뭔가가 제대로 작동하지 않는군요. 왜 그런지 알아보자고요.” 톰이 중얼거렸다. “데이터 허브 커넥터인 것 같진 않은데요. 기업 고객 인증 서비스나 네트워크상의 문제일 가능성이 더 커 보여요.”

맥신은 데이터 허브 관련 더 많은 부분이 시야에 들어오자 메모하면서 고개를 끄덕였다. 회의적이지만, 맥신은 제안했다. “네트워크와 인증을 바로 안 되게 할 수 있을까요? 둘 중 어느 하나라도 다운되면 웹사이트에 접속도 할 수 없을 것이고, 인증이 다운되면 모든 서비스를 다….”

“좋은 지적이네요….” 톰이 말했다. “여전히 네트워킹일 수도 있지만…. 최근에 문제가 많이 생겼어요. 네트워킹 담당자들이 지난주 실수로 문제를 일으킨 내부 IP주소를 차단했었죠.”

“네트워크라…. 항상 네트워킹 사람들이네요, 그렇죠?” 맥신이 웃으며 말했다. “하지만 언제나 네트워킹 사람들이 문제라면 왜 우리를 부르는 거죠?”

“아, 네, 사용자들이 아는 것이라고는 데이터 허브에 연결할 수 없다는 것뿐이죠.” 톰이 말했다. “우리가 아니라 우리가 연결해야 하는 것이라고 항상 설명하지만 그들은 상관하지 않거든요.”

맥신은 톰이 운영 티켓팅 시스템을 열어 새 티켓을 만드는 것을 보면서 물었다. “왜 그걸 하는 거예요?”

“데이터 허브의 키넥터의 운영 로그가 필요해요. 그것들이 트래픽을 처리하는지, 아니면 망치는지 확인하려고요.” 톰은 대답하며 수많은 필드를 채웠다.

"운영 로그에 직접 접속할 수는 없는 거예요?" 맥신은 어떤 대답이 나올지 걱정하며 물었다.

"넵. 운영 사람들이 허락하지 않을 거예요." 톰이 양식에 입력하면서 말했다.

"그럼, 누군가 티켓에 응답하고 서버 로그를 우리한테 복사해줘야 하는 거예요?" 맥신은 믿을 수 없다는 듯이 물었다.

"네." 타이핑을 멈추지 않고 말하는 톰을 보니, 확실히 그 양식을 여러 번 작성해본 듯했다. 톰이 필드 사이를 두들기고, 타이핑하고, 드롭다운 박스로 마우스를 옮겨 치고 제출 버튼을 누르고 나서야, 아직 채워야 할 필드가 더 있다는 것을 알게 됐다.

맥신이 신음했다. 그들이 작업하고 있는 데이터 허브 애플리케이션은 외계나 깊은 우물 바닥에서 실행되고 있는 게 나을 수도 있었다. 그들은 직접 접속할 수도 없고, 그것이 무엇을 하고 있는지 볼 수도 없다. 실제로 무슨 일이 일어나고 있는지 알아내는 유일한 방법은 티켓팅 시스템을 통해 운영의 누군가와 대화하는 것이었다.

맥신은 그 티켓이 헬프 데스크에 있는 그녀의 친구 데릭에게 전달될지 궁금했다.

톰은 마침내 티켓 제출에 성공했다. 만족한 그는 "이제 기다리죠"라고 말했다.

"보통 얼마나 걸려요?" 맥신이 물었다.

"심각도 2 요청이라면, 그리 나쁘지 않아요. 아마 30분 안에 받을 수 있을 거예요. 물론, 중단 사태와 관련이 없다면 며칠 걸릴 수도 있어요"라고 톰은 말했다. 그는 시계를 봤다. "기다리는 동안 뭘 하면 좋을까요?"

데이터 허브 팀에서도 맥신은 대기 장소를 벗어날 수 없었다.

4시간 뒤 운영 로그 검토가 이뤄졌고, 문제는 데이터 허브가 아니라는 것을 확인했다. 그로부터 두 시간 후 마침내 모든 사람이 동의했다. 톰이 의심했던 것처럼 문제를 일으킨 것은 내부 네트워킹 변화였다.

비즈니스 운영, 마케팅, 기술 조직 안에서 또다시 격렬한 비난이 뒤따랐다. 결국 사라가 끼어들어 처참한 결과가 있을 것이라고 했다.

"이런!" 테이블 저쪽에서 맥신과 함께 지켜보고 있던 톰이 말했다. "그러면 안 되는데….

발신: 웨스 데이비스(분산 운영 디렉터)

수신: 모든 IT 직원

날짜: 9월 25일 오후 7시 50분

제목: 인사 변경

네트워크 엔지니어링의 채드 스톤은 더 이상 이 회사에 근무하지 않습니다. 이는 즉시 발효합니다. 모든 이메일을 그의 관리자인 아이린 쿠퍼 또는 제게 보내주십시오.

제발 이런 바보 같은 이메일을 쓸 일이 없도록 실수를 반복하지 않길 바랍니다. (만약 그들이 저를 해고한다면, IT 운영 부서장인 빌 팔머에게 이메일을 보내시길 바랍니다.)

고맙습니다.

- 웨스

마침내 하루가 끝났다는 것은 도크사이드 바에서 또 한 번 회의가 있다는 것을 의미했다. 그들은 데이터 허브 팀 전체를 초대했다. 맥신은 가치 있는 사람 몇 명을 남겨두기보다는 과하더라도 포용하는 것이 낫다고 생

각했다. 톰과 세 명의 다른 기술자가 나타났다. 맥신은 그들이 여기 있는 게 기뻤다. 지난 며칠을 보내고 나니, 맥신은 데이터 허브 팀의 개발자 생산성을 획기적으로 향상할 방안을 모색하고 싶어졌다.

즐거운 시간을 보내는 사람들의 모습을 보면서, 맥신은 이게 바로 서로 어울리는 것을 좋아하는 이들의 모임이구나 싶었다. 커트가 일어서서 시선을 모았다.

"안녕하세요, 새로운 반란군 여러분! 모두를 소개할게요." 커트는 맥신과 커스틴을 위해 했던 것처럼 모든 반란군 멤버를 소개했다. "그리고 괜찮다면, 파트 언리미티드 엔지니어들에게 즐거움을 되찾아 주기 위해 우리가 하는 몇 가지 체제 전복적인 것들에 대해 들으셨을 테니, 이제 여러분의 삶을 좀 더 편하게 해줄 수 있는 것이 뭔지 우리에게 말해주시겠습니까?"

톰의 두 동료가 먼저 자기소개를 하고 자신들의 배경에 관해 이야기했다. 한 명은 톰처럼 데이터 허브 팀에 10년 가까이 몸담고 있지만, 불평할 만한 것이 떠오르지 않자 "사는 거는 괜찮아요. 어쨌든 술 초대에 감사드립니다"라고 말했다.

그가 더 이상 할 말이 없는 것 같아 톰이 말을 시작했다. "이 친구와 마찬가지로 데이터 허브 팀에도 오래 있었어요. 옛날에는 옥토퍼스라고 불렸죠. 그게 8개의 애플리케이션과 연결돼서 그렇게 불렀어요. 이제는 연결이 100개도 넘어요."

"맥신과 함께 페어 프로그래밍을 하면서 완전히 즐기고 있는데, 아직도 경합 조건 버그를 고쳤다는 게 믿어지지 않아요! 우리 모두 사용할 수 있는 데이터 허브 개발 환경을 만들겠다는 맥신의 아이디어가 너무 좋아요"라고 톰이 말했다. "자랑스러운 일은 아니지만, 우리가 새로운 개발자를 고용한 적도 있는데 6개월이 지난 지금도 자기네 컴퓨터에서 완전한 빌드를 할 수 없어요." 톰은 고개를 가로저으며 말을 계속했다. "항상 이렇지는 않았어요. 제가 이 일을 시작했을 때는 훨씬 간단했죠. 하지만 지난 몇 년 동안 우리는 하지 말았어야 할 것들을 하드 코딩했고, 몇몇 것을 여기서 업데이트하고, 다른 것들은 저기서 업데이트하는데, 그 모든 것을 기록하지 않았죠…. 그리고 지금은요? 엉망진창이에요."

고개를 든 그는 테이블 주변 동료들을 향해 말했다. "'내 노트북에서는 작동하던데…'라는 개발자 농담 알죠? 글쎄, 데이터 허브에서는 노트북에서조차 실행할 수 없어요."

모두가 웃었다. 어느 틈엔가 지구상의 모든 개발자가 이런 문제를 안고 있었다. 그런 일은 최악의 상황에 일어나기 마련인데, 대개 운영 중에 다운되는 무언가가 개발자의 노트북에서는 이상하게 완벽하게 작동하는 것과 같았다. 맥신은 개발자의 노트북과 운영 환경 사이에 정확히 무엇이 다른지 열심히 알아내야 했던 때를 수없이 기억하고 있었다.

"불만이요?" 톰은 생각에 잠겼다. "음…. 환경이요. 예전에는 잘 다뤘는데, 피닉스 프로젝트로 옮겨지면서 중앙 집중화된 팀의 환경을 이용하게 됐죠."

"미친 거죠. 피닉스의 나머지 사람들에 비하면 보잘것없는 사람들이죠. 지금 데이터 허브를 실행하려면 완전히 상관없는 의존성을 기가바이트 규모로 설치해야 합니다." 그는 계속해서 말했다. "모든 것을 어떻게 작동시키는지 알아내려면 평생 걸리는데, 우연히 어떤 것을 망치기는 너무나 쉬운 일이죠. 농담이 아니에요. 전 제 빌드가 작동하지 않으면 몇 주 동안 수리 방법을 고민해야 하는 게 싫어서 매일 작업용 노트북을 백업합니다."

톰은 웃으며 말했다. "10년 전 이맥스^{emacs} 구성 파일을 잃어버렸는데 최근 백업에서도 찾을 수 없었어요. 그것을 다시 만들 능력은 없었고, 결국 포기하고 에디터를 바꿨어요."

모두가 가장 소중하게 여겼던 툴을 포기할 때 느꼈던 상실과 고뇌, 슬픔에 대한 자신의 이야기를 덧붙이며 웃었다.

톰이 맥신에게 시선을 돌렸다. "우리 모두 일상 업무에 사용할 수 있는 개발 환경을 어떻게 만들 수 있는지 알아보는 데 며칠을 보내고 싶어요. 가상 머신 이미지나 도커^{Docker} 이미지를 갖고 있다면, 어떤 새로운 팀원이라도 어떤 컴퓨터에서든 언제라도 빌드할 수 있을 겁니다. 정말 기가 막힐 거예요."

"우리 둘이 확실히 잘 해낼 거예요." 맥신이 웃으며 말했다. "개발자들은 일하기 위해 빌드를 얻으려 노력하는 게 아니라 피처 구축에 최선을 다할 수 있어야 하죠. 저도 이런 일에는 엄청난 열정이 있고 톰의 도움을 받고 싶어요."

"정말 멋지네요." 커트가 말했다. "우리는 환경이 얼마나 중요한지 알고 있습니다. 지금은 이 일에 여러분 시간의 반을 자유롭게 쓰세요. 타임카드 시스템에는 숨겨놓고 말이죠."

저녁 늦게 커스틴이 나타나 탁자 위에 놓인 피처에서 직접 맥주 한 잔을 따랐다. 그녀는 미소를 지으며 말했다. "제가 놓친 게 있나요?"

"물론, 기존 질서를 필연적으로 전복시키는 것을 계획하고 있었어요." 커트가 말했다. 새로운 데이터 허브 팀원들은 커스틴이 자리에 앉자 대놓고 쳐다봤다.

커트가 물었다, "커스틴, 인버전^{Inversion} 프로젝트는 어떻게 되고 있나요? 피처 동결은? 빌 팔머가 스티브를 설득해서 모든 사람이 기술 부채를 갚을 수 있도록 전 피처 작업을 보류하도록 했다고 들었어요."

"확정됐어요." 커스틴이 말했다. "사라 몰튼이 분통을 터뜨리고 있어요. '모든 게으른 개발자'가 이미 회사가 고객과 월가에 한 약속을 위태롭게 하고 있다면서요. 나는 아직도 이 일이 사라에게 얼마나 도움이 되는지 그녀 본인이 이해하지 못한다는 게 믿기지 않아요. 그래도 인버전 프로젝트는 분명히 진행되고 있어요. 30일 동안 운영 쪽은 피닉스 지원 말고는 아무엇도 안 하는 거죠."

"농담이 아니라…." 브렌트가 입을 뗐다. "빌은 그동안 멋지게 일해줬어요. 저보고 피닉스 관련된 일에만 전념하라고 확실히 말했죠. 모든 것에서 교대로 호출받는 걸 빼줬어요. 심지어 모든 메일링 목록에서도 빼주고, 모든 채팅방 알림을 끄게 하고, 누구의 전화도 받지 말라고 했어요. 그리고 무엇보다도, 어떤 중단 사태에 대한 호출에 절대 나타나지 말라고 하더군요. 나타나면 해고한대요."

이 말을 들은 맥신은 충격을 받았다. 빌이 브렌트를 해고할 거라고? 최근에 해고당한 사람들을 생각하면 맥신은 브렌트가 왜 웃고 있는지 알 수가 없었다.

"정말 환상적이에요"라고 말하는 브렌트의 눈가에 눈물까지 맺힌 듯했다. "빌은 비즈니스 유닛 간부들을 해고할 수도 없고 뭘 하라고 시킬 수도 없다더군요. 그가 할 수 있는 유일한 일은 내가 그런 것들에 시간을 낭비하지 않도록 하는 것이랍니다. 나한테 연락하려는 사람들에게는 누가 됐든 내가 그들에게 다시 전화하면 내가 해고된다고 말하라고 했어요."

브렌트는 웃으며, 분명 의기양양해하며 맥주를 다 마시고 또 한 잔을 따랐다. "그는 웨스에게 내 모든 이메일과 전화를 감시하고 나를 찾으려는 사람에게 소리를 지르라고 지시했어요. 사는 게 환상적이죠! 정말, 이보다 더 좋을 순 없어요."

맥신이 웃었다. 그동안 일하면서 엔지니어들이 어떻게 주위로부터 제약을 받을 수 있는지 여러 번 봐왔다. 모든 것의 중심에 있는 것은 재미있을 수는 있지만, 그것은 확실히 지속 가능하지 않았다. 그 길 아래로는 만성적인 모닝콜과 탈진, 냉소 그리고 번아웃만 기다리고 있었다.

커스틴이 미소 지었다. "효과가 있네요. 브렌트의 이름은 그 누구보다 더 많은 중요한 활동 목록 안에 나타나지만 빌은 모두에게 그들의 목표는 브렌트의 시간을 지켜줘야 하는 것이어야 한다고 했어요."

"개발 쪽에서는 크리스가 30일 동안 프로젝트 피닉스와 관련된 일을 하는 모든 팀에게 새로운 피처는 없을 것이라고 약속하네요." 커스틴이 핸드폰을 보면서 내용을 읽어줬다. "모든 팀은 높은 우선순위의 결함을 수정하고, 코드 베이스를 안정화하고, 또 다른 릴리스 재앙을 방지하는 데 필요한 어떤 구조 변경 작업이라도 해야 합니다."

맥신은 테이블 주변에서 흥분된 중얼거림을 많이 들었다. 맥신은 이런 일이 필요하다는 것을 알고 있고, 이것은 반란군에게는 환상적인 기회가 될 수 있다는 것을 알고 있었다.

"크리스가 어떻게 이 일을 전개할 것인지에 대한 직접적인 보고 라인에서는 여전히 많은 의견 차이가 있어요." 커스틴이 말했다. "해야 할 일과 해서는 안 될 일을 법제화하느라 많은 시간을 보내는 바람에 벌써 일주일을 버렸죠. 많은 팀이 아직도 자기네 피처 작업을 하면서 평소처럼 일하고 있어요. 이 부분에 관해 리더들이 더 분명하게 해줘야 할 거예요. 이대로라면 한 달이 지나가면 전과 같은 기술 부채를 안게 될 겁니다."

"환경이나 테스트 자동화, 운영 모니터링 부족으로 그들이 겪고 있는 모든 문제에 관해 이야기하는 사람이 없다는 게 놀라워요." 커트가 말했다. "우리는 다른 사람들도 사용할 수 있는 몇 가지 놀라운 역량을 구축했어요. 하지만 우리가 솔루션을 갖고 문제가 있다는 것을 모르는 사람들에게 그걸 팔 수 있는 사람들이 아니거든요."

커트는 당황한 표정이었다. 그리고 좌절했다.

섀넌은 손을 들며 말했다. "전 이 일을 전적으로 돕고 싶어요. 피닉스 팀 여러 명과 함께 일해 왔거든요. 내일 한 명씩 찾아가 그들한테 제약이 되는 게 무엇인지, 그걸 고칠 방법에 대한 아이디어는 있는지 물어볼 수 있을 거예요."

"좋아요, 좋아." 커트는 수첩에 메모하며 말했다.

"저도 돕고 싶어요, 섀넌." 맥신이 말했다. "하지만 월요일은 테스트하는 날이라서 톰과 나는 좀 바쁠 거예요. 드디어 QA 직원들이 내 변경 사항을 테스트해 볼 거예요. 그 외에는 다 도울게요!" 맥주 피처가 가득 담긴 쟁반과 와인 두 잔이 더 나왔다.

그들은 곧 기술 부채와 인버전 프로젝트를 활용하는 방법에 대해 깊은 대화를 나눴다. 맥신은 에릭이 옆에 자리잡는 것을 봤다.

에릭은 마치 내내 그 자리에 있던 것처럼 대화에 자연스럽게 참여했다. "인버전 프로젝트로 자네들은 모두 위대한 여정의 시작에 서 있는 거야. 기술 대기업들은 기술 부채로 거의 죽을 뻔했지. 이름 대면 다 알 만한 기업들이야. 페이스북, 아마존, 넷플릭스, 구글, 마이크로소프트, 이베이, 링크드인, 트위터 등등. 피닉스 프로젝트처럼, 그들은 기술 부채로 더 이상 고객이 요구하는 것을 전달할 수 없게 됐지." 에릭이 말했다. "결과는 치명적이었을 거야. 살아남았대도 노키아가 그랬던 것처럼 기술 부채로 추락한 회사들이 있었지."

"기술 부채는 데드라인 같은 어쩔 수 없는 현실이야. 비즈니스하는 사람들은 데드라인은 이해하지만, 종종 기술 부채가 존재한다는 것을 망각하고 있어. 기술 부채는 본질적으로 좋은 것도 나쁜 것도 아니야. 일상 업무에서도 우리는 항상 장단점을 분석하면서 다양한 결정을 하기 때문이지." 에릭이 말했다. "날짜를 맞춘다는 데 급급해 지름길을 택하거나, 테스트 자동화 과정을 건너뛰거나, 장기적으로는 실효가 없음을 알면서도 매우 구체적인 상황에 하드코딩을 하지. 때로는 환경을 수동으로 생성하거나 배포를 수동으로 수행하는 것과 같은 일상적인 해결 방법도 용인하고 말이야. 이것이 우리의 미래 생산성에 얼마나 큰 영향을 미치는지 깨닫지 못한 채 중대한 실수를 저지르는 거야."

테이블을 쭉 둘러본 에릭은 모두가 자기 말을 놓치지 않으려고 열심히 듣는 것을 보고 기뻐했다.

"기술 대기업들은 그들의 역사상 어느 시점에 이 피처 동결을 사용해서 시스템을 대량으로 재설계해 왔어. 2000년대 초 마이크로소프트를 예로 들어 설명하지. 그때는 컴퓨터 바이러스가 일상적으로 인터넷을 다운시킬 때였는데, 가장 유명한 코드레드^{CodeRed}, 님다^{Nimda} 그리고 10분도 안 돼 전 세계에 걸쳐 거의 10만 대 서버를 감염시켜 망가뜨렸던 SQL 슬래머^{Slammer}가 있었지. 예전 CEO인 빌 게이츠는 너무 걱정돼 전 직원에게 그 유명한 내부 메모를 썼어. 개발자가 피처 구현과 보안 개선 중 하나를 선택해야 한다면 회사의 존립을 위태롭게 만드는 보안을 선택해야 한다고 말한 거지. 이렇게 해서 마이크로소프트의 모든 제품에 영향을 끼친 그 유명한 보안 태세 해제^{security stand-down}가 시작된 거야. 흥미롭게도, 지금 마이크로소프트의 CEO 사티아 나델라는 개발자가 피처 작업을 할지 개발 생산성 작업을 할지 하나를 선택할 수 있다면, 항상 개발 생산성을 선택해야 한다는 문화를 고수하고 있어."

"같은 해였던 2002년, 아마존의 CEO인 제프 베이조스는 기술자들에게 그 유명한 메모를 썼는데, 기술자들이 모든 데이터와 기능들이 서비스를 통해 제공되도록 시스템을 다시 재구성해야 한다고 했어. 그들의 초기 포커스는 원래 1996년에 작성된 OBIDOS 시스템이었는데, 이 시스템은 Amazon.com을 그렇게 유명하게 만든 대부분의 비즈니스 로직, 디스플레이 로직과 함께 기능성^{functionality}을 갖고 있었지."

"하지만 시간이 지나면서 팀들이 독립적으로 작업할 수 없게 너무 섞이고 짜깁기 됐지. 아마존은 내부 서비스를 서로 분리하기 위해 6년 동안 10억 달러 이상을 들여서 아키텍처를 바꿨어. 그 결과는 놀라웠어. 2013년이 되자 그들은 하루에 거의 13만 6천 개를 배포했지. 내가 언급한 CEO들이 모두 소프트웨어에 대한 배경을 갖고 있다는 게 흥미롭지 않나?"

"그걸 노키아의 비극적인 이야기와 비교해봐. 애플과 안드로이드 때문에 그들의 시장이 붕괴됐을 때, 그들은 수억 달러를 들여 개발자를 고용하고 애자일에 투자하는 데 썼어. 하지만 정작 진짜 문제는 파악도 못 했던 거지. 개발자들이 생산적이지 못하게 만드는 아키텍처 형태의 기술적 부채 말이야. 그들은 소프트웨어 시스템의 기초를 다시 세울 확신이 부족했어. 2002년 아마존에서와 마찬가지로, 노키아의 모든 소프트웨어 팀은 심비안^{Symbian} 플랫폼에 의해 방해받았기 때문에 필요한 것을 만들 수 없었거든."

"2010년, 리스토 살라즈마는 노키아의 이사직을 맡고 있었지. 심비안 빌드를 만드는 데 총 48시간이 걸린다는 사실을 알았을 때, 그는 누군가가 커다란 망치로 머리를 내려친 것 같았다고 말했어." 에릭이 말했다. "살라즈마는 만약 변화가 효과가 있는지 아니면 없어서 다시 개발할지를 결정하는 데 이틀이 걸린다면, 그들의 아키텍처에 단기 수익성과 장기 생존 가능성을 망치는 근본적이고 치명적인 결함이 있다는 것을 알았어. 그들은 20배나 많은 개발자를 고용할 수 있었는지는 몰라도, 일을 더 빨리 진행하는 데는 실패했지."

에릭은 잠시 멈췄다. "대단하지. 살라즈마 선생은 엔지니어링 조직이 말했던 모든 희망과 약속이 신기루라는 것을 알고 있었어. 심비안을 변경하려는 수많은 내부 노력이 있었지만, 너무 늦어버릴 때까지 최고위 간부들이 그 노력을 계속 무위로 돌렸지."

"비즈니스 쪽 사람들은 피처나 애플리케이션을 볼 수 있으니까 이런 피처에 대한 자금을 얻는 게 쉽지." 에릭이 계속해서 설명했다. "하지만 그들은 시스템, 팀, 데이터를 서로 연결하면서 그들을 지원하는 그 밑의 방대한 아키텍처를 볼 수가 없어. 그런데 그 밑에는 사실 아주 중요한 것이 있거든. 개발자들이 생산성을 만들어내기 위해 일상 업무에 사용하는 시스템들 말이야."

"웃기는 건 이거야. 기술 대기업들은 모든 개발자가 혜택을 볼 수 있도록 그들이 가진 최고의 기술자들을 그 하위 계층에 배정해. 그런데 파트 언리미티드에서는 가장 우수한 엔지니어가 최상위 계층의 피처 작업을 하는데, 정작 하위 계층에는 인턴 말고는 아무도 개발 생산성을 위한 작업을 하지 않아."

에릭은 계속 말을 이어갔다. "그래서 자네들의 임무는 명확해. 모든 사람은 기술 부채를 갚으라는 말을 들었는데, 그건 자네들이 지역성과 단순성이라는 첫 번째 이상과 집중, 흐름, 즐거움이라는 두 번째 이상을 실현하는 것과 밀접한 관련이 있어. 하지만 거의 확실한 것은 일상 업무의 개선이라는 세 번째 이상도 마스터해야 한다는 것이지." 그러고는 일어서서 처음에 합석했던 것처럼 재빨리 자리를 떴다.

모두 에릭이 떠나는 것을 지켜봤다. 그때 커스틴이 말했다. "저분, 다시 돌아오는 거죠?"

투덜이 데이브가 허공에 두 손을 휘저었다. "노키아에서 일어났던 일이 여기서 일어나고 있어요. 2년 전, 우리는 2~4주 안에 중요한 피처를 구현할 수 있었어요. 그리고 좋은 것들을 엄청나게 개발했어요. 그 시절이 생각나네요! 좋은 생각이 있으면, 그것을 해낼 수 있었죠."

"하지만 지금은? 같은 유형의 피처를 구현하는 데 20주에서 40주가 걸려요. 10배나 더 길다고요! 모두가 우리에게 화가 난 것도 당연해요." 투덜이 데이브가 소리쳤다. "엔지니어들을 더 고용했는데 작업이 점점 덜 되는 느낌이에요. 더 느릴 뿐만 아니라, 그런 변화들은 만드는 게 엄청나게 위험하기도 해요."

"말 되네요." 커스틴이 말했다. "어떤 기준으로 봐도 생산성은 그저 그렇거나 오히려 하락하고 있어요. 피처 만기일 성과$^{Feature due date performance}$는 크게 저하돼 있고요. 지난번 회의 이후에 조사를 좀 했어요. 프로젝트 관리자들에게 몇 가지 피처를 샘플로 뽑아 그것들을 구현하기 위해 얼마나 많은 팀이 필요한지 알아봐 달라고 했어요. 필요한 팀이 평균 4.2개 팀이라는 게 충격이죠. 그리고 나서 그들은 8개 이상의 팀과 교류해야 한다고 하더군요." 커스틴이 계속했다. "공식적으로 이것을 추적한 적은 없지만,

우리 쪽 사람들 대부분은 이 숫자가 2년 전에 비해 확실히 더 높다고 하더라고요."

맥신의 입이 턱 벌어졌다. '사람들이 항상 8개의 다른 팀과 함께 일해야 한다면 절대로 어떤 것도 해낼 수 없을 거야.' 그녀는 생각했다. 맥신이 톰과 함께 일하기 시작한 보증 기간 연장 피처처럼 말이다.

"인버전 프로젝트는 이런 것들을 고치고 이를 극복하는 방법을 고안해낼 우리의 기회예요." 커트가 말했다. "섀넌이 피닉스 팀에 어떤 도움이 필요한지 알아낼 거예요. 그럼, 우리는요? 누군가 우리에게 권한을 주고, 한 달 동안 무한한 자원을 제공해준다면 우리는 뭘 해야 할까요?"

맥신은 상황이 빠르게 전개되는 것을 보며 흐뭇하게 웃었다. 그들은 목록을 만들기 시작했다. 개발자들은 공통의 빌드 환경을 사용한다. 모든 개발자는 지속적인 빌드 및 통합 시스템에 의해 지원받는다. 누구나 운영과 같은 환경에서 코드를 실행할 수 있다. 테스트 자동화 도구들은 수동 테스트를 대체해 QA 직원들이 더 높은 가치를 지닌 작업을 할 수 있도록 도와준다. 아키텍처는 피처 팀을 해방시키기 위해 분리돼 개발자들이 독립적으로 가치를 제공할 수 있게 한다. 팀들에 필요한 모든 데이터는 쉽게 사용할 수 있는 APIs에 넣는다….

섀넌은 그들이 만든 리스트를 보며 미소 지었다. "내일 팀 면접이 끝나면 업데이트된 목록을 올릴게요. 이거, 정말 흥미진진한데요." 섀넌이 말했다. "이것은 개발자들이 원하는 거예요. 비록 그들이 말로 표현할 수 없더라도 말이에요. 그리고 제가 이것으로 그들을 도울 수 있는 일이죠!"

'훌륭한 목록이야.' 맥신은 생각했다. 모두의 열정이 눈에 뚜렷이 보였다.

에릭은 다시 한번 커스틴 옆에 앉으며 말했다. "정말 훌륭한 목록이군, 섀넌. 그건 엔지니어들이 일하는 방식의 역학 관계를 극적으로 변화시킬 수 있겠군." 맥신은 그가 어디서 나타났는지 궁금해하며 주위를 둘러봤다.

그는 커스틴을 가리키며 말을 계속 이어갔다. "하지만 자네들에게 대항하는 세력들을 생각해봐. PMO 전체는 오래전에 작성된 규칙을 따르고 약속을 이행하면서 프로젝트를 제 시간과 정해진 예산에 맞추는 것을 목표로 해. 크리스의 보고서 내용을 봐. 인버전 프로젝트가 있지만 날짜를 못 맞출까 봐 사람들이 계속해서 피처 작업을 하잖아."

"왜냐고? 1세기 전, 대량 생산이 산업 혁명을 일으켰을 때, 리더의 역할은 작업을 설계하고 분해하고, 머리가 아닌 손을 사용해서 보수를 받는, 교환 가능한 노동자들 무리가 일을 제대로 수행했는지 확인하는 것이었지. 작업은 세분화, 표준화, 최적화됐어. 그리고 근로자들은 자기들이 일하는 시스템을 개선할 수 있는 능력이 거의 없었어."

"이상하지?" 에릭은 골똘히 생각하는 시늉을 했다. "혁신과 학습은 핵심이 아니라 가장자리부터 일어나. 중요한 것은 이런 문제에 가장 자주 직면하는 세계 일류 전문가들이 일상 업무를 수행하는 최전선에서 해결해야 한다는 거지."

"그리고 이것이 세 번째 이상이 일상 업무의 개선인 이유야. 학습을 통해 정보를 얻어 작업 방식을 변화시키고 개선할 수 있는 것은 역동성이야. 스티븐 스피어 박사는 '모든 문제의 어머니는 무지이며, 그것을 극복할 수 있는 유일한 것은 학습이다'라고 했지."

"학습 조직이 가장 많이 연구한 사례가 토요타야"라고 그는 계속했다. "그 유명한 안돈 코드Andon cord는 학습을 가능케 하는 수단의 하나일 뿐이야. 다시 말해, 누구든 문제가 생기면 그것이 전체 조립 라인을 멈추게 하더라도 언제든지 도움을 요청하는 방법이지. 그리고 그렇게 하면 감사 인사를 받아. 왜냐하면 그게 바로 일상 업무를 개선할 기회거든."

"따라서 문제들이 빠르게 가시화되고, 거기에 사람들이 몰려들어 해결하고 나면 그런 학습 결과들이 멀리까지 퍼져나가기 때문에 모든 사람이 혜택을 볼 수 있어." 에릭이 말했다. "이것이 혁신, 우수성, 경쟁에서 앞서

갈 수 있는 것이야."

"세 번째 이상과 정반대되는 것은 프로세스 컴플라이언스와 TWWADI를 중시하는 사람이지"라고 활짝 웃으며 말했다. 우리가 항상 해 왔던 방식 'TWWADI^The Way We've Always Done It' 말이야. 그것은 규칙과 규정, 프로세스와 절차, 승인과 무대 관문으로 이뤄진 거대한 라이브러리며, 최근에 일어났던 재난이 재발하는 것을 막기 위해 항상 새로운 규칙이 추가돼."

"경직된 프로젝트 계획, 융통성 없는 조달 프로세스, 강력한 아키텍처 검토 위원회, 간헐적인 릴리스 일정, 긴 승인 프로세스, 엄격한 업무 분리라고 생각할 수 있지…."

"각각은 우리가 하는 모든 일에 조정하는 비용을 더 추가하고, 지연 비용을 증가시켜. 그리고 의사 결정이 이뤄지는 곳과 작업이 수행되는 곳과의 거리가 계속 늘어나기 때문에 결과의 질은 내려가지. 에드워드 데밍 선생이 한때 말했듯이 '나쁜 시스템은 매번 좋은 사람을 이길 것이다.'"

"더 이상 적용되지 않는 낡은 규칙을 바꾸고, 사람들을 조직하는 방법을 바꾸고 시스템을 설계해야 할 수도 있지." 에릭은 말을 이어갔다. "리더에게 그것은 더 이상 지시하고 통제하는 것이 아니라, 인도하고, 가능성을 만들고, 장애물을 제거하는 것을 의미하네. 스탠리 맥크리스탈 장군은 합동 특수 작전 태스크 포스의 의사 결정 권한을 대대적으로 분산시켜 마침내 훨씬 작지만 민첩한 상대편인 이라크의 알카에다를 격퇴했지. 지연 비용은 돈이 아니라 그들이 보호해야 할 임무를 받은 인간의 삶과 시민들의 안전으로 측정됐거든."

"그건 섬기는 리더십이 아니라 **변혁적 리더십이야**"라고 말했다. "그러려면 조직의 비전, 업무 수행 방법, 영감을 주는 의사소통, 개인적 인정, 후원적 리더십^supportive leadership에 대한 기본적인 가정에 의문을 제기하는 지적 자극 등을 이해해야 해."

"어떤 이들은 리더들이 친절해야 한다는 걸 의미한다고 생각하지"라고 말하며 크게 웃었다. "말도 안 돼. 그건 탁월함, 무자비한 완벽함의 추구, 임무를 완수하기 위한 절박함, 현상 유지에 대한 끊임없는 불만 그리고 조직이 봉사하는 사람들을 돕는 것에 대한 열정에 관한 것이야."

"그건 우리를 심리적 안전이라는 네 번째 이상에 이르게 해줘. 사람들이 윗사람에게 나쁜 소식 전하기를 두려워하는 공포의 문화에서는 위험을 감수하거나 실험하거나 혁신하려는 사람은 없을 거야." 에릭은 웃으면서 말했다. "그런 조직에서 참신함은 어려워지고, 문제가 생기면 '누가 문제를 일으켰느냐'라고 묻지. 그들은 그 사람의 이름을 대고, 비난하고 수치심을 줘. 그들은 새로운 규칙, 더 많은 승인, 더 많은 트레이닝을 시키고, 필요하다면 '문제를 일으킨 놈'을 제거함으로써 문제를 해결했다고 자신을 스스로 속이지." 그가 말했다.

"네 번째 이상은 우리에게는 심리적 안전이 필요하다고 말하는데, 그건 누구나 문제에 관해 이야기하는 것이 안전한 것을 말하는 거야. 구글의 연구원들은 몇 년 동안 산소 프로젝트Project Oxygen에 투자했고, 심리적 안전이 훌륭한 팀의 중요한 요소 중 하나라는 것을 알아냈어. 그런 팀에는 누군가가 목소리를 높인다고 해서 창피를 주거나 거부하거나 처벌하지 않을 것이라는 자신감이 있지."

"뭔가 잘못되면 우리는 '누구'가 아니라 '무엇이 문제를 일으켰느냐'라고 물어. 우리는 오늘보다 더 나은 내일을 만들기 위해 필요한 일을 하기로 약속하지. 존 올스포 선생이 말했듯이 모든 사건은 학습 기회, 즉 우리의 동의 없이 이뤄진 계획되지 않은 투자야."

"이런 시나리오를 생각해보게. 모든 사람이 결정을 내리고, 매일 중요한 문제를 해결하며, 그들이 배운 것을 다른 사람들에게 가르치는 조직에 자네들이 속해 있는 거야." 에릭은 말했다. "자네들의 적은 최고 지도자들만이 결정을 내리는 조직이야. 누가 이길까? 자네들이 이기는 건 당연지사야."

"리더들이 심리적 안전을 만들고, 일선 직원들에게 힘을 실어주고, 목소리를 내주는 상투적인 말을 하기는 너무나 쉬운 일이야." 에릭이 이어서 말했다. "하지만 상투적인 말을 되풀이하는 것만으로는 충분치 않아. 리더는 이런 바람직한 행동을 매일 끊임없이 고안하고 지도하며 긍정적으로 강화해야 해. 심리적 안전은 리더들이 세세하게 관리하거나 '모르겠다'라는 말을 못 하거나, 혹은 다 아는 것처럼 잘난 체하는 바보처럼 행동할 때 쉽게 사라져. 그리고 리더들만이 아니라 동료들이 어떻게 행동하느냐도 문제야."

바텐더가 에릭에게 다가가 귓속말했다. 에릭이 중얼거렸다, "또?" 그는 고개를 들고는 말했다. "곧 돌아오지. 내가 좀 봐줘야 할 게 있어서"라고 말하고는 바텐더와 함께 걸어 나갔다.

그들은 멀어져가는 에릭을 응시했다. 드웨인이 마침내 입을 열었다. "세 번째 이상과 네 번째 이상에 대해서는 에릭 말이 맞아. 우리 주위에 만연한 공포의 문화에 맞서 우리가 할 수 있는 건 뭘까? 채드에게 무슨 일이 일어났는지 봐. 옳은 일을 하려다가 해고당했잖아. 아마 여기 있는 누구보다도 내가 채드를 싫어할 이유가 많을 거야. 일하는 동안 네트워크가 끊기는 바람에 미칠 지경이었거든. 하지만 채드를 해고한 것은 향후에 그런 중단 사태가 일어날 가능성을 낮추는 데 아무런 도움이 되지 않아."

"실제로 무슨 일이 일어났는지 알아보려고 주변에 좀 물어봤어." 드웨인이 말했다. "채드는 매장 현대화 계획을 지원하기 위해 평일 근무 시간 외에 내리 4일 밤을 새웠다더군. 이유를 물었더니 자기 때문에 매장 팀들이 현황 보고서에 불편함을 받는 걸 원치 않아서라고 했어."

커스틴은 눈썹을 치켜떴다. 드웨인은 말을 이어갔다. "채드의 관리자가 계속 집에 기리고 해서 결국 수요일에는 정시에 퇴근했지. 하지만 자정에 다시 온라인에 접속했어. 매장 론칭 팀을 실망시키고 싶지 않았기 때문이야. 티켓이랑 채팅방에 쌓이는 일들이 너무 걱정돼서 밤에 잠을 잘 수가 없었던 거지."

"그리고 채드는 목요일 아침 일찍 출근했어. 그동안 밤늦게까지 일했던 여파로 여전히 피곤했지. 그러고는 긴급한 내부 네트워킹 변경 사항을 맡았어"라고 드웨인이 말했다. "노트북을 열었더니, 그가 작업하고 있던 모든 것으로 인해 30개의 윈도우가 열려 있었어. 채드는 터미널 윈도우에 명령을 입력하고 엔터 키를 쳤어. 근데 알고 보니 엉뚱한 윈도우에 타이핑을 한 거야."

"뻥! 데이터 허브를 포함한 대부분의 티어^{Tier} 2 비즈니스 시스템에 접근 불가능하게 된 거지." 드웨인은 말했다. "그다음 날, 채드는 해고됐어. 이게 맞는 것 같아? 이게 공정하고 정당한 것 같아?"

"오, 세상에." 맥신이 소름 끼치듯 불쑥 내뱉었다. 맥신은 그 기분이 정확히 어떤지 알고 있었다. 그녀도 여러 번 겪었던 일이다. 무언가를 타이핑하고, 엔터를 치자마자 엄청난 실수를 저질렀음을 깨닫지만, 이미 때는 늦었다. 테스트 데이터베이스인 줄 알고 고객 데이터베이스 테이블을 실수로 지워버린 일도 있었고, 실수로 엉뚱한 운영 서버를 재부팅하는 바람에 오후 내내 주문 입력 시스템을 다운시킨 적도 있었다. 디렉터리를 잘못 삭제하고, 서버 클러스터를 잘못 닫아버리고, 잘못된 로그인 인증을 비활성화시킨 일도 있었다.

그때마다 맥신은 온몸의 피가 다 얼어붙는 듯했고 뒤이어 공포가 밀려왔다. 한번은, 일하기 시작한 지 얼마 안 돼서, 실수로 운영 소스 관리 저장소를 삭제했을 때, 맥신은 말 그대로 책상 밑으로 기어들어가고 싶었다. 실행 중인 OS 때문에, 맥신의 실수를 남들에게 들킬 일은 없었지만, 그 일이 무서워서 관리자에게 털어놓았다. 그것은 맥신이 젊은 엔지니어로서 한 일 중 가장 떨리는 일 중 하나였다.

"정말, 정말 짜증이 나요, 드웨인." 브렌트가 말했다. "그게 나였을 수도 있어요. 정말이지, 매주 저도 그런 실수를 저지를 수 있는 상황에 있거든요."

맥신이 말했다. "우리 중 누구라도 될 수 있어요. 시스템은 이 주변에서 아주 타이트하게 결합돼 있어서 아주 작은 변화조차도 치명적인 영향을 미칠 수 있어요. 게다가 더 나쁜 건, 채드는 분명히 도움이 필요할 때도 도움을 청할 수 없었다는 거예요. 아무도 그 미친 듯이 긴 근무 시간을 지탱할 수 없을 거예요. 계속 잠도 못 자는 상황에서 누가 실수를 안 하겠어요?"

"그래요!" 드웨인이 외쳤다. "누군가가 나흘 내내 연속으로 일할 정도로 혹사당하는 이런 위치에 어쩌다 우리가 들어오게 됐을까요? 필요할 때 하루라도 쉴 수 없다면 도대체 어떤 기대치가 있는 거죠? 그리고 그렇게 신경을 써 준 데 대한 보상이 해고당하는 것이라면 어떤 메시지를 내보내고 있는 거냐고요?"

"좋은 지적이야, 드웨인" 맥신은 에릭이 다시 한번 테이블에 합류하면서 말하는 것을 들었다. "이런 억울함이 스티브에게 얼마나 깊은 반향을 일으킬지 놀랄 거야. 공장에서 시간을 보내봤으면 알 수 있지."

"어째서 그렇죠?" 맥신이 물었다. 그녀는 공장 직원들과 많은 시간을 보냈다.

"스티브가 COO 겸 제조 부서장으로 계약했을 때 공개적으로 업무상 부상 전무^{Zero}를 목표로 하는 것을 조건으로 내걸었다는 사실을 알고 있나? 이사회는 물론 공장 직원과 노조 지도부까지 그를 비웃다시피 했지." 에릭은 웃으며 이야기했다. "사람들은 그가 순진하다고 생각했고, 어쩌면 약간은 머리가 돈 게 아닌가 생각했지. 아마도 '진정한 비즈니스 리더'를 수익성이나 만기일 실적으로 평가하고 싶어 하기 때문이겠지. 아니면 품질일 수도. 하지만 안전은?"

"스티브가 당시 CEO였던 밥 스트라우스에게 '제조 인력이 일하다 다치지 않아야 한다고 믿지 않는다면, 우리가 말하는 품질 목표는 왜 믿어야 하는가? 아니면 돈을 벌 수 있는 우리의 능력은 믿을 수 있나? 안전은 일의 전제 조건이다'라고 했다는 루머가 돌았지."

에릭은 잠시 말을 멈췄다. "심지어 요즘같이 사람들의 의식이 깨어있는 시대에도 리더들은 그런 말을 거의 하지 않아. 스티브는 1980년대와 1990년대 알코아의 전설적인 CEO인 폴 오닐 선생의 업적을 면밀히 연구했는데, 그는 무엇보다도 직장의 안전을 우선시했어. 이사회는 처음에 그가 미쳤다고 생각했지만, CEO로 재임한 15년 동안 순이익이 2억 달러에서 15억 달러로 증가했고, 알코아의 시가 총액은 30억 달러에서 270억 달러로 증가했어."

"그렇게 인상적인 경제 실적에도 불구하고…." 에릭은 계속 말했다. "오닐 선생이 말하는 가장 중요한 것은 안전이라는 그의 유산이지. 수십 년 동안 알코아는 직장 안전에 있어서는 논란의 여지가 없는 리더로 남아 있지. 알코아가 그 회사에 들어갔을 때, 알코아는 평균 이상의 안전 기록을 갖고 있다는 것을 당연히 자랑스러워했어. 하지만 매년 9만 명의 직원 중 2%가 부상을 당했기 때문에, 만약 자네가 알코아에서만 계속 일해 왔다면, 자넨 그 직장에서 다칠 확률이 40%에 달하는 거야."

"알코아는 자네들의 제조 공장보다 훨씬 더 위험한 작업 환경을 갖고 있어." 에릭이 말했다. "알루미늄 사업에서는 높은 열, 고압, 부식성 화학 물질, 안전하게 운반해야 하는, 많은 톤의 최종 제품을 다뤄야 하거든…."

"오닐 선생이 한 유명한 말이 있지. '모두가 자신의 안전과 동료들의 안전을 책임져야 한다. 누군가를 다치게 할 수 있는 무언가를 본다면, 가능한 한 빨리 고쳐야 한다.' 그는 사람들에게 안전 문제를 해결하는 것을 예산에 책정할 필요는 없다고 했어. 그냥 고치면 그 비용에 대해서는 나중에 어떻게 할지 알아내겠다고 했지." 에릭이 계속했다. "그는 모든 공장 근로자에게 자기 집 전화번호를 알려 주면서 공장장들이 충분히 신속하게 행동하지 않거나 안전을 심각하게 생각하지 않는 것 같으면 자기에게 전화하라고 했어."

"오닐 선생은 그의 첫 직장의 치사율에 관해 얘기했었지." 에릭은 이어서 설명했다. "애리조나에서 열여덟 살 청년이 죽었어. 파편 조각을 치우려고 압출 기계에 뛰어들었다가 내려오는 기둥에 휘말려 즉사했지."

"그 청년은 임신 6개월인 아내가 있었어." 에릭은 말했다. "사건 장소에는 감독관이 두 명 있었고. 오닐 선생이 말하길, 감독관들은 청년이 하는 것을 지켜봤는데, 아마 그가 보여준 작업 방식 그대로 하도록 그 청년을 훈련했을 거야."

"결국 오닐 선생은 공장 직원 전체 앞에 서서 모두에게 말했지. '우리가 그를 죽였다. 우리 모두가 그를 죽였다. 내가 그를 죽였다. 왜냐하면 사람들이 직장에서 다치면 안 되는지를 제대로 의사소통하는 일을 잘하지 못했기 때문이다. 왠지 모르겠지만 사람들은 다치는 것도 괜찮다고 생각했을 수 있다. 우리는 우리 자신과 모두를 안전하게 지키는 책임을 져야 한다.'"

"그가 나중에 말했듯이, '알코아 사람들은 극도로 자상했다. 누군가가 다칠 때마다 슬퍼했고 많이 애석해했지만 자신들에게도 책임이 있다는 것을 이해하지는 못했다. 부상을 참는 것이 학습돼 있었다.'"

에릭은 눈물을 닦느라 잠시 멈췄다. "스티브가 한 첫 번째 행동 중 하나는 오닐 선생의 작업장 부상률 제로라는 협상 불가능한 정신을 이곳 파트언리미티드의 모든 공장 운영에 통합하는 것이었어. 그가 수행한 첫 번째 업무 중 하나는 모든 작업장의 부상을 교정조치 계획과 함께 24시간 안에 자신에게 직접 보고해야 한다는 정책을 수립하는 거였지. 일상 업무의 개선이라는 세 번째 이상과 심리적 안전이라는 네 번째 이상의 절묘한 예가 아닐 수 없었어."

에릭이 잠시 벽을 응시하고 있을 때, 맥신은 갑자기 스티브가 왜 타운홀 미팅마다 직장 부상에 관해 얘기하는지 알게 됐다. 그는 모든 사람의 일상 업무에 영향을 직접 줄 수 없다는 것을 알고 있었다. 그러나 스티브는 자신이 원하는 가치와 규범을 보강하고 모델링할 수 있어서 그것을 효과적으로 하는 것이라고 맥신은 생각했다.

맥신이 에릭을 돌아봤다. 그녀는 스티브와 대화조차 해본 적이 없었다. 어떻게 에릭이 제안하는 걸 해낼 수 있을까?

발신: 크리스 앨러스(R&D 부서장)

수신: 개발 모두; 빌 팔머(IT 운영 부서장)

날짜: 9월 25일 오후 11시 10분

제목: 인버전 프로젝트: 피처 동결

인버전 프로젝트의 일환으로 피닉스 프로젝트에 대한 피처 동결이 즉시 발효됩니다. 30일 동안 모든 지원 시스템뿐만 아니라 피닉스의 안정성과 신뢰성을 높이기 위해 최대한 노력할 것입니다.

결함과 코드상 문제가 있는 부분을 고치고 기술 부채를 상환할 수 있도록 모든 피처 작업을 중단하겠습니다. 이를 통해 개발 생산성을 높이고 피처 처리 속도를 높일 수 있을 것입니다.

이 기간 긴급한 변경 사항을 제외한 모든 피닉스 배포를 중단할 것이며, 운영 팀원들은 더 빠르고 안전하게 배포를 하고 운영 서비스의 복원력을 높이는 데 주력할 것입니다.

이렇게 하면 회사가 가장 중요한 전략적 목표를 달성하는 데 도움이 될 것이라고 확신합니다. 궁금한 점이나 고민이 있으시면 이메일을 보내주십시오.

고맙습니다.

— 크리스

발신: 앨런 페레스(웨인 요코하마 이쿼티 파트너의 운영 파트너)

수신: 사라 몰튼(소매업 SVP)

날짜: 9월 27일 오후 3시 15분

제목: 전략 옵션 **기밀**

사라 – 비밀로 해주세요….

어제 회의 좋았습니다. 주주 가치를 창출하는 제 철학을 공유할 기회를 얻게 돼서 기뻤습니다. 일반적으로 우리는 '성장'보다 '가치'와 운영 규율을 선호합니다. 우리 회사는 파트 언리미티드 같은 회사에 투자해 엄청난 수익을 창출했습니다. 제 계획은 사람들이 일반적으로 생각하는 것보다 더 높은 비율로 환상적이고 일관된 현금 흐름을 창출하는 것입니다. 다른 회사에서는 투자자들(그리고 회사 임원들)을 위해 상당한 부를 창출했습니다.

약속대로, 사라가 대화를 나누고 싶어 할 만한 회사들의 포트폴리오에 있는 몇몇 CEO를 소개하겠습니다. 우리가 주주 가치를 높이는 데 어떤 도움이 됐는지 그들에게 물어보시길 바랍니다.

앨런

PS: 피닉스를 위한 '피처 동결'이 있다는 게 맞습니까? 그럼 더 뒤처지지 않나요? 그러면 지난번에 얘기했던 새로운 개발자들은 어떻게 할 건가요? 그들은 무슨 작업을 하는 겁니까?

• 9월 29일 월요일

월요일, 건물 안으로 걸어 들어가는 맥신의 발걸음이 가볍다. 도크사이드 회의 때문은 아니었다. 오늘이 바로 테스트하는 날이다! 맥신이 만든 코드가 마침내 테스트를 거쳐 운영 환경으로 배포될 것이다.

맥신은 회사로 오는 길에 산 밴달 도넛 다섯 상자를 들고 들어갔다. 심지어 개인적으로 가장 좋아하는 크로와상과 도넛의 이상한 조합인 그 매장의 특별한 '크로넛'도 샀다.

기분이 너무 좋아서 갓 만든 60개의 도넛 향이 혈당 수치를 높이는 건 아닌지 궁금해할 정도였다. '코드를 테스트해줄 사람들과 친분을 쌓을 좋은 기회가 될 거야.' 맥신은 생각했다. 맛있는 음식을 가져가면 새로운 친구를 사귀기가 더 쉬웠다.

맥신이 걷는 곳마다 사람들은 "그거 제 것인가요?"라고 물었다.

그녀는 쾌활하게 대답했다. "아니요, 테스트하는 날에 바치는 거죠!"라고 소리쳤다.

책상 근처 테이블 위에 도넛을 모두 내려놓으면서 가방은 의자 옆에 걸어뒀다. 톰은 이미 거기 와서 에디터를 열고 타이핑하고 있었다.

"야호, 테스트하는 날이에요!" 맥신이 들뜬 목소리로 발표했다. "드디어!"

"오늘 진짜 이상하시네요"라고 톰은 모니터에서 얼굴을 들지도 않고 말했다. 그는 쿵쿵대며 공기 중의 냄새를 맡았다. "와! 저거 밴달 도넛이에요?"

"네, 테스트하는 날을 축하하려고요!" 맥신이 활짝 웃으며 대답했다. "마침내 우리가 만든 모든 변경 사항이 실제로 작동하는지 보게 된다니 정말 흥분된다고요." 맥신은 말했다. "그럼, 언제부터 시작이에요? 가서 봐도 돼요?"

톰은 그녀를 한 번 보더니 시계를 봤다. "아마 오늘 시작할 거예요. 하지만 우리 것만 있는 건 아니에요. 피닉스의 다른 큰 모듈들에 대한 변경 사항도 다 테스트할 거예요. 우리가 만든 것은 테스트해야 할 일의 일부분일 뿐이죠. 오늘 안 될 수도 있어요."

"뭐라고요!?" 맥신이 충격을 받아 말을 잘랐다. 이걸 주말 내내 기다리고 있었는데! "우리가 몇 번째인지 볼 수 없어요? 우리가 도울 수는 없나요? QA 사람들은 어디에 있죠? 그 사람들 때문에 내가 이 도넛을 다 샀단 말이에요!"

톰은 놀라는 표정이었다. "글쎄요, 많이 만나긴 했죠. 그중 몇 명은 외부에 있고, 또 몇 명은 현장에 있겠지만, 직접 얘기해본 건 오래 됐어요. 보통 다음 주말쯤 테스트 결과가 나올 때 QA 책임자를 만나요."

"다음 주? 다음 주요?!" 맥신의 입이 벌어졌다. "그동안 우리는 뭘 하라고요? 있잖아요, 그 사람들이 일하는 걸 우리가 지원할 수 있을까요? 우리 피처 티켓에 대한 알림은 오겠죠?"

"어, 꼭 그렇진 않아요." 톰이 얼굴을 찡그리며 말했다. "QA 팀은 다른 티켓팅 시스템을 사용해요. 그 시스템은 자체적으로 스케줄과 보고를 하고 모든 테스트 케이스를 관리하거든요. 우리한테는 접근 권한이 없어요. 적어도 우리 같은 비관리자들에게는 말이죠. 2주 후에, 그 사람들이 발견한 모든 결함 리스트와 함께 우리의 피처 티켓 번호가 적힌 스프레드시트를 보내올 거예요. 우리는 그걸 훑어보고, 그 정보를 우리의 티켓팅 시스템에 복사하고, 그리고 나서 수정이 필요한 것은 무엇이든 수정하는 거죠."

"…그리고 나서는요?" 맥신이 최악의 경우를 생각하며 물었다.

"QA가 모든 사람이 한 개선 반영 결과를 다시 올리고 테스트하죠." 톰이 대답했다.

"그러니까, 우리가 했던 변경 사항들이 완벽하게 작동한다고 가정해보죠. 고객들이 우리 변경을 가장 빨리 사용하는 시점이 언제죠?" 맥신이 물었다.

톰은 손가락을 하나씩 접으며 일정을 세기 시작했다. "또 다른 테스트 주기에 2주. 그런 다음 운영과 함께 티켓을 오픈해서 변경 사항을 운영 환경에 배포해 달라고 요청해요. 가끔은 스케줄에 맞추기는 하는데 약간의 시간이 걸리니까…. 다시 3주가 더 걸릴 수 있겠네요." 그는 자기 손가락을 내려다봤다. "그럼 지금부터 7주 후가 되겠는데요."

맥신은 몸을 구부리며, 탁자에 이마를 대고 두 손으로 머리를 부비며 신음했다.

'내가 너무 순진했어'라고 생각하는 맥신이다. 머리는 테이블에 그대로 둔 채 물었다. "그리고 그동안 우리는 그냥 더 많은 결함에 대한 개선 작업을 해야 하는 건가요?"

"넵!" 그녀는 톰이 말하는 것을 들었다. "괜찮아요, 맥신?"

"네, 괜찮아요"라고 말하며 맥신은 우울해하지 않으려고 애썼다. '이건 두 번째 이상과는 정반대야. 우리는 고객들이 관심을 가질 수도 있고 그렇지 않을 수도 있는 뭔가를 밀어내는 바보 같은 피처 공장일 뿐이야. 그럴 거라고 알고는 있었지만 일은 재미도 없고 즐거움으로 가득 차 있지도 않아. 피처의 흐름도 없고, 피드백도 없으며, 확실히 배우는 것도 없어.' 맥신은 생각했다.

맥신은 톰이 묻는 소리를 들었다. "음, 저 도넛 하나 먹어도 돼요?"

"안 돼요." 맥신이 대답했다. 그때 그녀에게 아이디어가 떠올랐다. 맥신은 고개를 들어 미소를 지으며 톰을 올려다봤다. "하지만 QA 사람들에게 갖다 주는 걸 도와주게는 해줄게요."

QA 사람들을 찾는 것은 그녀가 생각했던 것보다 훨씬 더 어려웠다. 톰은 1년 넘게 같은 공간에 그중 누구와도 함께 있어 본 적이 없었다. 톰이 QA 사람들과 했던 주된 소통은 공식적인 프로세스를 통해서였다. 톰이 코드를 넘겨 스프레드시트로 된 수정 목록을 기다렸다가, 팀이 해당 릴리스가 프로덕션에 갈 준비가 끝났다는 공식 승인서를 받을 때까지 계속 수정하고 반복했던 것이다.

물론 그 과정도 쉽지만은 않다. 의견 차이 또는 여러 문제 때문에 개발 조직과 QA 관리 조직으로 올라가는 모든 종류의 에스컬레이션이 있다. 이 결함이 우선순위 1위인가, 아니면 2위인가? 개발자들이 문제를 재현할 수 없으면, 나중에 QA가 그것을 다시 열도록 그 결함을 종료했다. 아니면 QA가 그 해결책을 재현할 수 없을 때는 다시 개발 조직에게 되돌아갔다.

맥신과 톰은 커트의 책상에 멈춰 서서 자신들이 하려는 일에 관해 이야기했다. "도넛이 정말 많은데요. 친구를 만드는 정말 좋은 방법이겠군요." 커트가 말했다. "톰도 따라가는 거예요?" 커트는 톰에게 물었다.

"물론이지." 톰이 대답했다. "난 항상 우리가 일을 끝낸 후에 우리가 한 일이 어디로 가는지 궁금했거든. 항상 변기를 내리는 느낌이랄까. 화장실 변기에 코드를 넣고 레버를 누르면 시야에서 사라지는 거지⋯."

커트는 코웃음을 쳤다. "우리가 피닉스에서 본 코드의 품질로 볼 때, 그 비유는 아주 적절한 것 같아요. 로이가 데이터 허브에 배정된 QA 관리자예요. 그리고 적어도 90분 동안은 묶여 있을 거예요." 커트는 누군가에게 문자를 보내며 말했다. "로이가 묶여 있는 동안 7번 빌딩에 가서 도넛을 배달하세요. 윌리엄의 비서인 샬롯과 연결해드릴게요. 샬롯은 모든 QA 사람들에게 엄마 같은 사람이에요."

커트는 타이핑을 끝냈다. "샬롯이 두 사람을 기다리고 있을 거예요. 데이터 허브 팀에게는 세 상자로 충분할 것 같은데. 남은 두 개의 상자를 가장 전략적으로 나눠주는 방법을 샬롯에게 물어보세요"라고 말하면서 웃었다.

"샬롯이 회의실을 잡고 데이터 허브 QA 팀을 데리고 올 거예요." 커트가 말했다. "모두 만날 수 있을 거예요. 어쩌면 도움을 청하는 사람도 찾을 수 있을지 몰라요."

맥신이 웃었다. 이것이 바로 그녀가 바라던 도움이었다. "고마워요, 커트. 우린 가서 친구를 좀 사귈게요. 점심 때는 피자를 배달해서 더 오래 놀 수 있는 구실을 만드는 건 어떨까요?"

"완벽해요." 커트가 말했다. "샬롯에게 내 예전 QA 부서 코드로 청구하라고 하세요. 윌리엄이 사라졌으니, 그 코드를 셧다운시키려면 시간이 좀 걸릴거예요. 그걸 좀 활용하죠, 뭐"라고 말하며 활짝 웃었다. "하지만 가기 전에…. 도넛 하나 먹을 수 있을까요?" 커트가 물었다.

"아니요. 미안하지만, 이거 모두 우리의 새로운 QA 친구들을 위한 거예요." 맥신이 말했다.

맥신과 톰은 도넛 상자를 들고 안마당을 가로질러 7번 건물로 갔다. 입구의 경비원에게 꾸벅 인사했다. 맥신이 닫힌 문 한쪽에 있는 전자 카드 판독기에 자신의 배지를 대자, 빨간 색이 나타났다. 카드를 다시 긁어봤지만, 다시, 빨간 불이었다. 맥신이 한숨을 내쉬었다. 그 건물에 들어갈 수 없을 것이라고 예상하지 못했다.

"개발자들이 QA 빌딩에 들어갈 수 없다는 것을 증명하는 거네요." 톰이 말했다. "그건 QA 사람들이 개발자 빌딩에 들어갈 수 없다는 뜻인가요?"

맥신이 커트에게 막 전화를 하려는데 문이 열리는 소리가 들렸다. 활기차고 요정처럼 작은 여성이 그들을 맞이했다. 맥신은 그녀에게 거부할 수 없는 호감이 가는 게 바로 느껴졌다.

"당신이 맥신이군요? 그리고 톰? 커트가 두 사람에 관해 얘기 많이 했어요! 들어오세요…. 이 건물에는 그 배지가 통하지 않을 거예요. 커트의 것도 안 먹히는 건 시간 문제예요. 커트 일은 정말 잘됐어요. 어, 대부분 그렇게 생각해요. 커트가 QA 팀을 운영하는 것보다 더 크고 좋은 일을 할 운명이라는 것을 다들 알고 있었거든요."

샬롯의 '더 크고 더 좋은 것을 할 운명'이란 말은 QA를 하층민처럼 들리게 했다. '커트가 일종의 게토ghetto[1]에서 탈출한 것같네.' 맥신은 생각했다.

"QA를 위해 파티를 열어준다니 정말 멋진 생각이지 않아요! 누가 그런 적이 있었는지 잘 모르겠어요. 모두가 좋아할 거예요. 제가 가장 큰 회의실을 하루 내내 예약했어요. 회의나 뭐 다른 게 없으면 오며가며 다들 들를 거예요. 그리고 점심 식사할 장소에 모든 사람을 위해 피자도 주문했어요." 맥신은 샬롯이 모든 세부 사항을 매우 빠르게 처리했다는 것에 감명을 받았다. 회의실에서 맥신은 샬롯이 이미 화이트보드에 큰 글씨로 'QA에 감사해요!!!'라고 쓰고 양쪽에 하트를 그려 놓은 것을 봤다.

잠시 쳐다보다가 맥신은 수정을 해도 괜찮은지 물었다.

"물론이에요." 샬롯은 열정적이었다.

맥신이 수정을 했다. "우리의 QA 팀원들에게 감사해요!!!"

그런 다음 맥신은 맨 아래에 톰, 맥신, 커트 그리고 데이터 허브 개발 팀의 나머지 다섯 명 이름을 추가했다.

"좋은 생각이에요." 맥신은 톰이 뒤에서 말하는 것을 들었다. "모든 데이터 허브 개발자들도 점심 식사에 초대해야 할까요? 이메일을 보낼까요?"

---

1 게토는 소수 인종이나 소수 민족, 또는 소수 종교집단이 거주하는 도시 안의 한 구역을 가리키는 말이다. 주로 빈민가를 형성하며 사회, 경제적인 압박을 받는다. - 옮긴이

맥신도 얼른 동의하며, 덧붙였다. "피자가 더 필요할 것 같은데…."

"걱정 마세요, 제가 알아서 할게요." 샬롯이 활짝 웃으며 말했다.

그 후 몇 분 동안 QA 팀의 멤버들이 회의실로 천천히 들어오기 시작했다. 맥신은 사람들에게 자신을 소개했다. 맥신은 QA 사람들이 인구통계학적으로 개발자들과 조금 다르다는 것을 알아차렸다. 20대는 없었다. 맥신은 대학 졸업생들이 개발자로 지원하기 때문에 그런 것이 아닐까 생각했다.

"근데, 뭘 축하하기 위한 자리죠?" 인도 억양을 가진 한 여자가 물었다.

"테스트 날이잖아요!" 맥신은 물어봐준 것에 기뻐하며 웃었다. "우리가 몇 주 동안 작업한 피처들을 테스트하게 된다는 게 너무 신나거든요. 파티를 열면 재미있을 것 같았어요. 그러면 이 중요한 일을 하고 있는 사람들을 만날 수 있고 우리가 어떤 식으로든 도와주고 싶다는 것을 알려줄 수 있을 것 같아서요."

"우와, 정말 멋진데요." 맥신의 미소를 되받아치며 그 여자가 말했다. "전에도 이런 일이 있었는지 모르겠네요."

샬롯이 방 저편에서 소리를 질렀다. "여기에 7년 동안 있었는데, 이런 일은 한 번도 없었어요. 정말 좋은 생각이에요, 맥신. 모두를 소개할게요. 푸르나는 QA 리더 중 한 사람이고, 여기 있는 사람들은 그녀의 팀원들이에요…."

침묵이 흘렀다. 맥신은 모든 사람이 그녀가 한마디 더 하기를 바라는지 궁금했다. 파티 주최자로써 그래야 할지도 모르겠다.

"그러니까, 어, 또, 정말 고마워요. 점심으로 피자를 배달시킬 거고, 데이터 허브 개발자들도 그때는 여기 합류할 거예요." 맥신이 말했다. "요즘 다들 무슨 작업을 하시죠?" 그런 질문은 항상 서먹한 분위기를 깨는 좋은 질문이었다.

그들은 맥신에게 작업하고 있는 프로젝트에 대해 말해주는데, 그것은 맥신이 상황을 이해하는 데 도움이 됐다. 그러고 나서 맥신은 그들이 테스트 프로세스에서 가장 좌절감을 느끼는 것이 무엇인지 물어봤다.

말의 포문이 열렸다. 그들의 불평과 이야기들은 QA에게 너무나 친숙한 내용들이었다. 환경을 기다리는 것, 그나마 완전히 정리되지 않은 환경, 무언가가 잘못됐을 때 발생하는 문제들, 문제가 코드의 오류인지 환경에 이상이 생겨서인지 판단할 수 없는 것 등등.

맥신과 톰은 많은 공통점을 느꼈고 그들에게 이야기해줄 것이 많았다. 결국, 사람들은 일에 대해 불평하는 것을 좋아했다. 맥신은 메모하기 시작했다. 파티는 완전히 무르익고 있었다.

90분 후, 맥신이 보기에 개발 조직 대 QA 조직의 구도는 아닌 것이 확실해졌다. 그 대신 피닉스의 비즈니스 요구 사항이 너무 자주 바뀌어서 긴급한 코드 변경을 필요로 하는 게 문제였다. 그로 인해 테스트에 사용할 수 있는 시간이 줄어 품질이 점점 더 저하되는 결과로 나타났는데, 이것은 가장 최근에 있었던 피닉스 재앙으로 입증됐다.

사람들은 변화가 삶의 일부라는 것을 알고들 있지만, 피닉스 프로젝트는 이 빠른 변화의 속도에 적합하지 않은 것 같았다. 모두가, 정말 하나도 빠짐없이 모든 사람이 피닉스 프로젝트의 품질 저하가 파트 언리미티드에게 미칠 잠재적인 결과에 대해 진정한 우려를 표명했다. 누군가 말했다. "스티브는 타운 홀 미팅에서 우리가 해야 할 일에 대해 말하죠. 우리가 하는 일은 개발에만 국한되는 게 아니에요. 잘못된 것을 발견해도 고칠 시간이 충분하지 않아요."

정확히 무엇이 동결될 것인가에 대한 모호함에도 불구하고, 피처 동결에 대해서는 많은 호응이 있었다. 사람들은 이것이 위에서부터 내려온, 진정한 가치의 변화를 의미한다고 흥분하고 있었고, 그것은 확실히 더 나은 것을 위한 것이었다. 하지만 그들만은 어떻게 해서든지 동결에서 제외

될 것이라고 대부분 관리자들은 확신하고 있었다.

파티는 점심 식사 장소로 옮겨졌고, 상상할 수 있는 모든 종류의 커다란 피자 15개가 식탁에 올랐다. 냄새를 맡은 맥신은 배고픔을 느꼈다. 미리 도넛을 먹은 게 약간 신경이 쓰였다. 심장이 뛰고, 땀을 약간 흘리기도 했다. 경계선 저혈당borderline hypoglycemic이라 곧 단백질을 섭취해야 했다. 그렇지 않으면 두통과 심각한 혈당 붕괴를 겪게 될 것이다.

지금, QA 쪽에서 수십 명이 도착했다. 맥신은 누가 데이터 허브 담당인지 또는 아닌지 잘 모르지만 신경 쓰지 않았다. 오늘의 주요 목표는 친구 사귀기다. 그래도 문 앞에서 경비원이 아군을 가려냈어야 했는데….

맥신은 페퍼로니 피자 두 조각을 다 먹고 쓰레기통에 종이 접시를 버렸다. 조심스럽게 손을 씻은 후 푸르나를 따라 자리로 갔다. 푸르나는 맥신에게 자신의 일상 업무를 보여주는 것에 기꺼이 동의했다. 개발자 공간보다 더 촘촘하게 붙어있는 책상들이 보였지만, 데릭을 만난 헬프 데스크 공간만큼 빽빽하지는 않았다.

푸르나의 책상 위에는 두 대의 대형 모니터와 아이들과 함께 찍은 사진, 그리고 8년산 싱글 몰트 스카치 한 병이 놓여 있었다. 맥신은 병을 가리키며 물었다. "제일 좋아하는 건가요?"

푸르나는 웃으며 말했다. "전혀요. 하지만 축하 자리를 빛낼 만큼은 되죠. 피닉스 프로젝트 작업을 하다 보면 필요하거든요." 푸르나는 스크린의 윈도우를 움직이며 QA 티켓팅 툴에서 그녀가 만든 릴리스 프로젝트를 맥신에게 보여줬다.

'드디어!' 맥신은 생각했다. QA 팀의 워크플로우를 보고 싶어 안달이 났다. 하지만, 맥신은 화면을 보자 순간적으로 당황했다.

"IE6이에요?" 맥신이 머뭇거리며 물었다. 맥신이 마지막으로 그 인터넷 익스플로러 버전을 본 것은 윈도우 XP 시절이었다.

푸르나는 사람들에게 이런 설명을 하는 게 익숙한 듯 미소를 지었다.

"네. 10년 넘게 이 툴을 사용해 왔기 때문에 오래된 윈도우즈 VM 내부에서 그 클라이언트를 실행해야 해요. 거기에는 모든 테스트 프로젝트가 포함돼 있고 자동화된 기능 테스트를 실행하거든요. 여기서 10년 넘게 쌓아온 테스트 계획이 수천 건이에요."

"하지만 IE6라니요?" 맥신이 물었다.

"벤더는 최신 브라우저를 지원하는 업그레이드를 갖고 있지만, 그걸 실행할 서버를 업그레이드해야 하는 문제가 있거든요"라고 푸르나는 말했다. "예산은 확보했지만, 아직 운영 조직에서 공급해주기를 기다리고 있어요."

사람들이 오래된 버전의 인터넷 익스플로러를 사용하는 것을 본 것은 이번이 처음이 아니었다. 맥신이 예전 직책을 담당하고 있을 때 어떤 벤더가 망하는 바람에 몇몇 공장 지원 시스템도 오래된 버전을 썼었다. 맥신의 팀은 그 시스템을 간신히 전환할 수 있었다, 하나만 빼고…. 그 팀은 미션 크리티컬한 작업 서버를 위해 '6.6.6.6'이라고 불리는 완전한 에어갭air-gapped[2] 네트워크를 만들어야 했다. 그것은 취약하다고 알려진 어느 SunOS 버전에서 실행되고 있었는데, 패치가 아예 불가능했었다.

'좋은 시절이었지.' 맥신은 생각했다.

푸르나가 맥신에게 사무실 투어를 해줄 때, 맥신은 QA 워크플로우 애플리케이션이 비록 오래됐지만 기능적으로 매우 잘 정리돼 있다는 것을 알아봤다.

푸르나는 테스트 계획이 포함된 200개 이상의 워드 문서가 있는 네트워크 공유 폴더를 열었다. 맥신이 요청하자 푸르나는 아무거나 한두 개 열어 보여줬다. 어떤 것은 사용자 시나리오를 테스트하기 위한 절차를 설명

---

2 에어갭은 보안 방법 중 하나로 컴퓨터 네트워크를 보안이 완벽하지 않은 네트워크로부터 물리적으로 분리시키는 것을 의미한다. – 옮긴이

했다. 이 URL로 이동해 이 양식에 이 값을 입력하고, 이 버튼을 클릭해 다른 URL에서 올바른 값이 나오는지 확인하십시오.

다른 문서는 각 양식의 모든 필드가 부적합한 입력에 적절하게 반응하는지 확인하기 위해 입력 유효성 검사를 위한 테스트 계획을 설명했다.

이런 것을 읽고 있자니, 오래전 기억이 떠올랐다. 그녀의 첫 번째 직업은 소프트웨어 QA였다. 훌륭한 QA는 소프트웨어가 폭발하거나, 충돌하거나, 끝없이 기다리는 원인에 대한 인지와 직관적인 통찰이 필요했다.

맥신은 한때 이런 농담을 들었다. "QA 엔지니어가 술집으로 걸어 들어온다. 맥주를 주문한다. 맥주를 0병 주문한다. 999,999,999병 주문한다. 도마뱀을 주문한다. -1병 주문한다. 그다음 'sfdeljknesv'를 주문한다."

위대한 QA 사람들은 다른 사람들이 만든 코드를 망치는 데 뛰어난 것으로 악명이 높았다. 그들은 수천 개의 문자, 인쇄할 수 없는 유니코드 캐릭터와 이모티콘으로 양식을 채우고, 날짜 필드에 음수를 넣으며, 그 밖의 전혀 예상치 못한 일들을 시도했다. 그 결과, 프로그램들이 충돌하거나 심하게 오작동하게 돼 개발자들은 이 끔찍한 테스트 케이스에 이마를 때리며 경탄하기도 했다.

이런 주입 오류 중 일부는 해커들이 완전한 접근 권한을 얻고 전체 시스템에서 모든 데이터를 수집하는 데 사용될 수도 있었다. 이런 것이 최악의 개인 식별 가능 정보^{PII, Personally Identifiably Information} 도용으로 이어지기도 했다.

이런 오류나 취약성을 찾는 것은 매우 중요한 작업이었다. 맥신은 푸르나와 그녀의 팀이 그런 일을 수동으로 수행해야 한다는 것이 끔찍하게 보였다. 앞으로 2주 동안, 그들은 이전 테스트에서 몇 번이나 초기화하고, 새로운 피닉스 애플리케이션 상태를 가져오고, 올바른 URL로 가서, 같은 정보를 필드에 입력하고…?

푸르나는 피처들이 실제로 설계한 대로 작동하는지 확인하기 위한 다른 테스트를 보여줬다. 이는 현재 운영 환경에서 실행되는 것과 유사하도록 세심하게 설계된 통합 테스트 환경에서 다른 비즈니스 시스템과 연결시키는 것을 의미했다.

맥신은 얼마나 많은 이와 같은 방대한 테스트들이 자동화될 수 있는지에 대해 계속 생각했다. 그것은 QA 팀들을 지루하고, 시간이 오래 걸리고, 오류가 발생하기 쉬운 업무로부터 해방시켜주고, 그들의 천재성을 자유롭게 해주고 코드를 깨트릴 수 있는 더 많은 방법을 찾을 수 있게 할 것이다.

더욱이 이런 자동화된 테스트는 개발자가 코드를 체크인할 때마다 실행돼서 맥신과 다른 개발자들이 좋아하는 빠르고 즉각적인 피드백을 제공할 것이다. 실수를 바로 찾을 수 있고 매일, 매주 같은 실수를 하지 않을 수도 있다.

맥신은 이런 생각을 입 밖으로 내뱉지는 않았다. QA 담당자가 방금 만난 개발자로부터 제일 듣기 싫은 말이 QA 업무를 자동화하는 방법에 대한 생각이었기 때문이다.

거의 한 시간이 지났는데도 맥신은 여전히 메모에 열중하고 있었다. 푸르나는 너무 친절했지만 맥신은 점점 참을성이 떨어져 갔다. 맥신은 그녀의 코드가 실행되는 것을 보고 QA 팀이 그것이 맞는지 확인하는 것을 도우려고 여기에 왔었다.

푸르나는 맥신 쪽으로 돌아서며 말했다. "음, 이게 우리가 하는 전부예요. 다만, QA1 환경은 아직 초기화되지 않았어요. 데이터 웨어하우스 팀이 고객 테스트 데이터를 주길 기다리고 있어요. 피닉스 개발 팀은 아직 통합을 시작하지 않았거든요. 그게 없으면 우리가 할 수 있는 게 없어요."

"개발자들이 통합을 시작하지 않았다고요?" 맥신은 말하면서도 가슴이 철렁 내려앉았다. "그게 얼마나 걸리죠?"

"보통은 2~3일 안에 도착해요. 그 사람들이 항상 최선을 다한다는 걸 알아요…." 푸르나가 말했다.

맥신은 신음했다. 피닉스 프로젝트와 짧게 일했지만 맥신은 티켓 트랜 잭션의 거의 모든 측면을 경험했다. 피닉스 빌드가 실행되게 하기 위해, 맥신은 QA와 운영 조직의 반쯤 될 것 같은 사람들에게 티켓을 오픈하고, 맥신이 필요로 하는 것들을 얻기 위해 그들이 일하는 동안 무기력하게 기 다렸다.

맥신은 데이터 허브 개발 티켓 작업을 즐겼었다. 그것들은 고객들이 필 요로 하는 것을 나타냈기 때문이다. 티켓에는 QA가 보도록 '테스트할 준 비 완료'라고 표시했는데, 맥신이 QA에서 시간을 보내고 있는 지금, 맥신 은 QA가 개발 팀에서 일이 끝나기를 여전히 기다리고 있다는 것을 알게 됐다.

그리고 QA는 그들이 필요로 하는 테스트 환경을 다른 사람들이 비워주 기를 기다리고 있었다. QA는 운영 팀이 테스트 관리 시스템을 업그레이 드할 수 있도록 서버를 공급해주기를 기다리고 있었다. 그리고 그들은 데 이터 웨어하우스 팀으로부터 새로 준비한 테스트 데이터를 기다리고 있었 다. 이 모든 미친 짓은 어디서 끝나는 걸까?

"데이터 웨어하우스 팀에서 정확히 무엇이 필요한 거죠?" 맥신이 묻는 데, 피닉스 릴리스 당시 브렌트의 데이터 문제와 섀넌이 그 팀에서 5년 동 안 좌절했던 일을 설명했던 것이 생각났다.

"오, 모두가 기다리고 있죠." 푸르나가 말했다. "그 팀이 회사 내 거의 모든 곳에서 자료를 받아내고, 다른 사업부에서도 사용할 수 있도록 바꾸 고 정제하는 일을 맡고 있거든요. 익명화된 고객 데이터를 거의 1년 동안 기다렸는데, 아직도 최신 제품, 가격, 적극적인 프로모션을 포함한 테스 트 데이터가 없어요. 항상 우선순위 목록에서 밀리기 때문에 우리가 가진 테스트 데이터는 너무 오래됐어요."

'어처구니없군.' 맥신은 생각했다. 데이터 허브는 실제로 데이터 웨어하우스 팀이 대부분의 데이터를 수신하는 방식이었다.

'끝도 없이 더 많은 의존성이 나타나고 있네'라고 그녀는 생각했다. '이처럼 엉망진창인 시스템에는 제대로 뭘 할 수 있는 곳이 없겠어.' 티켓을 만드는 것이든, 티켓을 처리하는 것이든, 티켓을 기다리는 것이든 아니면 티켓 작업을 하는 것이든 상관없었다. 뭐가 됐든 중요하지 않았다. 의존성의 거미줄에 갇혀서 어디에 있든 아무것도 할 수 없었다.

"지랄맞네요." 맥신이 마침내 크게 한숨을 쉬며 말했다. "이렇게 마냥 기다리는 것이 정말 싫어요….''

"사실, 예전보다 훨씬 더 좋아진 거예요." 푸르나가 말했다. 하지만 그 말이 맥신을 더욱 기분 나빠지게 했다.

푸르나는 맥신을 쳐다봤다. 맥신은 왜 화가 났는지 설명해야 할 것 같았다. "개발 팀이 자기들 쓰레기를 제대로 처리하지 않아서 화가 나요. 지금보다는 더 잘할 수 있어야 한단 말이죠." 맥신이 불쑥 말했다.

"우리가 때때로 그 문제에 일조한다는 것도 알고 있어요." 푸르나는 말했다.

'오, 끝내주네.' 맥신은 생각했다. '무엇보다도, 스톡홀름 증후군[3]도 앓고 있나 보네.'

바로 그때, 뒤에 있는 구내식당에서 시끄러운 소리가 들렸다. 50대 초반의 키 큰 남자가 샬롯에게 소리를 지르며 피자를 가리킨 다음 톰과 다른 데이터 허브 개발자들을 가리켰다.

'이런, 로이인가 보네.' 맥신은 재빨리 커트에게 문자를 보냈다.

로이가 왔어요. 이리로 어서 와봐요!

---

3 인질(피해자)이 납치범(가해자)에게 동조하고 감화돼 납치범(가해자)의 행위에 동조하거나 납치범(가해자)을 변호하는 비이성적인 심리 현상을 말한다. - 옮긴이

"실례합니다." 맥신이 구내식당으로 빠르게 걸어가면서 푸르나에게 말했다.

"…사람들이 여기 와서 일을 방해하게 할 수는 없어요. 물론, 이렇게 해준 건 고맙지만 나한테 얘기는 했어야죠. 다음에는 내 허락을 먼저 받아요, 샬롯!"

"하지만 정말 멋진 일인 것 같았어요." 샬롯이 대답했다. "제 말은, 도넛과 피자라니요! 아무도 QA를 위해 그런 적이 없었잖아요. 커트가 해줘서 얼마나 좋은데요."

"커트! 커트는 항상 뭔가를 꾸미고 있네요. 이건 그가 부화시키고 있는 어떤 계획의 일부일 뿐이에요." 로이는 모두에게 클립보드를 흔들며 화를 내뿜었다. 그 광경을 지켜보는 15명 정도가 눈을 동그랗게 뜨고 꼼짝도 하지 않고 서 있었다. 어떤 이는 겁먹은 듯하고, 어떤 이는 즐기는 듯 보였다.

"그는 아마 이 음식을 모두 내 부서 코드로 결제했을 거야!" 로이가 샬롯을 돌아보며 말했다. "그렇다면 지옥 같은 대가를 치르게 될 거야."

맥신은 손을 뻗으며 자신만만하게 구내식당으로 발걸음을 옮겼다. "안녕하세요, 로이. 데이터 허브 팀의 개발자 중 한 명인 맥신이에요. 죄송해요. 이건 다 제 잘못이에요. 오늘 아침에 도넛을 갖고 온 건 다 제 생각이었어요. 전 그저 여기 있는 분들과 테스트 날을 축하하고 도움을 주고 싶었을 뿐이에요."

로이는 맥신이 뻗은 손을 잡고 흔들면서도 약간 멍해진 듯한 표정으로 그녀를 바라봤다. 그가 물었다. "잠깐, 뭘 축하하기 위해서라고요?"

"테스트하는 날이요." 맥신이 미소 가득한 얼굴로 간단히 대답했다. 로이의 표정은 그날 아침 일찍 톰에게 맥신이 테스트하는 날 이야기를 꺼냈을 때 톰의 표정과 흡사했다. "제가 데이터 허브의 피처 작업을 너무 재미있게 해서 코드를 테스트하는 데 도움을 주는 것도 그만큼 재미있을 거라고 생각했거든요."

맥신은 자신의 뒤에 있는 회의실 화이트보드를 가리켰는데, 이 화이트보드는 모든 사람이 구내식당에서 볼 수 있었다. 특히 샬롯이 그렸던 커다란 핑크빛 하트가 눈에 띄었다.

로이는 말문이 막힌 채 맥신을 바라봤다. 마침내 그는 맥신의 손을 놓으며 큰 소리로 말했다. "아, 아니, 그렇지 않아요. 무슨 꿍꿍이인지 모르겠네요." 로이는 맥신과 톰 그리고 T셔츠와 후드 티를 입어서 두드러져 보이는 데이터 허브 개발자 5명을 가리키며 말했다. "항상 그렇듯이 커트는 전혀 도움이 안 되는 게 확실하네요. 이건 아마도 그가 하고 있는 제국 건설 계획이겠군요. 이제 그는 개발에서 자신의 성과를 얻어냈고요. 내가 이 일의 진상을 밝혀낼 테니, 두고봐요."

로이가 나가려고 돌아서자 맥신은 어떻게 하면 "싸우려고 온 게 아니다"라는 메시지를 다시 전할 수 있을지 고민했다.

맥신이 무엇을 해야 할지 모를 때, 커트가 방으로 들어오는 게 보였다. "아, 안녕하세요, 로이! 아직 여기 있다니 정말 다행이에요. 사전에 조율하지 못해서 미안해요. 깜짝 파티를 여는 것도 재미있을 거라고 생각했을 뿐이에요. QA는 두 번째로 중요한 부분이라 우리가 도울 수 있는 모든 것을 하고 싶거든요."

커트의 목소리에 로이는 얼굴이 빨개진 채 돌아섰다. "아, 드디어 여기 오셨네! 잠깐 얘기 좀 했으면 좋겠는데. 지금 당장!"

커트가 대답하려는데 커스틴이 그의 뒤에서 방으로 들어서며 말했다. "안녕하세요, 커트. 안녕하세요, 로이. 저도 껴도 돼요? 아, 나 피자 좋아하는데."

맥신은 커스틴을 보고 놀랐다. 사람들이 어떤 드라마가 펼쳐질지 궁금해 구내식당으로 어슬렁거리며 들어오고 있었다.

"오실 수 있어서 정말 기뻐요, 커스틴." 커트가 방 안 사람들이 있는 쪽으로 돌아서며 말했다. "여기로 걸어오면서 QA의 노력이 얼마나 중요한지 그리고 QA의 우려가 더 큰 목소리를 낼 만하다고 말하고 있었어요. 커스틴, 저한테 말씀하신 걸 공유해 주실 수 있어요? 여기 있는 사람들이 듣고 싶어할 것 같아서요."

"물론이죠, 커트." 커스틴은 소시지와 파인애플 피자 한 조각이 담긴 종이 접시를 들고 말했다. "모두가 알고 있듯이 피닉스 프로젝트는 회사 역사상 가장 중요한 시도예요. 2주 전 발생한 재앙은 특히 이 회사의 고위층들이 놀랄 일이었죠. 다음 릴리스에 많은 것이 달려 있어요. 3년 동안 우리가 시장에 해 온 약속을 드디어 이행하기 시작한 거죠."

"방금 인버전 프로젝트를 발표했는데, 품질을 높이기 위한 피처 동결은 처음입니다." 커스틴은 말을 이어갔다. "이것은 단지 옳은 일을 하기 위해서만이 아니라 옳은 일을 제대로 하기 위해서라는 것을 회사가 할 수 있는 최고 수준에서 의지를 보여주는 겁니다. 그리고 코드 릴리스를 제때 받는 것도 그중 하나입니다. 개발 팀이 종종 변경 사항을 늦게 통합한다는 것을 알고 있습니다."

"개발 팀과 QA의 리더들이 함께한 회의에서 오늘 5시까지 여러분이 테스트할 것을 전달하겠다는 약속을 했습니다." 커스틴이 설명했다. "여러분이 테스트할 수 있는 안정적인 기반을 갖고 있다는 것이 얼마나 중요한지 그리고 거기에 훌륭한 개발 프로세스가 필요하다는 것을 잘 알고 있습니다. 이런 프로세스 개선도 인버전 프로젝트의 한 부분이 될 것입니다."

사람들이 환호가 쏟아졌고, 특히 QA 직원들은 손바닥이 터져라 박수를 쳤다.

"우리는 릴레이 경주 중입니다. 이제는 여러분에게 바통을 넘기려 합니다." 커스틴은 비어 있는 한 손으로 널따랗게 손짓을 하며 말을 계속했다. "여러분의 일은 중요하고, 제 일은 여러분이 성공하기 위해 필요한 것을 얻도록 도와드리는 겁니다. 모든 노고에 미리 감사드리며, 제가 어떻게 도울 수 있는지 알려 주시길 바랍니다." 방 안에는 다시 박수갈채가 터져 나왔고, 맥신도 따라서 박수를 쳤다. 맥신은 시카고 시장이 연설하는 것을 봤던 시카고에서의 화려한 파티장이 떠올랐다. 그 시장이 얼마나 재능 있는 의사 전달자였는지 놀랐었다. 그는 모두를 편안하면서도 무언가 특별한 것의 일부분이 돼 감사하는 느낌이 들도록 해줬다.

'커스틴도 의사 전달자로서의 재능이 있군.' 맥신은 생각했다. 커스틴에게서 이런 면을 본 적이 없었고 그래서 더 크게 감명받았다.

모였던 사람들이 흩어지기 시작했는데, 몇몇은 커스틴에게 향했다. 일부는 커트에게 다가가 악수하며 새로운 역할을 맡은 것을 축하했다.

로이는 커스틴과 커트를 노려보며 구내식당 뒤쪽에 있었다.

그 순간 샬롯이 옆에 나타났다. "커트 주변의 삶은 언제나 흥미롭네요? 저는 가서 커스틴에게 제 소개 좀 할게요. 한 번쯤 만나고 싶었거든요. 너무 멋있어요. 오늘 이곳 QA에 정말 흥미로운 사람이 많이 찾아왔네요!"

맥신은 로이가 커트에게 다가가는 것을 봤다. 그녀는 로이가 하는 말을 알아들을 수 있을 만큼 가까이 다가갔다. "…아직 끝난 게 아냐. 운 좋게 후원자를 찾았겠지만, 커스틴이 널 영원히 지켜줄 수 없을 걸? 네가 우리보다 낫다고 생각해? 여기 와서 잘난 척하고 모든 사람의 일을 자동화할 수 있다고 생각해? 내가 보고 있는 동안은 어림도 없지! 널 반드시 끌어내릴 거야."

로이는 성큼성큼 방에서 걸어 나갔다. 맥신은 아무렇지도 않은 미소를 머금은 커트를 바라봤다. 그는 막 합류한 톰과 맥신에게 말했다. "음, 재미있네요. 아무것도 걱정하지 마세요. 진작부터 이렇게 될 줄 알고 있었어요."

"걱정되냐고?" 톰이 웃으며 대답했다. "난 하나도 걱정 안 돼. 이건 맨날 하는 코딩보다 훨씬 더 재미있는데. 다음엔 무슨 일이 일어날까?"

"아마도 개발자들이 5시 마감을 맞추기 위해 서둘러 코드를 통합하는 것 같아요." 맥신이 신중하게 말했다.

톰의 미소가 싹 사라졌다. "우리도 가서 보죠." 커트가 웃었다.

10장

• 9월 29일 월요일

수십 년 동안 맥신은 기술 쪽이 아닌 사람들에게 코드 통합이 얼마나 심각한지 설명하려고 애써왔다. 맥신이 한 설명 중 가장 좋은 묘사는 50명의 시나리오 작가가 주인공이 누구인지, 결말이 어떻게 될지 혹은 그것이 불쾌한 현실을 보여주는 탐정 이야기인지 아니면 조수와 함께 갈팡질팡하는 탐정이야기인지 결정하지도 못한 상태에서 다같이 동시에 할리우드 대본을 작업한다는 것이다.

모든 작가가 각자 책임질 부분을 나누고, 각 작가는 자신이 맡은 부분을 몇 주씩 워드로 타이핑하면서 혼자 따로 작업한다. 그런 다음 대본이 완성되기 직전에 작가 50명이 한곳에 모여 각자 맡은 부분을 하나의 이야기로 통합한다.

물론, 그들의 대본을 함께 통합하려는 모든 시도는 재앙이다. 주인공이 누구인지에 대한 합의도 없고, 수백 명의 엑스트라가 있고, 장면은 제대로 연결되지 않고, 줄거리에는 구멍이 많다…. 몇 가지 문제만 예로 들어도 그렇다.

대부분의 작가들은 시장의 취향이 바뀌어 그 스토리를 거대한 해저 괴물들이 나오는 공포 영화로 만들라는 제작진의 메모를 읽지 않은 것이다.

코드를 통합하는 것도 똑같이 어렵다. 코드를 편집하는 것은 모든 개발자가 서로의 변경 사항을 볼 수 있는 구글 문서에서 편집하는 것과는 다르다. 대본 작가들과 마찬가지로, 개발자들은 소스 코드로 개인 작업 지점, 즉 그들 자신의 사본을 만든다. 그런 다음 대본 작가들처럼 개발자들은 몇 주, 때로는 몇 달 동안 고립된 채 일할 수도 있다.

모든 현대적 형상 관리 시스템은 통합 프로세스를 자동화할 수 있는 툴을 갖고 있지만, 변경 사항이 많을 때는 제약 사항이 쉽게 드러난다. 누군가 다른 사람의 변경 사항을 덮어쓰거나, 다른 사람들이 의존하고 있는 것을 바꾸거나 삭제하거나, 혹은 여러 사람이 같은 부분에 상충하는 코드 변경을 만든 것을 알 수도 있다…. 잘못될 수 있는 몇 가지만 언급해봐도 그렇다.

맥신은 개발자들이 변경 사항을 하루에 한 번씩 '마스터 브랜치'에 자주 통합하는 것을 좋아한다. 그렇게 하면, 통합되는 변경 사항의 크기가 너무 커지지 않는다. 제조업과 마찬가지로 소규모의 배치 크기가 작업 흐름을 원활히 만들며, 중단이나 재앙을 일으키지 않는다.

피닉스 개발자들이 하는 일은 상황이 다르다. 100명의 개발자가 몇 주 동안 통합하지 않고 일하며, 푸르나가 말한 대로라면 통합에만 적어도 3일은 걸린다. 맥신은 '누가 그런 식으로 일하고 싶어하겠어?'라고 생각했다.

맥신은 커트, 푸르나와 함께 5번 빌딩에 있는 '통합 작전실'로 가는 도중, 그 공간의 이름이 아주 적절하다고 생각했다. 방에 들어서는 순간, 너무 많은 사람이 한 공간에 몰리면서 생긴 습한 공기가 훅 다가왔다. 주위를 둘러본 맥신은 커트에게 확신에 차서 말했다, "커스틴이 뭐라고 하든 상관없어요. 오늘 릴리스 브랜치를 받을 방법이 없어요."

푸르나는 작전실의 앞쪽으로 걸어가서 노트북을 꺼냈다. 걸어가는 동안 맥신은 푸르나가 QA 릴리스 브랜치로 모든 약속된 피처와 수정된 결함이 포함되는지를 담당하는 통합 관리자라는 것을 알 수 있었다. 모두가 다정하게 푸르나를 '통합 보스'라고 불렀다.

맥신은 푸르나가 인쇄해준 스프레드시트를 봤다. 통합할 개발 티켓은 392개였다. 각 행에는 개발 티켓팅 툴의 티켓 번호, 문제에 대한 설명, 통합 여부를 표시하는 확인란, QA 테스트 계획 링크, QA 티켓 번호 등이 있었다.

푸르나는 이런 모든 변경 사항을 통합해 QA가 최종적으로 전체 테스트를 하고 문제를 찾아 보고하고, 보고된 결함은 수정됐는지 확인하는 것을 책임지고 있었다. 그 일은 크고 중요한 일임에도 고맙다는 한마디 말조차 듣지 못하는 때가 많았다.

맥신은 커트와 함께 방 뒤쪽에 자리를 잡았다. 약 25명의 개발자와 관리자가 각 팀을 대표해 통합할 변경 사항을 갖고 테이블 주위에 모여 있었다. 그들은 둘, 셋씩 무리를 지어 모여 있는데, 적어도 한 대의 노트북을 앞에 두고 있었다. 대부분 한 사람은 노트북에 타이핑하고, 다른 사람은 어깨너머로 상황을 주시하고 있었다.

걱정스러운 말이 조용히 들려왔다. "개발자들이 통합하는 것 같네요." 톰이 맥신의 옆에 앉으며 말했다.

"그 농담 알아요? '개발자'의 복수형이 뭐죠?" 맥신이 말했다. "통합 충돌."

톰은 노트북을 열며 웃었다. "나도 이제 우리가 만든 모든 변경 사항을 릴리스 브랜치에 통합하는 편이 낫겠어요. 보통은 바로 하지 않는데, 사실 그리 급할 것은 없지 않나요? 내 말은, 주위를 둘러봐요…. 모든 사람이 변경 사항을 통합하는 데 보통 며칠은 걸려요."

톰은 소스 코드 관리 애플리케이션을 열고, 두어 가지를 복사한 후, 여기저기 클릭하고, 무언가를 타이핑했다. 톰은 "완료!"라고 말하고는 노트북을 닫았다.

"평소 같으면 여기 붙어 있지도 않아요." 톰이 말했다. "나머지 피닉스 팀들과 공유하는 코드가 거의 없거든요. 통합 문제가 있던 적이 있나 생각도 안 날 정도죠."

데이터 허브가 피닉스의 일부라는 것이 얼마나 이상한지 다시 생각하면서 맥신은 고개를 끄덕였다.

"이 사람들이 오늘 통합을 모두 끝낼 것 같아요?" 맥신이 물었다.

톰은 푸르나의 노트북에 연결된 방 앞에 있는 대형 TV를 가리키며 웃었다. "네 가지 변경 사항이 통합됐네요. 다섯 개군요. 방금 우리가 했던 걸 포함하면요. 387개가 아직 더 있어요. 이대로라면 내일까지 완료한다는 것도 기적일 듯싶네요. 제 생각에는 3일 정도? 적어도 말이죠."

다음 한 시간 동안, 사람들이 통합에 문제가 생기자, 더 많은 개발자가 도움을 주기 위해 그 방에 들어왔다. 사람들이 더 이상 설 자리가 없자, 복도 반대편에 두 번째 작전실이 만들어졌다. 한 관리자가 투덜댔다. "왜 회의실 두어 개를 사전에 예약하지 않는지 이유를 모르겠네. 매번 이런 일이 생기는데 말이지."

맥신은 개발 리더 한 명이 노트북의 터미널 윈도우에 'git pull'이라고 타이핑하는 것을 봤다. 즉시 43개의 통합 충돌을 보여주는 긴 오류 메시지가 떴다. 맥신은 긴 오류 메시지에 충격을 받으며 그의 스크린에서 뒤로 물러났다. 맥신은 개발자들이 이 난장판을 해결하는 데 얼마나 걸릴지 궁금했다.

나중에 다른 팀이 모든 사람이 수동으로 각각의 변경 사항을 조정할 수 있도록 소스 코드를 인쇄해서 가져오는 것에 대해 이야기하는 것을 들었을 때, 맥신은 커피를 뿜을 뻔했다.

방 앞쪽에 있는 TV 주위에 10명 정도가 모여 한 파일의 같은 부분에 대한 4개의 서로 다른 코드와 다른 변경 사항을 살펴보고 있었다.

맥신의 표정을 보고 커트가 "왜 그래요?"하고 물었다.

맥신은 말없이 자신의 주변에서 일어나는 혼돈과 혼란을 가리켰다. "개발자들은 비즈니스 문제를 해결하고 있어야 하는데…. 이게 아니라, 하…. 이건 미친 짓이에요."

커트는 그저 웃기만 했다. "당연하죠. 개발 관리자들은 다들 이 일이 얼마나 번거로운지 불평하고 있어요. 어떤 사람은 이 통합을 자주 안 하려고 로비까지 한다니까요. 한 달에 한 번 대신, 분기마다 한 번쯤요."

맥신이 충격으로 얼굴이 핼쑥해졌다. "농담이죠?"

"농담 아니에요." 커트는 맥신의 반응이 정말 재미있다는 듯 말했다. "힘들면 덜 자주 한다는 게 그 사람들의 이유죠."

"아니, 아니, 아니지." 맥신이 당황하며 말했다. "그 사람들이 다 틀렸어요. 통합 크기가 너무 커서 힘든 거예요. 덜 힘들게 하려면 더 자주 해야 통합이 작고 갈등이 덜 생기는 거죠."

커트는 다시 웃었다. "그렇긴 하죠, 뭐." 커트는 어깨를 으쓱하고는 방안을 손짓하며 말했다.

맥신은 웃지 않았다. 하나도 재미있지 않기 때문이다. 시계를 봤다. 4시 30분이 다 됐다. 푸르나의 노트북 화면을 봤다. 35개의 변경 사항만 통합돼 있었고, 아직 359개가 남은 상태였다. 이제 겨우 10퍼센트 완성했다.

'이대로 가다가는 앞으로 40시간이나 더 일해야 할 거야, 일 주일 내내….' 맥신은 생각했다.

다음날, 맥신은 피자에 둘러싸인 구내식당의 의자에 털썩 주저앉았다. 코드 통합 이틀째가 거의 끝나갔다. 맥신은 여기저기 붙은 커다란 경고판을 바라봤다. '통합 팀 전용'이라는 문구가 선명하다.

맥신은 그들이 왜 신경쓰는지 알지 못했다. 지난 하루 반 동안, 맥신은 개발자들이 통합 작전실 중 한 곳에 있었을 것이라고 추측했다.

"맥신, 여기 있었네요." 커트가 맥신의 생각을 방해하며 말했다. "맙소사! 어, 이런 말해도 괜찮은지 모르겠지만 몰골이 좀 끔찍하군요."

커트의 말에 맥신은 입술을 꾹 닫은 채 슬쩍 미소 지었다. 맥신은 자신이 본 것과 그것이 얼마나 자신을 괴롭히는지를 설명할 능력이 없을 뿐이다.

맥신은 코드 통합을 누구도 즐거운 시간이라고 생각하지 않는다는 것을 알지만, 지난 이틀 동안 자신이 본 것에 대해 말할 준비가 돼 있지 않았다.

그녀는 각 팀이 다른 사람들과 같은 형상 관리 시스템을 사용하는 것을 원하지 않아서 관리자들이 컴퓨터에서 컴퓨터로 돌아다니며 USB에 소스 파일을 복사하는 것을 봤다.

맥신은 수많은 파일에 흩어져 있는 1천 줄이 넘는 통합 문제를 해결하려는 사람들을 봤다.

사람들이 자신들의 변경 사항을 통합하는 것을 잊고 있다가 푸르나가 스프레드시트를 통합할 때가 돼서야 인지하는 것을 봤다.

심지어 두 팀이 실질적인 내용의 통합 문제를 붙잡고 씨름하는 것을 봤다. 이런 일은 보통 개발자들이 서로 겁주려고 하는 이야기에서만 나오는 드문 일이었다. 이것은 프로그램이 어떻게 기능하는지를 완전히 바꾼 상황에서 컴파일만 되게 만든 후 통합하면서 생긴 결과다. 가장 큰 문제는 그나마 그것을 거의 놓칠 뻔했다는 점이다. 그들은 우연히 그것을 발견했다. 맥신은 누군가가 "좀 이상해 보이는데"라고 말했을 때 그 문제를 발견했다는 사실에 놀랐다. 문제를 찾지 못했다면 그 문제는 운영 환경으로 넘어갔을 것이고, 의심할 여지 없이 나중에 큰 혼란을 일으켰을 것이다.

맥신은 이와 비슷한 오류가 걸러지지 못한 채 그대로 운영 환경으로 넘어가는 일이 얼마나 많을지 걱정하고 있었다. 오류들은 코드가 실행되면 폭발할 준비를 마친 똑딱거리는 시한 폭탄처럼 숨어있는 것이다.

커트를 돌아보며 맥신이 말했다. "너무 많이 봤어요. 말로 다 할 수 없는 것들 말이에요, 커트. 너무 낭비하고 있고 불필요한 고통을 받고 있는데…. 어떤 개발자도 이런…이…이…미친 일을 겪지 않아도 되는데!" 맥신은 할 말을 잃었다.

"아!" 커트는 갑자기 걱정스러운 표정을 지으며 말했다. "그 피자를 집어던지고 반란군에 합류하세요. 섀넌은 방금 피닉스 개발 팀과 회의한 결과를 보고했는데, 좋은 생각이 있다네요."

맥신이 자신의 손을 내려다보니 반쯤 먹다 남은 차가운 피자 한 조각이 들려있는 게 보였다. 치즈는 완전히 하얗게 기름덩이로 굳어 있었다. 맥신은 그것을 먹었던 기억이 없었다.

피자를 버리고 아무런 말없이 커트를 따라갔다.

커트는 계속되는 통합의 광기에서 멀리 떨어진 다른 회의실로 맥신을 데려갔다. 맥신은 테이블 주위에 모여 있는 톰, 브렌트, 섀넌 그리고 드웨인을 봤다. 그들은 모두 맥신을 향해 웃으며 손을 흔들었다. 섀넌은 맥신을 잠시 응시했지만 커트와는 달리 맥신의 초췌한 모습에 대해서는 점잖게 아무 말도 하지 않았다.

"맥신, 분명 이걸 좋아할 거예요." 섀넌이 말했다. "우리는 데이터 허브의 변경 사항들이 어떻게 통합돼왔는가를 생각해봤어요. 하지만 변경 사항을 테스트하려면 다른 사람들이 통합을 마칠 때까지 기다려야 해요."

"우린 피닉스에서 데이터 허브를 분리해 독립적으로 테스트하려면 어떻게 해야 할지 고민하고 있어요." 섀넌이 말했다. "가능하다면 지금 당장 QA가 우리 변경 사항 업무를 테스트하도록 할 수 있어요."

맥신은 섀넌이 제안하는 것이 무엇인지 이해하는 데 몇 분이 걸렸다. 맥신은 여전히 정신이 나간 상태였고 통합으로 황폐해 있었다. 그러다가 갑자기 무슨 말인지 이해가 됐다.

"그래!" 맥신이 외쳤다. "그래요, 그거 완전히 좋은 생각이에요. 우리가 현재 피닉스 팀들을 위해 할 수 있는 일이 많이 없지만 그렇다고 해서 그들과 함께 고통을 겪어야 하는 건 아니죠."

커트가 말했다. "푸르나, 커스틴과 이야기를 좀 했어요. 그들이 우리가 데이터 허브의 테스트와 인증을 받도록 두 사람을 배정해줬어요. 피닉스 통합이 진행 중인 동안은, 그 둘이 우리와 함께 할 수 있어요. 사실, 그 전에 우리가 가진 모든 변경 사항을 테스트해 볼 수 있을 거라고 장담해요."

얼굴을 찡그린 채 맥신이 말했다. "하지만 데이터 허브를 실행하려면 테스트 환경이 필요하잖아요." 맥신은 잠시 생각했다. "우리 클러스터에서 실행할 데이터 허브 테스트 환경을 만들 수 있을지 모르겠네요. 그건 피닉스 환경보다 훨씬 작고 간단할 거예요. 만들 수만 있다면 QA 팀은 모든 사람이 쓰려고 항상 싸우는 몇 개 안 되는 환경 대신 언제든지 우리가 만든 환경을 사용할 수 있을거예요."

"환경 팀은 좋아하지 않을 걸요." 커트는 미소를 지으며 말했다. "필요한 게 뭐예요?"

맥신은 주위를 둘러봤다. "이삼일 동안 브렌트와 아담이 도와줄 수 있다면 적어도 월요일까지는 최소한의 환경을 실행할 수 있을 것 같은데요. 브렌트가 피닉스 때문에 제재를 받는 중이라는 건 알지만, 엄밀히 따지면 데이터 허브는 아직 피닉스의 일부잖아요?"

갑자기 맥신은 다시 흥분됐다. 피닉스 프로젝트에서 데이터 허브를 해방시킨다고 생각하자 짜릿했다.

"첫 번째 이상이네요" 브렌트가 웃으며 말했다.

다음날 맥신과 브렌트, 아담은 데이터 허브를 실행하고 테스트하는 데 사용할 수 있는 가벼운 환경을 만들기 위해 24시간 내내 열심히 일했다. 그것은 피닉스 통합과 하는 경쟁이었다.

푸르나는 그 계획에 찬성했다. 커스틴도 찬성하며 말했다. "우리가 이 모든 규칙을 만들었으니, 우리가 그것을 깰 수도 있는 거죠. 특히 이걸로 그 빌어먹을 의존성을 영구적으로 제거할 수 있다면 더욱 그렇죠. 프로젝트 관리자라면 누구나 기뻐서 펄쩍 뛸 겁니다." 그걸로 커트는 충분하다고 생각했다. 커트는 상사들에게 승인받을 필요 없이 바로 시작하라고 사람들에게 말했다.

"필요하다면 나중에 빌죠 뭐." 커트가 미소를 지으며 말했다.

이제 브렌트는 톰의 노트북에서만 작동되는 환경 빌드를 다시 만들고자 노력했다. 한편, 맥신은 아담과 함께 마지막 데이터 허브 릴리스를 최소화한 피닉스 환경에서 작동시키기 위해 노력하고 있었다.

맥신은 이전 일터에서 쫓겨난 이후 그녀를 괴롭혔던 또 다른 빌드의 퍼즐 조각을 그들이 깨뜨려준다는 것이 기뻤다. 그들 모두는 마지막 오류가 해결되기를 바라며 데이터 허브가 부팅될 때 스크롤되는 터미널 윈도우를 보고 있었다. 로그 메시지가 스크롤되는 것을 계속 지켜보고 있는데 그때 맥신은 통합 작전실에서 나는 소란을 들었다.

개발 관리자 중 한 명이 소리를 질렀다. "모두 주목해 주십시오! 지난 두 시간 동안 전자 상거래 사이트에서 간헐적인 운영 환경상의 문제가 나타났습니다. 피닉스의 무언가가 사용자들이 쇼핑 카트에 있을 때 부정확하거나 불완전한 프로모션 가격을 표시하고 있습니다. 원인이 뭔지 아는 분 계신가요?"

'장애가 나타나기 아주 좋은 타이밍이네.' 맥신은 작전실로 들어가면서 생각했다. 사실상 모든 개발 관리자가 이미 거기에 있기 때문에, 코드의 어느 부분이 문제를 일으키고 있는지 알아내는 것은 쉬울 것이다. 그건 마치 심장병 전문의 컨벤션에서 심장마비를 일으킨 것과 같았다.

그 상황을 지켜보면서 맥신은 그들의 훈련된 문제 해결 능력을 인정했다. 그들은 효율적이고, 논리적이며, 자신의 노트북에 문제를 복제하고, 무엇이 잘못될 수 있는지 체계적으로 생각해보면서 누구를 비난할 기미도 없었다.

10분 뒤 미들웨어 개발 관리자가 나섰다. 그녀는 그 문제가 자신의 코드 부분에 있다는 설득력 있는 주장을 했다. 그녀의 팀이 수정을 하는 데 15분밖에 걸리지 않았다. "한 줄 변경했어요. 현재의 릴리스 브랜치로 변경 사항을 밀어넣기만 하면 돼요." 그녀가 발표했다. "이런, 젠장, 안 돼요…. SCM 관리자만이 이 낡은 릴리스 브랜치로 밀어넣을 수 있겠네요. 재래드가 있어야 해요. 그가 어디 있는지 아는 사람 있나요?"

"제가 찾아오죠." 누군가 소리치며 방에서 뛰쳐나갔다.

"재래드가 누구예요?" 맥신이 커트에게 물었다. 커트는 웃지 않으려고 애쓰면서 눈을 비볐다.

그들 옆에 있는 미들웨어 개발 관리자가 지친 목소리로 말했다, "재래드는 소스 코드 관리자예요. 개발자들은 운영 환경에 접근할 수 없거든요. 개발자들이 릴리스 브랜치에 변경을 넣을 수 있는 유일한 때는 P1 이슈에 대한 것뿐이에요. 이건 P3 이슈고요." 그녀가 계속했다. "그래서 우리가 운영 팀에 그걸 P1 이슈로 바꿔 달라고 요청해야 하는데, 그런 일은 절대 일어나지 않을 거라, 재래드에게 임시 접근 허가를 받은 후 제가 우리의 수정 사항을 체크인하려는 거죠."

"그러면 재래드가 여기 있다면 뭘 어떻게 하는 거죠?" 맥신이 무슨 대답이 나올지 예상하면서 물었다.

미들웨어 관리자는 "우리가 수정한 것의 커밋 ID를 수동으로 릴리스 브랜치에 복사해서 운영 환경으로 배포하는거죠"라고 말했다.

"그게 다예요?" 맥신이 물었다.

"네"하고 그녀가 대답했다.

맥신이 숨을 죽이고 욕을 했다. 놀랍게도, 맥신은 실제로 화가 났다. 미치도록 화가 났다.

몇 분 전, 맥신은 장애 타이밍이 좋았다고 생각했다. '운 좋은 환자…' 그 문제를 정확하게 진단하고 응급처치를 할 수 있는 심장 외상의 최고 전문가들이 마침 그 방에 있던 게 천만다행이었다.

하지만 이곳 파트 언리미티드에서는 의사들이 환자를 만지는 것을 허용하지 않았다. 물론, P1 티켓이 열려 있다면 예외지만 말이다. 하지만 환자가 지금과 같이 죽음의 문턱에 있지 않다면, 환자를 만질 수 있는 사람은 오로지 재래드뿐이었다. 그리고 재래드는 의사가 시키는 대로만 할 수 있었다. 의사들은 환자를 만질 수 없었고, 재래드는 의사가 아니었으니까. 아마 재래드는 단순한 관리자일 뿐이어서, 사용자를 추가하고 제거하고, 모든 것이 백업되는지 확인할 뿐일 것이다.

"아무도 재래드를 못 본 것 같은데요. 아직 점심 식사 중인 것 같아요." 그를 찾아 헤맨 사람이 말했다.

"어휴, 빌어먹을." 맥신이 소리 죽여 중얼거렸다. 어제 구내식당에서 맥신이 얼마나 충격 받았는지를 기억하면서 생각했다. '또 시작이야.'

아무도 재래드를 찾을 수 없자 사람들은 백업 계획을 세우려고 애썼다. 20분 후 랜디는 아무것도 할 수 있는 게 없다고 말했지만, 랜디는 여전히 재래드를 찾기 위해 노력하고 있었다.

모두 고개를 끄덕이며, 각자의 변경 사항을 통합하러 돌아갔다.

"이게 어떻게 괜찮은 거죠?" 맥신이 더 이상 두고 볼 수만은 없어서 방 전체에 대고 큰 소리로 말했다. "개발자들이 왜 자기가 한 수정 사항을 운영 환경에 배포하지 못하죠? 왜 변경 사항 배포에 재래드가 필요하죠? 내 말은, 재래드는 자기가 일하는 분야에 전문가겠지만 그걸 왜 우리는 못하죠?"

방 전체가 조용했다. 모두가 충격을 받은 표정으로 맥신을 쳐다봤다. 마치 결혼식이나 장례식 때 큰 소리로 트림을 한 것처럼. 마침내 누군가가 말했다. "컴플라이언스요." 또 다른 사람이 끼어들었다. "정보 보안때문에요!"

맥신은 방에서 사람들이 다른 이유를 말하는 것을 들었다.

'ITIL'

'변경 관리'

'SOX'

'PCI'

'규제자Regulators'

맥신은 주위를 둘러봤다. 모두 유능하고 책임감이 있었다. 그럼에도 불구하고…. "자, 여러분. 그런 이유들은 전혀 말이 안 돼요. 저는 우리가 변경 사항을 배포할 수 없는 진짜 이유를 알 것 같네요…. 우리를 못 믿는 거죠. 그게 신경 쓰이지 않나요?! 어떻게 재래드가 변경 사항을 작성한 개발자들보다 변경에 관해 더 많이 알 수 있죠?"

방을 훑어보자 맥신은 약 10명만 맥신의 깨우침에 신경 쓰고 있는 게 보였다.

"그들은 우리가 일부러 변경 사항을 망칠 거라고 생각하나요? 누군가 변경 사항을 복사해서 붙여넣는 것을 우리보다 더 잘할 거라고 생각하는 건가요?" 맥신도 자기가 별 호응을 얻지 못하고 있다는 것을 알지만 멈출 수가 없었다. "이 방에 있는 사람들은 대부분 개발자예요. 우리가 만든 변경 사항을 운영 환경에 배포할 수 없을 만큼 충분히 신뢰받지 못한다는 사실이 괜찮은 건가요?"

두어 사람은 그저 어깨를 으쓱할 뿐이었다. 몇몇 다른 사람은 맥신이 미쳤거나 대책 없이 순진한 사람인 것처럼 그녀를 쳐다봤다.

맥신은 감동적인 헨리 5세의 성 크리스핀 축일 연설처럼 감동적인 연설을 하지 못했다는 것을 알지만, 사람들이 이 상황에 더 이상 신경을 쓰지 않는다는 사실에 더 어안이 벙벙했다. 맥신은 누군가가 "맞아요, 그것 때문에 짜증 나서 더 이상 그런 취급을 받지 않을 겁니다!"라고 소리쳐 주기를 바라고 있었다.

하지만 그 대신 침묵이 흐를 뿐이었다.

'죄수로 있는 게 너무 좋아서 철창이 우릴 안정하게 지켜준다고 생각하다니. 이젠 경비원도 필요가 없네.'

맥신이 막 일어서려는데 꼬랑지 머리를 하고 겨드랑이에 노트북을 낀 젊은 남자가 두 사람과 함께 회의실로 들어왔다.

"이런, 이건 아니야." 맥신이 무심코 큰 소리로 말했다. '이 사람이 재래드라고?'

재래드는 맥신이 여기 온 첫날 도움을 받았던 인턴보다 훨씬 어렸다. 특별히 젊은 엔지니어들을 싫어하는 건 아니었다. 오히려 맥신의 가장 애틋한 희망과 포부는 다음 세대의 손에 놓여 있었고, 맥신은 젊은 세대들이 목표를 달성하도록 돕기 위해 자신이 할 수 있는 모든 것을 했다. 하지만 맥신에게는 재래드가 방 안의 다른 사람들보다 이 중단 사태를 해결할 수 있는 자격이 더 있다고 생각할 수는 없었다. '재래드가 변경 사항을 배포할 수 있다면 우리도 그럴 수 있어야 해'라고 맥신은 생각했다.

재래드가 코드를 푸시^{push}하기 위해 노트북을 설치하는 동안 맥신은 재래드를 계속 주시했다. 재래드가 성공적으로 로그인하는 데 10분이 걸리고, 밀어 넣어야 할 코드에 대한 링크를 얻고, 그 코드가 실제로 맞는 코드라는 것을 모든 사람과 함께 확인했다…. 맥신이 비웃었던 코드에 관한 모든 영화 장면에서처럼, 재래드가 일하는 동안 많은 사람이 재래드의 뒤에 모여 숨을 죽이며 기다렸다. 재래드가 마침내 "들어갔어요"라고 하자, 사람들은 재래드의 등을 두들겨줬다.

맥신은 실망해 눈을 굴렸다. 재래드가 그 일을 해내서 기쁘긴 하지만, 그가 한 일이라고는 복사하고 붙여넣고 버튼을 클릭한 것 뿐이었다.

맥신이 미들웨어 관리자에게 문제가 해결됐는지 묻자, 관리자가 답했다. "아직은 아니에요. 이제 재래드가 마지막 릴리스 브랜치에 변경 사항을 넣었으니, 운영 사람들과 협력해 운영 환경으로 배포해야 해요."

환자는 아직 생명을 구하지 못한 채 다른 부서로 이송돼야 했다. 맥신은 어떤 모험심보다도 병적인 호기심에서 재래드를 따라가기로 결심했다.

재래드를 따라 방에서 나온 지 4시간 만에 맥신은 정신이 쏙 빠져버렸다. 맥신이 데이터 허브 환경에서 일하면서 얻었던 행복감과 흥분감은 사라졌다. 맥신은 다른 무언가를 놓치고 있었다. 더 이상 무엇이 좋은지, 나쁜지, 맥신을 지배하는 프로세스에 대한 확신이 없어졌다.

게다가 맥신은 기분이 좋지 않았다. '열이 나는 건가?'

모든 것은 맥신이 재래드를 따라 운영 조직이 있는 1층으로 내려갔을 때 시작됐다. 운영 팀 회의실에서 맥신은 웨스와 패티를 알아봤지만, 그 외의 사람들은 이상하게도 서로 닮아 보여 아무도 알아보지 못했다.

그 방은 위층의 통합 작전실과 거의 똑같아 보였다. 같은 가구와 탁자 위에 스피커폰, 천장에는 프로젝터. 그러나 테이블에 둘러앉는 것은 위층과 같은 주제인 긴급한 변경 사항을 어떻게 배포할 것인가에 대해 토론하는 전혀 다른 그룹이었다. 단지 그들은 약간 다른 장애물에 대해 토론하고 있었다. 유지 보수 기간 이외의 변경 사항은 없음. ITIL. 보안. 변경 관리. 컴플라이언스. 다른 티켓팅 시스템. 입력해야 하는 필드의 수. 입력값을 빠뜨렸을 때의 같은 오류. 같은 에스컬레이션 과정의 다른 사람들이었다.

그들은 운영 부서장인 빌 팔머와 제품 마케팅 담당 수석 책임자인 매기리에게 긴급 변경을 요청했다. 그리고 위층 상황처럼 모두가 서서 승인을 기다리고 있었다.

5시에 누군가 피자를 주문했다. 맥신은 위층에서와 똑같이 모두를 따라 구내식당으로 갔다. 피자를 보고 맥신은 넘어질 뻔했다. 어제 점심 때 통합을 위해 기져온 피지와 같은 곳에서 온 피자였다.

같은 피자를 다른 사람들과 먹으며, 같은 문제에 대해 불평했다. 그때 맥신은 정말로 속이 좋지 않았고, 방이 빙빙 도는 기분까지 들었다. '그냥 배가 고파서 그런가?' 그러나 피자를 보자 맥신의 속이 순식간에 뒤집혔다.

맥신은 6시간 전의 상황이 마치 영화처럼 재현되는 것과 같은 기분이 들었다. 〈사랑의 블랙홀Groundhog Day〉이라는 영화의 끔찍한 버전을 다시 보는 것처럼. 빌 머레이라는 영화 속 등장인물처럼, 맥신은 같은 날을 계속 반복할 운명이었다. 다만 맥신에게는, 배우들이 계속 바뀌었다. 처음엔 개발 조직, 다음엔 QA 조직, 그리고 운영 조직. 하지만 다 똑같았다.

지금까지 맥신은 속으로 개발자들이 무정하고 사악하고 냉혹한 체제 안에 갇혀 있다고 생각했다. 그 체제는 운영 조직이나 비밀 ITIL 변경 관리 집단이 관리하고 있을 수도 있다. 그러나 재래드를 따라 작전실의 중심부로 들어간 후, 맥신은 운영 조직도 위층 개발자들과 같은 교도관들에 의해 감금돼 있다는 것을 알 수 있었다.

이 모든 일로 이득을 보는 사람이 누구지? 기술 조직의 모든 사람을 억압해서 이득을 보는 사람이 누구일까? 맥신은 크리스나 빌이 이 끝없는 감옥의 교도관일 거라곤 생각할 수 없었다. 어쨌든, 그들 역시 죄수일 뿐이었으니까.

맥신은 입도 대지 않은 피자 조각을 버렸다. 회의실로 돌아온 웨스는 긴급한 변경 사항이 방금 승인됐다고 발표했다. 매기(변경을 승인해줘야 했던 사람)는 자기 생일 파티를 하느라 그들의 첫 번째 전화를 받지 못했지만, 지금은 그들과 전화 회의에 참여하고 있었다.

변경 사항을 처리하는 데 40분이 걸렸다. 맥신은 팀이 네트워크 공유, 위키 페이지, 소스 코드 저장소 등을 뒤지는 것을 지켜봤다. 그때 패티가 문제의 해결을 확인했다.

웨스는 모두에게 늦게까지 있어줘서 고맙다고 감사 인사를 했고, 사람들은 흩어지기 시작했다. 곧, 맥신은 회의실에 혼자 남겨졌다. 모션 센서가 더 이상 움직임을 감지하지 못하자 조명이 꺼지기 시작했다. 어둠 속에서 맥신은 억압적인 체제가 어떻게 그렇게 많은 통제를 할 수 있는지 의아해 했다.

'에릭이 말한 그대로네. 세 번째 이상과는 정반대야. 우리가 일하는 프로세스를 개선하는 대신에 우린 맹목적으로 따르기만 하고 있어.' 맥신이 생각했다. '그리고 이제 그 프로세스가 우리를 완전히 속박해서 일상 업무의 모든 기쁨을 빨아들이고, 우리를 두 번째 이상에서 멀리 밀어내고 있어.'

어둠 속에서 맥신은 핸드폰을 들고 커트와 나머지 반란군들에게 다음과 같이 문자를 보냈다.

누구 있나요? 도움이 필요해요. 그리고 술도. 도크사이드에서 날 만나줄 수 있는 사람 있어요?

11장

• 10월 1일 수요일

맥신이 들어섰을 때 커트는 이미 환하게 불이 켜진 도크사이드에 와 있었는데, 테이블에는 두어 개의 피처와 와인 한 병이 놓여 있었다. 맥신은 커트와 피처를 보자 기뻤다. 왜냐하면 그것은 다른 반란군 멤버들이 온다는 것을 의미하기 때문이었다. 맥신은 다른 사람들이 함께 해주는 데 고마움을 느꼈다.

맥신은 자기를 달래기 위해 술을 마시는 일은 거의 없지만, 자리에 앉자마자 바로 술을 따랐다. 맥신은 내일 아침에 고생할 것을 알면서도 급하게 피노 누와르pinot noirs[1] 두 잔을 비웠다.

하지만 오늘 밤은 상관없었다. 그 와인은 확실히 맥신의 기분을 나아지게 하고 있었다. 설탕과 알코올의 결합은 맥신이 재래드를 따라 이상한 나라의 운영 세상으로 따라 간 후로 그녀를 동요시키고 있는 신경이 거슬리는 감정들과 싸우는 데 도움을 줬다.

사람들이 도착해서 앉자, 테이블 주위의 분위기에 활기가 돌았다. 톰과 브렌트는 노트북을 열어 놓고 테이블에서 일하고 있었는데, 이들은 데이터 허브가 작동하는 환경을 가볍게 만드는 데 큰 진전을 이뤘다. 하지만

---

1 피노 누아르는 포도의 재배품종으로, 피노 누아르 포도로 만든 포도주 자체를 가리키기도 한다. 이름은 "소나무"와 "검정"을 뜻하는 프랑스어 낱말에서 유래했다. – 옮긴이

톰과 브렌트는 오래 머물 수 없었다. 곧 테스트를 시작할 수 있다는 희망을 갖고 내일 아침 QA 팀과 만나 가벼워진 환경을 적용하기 위한 회의를 할 예정이었다. 보아하니, 푸르나와 그녀의 팀도 나중에 들를 것 같았다.

섀넌은 피닉스 팀에 대한 인터뷰를 하면서 메모를 작성했는데, 매일 개발자들이 직면하고 있는 문제들을 해결하기 위해 반란군이 만든 것을 사용하려는 10여 명의 개발자를 찾아낼 수 있었다. 그리고 인버전 프로젝트가 이미 진행 중이기 때문에, 개발자들은 반란군의 결과물을 사용할 시간이 있었다.

맥신은 사람들이 이야기를 나누는 것을 들으며 게슴츠레한 눈으로 웃었다. 결국 커트는 모두를 위해 술을 한 잔 더 따르고는 맥신을 돌아봤다. "자, 무슨 일이에요, 맥신?"

"커트, 우리 완전 망했어요." 맥신은 실망스러운 듯 두 손으로 머리를 쓸어내렸다.

맥신은 상황을 설명하려 애썼다. 평소에는 말을 정확하게 잘한다고 생각하지만, 지금은 자기 자신이 하는 말을 듣고 있자니 약간 정신이 나간 사람처럼 횡설수설하는 게 느껴졌다.

처음으로 돌아가 얘기해보자면, 맥신은 오늘 오후, 얼마나 스트레스를 받았는지 전달하려고 열심히 노력했다. "내가 피닉스 프로젝트로 유배된 이후, 일을 완료하려고 노력하면서 수백 장의 티켓을 열었죠. 그 티켓들이 어디로 갔는지 따라다녔어요. 대부분 운영 조직으로 갔고, 일부는 QA 쪽으로 갔어요. 그러고 나서 데이터 허브 팀에 합류했을 때, 더 많은 티켓을 오픈했죠. 하지만 더 중요한 것은 티켓의 반대편에서 사람들이 필요로 하는 일을 할 수밖에 없다는 거죠. 그런데 그 일을 끝내려면 또다른 티켓을 오픈해야 했어요. 이건 거대한 티켓 쳇바퀴일 뿐이에요, 커드. 계속 만들고 전달하고, 그걸 계속 반복하는데, 정말 끝이 없네요."

"누가 우리에게 이런 짓을 하게 만든 거죠?" 맥신이 마침내 물었다.

아담은 슬픈 미소를 지었다. "우리 스스로 한 짓이에요. 오래 전에는 QA가 개발 조직의 일부였지만 제가 합류했을 때 QA는 독립했어요. 개발 조직이 걱정하는 것을 어떻게 하면 분리시킬 수 있는지에 대한 많은 규칙을 우리가 만들었어요. 그 미친, 무모한 개발자들로부터 비즈니스를 보호하기 위해서였죠. 매년, 뭔가 잘못되면 그걸 핑계로 '개발자들에게 더 많은 책임을 지우기 위한 규칙'을 만들었고, 그게 오히려 우리를 더욱 더디게 만든 거예요. 반란군이 저를 그렇게 흥분하게 만드는 이유는 우리가 함께 그 모든 잘못을 되돌리려 하기 때문이에요."

드웨인이 고개를 끄덕였다. "아담 말이 맞아요. 운영 쪽도 우리가 자초한 거예요. 처음엔 다 정당한 이유들이었죠. 질서를 만들기 위해 ITIL 프로세스를 도입했고, 이전에 겪었던 혼란보다는 훨씬 더 좋은 것들이었어요. 운영에서 상황이 더 나빠지기 시작했는데, 전문화된 영역이 너무 많았어요. 배포와 같은 복잡한 작업은 모든 영역에 영향을 미치고 있었어요. 서버, 데이터베이스, 네트워크, 방화벽 등 지난 10년 동안 스토리지, VLAN, 자동화 팀, 가상화, 하이퍼 컨버전스 인프라 그리고 그것 말고도 많은데, 그런 사일로를 훨씬 더 많이 만들었으니까요."

"그리고 현대적인 기술 스택으로 우리는 컨테이너, 로깅, 비밀 관리, 데이터 파이프라인, NoSQL 데이터베이스에 대한 깊은 전문 지식을 가진 사람들이 필요했어요. 한 명이 그 모든 것을 다 잘 아는 전문가가 될 수는 없잖아요!" 드웨인이 말했다. "그래서 그런 복잡한 업무 흐름을 관리하기 위해 티켓팅 시스템이 필요했어요. 하지만 사람들이 일의 목적이 무엇인지 놓치기 너무 쉽죠. 그래서 반란군이 그렇게 중요한 거예요. 지금도 사람들이 데이터 허브의 일을 돕기 위해 늦게까지 일하는 게 보이잖아요."

맥신 주위 사람들은 모두 잔을 들고 소리쳤다. "옳소! 고대의 강력한 질서를 타도하기 위해!" 맥신도 잔을 들었지만 아무 말도 하지 않았다.

지난 30년 동안 거의 모든 비즈니스 프로세스가 IT 시스템을 기반으로 자동화됐기 때문에 맥신은 IT가 전체 조직의 중추라는 말을 종종 들어왔다. 그러나 어떤 이유인지 뇌 내부, 뇌와 신체 간 정보 흐름을 방해하는 다발성 경화증처럼 기업들은 신경 시스템이 저하되는 것을 허용해 왔다.

맥신은 한잔 더 따르고서 한 모금만 더 마셨다. 갑자기 기분이 좋지 않았다. 그것은 맥신이 마신 것과는 아무 상관이 없었다. 감기라도 걸리는 듯했다. 오늘 밤 함께해 준 것에 대해 감사하며 맥신은 모두에게 재빨리 작별을 고했다.

집에 돌아와서 남편에게 포옹해주고, 아이들에게 잘자라는 인사를 하고, 샤워를 한 뒤 침대에 기어들어 가자 안심이 됐다.

그날 밤 늦게 맥신은 걷잡을 수 없이 땀을 흘리기 시작하다가 오한으로 이가 딱딱 부딪쳐지고 다시 열이 났다. 피닉스 릴리스 이후 동료들이 아파했던 질병에 굴복한 것이다.

맥신은 틀에 갇힌 채, 한 책상에서 다른 책상으로 끌려 다니고, 대기하고, 더 많은 양식을 작성해 달라는 요청을 받고, 한 부서에서 다른 부서로 뒤섞이고, 더 많은 양식을 채우기 위해 다른 줄에 서게 되는 끝이 없는 꿈을 꿨다. 그 양식들은 방대한 데이터 웨어하우스에 들어가, 찌는 듯한 기름진 공기로 가득 찬 기계 내부에서 분쇄돼, 쉼표로 구분된 텍스트 파일의 무작위 바이트 표시로 찍혀 나왔다.

맥신은 관료주의 기계를 동작시키는 수많은 기어gears 안에 사람들이 갇힌 채 무기력하고 비정하게 돌아가는 모습을 봤다. 그들의 힘없는 비명이 침묵으로 변할 때까지 듣고 있었는데, 그들의 모든 에너지는 주기적으로 되살아나면서 타임카드를 만들어냈다.

맥신은 산더미 같은 종이 티켓들을 계단 위로 밀어 넣고, 긴막이 구역 하나를 가로질러, 많은 계단을 내려갔는데, 급여 지급 중단 사태에 대한 처벌로 시지프스Sisyphus[2]의 광장을 영원히 횡단할 운명이었다.

잠에서 깨어보니 해가 뜨고 있었다. 베개는 땀으로 흠뻑 젖었다. 코와 폐가 답답했다. 기침을 너무 심하게 해서 가슴이 아팠다. 거의 움직일 수 없었다.

침대에서 억지로 일어나 샤워를 했다. 뜨거운 김이 기분을 좋게 해줬지만, 샤워를 하고 나오자 다시 걷잡을 수 없이 땀이 나며 오한이 들었다. 토스트 한 조각을 먹으려고 아래층으로 어기적거리며 내려가서는 물을 조금 마시는 데 목구멍이 많이 아팠다.

남편은 맥신에게 침대에 누워 있으라고 말하면서, 아이들이 시간 맞춰 학교에 갈 수 있도록 하겠다고 했다. 고마운 마음에 고맙다고 중얼거렸다. 맥신은 계단을 반쯤 오르다 잠깐 쉬어야 했고, 결국 다시 침대로 들어갔다.

핸드폰 화면이 거의 보이지 않자 맥신은 사람들에게 문자 메시지를 보내 출근을 못 한다고 알렸다. 잠이 들었다가 타임카드를 작성하지 않고 사무실을 나왔다는 것을 깨닫고 벌떡 일어났다. 하지만 몸이 아파 아무것도 할 수가 없었다. 맥신은 여기저기가 다 아파서 신음하면서 마침내 다시 잠이 들었다.

다음 날 맥신은 간신히 침대에서 일어날 수 있었다. 맥신은 걸어 다니는 부상자가 돼 질병이든 관료주의든 대기 장소에 옴짝달싹 못하며 자기 일을 할 수 없는 사람들의 대열에 합류해야 했다.

더 많은 감기약이 필요해서 맥신은 옷을 다섯 겹이나 껴입고 밖으로 나가 가게의 통로를 거닐며 안심이 될 만한 것을 찾아 다녔다. 가족이 병에

---

2 시시포스, 시지푸스, 시지프 등 다양한 말로 표기하는 고대 그리스 신화의 인물이다. 그는 코린토스 시를 건설한 왕이었으며, 영원한 죄수의 화신으로 현대에 이르기까지 잘 알려져 있다. − 옮긴이

걸리는 것을 막기 위해 맥신은 지하철에 탄 일본인 회사원처럼 수술용 마스크를 구입했다. 남편은 맥신이 마스크를 쓰고 있는 것을 보고는 웃기만 했다.

금요일 한낮이 되자 맥신은 기분이 조금씩 나아지기 시작했고, 마침내 낮에는 한 시간 이상 깨어 있을 수 있었다. 이틀 동안 핸드폰을 만지지 않았고 겨우 단음절로 남편에게 말하는 것을 제외하고는 거의 말을 하지 않았다. 침대에서 소설을 읽는 데 지친 맥신은 아래층으로 내려가 커트와 푸르나에게 다음과 같이 문자를 보냈다.

개발자들이 통합을 마쳤나요?

몇 초 뒤 맥신은 커트에게서 다음과 같은 답변을 받았다.

하하하하하! 미안하지만 아직이요. 아마도 월요일쯤. 하지만 데이터 허브와 환경은 테스트할 준비가 거의 다 됐어요. QA 쪽은 오늘 저녁에 시작할 것 같아요! 더 듣고 싶으면 전화해요! 좀 나아지길 바라요.

맥신은 커트 번호로 전화를 걸었다. 커트는 안부도 묻지 않은 채 말했다. "브렌트와 톰은 쉬지 않고 일하고 있어요. 새롭고 더 작은 환경에서 데이터 허브를 실행하는 데 많이 가까워졌어요. 데이터 허브 개발자들은 QA 팀과 함께 자동화된 테스트를 만들고 있고요. 아담과 개발자들이 코딩 영역을 주도하고 있고, QA의 몇몇 사람은 아무런 도움 없이 테스트를 작성하고 있어요. 그런 테스트들이 소스 코드 저장소에 체크인되고 있는 것을 봤는지 모르겠네요."

"그리고 섀넌은 보안 관련 사전 작업을 하고 있어요." 커트가 말했다. "환경에 대한 이미지는 매일 자동으로 패치될 것이고, 아마도 곧 애플리케이션 종속성도 패치될 거예요!"

맥신은 미소를 지으려 애썼다. 맥신이 아픈 동안 그들이 성취한 많은 것에 감명을 받았다. 맥신은 채팅방에서 그들이 만들고 있는 진척 상황에 대한 흥미로운 메시지가 올라오는 것을 봤다. 개발 팀과 QA 팀의 모든 코드 커밋을 보는 것이 기분 좋았다.

QA 팀은 보다 전략적인 역할인 코칭이나 컨설팅을 맡고, 개발자들은 결국 그들 자신의 코드를 테스트하는 책임을 질 것이라는 것을 알고 있었다. 이는 그들이 작성하고 있는 모든 자동화된 테스트가 중앙 집중식 빌드 및 지속적 통합[CI] 서버가 가동되면 곧 모든 체크인과 함께 실행될 것이라는 것을 의미했다. 거의 다 됐다!

"대단해요." 맥신은 거친 목소리로 겨우 말했는데, 그러다보니 이가 아파와서 커트에게 다음 주에 만나자고 말하고 전화를 끊었다.

맥신은 다시 침대로 기어들어가 다음에 무슨 일이 일어날지 생각하며 눈을 감았다. 운영 조직의 동의를 끌어낼 수 있다면 운영 환경에 있는 데이터 허브 서비스에 배포를 자동화할 수도 있을 것이다. 그리고, 비록 가능성이 희박해 보이지만, 운영 시스템 내 영역에서 운영 데이터 허브 서비스를 실행시킬 수도 있을 것이다.

그렇게 되면 모든 사람에게, 특히 운영 조직의 일이 훨씬 더 쉬워진다. 운영 사람들은 다음 테스트 주기를 위해 2주를 기다리지 않고도, 즉시 자기들이 만든 변경 사항을 테스트하고 배포할 수 있을 것이기 때문이다.

맥신이 깨달은 진짜 문제는 사람들이 어떤 피처에 대한 작업을 해야 하는가에 있었다. 데이터 허브의 어떤 피처가 비즈니스에 가장 중요할지가 궁금했다. 그리고 어떤 비즈니스 부서에 초점을 맞춰야 하는지도 궁금했다. 데이터 허브는 파트 언리미티드의 많은 영역에 연관돼 있다는 점에서 독특했다. 각 영역은 그만의 고유한 필요 사항들과 우선순위가 있었다.

맥신은 다시 잠을 자려고 노력했지만, 데이터 허브에 대한 가장 높은 비즈니스 가치 활동은 무엇인가에 대해 계속 생각하고 있었다. 맥신은 호기심을 참지 못한 채 일어나 앉아 노트북을 열고 티켓팅 시스템을 열어봤다. 다만, 새 티켓을 오픈하거나 다른 사람의 티켓 작업을 하는 대신 그냥 둘러보기만 했다. 그렇게 한 것은 조직에서 유배당한 후 처음이었다.

클릭 몇 번으로 맥신은 오픈돼 있는 모든 데이터 허브 티켓을 보는 방법을 알아냈다. 수백 개가 있었는데, 그들이 어떤 비즈니스 시스템과 연관있는지에 따라 색상으로 잘 구분돼 있었다. 맥신은 많은 티켓이 1년 이상 지난 것을 보고는 움찔했다. 사람들이 그렇게 좌절하는 것이 당연했다.

맥신은 이 백로그에서 어떤 피처가 회사에 가장 중요한지가 궁금했다. 이것은 그리 어렵지 않았다. 스티브가 타운 홀에서 회사의 최우선 과제가 무엇인지 모두에게 말했기 때문이다. 스티브와 사라는 고객들이 차를 계속 운전할 수 있게 하고 고객들이 필요로 하는 것을 쉽게 살 수 있도록 해주는 것이 얼마나 중요한지에 대해 일관되게 말해 왔다. 이를 잘 수행하면 고객당 매출, 평균 고객 주문 규모, 전체 매출과 수익성이 증가할 것이다.

이것을 염두에 두고, 맥신은 피처로 가득한 페이지를 스크롤했다. 티켓 이름이나 내용을 읽는 것만으로는 그 피처가 무엇인지 알기 어려웠다. 무엇을 어떻게 한다는 것은 장황한데 그 이유는 없었다.

맥신은 마침내 '아이템 프로모션'이라는 용어가 계속해서 나오는 것을 알아차렸다.

여름 홍보와 관련된 티켓들이 보였는데, 배터리 교체품, 에어컨, 냉각 시스템 유지보수 품목들을 할인된 제품 묶음으로 제공하는 것이었다. 그 프로모션은 시작된 적이 없었다. 맥신은 한숨을 쉬었다. 이미 가을이 됐음을 감안할 때, 그 캠페인과 관련된 기회는 이미 지나갔다.

맥신은 더 이상 관련이 없는 피처를 삭제하기 위한 프로세스가 무엇인지 궁금했다. 실현되지 않은 많은 요건을 기약 없이 없애버리며 쉽게 인식되는, 정신적 부담이 있는 절차였기 때문이다. 피처가 삭제되면 누구나 언제든지 "내 피처가 어디로 갔지?"라고 물을 수 있어서다.

호기심 많은 맥신은 '겨울 프로모션'을 검색한 후 나타난 티켓 목록을 봤다. 목록을 하나씩 클릭했다. 완료 표시된 티켓은 와이퍼 블레이드와 아이스 스크래퍼를 묶어 하나의 패키지인 SKU로 만드는 것이었다. 작업 중 티켓은 패키지의 할인 가격을 만드는 피처였다.

맥신은 이와 같은 또 다른 패턴을 봤지만, 겨울 타이어와 체인, 체인과 윈드실드 제빙액 등을 비롯해 더 많은 대상에 적용하는 것이었다. '추수감사절 프로모션' 티켓도 줄이어 있었다. 각 캠페인에는 두 개의 데이터 허브 배포가 필요했다. 하나는 제품 데이터베이스에 새 제품을 만드는 것이고, 다른 하나는 가격 데이터베이스에 특별 판촉 가격을 생성하는 것이었다.

그 말은 할인된 패키지를 만드는 데 항상 두 달이 걸린다는 것을 의미했다. 뭔가 알아낸 것 같은 기분으로 맥신은 판촉 카테고리에서 요청된 다른 피처를 살펴봤다. 그중 하나가 바로 맥신의 주목를 끌었다. 그 티켓은 7개월 전에 만들어졌고, 제목에는 '한 단계로 생성: 할인과 함께 새로운 제품 패키지 SKU 생성'이라고 적혀 있었다.

티켓을 열어보고 마케팅이 데이터 허브 팀을 거치지 않고도 완전히 셀프 서비스로 새로운 SKU를 만들고 가격을 책정할 수 있는 피처를 얼마나 만들고 싶은지에 대해 읽어봤다.

'그래! 내가 **생각했던 대로야**.' 피처 설명은 현재 프로세스가 새로 할인된 제품을 고객에게 제공하는 데 거의 90일이 걸린다고 지적했다.

이 티켓을 작성한 사람은 제품 담당 선임 이사인 매기 리였다. 갑자기 맥신은 데이터 허브가 조직의 제약에 놓여 있다고 생각했다! 맥신은 커트와 매기에게 이메일을 보냈다. 약 5분 후에 커트로부터 전화가 왔다.

맥신은 쉰 목소리로 말했다. "내 이메일 읽어봤어요?"

"넵." 커트가 답했다. "보내준 링크를 확인해봤어요. 확실히 흥미롭던데요. 자리에 안 계시는 동안, 전 가장 중요한 고객이 누구인지 알아내려 노력했어요. 피닉스에서 데이터 허브를 옮길 때 우리를 옹호해 줄 수 있는 후원자가 누군지에 대해서도 주시하고 있고요. 매기의 이름이 계속 나오네요."

"매기는 사라 밑에서 일하고, 매장과 전자 상거래의 제품 책임자들은 매기에게 보고하죠." 커트가 말을 이어갔다. "제가 찾은 조직도를 보낼게요. 이미 매기의 비서를 만났고, 매기와 곧 회의할 예정이에요."

"끝내주는데요, 커트!" 맥신은 말하면서도, 웃으면 고통스러워 신음이 나왔다. 맥신은 회사에 가고 싶어 흥분됐다…. 물론, 다시 건강해지면 말이다.

신음하며 맥신은 전화를 끊었고, 다시 침대에 누워 잠을 청했다.

월요일, 업무에 복귀한 맥신은 회의실에서 드웨인, 톰, 커트와 데이터 허브에 대해 토론하는 중이었다. 톰은 방 앞쪽의 스크린에 자신의 노트북을 띄웠다. "지난번 주말 내내 이걸 보여주기에 충분히 안정됐는지 확신을 갖기 위해 작업했어요. 와우, 완전 신나요. 이제 데이터 허브 환경이 완전히 도커 이미지로 실행되기 때문에, 누구나 사용할 수 있어요. 브렌트와 전 맥신이 아프기 전에 했던 일을 토대로 삼아 작업했죠. 고마워요, 맥신!"

"이제 몇 주 동안이나 QA 환경에 접근하기 위해 대기하는 대신, 갖고 있는 노트북으로 도커 이미지를 실행하면 됩니다. 다운로드하는 데는 몇 분 정도 걸리지만, 시작하는 데는 몇 초밖에 걸리지 않아요. 멋지죠…." 톰이 터미널 윈도우에 타이핑하며 말했다. "브렌트의 도움으로 데이터 허브 테스트를 실행할 수 있게 이 환경을 CI 서버에 연결했어요. 드디어 빌드와 테스트 업무를 하게 됐다고요! QA와 함께 지난 릴리스 이후 완성한 네 가지 피처를 테스트하고 있어요."

톰이 맥신을 보면서 말했다. "CI 서버에 용량이 충분해서 이제는 시용하고자 하는 사람들이 다 사용할 수 있어요. 맥신이 훌륭하게 작업해놓지 않았다면 우리는 이걸 완성할 수 없었을 거라고요, 맥신."

톰은 고개를 흔들며 웃었다. "몇 년 동안 이런 걸 하고 싶었지만 시간이 없었거든요. 이것이 데이터 허브 개발자들이 일하는 방식을 완전히 바꿀 것이기 때문에 매우 기뻐요. 사람들의 생산성이 더 좋아질 수 있어요. 개발은 빨리하면서 테스트는 더 빨리할 수 있을 겁니다. 그리고 기적이 도와준다면 이런 피처를 더 빨리 운영 환경에 투입할 수도 있겠죠."

커트는 두 주먹을 허공에 치켜들며 환호했다. "이건 놀라운 성공이네요! 마침내 사람들에게 뭔가 가치를 보여주기 시작하는 것 같아요."

맥신은 감동했다. 이것은 굉장한 성취였다. 맥신은 불과 몇 주 전에 만난 브렌트와 톰이 맥신 없이 그렇게 많은 일을 해낼 수 있었다는 게 자랑스러웠다.

커트는 얼굴을 찡그렸다. "사실 제가 조금 전 한 말을 취소할게요. 이건 개발 조직과 QA 조직의 성공스토리예요. 아직은 자기들의 피처를 받지 못한 성난 비즈니스 관계자들도 있어요. 이런 피처들을 어떻게 운영 환경에 투입할 수 있을까요?"

드웨인은 고개를 저으며 손가락으로 탁자를 두드리고는 말했다. "그건 완전히 다른 거예요. 맥신 말이 맞았어요. 개발자들이 직접 운영 환경에 배포하지 못하도록 한 지 오래됐어요. 그런 일이 일어나지 않게 막는 것을 유일한 목적으로 하는 조직도 있죠."

"누가 가장 강력한 적대 세력이죠?" 커트가 물었다.

드웨인은 "가장 확실한 건 보안 팀이지"라고 말했다. "보안 팀은 운영 환경에 들어가기 전에 코드에 대한 보안 검토를 하고 싶어할 거야. 그게 바로 회사 정책이거든. 그리고 운영 조직도 그리 관심은 없을 거야. 비즈니스 쪽에는 그동안 잘못된 변경 사항으로 망가진 사람이 너무 많아서, 이걸 제안해도 대부분은 기뻐서 날뛰는 일은 없을 거야…. 그래서 기본적으로 내가 하고 싶은 말은 대부분 사람들은 개발자들이 직접 운영 환경에 배포하는 것을 반대한다는 거지." 드웨인은 무미건조한 미소를 지으며 말했다.

맥신이 고개를 끄덕였다. "보안은 이미 데이터 허브에 매우 익숙하죠. 우리가 보안 팀에 완전히 새로운 애플리케이션을 터트리는 건 아닐 거예요. 피닉스와는 별도로 데이터 허브를 검토할 일정을 잡아보죠."

"일단 만나보죠. 최악의 상황은 '아니오'라고 듣는 것인데, 우리가 그 말을 들어본 적이 없는 것도 아니잖아요?" 커트가 말했다. "그렇다면 보안 외에 운영에 대한 승인을 받기 위한 공식적인 절차는 뭐죠?"

드웨인은 몇 초간 대꾸하지 않고 한숨을 쉬었다. 그러다 마침내 입을 열었다. "아마도 TEP-LARB를 거쳐야 할 거야."

"오!" 맥신이 입을 열었다. 커트는 뭔가에 쏘인 듯 움찔했다. 톰은 당황하며 테이블을 둘러봤다. "그게 나쁜 건가?"

"음, TEP-LARB보다 통과하기가 쉬운 게 있긴 하죠…." 커트는 자기 앞에 놓인 테이블 위의 빈 곳을 응시하며 말했다.

드웨인은 "사실, 그건 좀 솔직하지 못한 말이야, 커트. 실제로 TEP-LARB를 통과하는 것보다 어려운 건 없어요. 아무것도 TEP과 LARB를 통과하지는 못해요. 제가 LARB에 있으니 잘 알죠."

"그 말이 맞아요, 커트." 맥신이 말했다. "여기서 보낸 세월 동안, 나는 어떤 것도 거길 통과하는 것을 본 적이 없어요. 서류 작성하는 것도 엄청난 작업이고, 그들이 실제로 승인하는 것을 본 적이 없죠. 그들은 안 된다고만 말하는 의미 없는 집단이죠."

맥신은 드웨인을 바라보며 말했다. "악의는 없단 거 알죠?"

드웨인은 웃으며 재빨리 답했다. "전혀 기분 나쁘지 않아요."

"그런데 TEP-LARB이 뭐예요? 왜 그들은 항상 안 된다고 말하는 거죠?" 톰이 물었다.

드웨인은 "'LARB'은 선도 아키텍처 리뷰 보드^{Lead Architecture Review Board}를 의미해요"라고 설명했다. "제가 입사하기 훨씬 전인 수십 년 전, 기술 분야에서 온갖 나쁜 일이 일어난 후 만들어진 위원회죠. 누군가가 새로운 것을 '제대로 검토'하기 위해 많은 규칙을 만들기로 결정했어요"라고 말하며 손으로는 따옴표를 표시했다.

"그건 위원회의 위원회예요. 운영 소속 아키텍트 7명, 개발 소속 아키텍트 7명, 보안 아키텍트 2명, 엔터프라이즈 아키텍트 2명이 있어요. 마치 아직도 20세기인 것처럼 행동하면서 얼어붙어 있죠."그가 말했다. "모든 주요 기술 관련 변경은 그들의 승인을 받아야 해요."

"그들에게 설명하려면, 우선 기술 평가 프로세스 양식, 즉 TEP를 작성해야 해요." 드웨인은 설명했다. "맥신 말이 맞아요. 수고스러운 일이죠. 요즘은 분량이 50쪽 정도 돼요."

맥신의 눈이 휘둥그래졌다. 지난번 TEP를 작성하기 위한 모든 정보를 수집하는 것은 엄청난 시련이었다. 그런데도 그 당시는 지금의 절반에 불과했다. 맥신은 "만약 LARB에 속해 있다면, 왜 그 프로세스를 더 쉽게 만들지 않은 거죠?" 드웨인에게 물었다.

드웨인은 말했다. "위원회잖아요. 그들은 모두 안 된다고 말하는 것이 자신들이 하는 일이라고 생각해요. 제가 그 집단에서는 유일한 급진적인 목소리를 내고 있지만, 저랑 비슷한 사람이 더 없다면 찬성표를 던지거나 젊은 위원들을 데려오는 것조차 불가능하죠. 저도 할 만큼 해봤거든요."

커트는 잠시 손가락을 두들겼다. "드웨인 말이 맞아요. 모든 주요 기술적 시도는 TEP-LARB를 거쳐야 해요. 그렇지 않으면 시작하기도 전에 우리가 하는 노력을 죽여버릴 겁니다."

커트는 깊은 숨을 들이쉬었다. "이런 말을 하는 것은 괴롭지만, TEP를 준비해서 LARB에게 발표해야 할 것 같은데요. 이미 보안 쪽에서 거절할 것을 알고 있었지만 보안 쪽에 물어봐야 하는 것처럼 말이에요."

맥신이 대답했다. "우리끼리 데이터 허브를 직접 운영하죠. 운영 조직의 도움을 하나도 안 받고 운영하는 거예요. 예전에 제가 있던 그룹에서도 자체 MRP 시스템을 운영했거든요. 게다가 데이터 허브에 문제가 생길 때마다 에스컬레이션할 필요도 없잖아요."

모두 충격을 받은 채 맥신을 바라봤다. 특히 드웨인과 섀넌은 맥스가 마치 불법적이거나 심지어 부도덕한 일을 제안한 것처럼 분개한 표정이었다. 브렌트는 "하지만 어떻게요? 정보 보안은요? 컴플라이언스는요? TEP-LARB은 어떻게 하고요?"

맥신은 코웃음을 치며 이런 이유들이 재래드만이 코드를 배포할 수 있는 이유라고 들은 것과 정확히 같다는 것을 떠올렸다.

맥신은 드웨인이 고개를 끄덕이다가 흔들다가 하는 것을 봤다. 마치 심하게 대립하는 두 개의 의견이 드웨인의 머릿속에서 격렬하게 싸우는 것처럼. "어, 우와! 그거 좋겠네요. 하지만 사람들은 우리가 이런 종류의 엔터프라이즈급 서비스를 우리 스스로 운영하도록 내버려두지 않을 거예요. 우리 팀에 그런 기술이 없는 건 아니지만…. 모든 데이터를 책임져야 하고, 데이터의 백업 등 모든 것을 확실히 해야 하거든요. 다만 우리가 원하는 대로 실행할 수 있으니 정말 멋지긴 할 거예요."

드웨인의 목소리는 점점 사그라들었다. 맥신은 그의 우려를 인정했다, "맞아요. 우리는 모든 제조 공장이 의존하는 우리만의 MRP 시스템을 운영해요. 그것은 아주 미션 크리티컬한 것이에요. 모든 백업, 선제 조치, 패치 작업 등을 하죠…. 쉽거나 간단한 일은 아니지만, 그렇다고 엄청나게 어려운 것도 아니에요. 하지만 이 방에는 운영 분야의 최고 인재들이 있잖아요. 할 수 있어요."

브렌트는 "그럼요, 맞아요. 운영 환경에 아무것도 두렵지 않아요."

드웨인이 천천히 고개를 끄덕였다. "좋아요, 저도 하죠. 우리에게 이 일이 몹시 필요하지만, 우리 스스로 모든 것을 잘 운영할 수 있다는 것도 잘 알고 있어요."

커트는 활짝 웃었다. "좋아요, 플랜 B가 있네요. 다른 모든 것이 실패한다면, 데이터 허브를 직접 운영하는 겁니다. 이렇게 되면 당연히 크리스도 합류해야 할 겁니다."

맥신은 커피가 목에 걸렸지만 다른 사람들처럼 고개를 끄덕임으로써 동의했다.

톰은 자신이 구축하는 것을 도왔던 모든 것이 곧 운영 환경에서 실행될 수 있다는 생각에 진심으로 흥분하고 있었다. 그러다 갑자기 얼굴을 찡그렸다. "잠깐, 잠깐, 잠깐. 그럼 우리 모두 호출기를 달고 다녀야 하는 건가요?"

"그럼요." 브렌트가 단호하게 말했다. "만든 사람이 운영해야지."

톰의 흥분이 눈에 띄게 사라졌다.

맥신이 웃었다.

심지어 맥신조차 데이터 허브 개발 팀 전체가 새로운 환경을 얼마나 빨리 사용하기 시작했는지에 놀랐다. 모든 사람이 어떤 식으로든 일부를 사용하고 있었다. 그 상황이 들불처럼 번졌다. 일부는 노트북에 있는 도커 이미지를 사용하고, 일부는 베이그런트^{vagrant}, 깃^{Git} 또는 테라폼^{terraform} 환경을 사용해 개발과 테스트 환경을 모두 시뮬레이션하고 있었다.

더 중요한 것은, 푸르나와 QA 팀도 데이터 허브 환경을 함께 사용하고 있다는 것이다. 일단 피처에 '테스트 준비 완료'라는 표시가 붙으면 몇 시간 안에 테스트가 완료됐다. 그리고 코드와 함께 테스트가 체크인되고 있고, 개발자가 문제를 신속하게 재생산하고 수정하기도 쉬웠다.

이 새로운 작업 방식은 많은 결함과 함께 심지어 두어 가지 피처까지도 하루아침에 완전히 구현 및 테스트가 가능하다는 것을 의미했다. 맥신이 아직 제대로 이해하지 못하고 있는 몇몇 리포트 요구 사항 때문에, 여전히 두 개의 별도 티켓팅 툴을 사용해야만 했다. 그러나 개발 팀과 QA 팀은 그 어느 때보다 긴밀하게 조율하고 있었다. 실제로 많은 QA 팀들이 매일 개발자들과 나란히 앉아 있었다. 일부는 5번 건물에, 일부는 7번 건물에 있었다.

팀들이 어떻게 작업하는지를 지켜보고 있자니, 모두가 공동의 목표를 향해 함께 일하던 맥신의 스타트업 시절이 생각났다. 맥신은 데이터 허브의 일하는 방식이 얼마나 빨리 바뀌는지에 놀랐다.

그다음 3일 동안 사람들은 보통 월별로 하던 것보다 더 많은 수정 사항을 배포 가능하게 만들었고, 그에 따라 사람들의 기분도 고취되며 열광적이 됐다. 더 중요한 것은, 모든 사람이 즐기고 있었다.

맥신과 톰은 또 다른 이슈를 마무리하며, 티켓팅 시스템에 완료한 것으로 표시했다. 1분도 채 되지 않아 채팅방에 있는 엔지니어 2명이 1시간 안에 검토하고 테스트하겠다고 답장했다.

맥신이 일어섰다. "제가 여기 없어도 되면, 전 투덜이 데이브와 푸르나가 어떻게 하고 있는지 보러 갈게요."

"저도 같이 가요." 톰이 노트북을 움켜잡으며 말했다. "우리가 수정한 것의 테스트를 도와주려고요."

그들은 푸르나와 투덜이 데이브 그리고 다른 데이터 허브 개발자들이 모두 푸르나의 모니터에 있는 무언가를 자세히 들여다보고 있는 것을 봤다. "뭐해요?" 맥신이 물었다.

푸르나는 "드디어 잉여 재고 기능을 테스트하고 있어요"라고 말했다.

"이건 가장 큰 피닉스 개선 사항 중 하나를 지원하는 거예요. 프로모션에서 매장 내 재고 시스템을 살핀 후 먼지 쌓인 제품을 찾아내서 지역 창고 중 하나로 보내 전자 상거래 사이트에 프로모션할 수 있도록 하는 중요한 기능이에요."

"그걸 실행하게 된 건 이번이 처음이에요." 푸르나가 말했다. "이 피처는 6개월 전에 완성됐지만, 지난 두 번의 릴리스에서는 제대로 작동시키지 못했어요. 처음에는 재고 및 고객 프로파일 시스템과 연결되지 않았고, 그 다음번에는 구매 이력 시스템과 연결되지 않았죠. 두 번 다 약간의 환경이나 설정 문제가 있었지만 그걸 해결할 시간이 없었어요."

"이 피처를 릴리스에서 빼버릴 수밖에 없었죠. 그렇지 않았다면 다른 모든 피처도 지연을 피할 수 없었을 거예요"라고 했다.

'이건 도커 컨테이너를 사용하는 특장점 중 하나네.' 맥신은 생각했다. 컨테이너는 변하지 않으며, 생성된 후에는 변경할 수 없기 때문에, 만일 개발 환경에서 제대로 작동한다면, 그것은 거의 확실히 테스트에서도 작동할 것이기 때문이다.

'불변성Immutability은 세상을 보다 예측 가능하고 안전한 곳으로 만들고 있는 함수형 프로그래밍의 또 다른 개념이지.' 맥신은 웃으면서 생각했다.

"80개의 테스트 단계 중 20번째를 하고 있어요." 투덜이 데이브가 말하는데, 전혀 짜증을 내지 않는 표정이었다. "이거 느낌이 좋은데요. 오늘 한 가지 문제점을 발견했는데 5분도 안 돼서 고쳤고 계속 그 리스트를 따라가는 중입니다. 이거 대단해요!"

'자신의 피처가 작동되니 투덜이 데이브도 투덜거릴 수가 없나보네.' 맥신은 생각했다.

데이브가 말을 이어갔다. "개발자들은 다음 반복에는 피처를 작성할 때 자동화된 테스트를 함께 작성해야 한다는 것을 알고 있어요, 나중에 하는 게 아니라. 그래서 생각난 건데, QA 팀 중 몇몇은 우리와 계속 함께 앉으면 좋겠어요. 사소한 문제에 하나씩 짝을 지어 일하려고 다른 건물로 찾아가야 하는 건 멍청한 짓 같아요."

"멋진 생각이네요." 맥신이 말했다. "커트한테 그 얘기를 할게요. 사무실 공간과 시설에 대한 모든 정책은 커트의 전문 분야니까요. 정말 멋질 것 같아요."

"그건 그렇고, 저쪽 회의실에서 아담과 섀넌이 무슨 일을 하는지 가봐야 하는 거 아니에요? 보고 나면 웃을 거예요." 투덜이 데이브는 입이 근질거리는 것을 참으면서 말했다.

맥신은 아담과 섀넌이 6명의 다른 개발자와 QA 엔지니어들에 둘러싸인 채 커다란 테이블에 노트북을 열어 놓고 있는 것을 봤다. 아담은 자신의 노트북 화면을 TV에 연결해 보여주고 있었다.

"맙소사, 저게 내가 생각하는 거 맞아요?" 맥신이 중간에 멈춰 서서 화면을 응시하며 물었다.

"그 말이 (여러분이 구축하는 걸 도와준 바로 그 환경에서) 체크 인이 있을 때마다 지속적인 통합 서버가 데이터 허브에서 빌드 및 자동화된 테스트를 실행하고 있는 것이냐는 말인가요? 그렇다면 당연히 맞습니다." 아담은 만면에 미소를 띠며 말했다.

맥신은 바로 CI 툴을 알아봤다. 사람들은 데이터 허브가 매우 고풍스럽고 후진적이라고 생각하지만, 이제는 지속적인 통합 환경 속에서 운영되고 있었다. 그들은 현재 대부분의 피닉스보다 더 나은 기술 프랙티스를 활용하고 있었다.

"이거 완전 멋진데요." 맥신이 눈앞이 흐려지는 걸 느끼며 말했다. "데이터 허브의 모든 사람이 접근 가능한 건가요? 다른 팀들은 언제쯤 이걸 쓸 수 있죠?"

섀넌이 노트북에서 눈을 들어 말했다. "데이터 허브 사람들은 이미 모두 들어와 있어요. 아시다시피, 그들의 코드를 CI 환경에 입력하는 것은 피닉스 팀이 한 가장 중요한 요청 중 하나였거든요. 아담과 전 첫 번째 팀에 합류해서 훈련하는 중이에요. 그들이 성공하도록 필요한 모든 것을 할 거예요. 제대로 실행되면, 그다음에 합류할 사람들이 1미일이니 길게 대기하고 있어요." 섀넌이 말했다.

맥신은 그 순간을 음미했다. 이것은 맥신이 피닉스 프로젝트에 온 첫날부터 바라던 것이었다. 개발자들은 자기를 생산적으로 만들어줄 이런 인프라와 그들이 제대로 실력발휘를 할 수 있도록 도와줄 전문가로 구성된 팀을 가질 자격이 있었다.

스크린을 보니, 지난 4시간 동안 5명의 데이터 허브 개발자가 코드 변경을 체크인했고, 두번의 테스트는 실패했지만 10분 안에 수정되는 것을 알 수 있었다.

'에릭이 자랑스러워 하겠네.' 맥신은 생각했다. 이 빠르고 빈번한 피드백은 집중, 흐름, 즐거움이라는 두 번째 이상을 달성하는 데 있어서 매우 큰 부분이었다. 그리고 이 모든 것은 세 번째 이상인 그대로의 일상 업무가 아닌 일상 업무의 개선을 향상시킴으로써 가능해졌다.

커트는 도크사이드에 모인 사람들에게 "QA와 개발자를 같은 공간에 배치한다는 생각이 마음에 들어요"라고 말했다. "다른 개발 관리자들에게 이 얘기를 꺼냈을 때 그들은 말도 안 되는 아이디어라고 비웃었죠."

"제가 여기 오기 직전에 시설 담당 이사에게 몇 가지 평면도를 제안했어요." 커트가 말했다. "그걸 보더니 길길이 날뛰던데요. 사실 그걸 뺏으려는 것 같다는 생각도 했다니까요." 커트가 웃었다. "그는 HR이 제시한 공간 가이드라인을 준수하기 위해 그들이 갖고 있는 모든 규칙에 대해 말하기 시작했죠. 보아하니, 직함을 기준으로 얼마나 넓은 공간을 만들 수 있는지에 대한 규칙이 있는 것 같더라고요…."

"소 울타리 크기에 대한 USDA 규정같은데?" 투덜이 데이브가 말했다. 모두가 데이브를 바라봤다. "뭐, 왜? 우리 집은 농사지어. 가끔 USDA 감사를 처리해야 했다고."

"끝내주네요." 섀넌이 말했다. "데이브는 지금 엔지니어들을 가축이라고 부르고 있어요."

"타임라인은 어떻게 돼, 커트?" 아담이 물었다.

"9개월"이라고 커트가 답했다.

맥신은 몇몇 사람이 "9개월?!"이라고 되묻는 것을 들었다. 몇몇은 그저 웃기만 했다.

"그래, 뭐⋯." 커트는 자신의 노트를 보며 말했다. "시설 팀에서 하는 모든 건 평생 걸리기 마련이죠. 구매 부서를 통해서 공식적으로 지원되는 의자와 책상을 주문하고 시설쪽 직원들과 함께 가구 설치 일정을 잡아야 할 거예요⋯."

"주말에 우리끼리 하면 안 돼요?" 드웨인이 물었다. "그럼 그 팀 말고는 아무도 영향을 안 받을 텐데요. 사무실 용품점이나 가구점에 가서 최소한의 물건을 사서 건물 안으로 옮기면 되잖아요. 내 트럭을 쓰면 돼요."

"그런데 시설 부서 사람들이 배지를 들고 나타나서 허가증이 없다거나 우리가 규정을 어겼다고 하면 어떡하죠?" 투덜이 데이브가 물었다.

커트는 웃음을 터뜨렸다. "시설 팀에 그런 배지는 없어요. 시설 팀에서 그걸 빼앗아 가진 않을 거예요." 커트는 잠시 생각했다. "해보죠. 하지만 쉽게 운반할 수 없는 가구를 가져오는 걸로 하죠…. 책꽂이 두 개처럼, 거기에 책을 가득 채우죠. 아니면 금붕어로 채운 수족관이요. 어떻게 생각해요?"

투덜이 데이브와 섀넌이 웃었다. 아담은 생각에 잠겨 고개를 끄덕였다. "점유하자는 말이네. 하지만 크리스한테는 승인을 받아야 하지 않을까요."

커트가 코웃음을 쳤다. "안 돼요. 크리스는 절대 승인해주지 않을 거예요. 그냥 하자고요."

"공간이 한정돼 있으니 QA 인력 중 일부를 개발자 지역으로 옮기고, 개발자 일부를 QA 지역으로 옮기는 건 어때요?" 섀넌이 제안했다.

"좋은 생각이에요, 섀넌." 맥신이 말했다. 맥신은 에릭이 예상했던 대로 팀이 스스로 조직을 구성하고 있다는 사실에 기뻤다.

지난 한 주 동안, 맥신이 보기에 데이터 허브 팀은 더 나은 가치를 더 빨리, 더 안전하게 그리고 더 행복하게 제공하는 방법을 알아낸 게 확실했다. 그러나 새로운 제약 조건이 나타난 것도 분명했다. 예전에는 환경에 대한 제약이 있었다. 아무도 환경을 얻을 수 없었고, 얻더라도 제대로 된 것이 아니었다. 그 후, 제약 조건은 테스트가 됐고, 그것은 개발 조직이 모든 피처를 끝냈을 때 시작됐다. 결함의 발견 및 제거는 지금처럼 몇 시간이나 며칠이 걸리는 대신 몇 주가 걸렸다.

지금의 제약은 배포라는 것이 명백해졌다. 사람들은 이제 피처를 신속하게 운영 환경에 배포할 수는 있지만, 아직은 운영 조직이 운영 환경에 코드를 배포할 때까지 몇 주를 기다려야 했다.

데이터 허브 팀이 더 빨리 운영 환경에 배포할 방법을 찾는 것은 더 이상 학문적인 문제가 아니었다. 톰은 데이터 허브 팀과 함께 회의실 앞에서 있었다. 톰이 말했다. "맥신이 아파서 회사에 나오지 못하는 동안 제기했던 의혹들이 적중했어요. 매기와 그녀의 제품 책임자들의 설명에 따르면, 효과적인 프로모션용 패키지를 만드는 것은 가장 중요하고 시급한 피닉스의 우선 순위 중 하나라네요."

"커트, 매기와의 회의가 내일로 예정돼 있어서, 미리 이 문제를 살펴봐 달라고 부탁했잖아요." 톰은 계속 말했다. "내가 알아본 바는 이래요. 마케팅은 판매를 가속화하기 위한 프로모션을 끊임없이 실험하고 있는데, 이건 최대 판매 시즌인 휴가철이 다가올수록 엄청나게 중요해요. 예를 들어, 지금처럼 여러 지역에서 눈이 내릴 때 고객들은 겨울 프로모션 상품들을 찾아요. 타이어 체인, 얼음 녹이는 소금, 창문 긁을 때 쓰는 도구 등 다양하죠. 또 그 패키지에 대해 20% 할인된 가격도 만들어야 해요. 고객 세그먼트별로 프로모션도 하지요. 고객이 와이퍼를 많이 산다면, 와이퍼 용액과 유리 김서림 방지제도 패키지로 제안받을 수 있어요. 살짝만 찔러주면 살 수도 있으니까요."

"개념상으로는 쉽게 들리죠. 하지만 이 일을 완료하기 위해 거쳐야 할 모든 세부 단계는 다음과 같아요. 첫째, 모든 새로운 패키지 제품은 우리가 판매하는 다른 모든 품목과 마찬가지로 새로운 SKU가 필요합니다. 이들 SKU는 비즈니스의 거의 모든 애플리케이션에서 사용되는데요, 재고 추적, 공급망, 매장 내 금전 등록기, 전자 상거래 사이트, 심지어 모바일 애플리케이션에서도 사용되죠."

"6주마다 대규모로 새로운 SKU를 만듭니다. SKU가 생성되면, 이 새로운 SKU 때문에 모든 애플리케이션과 비즈니스 로직에 대한 변경 사항도 만들어야 하죠. 그걸 알아야 할 애플리케이션들에 적용하는 겁니다. 회사 전체에 걸쳐 많은 백엔드 및 프론트엔드 애플리케이션이 있어요. 금요일 밤 8시에 이런 개선 사항들이 일괄적으로 서비스되는 것을 봤을 겁니다. 그리고 이 일이 끝나면, 때때로 운영 데이터베이스를 수동으로 갱신해야 합니다."

"첫 번째 문제는 새로운 SKU를 6주에 한 번만 만든다는 점인데, 사실상 너무 느립니다. 추수감사절은 이미 한 달 앞으로 다가왔고 SKU를 제때 만들지 못할 위험에 처해 있습니다."

"그리고 사실은 6주보다 훨씬 더 오래 걸린다는 겁니다. 또한 너무 많은 애플리케이션을 변경해야 하기 때문에 테스트 도중 문제가 생기면 전체 릴리스가 취소되죠. 애플리케이션 중 일부가 새로운 SKU를 어떻게 처리할지 모르는 상황에서 새로운 SKU를 내보낼 수 없으니까요. 테스트 기간에 이런 것들을 고칠 시간이 충분하지 않다 보니, 모 아니면 도 상황이 되는 거죠."

"게다가 프로모션은 고객이 실제로 어떤 패키지에 관심이 있고, 어떤 특정 제품이 실구매로 이어지는지를 알아내기 위해 신속하게 실험하고 반복할 필요가 있어요. 지금처럼, 6주에 한 번만 반복하는 것은 고객 구매 패턴을 배우고 활용하기에 짧을 수밖에 없죠. 다른 전자 상거래 경쟁자들은 하루에도 여러 가지 실험을 실시하거든요." 톰은 발언을 마무리했다.

"와, 정말 대단한데요." 맥신은 톰이 화이트보드에 그린 상자들을 보면서 말했다. "이건 피닉스 아키텍처와 흡사하기 때문에 어떤 팀도 고객에게 가치를 독립적으로 개발하고 테스트하고 구현하는 건 어렵겠어요. 방금 화이트보드에 그린 프로모션 가치 흐름^{value stream}을 지원하는 아키텍처는 일의 흐름이 신속하게 이동하는 것이 거의 불가능하다는 것을 여실히 보여주네요."

맥신은 톰의 도표를 손으로 가리켰다. "모든 단계에서, 너무나 많은 다른 가치 흐름과 얽혀 있어요. 다른 사람의 릴리스 일정과 동기화해야 해요. 그중 하나라도 릴리스되지 못하면 우리 것도 릴리스 못하는 거죠. 미친 짓이네요."

"정말 그렇네요. 데이터 허브가 피닉스와 BWOS랑 너무 밀접하게 연결돼 있어서 답답하네요." 톰이 말했다.

"BWOS가 뭐예요?" 맥신이 물었다.

"아, 그게 우리가 부르는…. 그거 있잖아요, 커다란 덩어리의…. 음, 쓰레기요. 있잖아요, 우리가 접속하는 백 가지 이상의 애플리케이션 말이에요." 톰이 머릿속에 맴도는 말들이 선명하지 않아 답답한 듯 말했다.

맥신이 웃었다. "데이터 허브의 변경 사항을 주문에 따라 운영 환경에 배포하고 피닉스 릴리스 일정과 완전히 분리시킬 수 있다면 훨씬 더 나을 거예요…. 그렇게 되면 릴리스가 취소돼도 적어도 그 다음날이면 다시 시도할 수 있을 거예요. 몇 번 해보면 SKU 생성을 하루나 이틀로 줄일 수 있을 것 같은데요."

"저도 동의해요." 톰은 말했다. 맥신은 그들이 올바른 길을 가고 있다고 만족하며 미소 지었다. '그리고 이렇게 하면 그 가치는 엄청 날 거야.' 맥신은 생각했다.

톰은 "큰 관련이 없을 수는 있지만 이야기해볼 만한 사항이 있어요"라고 말했다. "피닉스와 매우 밀접하게 연관된 큰 문제들이 있어요. 때때로 우리가 연결돼 있는 백엔드 시스템에 큰 영향을 줄 정도로 수많은 메시지를 우리에게 보내요. 이런 일이 발생하면 대량의 트랜잭션 처리가 문제되고 신뢰성이나 데이터 무결성 문제를 야기하는 흐름이 나타나거든요. 때로는 데이터 허브가 중단되기도 하지만, 대부분 우리가 호출하는 바로 그 시스템들에 장애로 이어집니다."

투덜이 데이브가 거들었다. "이런 데이터 관련 시스템을 다루는 것은 큰 골칫거리예요. 여기에는 적절한 API 전략도 없거든요. 어떤 API를 사용할 수 있는지 아무도 모르고, 설령 이용할 수 있대도, 어떻게 API에 접근할 수 있는지, 그 미친 인증이나 페이지네이션pagination[1] 방식을 어떻게 다룰 수 있는지는 아무도 모르거든요. 모든 사람의 문서화는 형편없고, 일부 팀은 그들의 API가 알려진 대로 작동하지 않아도 상관하지 않아요."

"그리고 일단 누군가의 API가 작동돼도, 사람들은 어떻게든, 언제든 그걸 망가뜨려요. 특히 API의 버전도 제대로 관리하지 않아요. 그런데도 고객 트랜잭션이 실패하기 시작하면, 그들은 우리를 비난하죠." 데이브는

---

1 페이지네이션(Pagination)이란 한정된 네트워크 자원을 효율적으로 활용하기 위해 쿼리의 결괏값으로 리턴된 리소스를 분할해 전달하는 것을 의미한다. - 옮긴이

계속해서 말했다. "그들은 필요한 모든 데이터를 절대 주지도 않기 때문에, 실제로 API 변경이 필요해도, 모든 위원회를 거쳐야 데이터 획득 승인을 받을 수 있어요!"

"사람들을 미치게 만들기에 충분하죠." 투덜이 데이브는 지친 듯 말했다.

"이 미친 짓을 확실하게 막을 수 있어요." 맥신이 확신에 찬 목소리로 말했다.

약속대로 다음 날 커트와 맥신, 데이터 허브 팀은 매기를 만났다. 늘 그렇듯이 커트는 데이터 허브 팀원 모두를 매기에게 소개한 다음 매기에게 자기 소개를 부탁했다.

"많은 분이 이미 절 알고 계시죠." 매기가 웃으며 말했다. "제 이름은 매기 리예요. 리테일 프로그램 관리 디렉터죠. 물리적인 매장, 전자 상거래, 모바일 등을 포함한 우리 매장 뒤의 모든 제품과 프로그램에 대한 손익 계산을 책임지고 있다는 말이죠. 제 아래 제품 관리자 그룹은 전략, 고객 및 시장 이해, 고객 세그멘테이션, 해결하고자 하는 고객 문제 파악, 가격 책정 및 패키징, 포트폴리오 내 모든 것의 수익성 관리 등을 하고 있어요."

매기는 말을 이어갔다. "우리는 비즈니스 목표와 이를 달성하는 데 필요한 모든 것을 연결하죠. 여기에는 크리스의 기술 팀과 함께 일하는 비즈니스 운영, 비즈니스 분석가 및 제품 관리자가 포함돼요. 또한 저희 팀에는 영업, 재무 및 운영 업무를 담당하는 데 필요한 모든 운영적 역할도 수행합니다."

"커트가 프로모션 제품 패키지를 만드는 데 속도를 낼 수 있는 아이디어가 있다고 말했을 때, 확실히 관심이 가더라고요." 매기가 말했다. "좀더 일찍 만나지 못해 미안하네요. 아시겠지만, 우리는 지금 모든 것을 묻어두고 있어요. 이번 분기로 빛을 볼 수 있을지 양단 간의 결정이 나겠죠. 우리 모두에게요."

맥신은 이미 감명을 받았다. 매기는 40대 중반이고 명확한 강렬함을 갖고 있었다. 키는 맥신과 비슷했고, 우선 유능해 보였다. 헛소리를 할 타입은 아니고 항상 진지한 표정을 짓고 있었다. 맥신은 매기가 10억 불짜리 소매 영업을 지탱하는 데 필요한 100만 가지 일을 처리하는, 사라의 두뇌라는 생각이 들었다.

커트는 그들이 해 온 것을 설명했다.

매기는 커트를 바라봤다. "그럼 마케팅이 전자 상거래 경쟁업체들이 할 수 있는 것처럼 전적으로 셀프 서비스로 프로모션을 만들 수 있게 할 수 있다는 말씀이세요? 그리고 다른 변경 사항들도 같은 날 운영 환경에 배포할 수 있다는 거고요?" 매기가 말했다. "맙소사! 여러분이 말한 것들이 실제로 이뤄진다면, 이건 우리가 바라던 기적이 될지도 몰라요. 전 과장된 표현을 잘하지는 않지만, 이것이 잠재적으로 분기를 살릴 수 있다고 말하는 것은 농담이 아니에요. 어쩌면 회사까지도 살릴 수 있을 거예요."

맥신이 웃었다. "우리가 살펴본 걸 모두 보면, 프로모션용 패키지를 만드는 일이 너무 어렵고 시간이 오래 걸리는 게 분명해요. 저희는 마케팅 조직이 원하는 시점에 언제든지 새로운 프로모션을 만들고 몇 시간 안에 모든 영업 채널로 내보낼 수 있도록 완전히 권한을 부여하고 싶어요. 우리가 아직 이해하지 못하는 것이 많지만, 개념적으로는, 할 수 있는 게 맞아요. 우리는 단지 이게 매기에게 얼마나 가치 있는 일인지 알아보고 싶었어요."

매기가 고개를 끄덕였다. "굉장히 값진 일이지요. 있잖아요, 스티브는 모든 애널리스트들에게 이번 휴가 시즌에 드디어 우리의 수익이 증가할 거라고 약속했어요. 몇 년 동안 주야장천 약속만 하고 완성하지 못한 상태에서 했던 말이에요. 모든 것은 판매 상황을 변화시킬 수 있는 프로모션에 달려 있어요. 정말 이 일을 성사시킬 수 있다고 생각한다면, 무슨 일이 있어도 우린 할 거예요. 정확히 방해가 되는 게 뭐죠?" 매기가 물었다.

"방해가 안 되는 사람도 있나요?" 커트가 웃었다. "저희는 이 일을 기분에 따라 한 방에 날려버릴 수 있는 정보 보안 팀을 내일 만날 겁니다. 하지만 진짜 위협은 TEP-LARB죠. 제안서를 만들 팀을 꾸려도 프레젠테이션까지 가려면 보통 6개월에서 9개월을 기다리죠." 커트는 말했다. "물론 강력한 후원자가 있는 긴급한 비즈니스 니즈가 있는 게 아니라면요."

매기는 마침내 미소를 보였지만 완전히 친절한 미소는 아니었다. "이 일을 위해서는 거물을 끌어들여야겠군요."

"그 사람이 누구예요?" 매기보다 누가 더 강력한 후원자가 될 수 있을지 궁금해서 맥신이 물었다.

매기는 활짝 웃었다. "사라요. 제 말 믿으세요, 사라만큼 불편한 장벽을 무너뜨리는 데 효과적인 사람은 없거든요. 사라는 전기톱 같죠. 나무를 자르는 데 아주 효과적이에요."

"그리고…. 손목을 자르는 데도요…." 커트가 숨을 죽이고 중얼거렸다.

다음 날, 커트와 맥신은 섀넌이 소개한 보안 책임자 론과 만났다. 회의실로 들어가니 섀넌이 먼저 도착해 있었다.

"이런 기회를 놓치면 안 되죠." 섀넌이 웃으며 말했다. "팝콘을 가져왔어야 했는데."

곧이어 30대 중반의 론이 들어와 앉았다. 서로 소개를 마친 후 커트는 피닉스로부터 데이터 허브를 분리하겠다는 그들의 아이디어를 론에게 설명했다.

론은 "흥미로운 아이디어군요. 데이터 허브가 문어라고 불리던 시절이 아직도 기억나요. 왜 그렇게 큰 변화가 필요한 거죠? 지금도 충분히 잘 돌아가고 있는 것 같은데요"라고 말했다.

커트가 이유를 말하는데, 맥신이 볼 때 놀랍게도 론은 동의한다는 듯 고개를 끄덕였다. '생각했던 것보다 더 잘 되겠는데?' 맥신은 생각했다.

"그거 흥미진진하군요." 론이 상냥하게 말했다. 그러나 그때 론은 안경을 벗어서 탁자 위에 놓았다. "이봐요, 정말 돕고 싶지만 그럴 수가 없네요. 전 제 포트폴리오에 있는 애플리케이션이 모든 해당 법률과 규정을 준수하는지, 그 모든 애플리케이션이 안전한지 확인할 책임이 있습니다. 여러분이 만들고자 하는 변화가 얼마나 급진적인지 생각해보면, 완전히 철저하게 조심해서 일을 수행해야 할 것 같네요. 그리고 그렇게 간단하게 전체 대기자들을 뛰어넘을 수는 없어요. 여러분보다 앞에 있는 사람들이 20명은 되는데, 지금도 다들 아우성치고 있거든요." 론이 말했다.

"하지만 프로모션 역량은 회사에서 가장 중요한 시도인 피닉스 내부에서 매우 중요한 피처인데요." 섀넌이 대답했다. "분명히 저희가 제안하는 것이 더 높은 우선순위가 있다는 건 아시겠죠?"

"그래요, 하지만…." 론은 고개를 저으며 말했다. "제가 우선순위나 애플리케이션 순서를 정하지 않아요. 그건 사업부에서 정하는 거예요. 아시겠지만 그분들이 우리 고객이죠."

"하지만 우리가 '사업부'잖아요! 그리고 론이 말하고 있는 '고객'은 우리 고객이 아니고요. 그 사람들은 우리 동료예요! 우리 고객은 실제로 우리에게 돈을 지불하는 사람들이라고요!" 얼굴이 벌겋게 달아오른 섀넌이 화가 난 어조로 쏘아댔다. "최고의 목표가 무엇인지 누구나 알고 있어요. 최우선 과제는 스티브가 타운 홀 미팅에서 항상 말한 것이고요. 프로모션 팀이 휴가철 판매 목표를 달성할 수 있도록 데이터 허브를 피닉스에서 분리하는 것보다 더 중요한 게 뭐죠?"

론이 어깨를 으쓱했다. "순서를 바꾸려면 저희 상사인 존에게 말씀하세요."

커트는 이번 회의에서는 얻을 것이 없다는 결론을 내리고 노트북을 닫았다.

섀넌은 "좋아요, 좋아요, 좋다고요"라고 말하면서 역시 물러났다. 그러더니 다시 친절한 태도로 말했다. "그런데요, 적어도 데이터 허브를 인증하는 데 사용할 모든 테스트 절차와 검토하는 데 사용하는 도구 목록은 주실 수 있겠죠? 저희는 자동화된 테스트 환경에서 절차와 도구를 복제하기 위해 최선을 다할 거예요. 원하시면 주문형 보안 감사 보고서를 생성해드릴 수도 있어요."

"멋진 생각인데요, 섀넌." 론이 대답했다. "제 자리로 오시면 이전의 감사를 위한 모든 서류가 어디에 있는지 보여 드릴게요."

맥신은 섀넌이 모든 가능성을 활용해서 사람들을 자기 편으로 만드는 것을 좋아했다.

그들이 떠나는 것을 지켜보면서 커트는 어깨를 으쓱하며 맥신을 바라봤다. "더 나쁠 수도 있었어요. LARB보다는 나쁘지 않네요."

맥신이 한숨을 쉬었다. 진정한 긴박감을 불러일으키는 데 뭐가 필요한지 궁금했다. 2년 전 아버지가 뇌졸중으로 쓰러졌을 때, 맥신은 의사 친구에게 병원의 모든 황당한 과정에 관해 말했다. 친구는 답했다. "넌 그래도 운이 좋은 거야. 뇌졸중 병동의 과정은 정말 좋은 편이지. 왜냐하면 다들 일 분 일 초가 중요하다는 걸 알고 있는 데다 기다리는 것이 삶과 죽음을 갈라 놓을 수 있다는 걸 알고 있잖아."

"최악의 시스템은 정신과하고 노인 요양이야. 거기에는 응급 환자가 적고 환자를 옹호해주는 사람이 별로 없거든." 친구는 말했다. "몇 년 동안 그 시스템 안에 갇혀 오도가도 못할 수도 있어. 때로는 수십 년까지도."

맥신은 자신의 아버지를 위한 헬스케어 시스템의 혜택을 받기 위해 싸워야 했던 상황이 어떤 기분이었는지 기억이 났다. 이제 맥신은 회사의 관료적인 체제 속에서 맥신의 팀이 원하는 것을 얻기 위해 필요한 모든 것을 하는 데 전념하기로 했다. 즉 데이터 허브 팀의 사명감과 긴박함은 그만큼 가치가 있었다.

맥신은 스스로 '끝없는 낙천주의'를 상기시켰다.

매기가 장담한 대로 안건은 목요일에 LARB 목록에 올라 있었다. 맥신은 사라가 어떻게 했길래 그 제안을 그렇게 빨리 올려 놓을 수 있었는지 놀라워했다. 그러다 맥신은 매기가 사라를 설득하기 위해 무엇을 했는지가 궁금해졌다.

비록 맥신이 LARB 앞에서 프레젠테이션을 해야 하는 정치적 필요성은 인정하지만, 맥신은 팀이 TEP를 작성하는 데 들인 모든 시간에 화가 났다. 엔지니어들은 양식을 작성하는 것이 아니라 코드를 작성해야 하기 때문이었다.

그 양식에는 아키텍처와 보안에 대해 의미 있는 많은 질문이 있었지만, 몇 가지는 시대에 맞지 않아 보였다. 몇 개 질문은 수십 년 전 완전히 다른 시대에 작성한 것으로 보이는 TOGAF[2] 아키텍처 다이어그램을 떠올리게 했다. 소프트웨어 개발 및 테스트 단계 게이트, 데이터 센터 사양, HVAC[3] 사양, 체크포인트 방화벽 규칙(물론 해당된다면) 등등.

제안 내용을 만든 데이터 허브 팀은 모두 방 뒤쪽에 앉아 있었다. 톰, 브렌트, 섀넌, 드웨인, 아담, 푸르나, 맥신. 한 테이블에는 선임 개발자들과 엔터프라이즈 아키텍트들이 앉아 있었고, 다른 테이블에는 모든 운영 및 보안 아키텍트들이 앉아 있었다. 그들은 모두 맥신과 나이가 비슷하지만, 대부분 백인 남성들이고 인도인과 아시아인 남자가 한두 명 섞여 있었다. 어느 테이블에도 여자가 한 명도 없다는 것을 맥신은 알아차렸다.

데이터 허브는 두 번째 안건이었다. 첫 번째는 모든 애플리케이션을 상용 제품에서 실전 상황에서 테스트하고 오픈소스 자바 애플리케이션 서버인 아파치 톰캣Apache Tomcat에 다시 배치하기 위해 발표하는 그룹이 있었

---

2 TOGAF(The Open Group Architecture Framework)는 오픈 그룹(The Open Group)이 1995년에 만든 것으로, 엔터프라이즈 소프트웨어 개발을 위한 상위 수준의 프레임워크를 제공한다. - 옮긴이

3 HVAC는 Heating, Ventilation, Air Conditioning의 약자로 냉난방 공조 시스템을 의미한다. HVAC는 난방, 환기, 냉방 등의 효율적인 제어를 통해 사용자에게 쾌적한 실내 환경을 제공함과 동시에 에너지 절감 효과도 함께 제공한다. - 옮긴이

다. 젊은 여성이 자신감 있게 자신의 사례를 제시하는데, 그녀는 매우 사려 깊고 유능한 방식으로 내용을 전달했다. 하지만 정작 그들이 원하는 것은 톰캣의 사용 허가뿐이라는 말을 들은 맥신은 아연실색했다.

운영 환경에 톰캣 사용 허락을 구해야 한다는 것은 전기 사용에 대한 허락을 받는 것과 같았다. 한때는 전기가 위험하다고 여겨졌을 수도 있지만, 지금은 흔한 것이 전기다. 더 나쁜 것은 LARB에 대한 이번 발표가 두 번째라는 점이다. 맥신은 가슴이 철렁 내려앉았다. 만약 톰캣이 위험하고 논란이 많은 것으로 여겨진다면, 데이터 허브에 대한 제안은 웃음거리가 될 것이다.

20분 동안 LARB의 회의적인 질문을 받은 후, 그 젊은 엔지니어는 격분해서 양손을 치켜들었다. "왜 우리가 작성한 소프트웨어 실행을 그토록 두려워해야 하죠? 우리는 제조 회사입니다. 우리만의 MRP를 만들었고 그걸 직접 운영합니다. 그리고 톰캣을 쓰면 더 이상 상업용 벤더에 의존할 필요가 없습니다. 세계에서 가장 큰 회사 중 일부는 그것을 사용하고 있습니다. 1년에 수십만 달러를 절약할 수 있을 뿐만 아니라, 현재의 벤더도 제공하지 못하는 일들도 할 수 있을 겁니다. 고객에게 더 나은 서비스를 제공하기 위해 필요한 기능이 매우 많습니다."

맥신은 소름이 끼쳤다. 발표자가 자신의 오래된 MRP 시스템을 언급했기 때문이 아니라, 그 발표자는 분명히 뛰어난 엔지니어여서, 그녀가 생각하기에 필요하다고 생각하는 것을 두려움 없이 말하고, 운영 환경에서 실행하는 것을 두려워하지 않기 때문이었다.

젊은 엔지니어가 LARB로부터 더 많은 질문을 받는 동안, 맥신은 채팅방에 있는 반란군들에게 문자를 했다.

지금 발표하는 이 엔지니어는 누구에요? 정말 대단해! 완전히 반란군 재목이에요. 우리가 영입하는 게 좋겠어요.

아담은 다음과 같이 문자를 보냈다.

엘렌이에요. 운영 조직의 최고 인재 중 한 명이죠.

모두들 아담의 평가에 동의하며 맥신의 말에 고개를 끄덕였다. 대화 방에 브렌트가 글을 추가했다.

저도 동의해요, 전 그녀가 이 일을 하고 있는지 몰랐어요. 이거 대단한데요!

맥신은 드웨인이 말하는 것을 듣고 고개를 들었다. "농담이시겠죠. 우리는 새로운 기술을 평가하는 것을 돕기 위해 TEP-LARB를 만들었습니다. 아파치 톰캣은 수십 년 전에 만들어졌고, 세계에서 두 번째 또는 세 번째로 널리 사용되는 애플리케이션 서버 중 하나입니다. 우리가 톰캣을 운영할 만한 용기가 없다면, 우리는 기술 게임에서 영원히 발을 빼는게 맞습니다. 전 찬성입니다. 그리고 여러분이 반대한다면 전 그 이유를 들어봐야 할 것 같습니다."

운영 조직 대표로 온 어떤 사람이 말했다. "톰캣을 싫어하는 건 아닙니다. 저는 단지 현재의 직원들 수준을 고려해 볼 때 그걸 지원할 수 있는 능력에 마음이 불편할 뿐입니다. 지금도 무리하고 있는 상태여서, 이 기술이 가장 최첨단은 아니라는 것을 인정하지만 그래도 이 기술을 운용하고 유지할 사람들이 필요합니다…."

드웨인이 말을 가로챘다. "하지만 방금 들으셨잖아요. 엘렌의 팀이 그것을 지원할 의사가 있다고요."

드웨인의 의견은 인정하지 않은 채 보안 아키텍트가 대화에 합류했다. "그리고 보안상의 위험도 있습니다. 톰캣의 취약성, 패치를 얼마나 빨리 사용할 수 있는지, 그리고 패치에 대해 보고된 문제들에 대한 히스토리 보고서를 받아보고 싶습니다. 아마 그때 결정을 내릴 수 있을 겁니다."

드웨인이 중얼거렸다, "세상에나! 엘렌이 보안과 패치 가이드라인을 쓸 바로 그 사람이라고."

"제안해 주신 데 감사드립니다. 우리는 다음 회의에서 저희가 요청한 정보를 제시해주시길 고대하고 있겠습니다"라고 작성하고 있는 메모에서 눈을 떼지도 않은 채 운영 아키텍트가 말했다.

방 앞에서 맥신은 엘렌과 그녀의 동료들이 격분해 슬럼프에 빠져 있는 것을 봤다. 엘렌은 노트북을 닫고 모여 있는 아키텍트들에게 공손히 고개를 끄덕이고는 방 뒤쪽에 자리를 잡았다.

맥신은 엘렌과 그녀의 동료들에게 가능한 가장 열정적으로 엄지를 세워 보여줬다.

"다음은 맥신과 아담이 자동화된 코드 빌드, 테스트 및 배포를 통해 컨테이너에서 실행되는 새로운 환경으로 데이터 허브를 이전하겠다는 제안입니다." 운영 아키텍트가 운을 뗐다.

아담이 일어섰지만, 지난 발표자를 보고 나니 맥신은 이미 패배했다는 것을 알고 있었다. 아무리 준비가 잘 돼 있다고 해도, 결코 LARB를 설득할 수는 없을 것이다.

"…그리고 요약하자면, 프로모션 팀의 긴급한 요청은 내부 고객에게 데이터 허브 기능을 보다 신속하게 제공하는 것입니다. 우리는 피닉스 팀에서 분리될 수 있도록 데이터를 저장하고 검색하는 완전히 다른 방법이 필요합니다." 맥신은 결론을 말했다. "그러기 위해서 저희는 구글Google, 네플릭스Netflix, 스포티파이Spotify, 월마트Walmart, 타겟Target, 캐피털 원Capital One 등 지구상에서 가장 큰 인터넷 기업 일부에서 10년 이상 실전 테스트를 하고 운영 환경에서 사용해 온 일련의 기술들을 찾았습니다. 지난 몇 주 동안 시도해 본 것을 바탕으로 그 일을 지원할 수 있는 우리의 능력에 확신을 갖고 있으며 필요하다면 우리 스스로 이 일에 지원할 용의가 있습니다."

방 앞쪽에서 그들과 합류한 브렌트가 말을 덧붙였다. "데이터 허브 운영 환경을 지원하는 팀은 운영 조직에서 경험이 많은 사람 중 몇 명이 될 것입니다. 개인적으로 저는 이 일로 제가 얼마나 흥분하고 있는지 표현할 수도 없습니다. 이 기술들이 데이터 허브뿐만 아니라 훨씬 더 많은 영역에 적용 가능성이 있으며 우리가 지원하는 거의 모든 애플리케이션의 많은 것을 정말로 개선할 수 있다고 생각합니다. 무엇이 잘못되면 그걸 기꺼이 해결할 수 있고 책임질 수 있습니다. 이런 기술을 활용하면 파트 언리미티드의 모든 개발 조직과 운영 조직 구성원들에게 도움이 될 것입니다."

맥신은 커트가 방 뒤에서 팀을 향해 미소 짓는 것을 봤다. 맥신은 모든 사람이 자랑스러웠다. 확실한 프레젠테이션이었다. 맥신은 엘렌이 활짝 웃고 있는 것을 봤다. 분명히 인상적이라고 생각한 듯했다. 하지만 맥신은 그게 다 헛수고라는 걸 알고 있었다. LARB는 위험한 변화를 막기 위한 조직적인 면역 체계가 되도록 고안됐다. 너무 강력하고 보수적이었다.

드웨인도 지원하려고 노력했다. "LARB는 이와 같은 혁신적인 노력을 육성해야 하며, 시장에서 우리가 승리하는 데 도움 될 수 있는 기술을 선정해야 합니다. 우리는 경쟁자들을 곤경에 빠뜨리는 과감한 선택을 하면서 산업 방향을 설정하곤 했습니다. 우리가 MRP 시스템을 만들었을 때 사람들은 우리가 바보였다며 웃었지만, 역사는 그것이 옳은 일이었다는 것을 보여줬습니다. 우리는 우리 업계에서 처음으로 공장에서 씬 클라이언트를 사용한 회사였고, 그 외에도 수백 개의 뛰어난 기술적 결정 덕분에 우리는 이 나라에서 매우 효율적이고 효과적인 제조업체 중 하나가 됐습니다."

맥신은 방을 둘러보고 개발 조직 아키텍트들 사이에서 흥분과 새로운 호기심의 동요를 봤다. 그러나 맥신은 운영 및 보안 아키텍트들이 고개를 젓는 것을 봤다. 그중 한 명이 말했다. "드웨인, 말씀하신 건 알겠지만, 우리는 이것과 조금이라도 비슷한 일을 해본 적이 없습니다. 우리가 톰캣을 지원할 수 없다는 것이 부끄럽지만, 그걸 알면 우리가 왜 이것을 지원할 수 없는지 아실 겁니다. 이 계획을 자진해서 지원하겠다는 그룹이 없다면, 연기를 해야 할 것 같습니다."

드웨인은 큰 소리로 말했다. "그럼, 제가 자원하죠. 그리고 제가 알고 있는 사람들 중 데이터 허브 팀을 지원하는 일을 돕고 싶어 하는 사람을 몇 명 데려오겠습니다."

"저도 돕고 싶습니다." 엘렌이 방 뒤쪽에서 말했다. "전 몇 년 동안 여러분이 언급한 도커와 관련 도구들을 사용해 왔습니다. 이런 것들이 이 회사에 필요한 역량들입니다."

"같이 하시죠." 맥신이 웃으며 엘렌에게 말했다.

운영 조직 의장은 놀라는 표정이었지만 말문을 열었다. "열정은 고맙지만, 유감스럽게도 지금은 그 계획을 지지할 수 없습니다. 6개월 후에 상황이 변했는지 한번 보죠."

충분히 들을 만큼 들었다고 생각한 커트는 일어서서 방에 있는 사람들을 향해 말했다. "사업의 맥락을 못 들으셨나요? 매기 리와 사라 몰튼은 회사의 생존이 여기에 달려 있다고 분명히 말했습니다. 이것은 매우 중요하기 때문에 여러분이 그것을 지원할 수 없다면 우리가 직접 개발에서 그것을 지원해야 할 겁니다."

"비즈니스 쪽 사람들이 그런 말을 하는 것을 항상 듣습니다." 운영 조직 의장은 말했다. "6개월 후에 다시 논의하시죠. 그리고 이제 다른 문제들로…."

처절히 패배한 팀은 회의 장소를 나와 커트가 미리 예약해 둔 인근 회의실에서 다시 모였다. 맥신은 톰캣 제안서를 제출한 엘렌과 다른 세 명의 엔지니어를 초대했다.

"와, 정말 대단했어요. 정말 이 모든 것을 독자적으로 해서 운영할 작정이신 건가요?" 엘렌은 주위의 침울한 얼굴들에 영향을 받지 않고 입이 귀에 걸린 채로 말했다. "그럴 거라면 저도 끼워주세요. 전 엘렌이에요." 엘렌은 맥신에게 손을 내밀고 나서 자기 팀을 소개했다.

"또 만나서 반가워요, 엘렌." 아담은 활짝 웃으며 말했다. "즐거운 반란군에 온 걸 환영합니다. 제 점쾌가 맞다면 조만간 엘렌의 도움이 필요하겠는데요."

엘렌이 웃었다. "브렌트가 합류했다는 것만으로도 저한테는 충분해요. 여러분이 제시한 것은 정말 대단했어요. 여기 파트 언리미티드에서 이런 종류의 일을 하는 사람이 있을 줄은 몰랐어요."

브렌트는 겸손하게 웃었다. "하지만 그래도 걷어차인 건 마찬가지인데요, 안 그래요?"

커트는 "정말 그렇죠. 그러나 모든 것이 계획대로 진행된다면, 오늘 안으로 크리스와 사라가 기존의 운영 및 QA 프로세스와는 별도로 데이터 허브를 운영할 수 있는 소규모 조직을 발표하는 공지가 나갈 거예요. 그게 우리가 해야 할 모든 것을 할 수 있는 공식적인 승인이죠."

데이터 허브 팀의 모든 사람이 이 좋은 소식에 놀라며 환호했다. 맥신은 엘렌이 중얼거리는 소리를 들었다. "와! 여러분에겐 꽤 강력한 후원자가 있네요."

브렌트가 다시 중얼거렸다. "누군지 절대 모를 걸요. 나중에 얘기해줄게요." 아담은 알았다는 듯 웃었다.

다들 축하하는 분위기가 한창일 때 드웨인은 침울해 보였다. 맥신이 그 이유를 묻자 드웨인은 말했다. "LARB가 이런 일을 지지하지 않았다는 것이 도저히 믿어지지 않아요. 우리가 여러분을 실망시켰네요. 원래는 그 사람들이 지평선 너머에서 몰려오는 중대한 위험을 볼 수 있어야 했는데. 그래서 그 사람들이 우리의 대의를 지지해야 했는데 말이에요. 도와줬어야 하는데…. 〈반지의 제왕〉에서 간달프가 백색 회의의 지원을 받는 것처럼요…."

맥신은 드웨인이 두 손을 그의 관자놀이에 올려 놓고 끙끙대는 것을 보고 놀랐다. 1분 후, 드웨인은 다시 입을 열었다. "하지만 전혀 그렇게 되지 않았어요."

브렌트는 웃었다. "잘못 알고 있어요, 드웨인. 반지 원정대는 백색 회의에서 공식적으로 승인받은 적이 없어요. 간달프는 모두에게 절대반지가 잡히지 않았다고 경고했지만, 사루만은 이미 사악한 사우론을 위해 일하고 있었기 때문에 돕기를 거부했어요. 그래서 간달프는 악당이 되고. 독자적으로 일을 시작한 거예요. 우리도 그럴 거고요."

"열받지만 그 말이 맞아." 커트가 말했다. 엘렌과 그녀의 팀으로 눈을 돌리며 커트가 말했다. "일 끝나고 다들 뭐 하는 거 있어요? 우리가 가는 술집이 있는데…."

"도대체 날 무슨 일에 끌어들인 거야?!" 크리스가 커트에게 화를 내며 말했다. "매기하고 사라가 나보고 그러던데, 자네가 개발 조직 내부에 자체 운영 조직을 만들자고 제안했다고?! 그리고 새로운 티어 2 서비스를 클라우드에서 실행하기 위해 어떤 예외적인 면제를 받게 됐다고?! 나한테 먼저 물어볼 생각은 하지도 않았겠지?"

맥신은 커트, 드웨인, 매기와 함께 크리스의 사무실에 있었다. 크리스는 분명히 기분이 좋아 보이지 않았지만, 매기는 성취해야 할 비즈니스 결과와 그렇게 하지 않으면 발생하는 중대한 결과를 설명하기 위해 열심히 노력했다.

크리스는 잠시 창밖을 바라보다가 맥신에게 시선을 돌렸다. "이 모든 것이 우리 면전에서 폭발하지 않도록 할 수 있는 그런 능력을 우리가 정말로 갖고 있다고 생각하는 거야?"

"물론이에요, 드웨인과 운영 조직의 브렌트가 도와주면 말이죠." 맥신은 확실하게 말했다. "일이 원만히 진행될 수 있도록 저도 전력을 다하게요. 전 정말 우리가 할 수 있다고 생각해요, 크리스. 무슨 일이 있어도 책임을 지겠다고 약속할게요."

드웨인과 브렌트의 이름이 나오자 크리스의 얼굴에 고통스러운 표정이 나타났다. 그는 맥신을 바라보는데, 크리스는 '분란을 일으키지 말고, 네 자리에 가만히 있으라고 한 말을 이해하지 못한 거야?'라고 생각하는 듯 했다.

맥신이 어깨를 으쓱했다. 맥신은 크리스가 20여 년 전 그의 엔지니어링 경력 초기에 미션 크리티컬한 서비스를 운영했다는 것을 알고 있다. 하지만 그 이후로, 그는 코드를 책임질 뿐, 코드가 실행되는 실제 서비스 운영에 더 이상 참여하지 않았다. 맥신은 크리스가 이 일로 생길 수 있는 모든 불편함, 잘못될 수 있는 모든 일들, 그가 거절할 경우 일어날 수 있는 일들까지 다 계산하고 있는 게 눈에 보였다.

"좋아, 좋아, 좋아. 내가 하지." 크리스는 마지못해 말했다. "난 여러분 때문에 심장마비가 생길 거야." 그러고 나서 사람들을 그의 사무실에서 몰아냈다.

약속대로 크리스는 현재 데이터 허브 팀이 자신에게 직접 보고하고 있고, 실험적으로 그들은 변경 사항을 둘러싼 정상적인 규칙과 규정으로부터 면제되고, 그들 자신의 코드를 테스트하고, 배포하고, 운영 환경에서 서비스할 것이라고 발표하는 메모를 모두에게 보냈다.

"메일이 방금 나갔어요." 커트는 미친 듯이 웃으며 말했다. "우린 이제 배포와 운영 업무도 하는 거야!"

"와, 정말 대단해요"라고 말하는 맥신은 여전히 핸드폰으로 이메일을 쳐다보고 있었다. "저기, 우리가 많은 일을 했지만, 나는 실제로 이런 일이 일어나지 않을 거라고 거의 확신했거든요."

키트가 웃었다. "크리스가 그 문제에 대해 선택권이 많지는 않았을 거예요. 매기와 사라 둘 다 이걸 스티브에게까지 보고했거든요."

데이터 허브가 재편성되면서, 팀은 일에 몰입할 수 있었다. 그들은 운영 환경 배포를 자동화하고 중앙집중식의 운영 관리 없이 운영 환경을 관리하는 방법을 찾으려 열심히 일하고 있었다. 그들이 운영 환경과 정말로 어느 정도까지 분리할 필요가 있는지는 아직 확실하지 않아 계속 협상 중이었다. 백업까지 분리해야 하나.

그 막대한 도전은 아주 신나는 일이었다. 목표는 명확했다. 운영 환경에 신속하고 안전한 배포를 가능하게 하고, 그 여정에 걸친 개발, 테스트 및 운영 환경 전반을 수년 만에 처음으로 동일하게 만드는 것이다. 그리고 사람들은 피닉스 프로젝트가 테스트 주기를 끝내기도 전에 모든 것을 가동하고 실행할 수 있다는 것을 증명하고 싶어했다.

다시, 그들은 느리게 진행되는 피닉스 프로젝트와 가상의 경쟁을 하고 있었다.

맥신은 드웨인, 아담, 섀넌, 브렌트와 협력해 10년 전처럼 돈으로 살 수 있는 가장 빠른 베어메탈서버bare-metal servers[4]를 구매하는 방법은 제외하고, 다른 어떤 환경에 데이터 허브 서비스를 실행시킬 것인지를 결정하는데, 느리지만 확실한 진전을 보이고 있었다. 10여 년 전부터 쌓인 데이터 허브의 많은 것을 현재의 OS 버전에 설치했을 때 문제가 불거졌다. 몇 개의 실행 파일에 대해서는 누구도 소스 코드를 찾을 수 없었다. 데이터 허브는 재생산이 불가능하고 취약한 부분이 있었다. '미술품 수집가라면 좋아하겠지만, 미션 크리티컬 서비스를 운영할 때는 절대 용납할 수 없는 일이지.' 맥신은 생각했다.

그들은 예전 것과 같은 행동을 하면서도 컨테이너 안에서 즉시 실행 가능한 테스트 및 운영 서비스를 만들기 위해 순차적으로 일했다. 며칠 동안

---

4 베어메탈서버(Bare Metal Server)는 가상화 환경 없이 단독으로 운영하는 서버를 말한다. 다른 클라우드 사용자의 영향을 받지 않는 단독 서버를 사용하기 때문에, 클라우드 컴퓨팅의 확장성 등에 대한 장점은 없지만 성능에 민감한 서비스도 늘 안정적으로 운영할 수 있다. – 옮긴이

맥신은 Makefiles, YAML, XML 구성 파일, 도커파일, 소스 코드 저장소의 암호화 해제 등 엉망진창인 인프라 세계에 빠진 채 그동안의 경험을 총동원해 빌드 및 테스트 시간을 단축시키고 있었다. 불행하게도, 이 일에는 많은 배시^{Bash} 스크립트가 필요했다.

맥신은 파워셸^{PowerShell}의 발명가인 제프리 스노버^{Jeffrey Snover}의 말이 기억났다. 그는 언젠가 이렇게 말했다. "배시는 죽음에 이르게 하는 질병이지만, 그것으로 죽지는 않는다." 맥신도 같은 느낌이었다. 인프라스트럭처 관련 일은 맥신이 사랑하는 순수 함수형 프로그래밍 작업과는 거의 정반대인 지저분한 작업이며, 다양한 개발 및 운영 환경에 대해 상태를 변이시키는 부작용이 나타나고, 일이 잘못됐을 때 문제를 진단하는 것이나 문제를 격리시키고 테스트하는 것도 어렵게 만든다.

그러나 맥신은 이 작업이 얼마나 중요한지 알고 있으며, 그녀가 이런 환경과 CI/CD 플랫폼에 넣을 수 있는 모든 지식과 전문성은 파트 언리미티드의 모든 엔지니어의 생산성을 향상시킬 것이라고 확신했다.

맥신은 주위를 둘러보고, 현재 회사에서 가장 뛰어난 엔지니어들이 다른 모든 사람을 더 생산적으로 만들기 위해 노력하고 있다는 것을 깨달았다. '원래 이래야 하는 거야.' 맥신은 생각했다.

다음 주 목요일, 모든 규제가 풀리자 맥신은 그동안 사람들이 얼마나 많은 성과를 거둘 수 있었는지에 감격했다. 그런데 무언가 이상하다는 생각도 들었다. 모든 데이터 허브 엔지니어들이 함께 참여하고 있었다. 그들의 도움에는 분명 감사하지만, 인버전 프로젝트가 피처 작업을 허용하지 않는 상태라고 해도 여전히 긴급하게 작업해야 하는 피처가 항상 있기 때문이었다.

이상한 생각이 들자 맥신은 톰에게 무슨 일이 있냐고 물었다. 톰은 "이상하게도 준비된 피처가 하나도 없어요. 믿기 힘들겠지만, 모든 피처가 제품 관리자로부터 무언가를 기다리고 있어요." 톰이 말했다. "명확하게 할 필요가 있는 고객 요구 사항부터 와이어프레임에 관한 질문, 여러 옵션 이나 우선순위 사이에서 결정해야 하는 선택까지 모두요…. 때때로 버튼을 어디에 둘지에 대한 사소한 것도 있고요. 우리가 구축한 것을 검증하는 데모에 사람들이 나타나지 않는 것과 같은 큰 일이 있기도 해요." 톰은 웃었다. "그들은 우리를 병목이라고 생각하고, 우리는 항상 그들을 기다리고 있죠."

"좀 보여줄래요?" 맥신이 말했다. 톰이 말한 그 어떤 것도 좋게 들리지 않았지만, 제품 관리자가 데모에 나타나지 않는 부분은 맥신을 화나게 했다. 이는 제품 관리자가 부탁한 것을 만든 엔지니어들에게는 매우 무례한 처사라고 생각했다.

맥신은 이전에 사용해본 적 없던 툴을 톰이 여는 것을 지켜봤다. 그 툴은 이상적인 고객 여정, 가설을 중시하고 실험을 관리하는 등 고객에게서 아이디어를 얻기 위해 제품 관리자들이 사용하는 툴이었다.

"저 파란색 카드들은 다 뭐예요?" 맥신이 물었다.

"눈썰미가 좋네요. 그게 바로 문제예요." 톰이 말했다. "모두 우리가 작업하고 있는 피처들이지만, 우리가 필요한 게 제품 관리 쪽에서 오지 않아 우리 업무가 막힌 거예요. 제가 전에 말했던 그 모든 이유처럼요. 아, 그리고 여기 우리가 완성한 피처 몇 가지에는 옐로우 카드가 있는데, 아직 비즈니스 쪽 관계자들이 수용하지 않았어요. 이건 벌써 사십 일째 대기 중이에요."

맥신은 제품 관리 부서가 피처를 빨리 시장에 출시해야 한다고 불평하는 만큼이나 파란색과 노란색 카드는 개발이 아닌 영역에서 방해가 되고 있다는 것에 분개하며 얼굴이 벌게지는 것을 느꼈다. '제품 관리자에게 어떻게 책임을 묻지?' 맥신은 생각했다. '커트를 개입시켜야겠어.'

10분 후, 커트는 그들과 함께 푸른 카드의 바다를 응시하고 있었다. "무슨 말인지 알겠어요. 좋은 건 아니지만 저한테 좋은 생각이 있어요"라고 말했다. "그건 그렇고, 사라가 거대한 디자인 대행사한테 의뢰 비용을 주기로 해서 다른 팀들은 아마 작업할 엄두도 못낼 와이어프레임의 홍수를 겪고 있다는 걸 알고 있어요? 개발 관리자들이 아무리 와이어프레임 보내는 걸 중단하라고 요구해도 계속 들어오고 있대요."

"왜요?" 맥신이 물었다.

"사라가 만들고 싶은 애플리케이션을 자랑해야 하기 때문인 것 같아요"라고 말했다. "그런데 재미있는 건 디자이너들이 여기 와서 했던 말이에요. 그들은 와이어프레임 작업이 가장 싫었대요. 우리 고객들에 대해 알고 싶어했고, 우리가 사용했던 페르소나 관련 목표를 더 명확하게 하는 데 많은 노력을 했죠. 심지어 우리 모두가 와이어프레임을 그리는 세션도 한번 있었어요." 커트가 웃으며 말했다.

맥신은 디자이너들과 함께 일하는 것에 관심이 갔다. 맥신이 일을 시작한 지 얼마되지 않았을 때, UX와 디자이너 대 개발자 비율은 1대 70이었다. 요즘에 소비자 지향적인 제품을 만드는 훌륭한 팀들은 사람들이 좋아하는 제품 개발을 중요시하기 때문에 1대 6의 비율을 갖고 있다. 요즘 소비자들은 전문적인 애플리케이션이 어떤지 잘 알고 있다. 훌륭한 디자이너가 없는 애플리케이션은 흔히 '기업용'이라고 조롱받았다.

맥신은 여전히 디자이너가 배정되기를 기다리는 팀들을 봐왔고, 그들은 피처 흐름을 유지하기 위해 자기들이 직접 와이어프레임, HTML과 CSS 스타일링 그리고 아이콘들을 만들었다. '이런 프로젝트들은 팀들이 다른 사람들에게 작업 결과를 보여주기 민망해 하지.' 맥신은 생각했다.

좋은 소식은 사라가 훌륭한 디자이너들을 많이 갖고 있다는 것이다. 나쁜 소식은 사라가 디자이너가 필요하지 않은 곳에 그들을 투입했고 그 디자이너들은 사실 중요하지 않은 일들로 백로그를 홍수로 만들면서 중요한 개발 작업을 늦추고 있다는 것이다.

그날 저녁, 식사를 마치고 맥신의 가족들이 애완견 와플스와 즐겁게 노는 동안, 맥신은 노트북을 열었다. 아까 톰이 보여준 파란 카드 뭉치가 계속 그녀를 괴롭혀서, 진상을 규명해보기로 결심했다.

파란색 카드 뭉치는 제품 관리자가 비즈니스 성과를 달성하기 위해 아이디어의 수집을 관리하기 위한 도구의 일부였다. 그것은 개발 티켓팅 시스템에 피처가 생성되기 훨씬 전에 시작되는 과정이었다. 맥신은 톰이 준 인증서를 사용해서 그 툴에 로그인했다. 툴을 살펴보니 언제 아이디어가 처음 구상됐고 브레인스토밍했는지, 그리고 그것이 승인된 피처가 될 때까지의 모든 다양한 단계를 볼 수 있었다.

맥신은 보증 프로그램 연장에 대해 톰과 함께 작업했던 첫 번째 피처를 찾았다. 그것을 발견하자 입이 벌어졌다. 그 피처는 거의 2년 전에 처음 논의됐다. 작은 피처로 시작됐지만 더 큰 보증 계획으로 커졌고, 이후 운영 위원회에 발표됐다. 그것이 승인된 후, 그들은 세부적인 명세서를 작성했고, 그것은 6개월 후에 발표됐다. (두 번째) 승인을 받고 난 후 마침내 자금이 지원됐다.

이 아이디어는 거의 2년 동안 마케팅과 프로젝트 관리 조직 사이에서 이리저리 굴러다니다가 연말까지 완료해야 하는 초긴급 우선 기능으로 바뀌었다.

'이렇게 중요한 일에 거의 2년을 허비했네.' 맥신은 생각했다. 이상적이라면 이 아이디어를 실험하고 함께 해결책을 만들 수 있도록 개발자들이 포함된 팀을 배정했어야 했다. '한 명의 제품 관리자가 내내 이 일을 하는 대신에, 여러 사람들이 함께 작업을 할 수 있었을 거야. 그러면 그 과정에서 많은 것을 배울 수 있었을 텐데.'

맥신은 2년 전에 작성된 이 명세서가 얼마나 지금 시대에 뒤떨어져 있는지 궁금했다.

그녀는 개발과 QA 티켓팅 시스템을 열어 일부 날짜를 스프레드시트에 복사했다. 날짜 변환과 날짜 산술식을 올바르게 작성하는 방법을 기억해

내려고 거의 10분 동안 구글 검색을 했다.

맥신은 충격을 받은 채 화면을 응시했다. 산술식을 몇 가지 다른 방법으로 해봤지만 여전히 같은 숫자가 나왔다.

그녀는 커트에게 다음과 같이 문자를 보냈다.

내일 만나야 해요. 보여 줄게 있어요.

맥신은 커트, 톰, 커스틴과 함께 회의실에서 모여 자신의 노트북을 스크린에 띄웠다. 모두가 믿을 수 없다는 듯이 스크린을 응시하고 있는데, 맥신은 그들의 표정이 완전히 이해됐다. 맥신은 밤새도록 이 숫자에 대해 생각했다. "정말 저게 맞는 걸까요?" 커트가 물었다.

"그런 것 같아요." 맥신이 말했다. 커트는 여전히 숫자들을 응시하고 있는 커스틴을 쳐다봤다.

"개념에서 실제로 이 피처를 사용하는 고객에게 서비스를 전달하기까지 소요되는 시간의 2.5%만이 개발에서 소요되는 거예요?" 커스틴은 마침내 이렇게 물었다. 목소리는 확실히 믿을 수 없다는 말투였다. 커스틴은 일어서서 스프레드시트를 좀 더 자세히 보기 위해 대형 TV 화면으로 걸어갔다. "그럼 그 모든 시간은 어디로 간 거죠?"

맥신은 "피처가 개발에 도착하기 훨씬 전에 자금 지원 승인 절차를 거치는데, 그게 보통 1년 이상 걸려요. 일단 피처가 생성되면, 대부분의 시간은 개발 작업이 아닌, 제품 관리자가 질문에 답해주기를 기다리는 데 들어가요. 그리고 나면 또 〈스퀘어 게임〉이에요. 팀들은 자기네 필요한 것을 제품 관리자가 줄 때까지 기다리는 데 많은 시간을 할애하는거죠…."

"그다음 이 피처가 완료되면, 그들은 QA와 배포를 기다리죠." 맥신은 말했다. "이거 끔찍하네요. 지금까지 더 많은 개발자를 고용하는 데 시간을 보냈는데, 그 개발자들은 작업 준비가 된 적이 별로 없다는 거네요. 그리고 그들이 피처를 끝내더라도, 고객들이 그것을 사용할 수 있도록 실제 운영 환경에 배포하기까지는 한참 더 걸리는 거죠. 그리고 가끔 우리가 받는 유일한 피드백은 연간 포커스 그룹들이고요."

"빠른 가치 흐름이 없네요"라고 맥신이 말했다. "우리가 가진 것이라고는 더러운 거품이 끼어 말라리아를 번식시키는 고여 있는 연못에 더 가까운 거죠."

"매기한테 전화해야겠어요." 커트가 말했다.

그날 오후, 매기는 우아한 해결책을 생각해냈다. 월요일부터 데이터 허브 제품 관리자를 마케팅 빌딩에서 맥신의 바로 옆 자리로 옮기기로 했다.

회의실에서 매기는 제품 관리자에게 말했다. "당신이 병목 현상이에요. 지금 당신의 최우선 과제는 기술 팀이 갖고 있는 모든 질문과 요청에 신속하게 대답하는 겁니다. 그것보다 더 중요한 건 없어요."

그는 망설이다가 자신의 시간을 써야 하는 다른 요구들을 설명하기 시작했다. 고객과 대화하고, 영업 협상을 돕고, 영업의 나쁜 관행을 없애려고 노력하고, 내부 경영진에게 브리핑하고, 사업 운영과 협력하고, 비즈니스 이해관계자들과 제품 로드맵에 합의하기 위해 다투고, 긴급한 문제에 대한 승인을 얻기 위해 윗선으로 요청하고…. 그리고 리스트의 저쪽 아래에 개발자들의 질문에 답하는 것이 있었다.

맥신은 그렇게 많은 방향으로 끌려다니다 보면 그 누구도 아무것도 해낼 수 없다는 것을 깨달으며 주의 깊게 귀를 기울였다. 매기 역시 참을성 있게 경청하며 고개를 끄덕이고 가끔 질문을 했다.

그가 말을 다 마치자 매기가 말했다. "당신이 너무 바빠서 기술 팀과 일을 같이 할 수 없다면, 순수 제품 마케팅 역할로 옮겨 줄 테니 책상을 옮길 필요도 없어요. 지금, 전 우리의 가장 중요한 사업 목표를 달성할 수 있는 것을 만들고 있는 팀들과 나란히 함께 일할 제품 관리자가 필요합니다. 만약 당신이 여전히 제품 관리자가 되고 싶다면, 다른 일을 싹 다 치우고 그 일들을 다른 사람에게 할당할 방법은 제가 알아보죠."

"지금 당장은 대답하지 않으셔도 돼요." 매기가 말했다. "생각해보시고 월요일 아침 일찍 알려주세요."

맥신은 감동했다. '매기가 화끈하네'라고 생각했다.

월요일 낮이 되자, 그 제품 관리자는 자신의 책상을 맥신 바로 옆으로 옮겼다. 분위기가 확 바뀌었다. 답을 얻기 위해, 더 이상 티켓 시스템에서 기다리지 않았다. 엔지니어들은 의자를 빙 돌려서 그에게 물어볼 수 있었다. 보통 며칠이 걸리던 일들이 몇 분 만에 해결됐다. 그리고 더 좋은 것은, 엔지니어들이 비즈니스 도메인에 대해 훨씬 더 잘 이해하기 시작한다는 것이다.

맥신이 미소 지었다. 팀들이 계속 성장하는 게 기분 좋았다.

발신: 앨런 페레스(웨인 요코하마 이쿼티 파트너의 운영 파트너)

수신: 딕 랜드리(CFO), 사라 몰튼(소매 운영)

참조: 스티브 마스터즈(CEO), 밥 스트라우스(이사장)

날짜: 11월 5일 오후 7시 45분

제목: 전략 옵션 **기밀**

딕과 사라,

다음 회의 준비를 위해, 파트 언리미티드 사업의 소매 및 제조 측면에 대한 시장 전망을 우리가 예전부터 고용해 왔던 투자 은행가에게 부탁했습니다. 그들의 생각을 알 수 있도록 피닉스 기획에 대한 고위급 브리핑이 가능합니까?

다가오는 휴가철 판매 실적의 중대성을 고려하면, 조만간 그들에게 우리를 소개하는 것이 유용할지도 모른다고 생각합니다. 바라건대 어떤 재난이 일어나기 전에 평가 추정지가 먼저 안착하기를 바랍니다. (정말 절실한 순간에 가서는 은행가들과 대화하고 싶지 않을 겁니다. 그들은 항상 공포의 냄새를 잘 맡습니다.)

진심으로, 앨런

목요일 저녁 6시 30분, 맥신은 허브 팀 전체와 함께 회의실에 다시 모였다. 모두 긴장하고 초조해하며, 모든 텔레메트리[1]와 대시보드가 테스트 및 운영 환경 데이터 허브가 서비스하는 테스트와 운영 환경의 현재 상태를 보여주는 대형 화면을 바라보고 있었다. 맥신은 다른 사람들도 자기처럼 숨을 죽이고 있다고 꽤 확신했다.

그 팀은 몇 주 동안 테스트 환경에 배포해오다가, 운영 환경에 배포할 자신감을 얻어 거의 모든 사업 분야와 며칠 동안 협상했다. 업무 시간 후, 내부 비즈니스 사용자들이 퇴근한 후 자정에 수천 개의 내부 일괄 처리 작업을 실행하기 전에, 운영 환경으로 배포하는 것에 합의가 이뤄졌다.

지난 이틀 동안, 매일 같은 시간에 테스트 삼아 '화이트스페이스 변화'를 운영 환경에 밀어 넣었다. HTML이나 구성 파일의 끝에 두어 개의 공백 줄을 추가하는 것인데, 이론적으로는 어떤 식으로도 기능을 변화시켜서는 안 된다.

물론, 현실은 훨씬 더 혼란스럽다. 그것은 '실제 그대로의 세계'와 격렬하게 충돌하는 '상상대로의 세계'였다. 컨테이너 이미지에 있는 중요한 파

---

1 텔레메트리(telemetry)는 자동화된 감지, 데이터 측정 및 원격 장치의 제어를 의미한다. 장치에서 중앙 제어 지점으로의 데이터 전송이 중요하며, 장치로 구성 및 제어 정보를 송신하는 것도 포함한다. – 옮긴이

일들을 실수로 잊어버린 것도 발견했고, 그 일로 거의 30분 동안 데이터 허브가 중단됐다. 3시간 후, 공들여 조사한 끝에 아무것도 충돌시키지 않고 백스페이스 배포를 실행할 수 있었다.

다음 날, 두 번째 화이트스페이스 배포를 수행했지만 아무 일도 일어나지 않았다. 그날 오전에 저질렀던 설정 오류가 모든 파이프라인을 망쳤다는 것을 발견하는 데 또 한 시간이 걸렸다. 지저분하고 불완전한 일이었지만, 이런 문제들을 재빨리 해결하고 있다는 사실로 인해 맥신은 모두가 올바른 길을 가고 있다고 믿었다.

오늘, 톰과 브렌트는 데이터 허브 애플리케이션 코드를 운영 환경에 처음으로 밀어 넣으려 준비하고 있다.

"좋아, 간다." 톰이 말했다. '코드 배포 시작.' 그가 버튼을 클릭하니 CI/CD 파이프라인 페이지에 새로운 박스가 나타나 새로운 배포가 시작됐음을 보여줬다. 로그파일이 스크롤되기 시작하자 모두 숨을 죽이고 지켜봤다.

이후 10분 동안 맥신은 테스트 실행, 테스트 통과, 운영 환경 시스템에 파일 복사, 데이터 허브 재시작, 재시작과 동시에 더 많이 올라오는 로그 메시지, 그리고 로그 메시지가 중지되는 것을 지켜봤다.

앞에 있는 화면에는 데이터 허브의 상태를 나타내는 큰 원이 녹색에서 빨간색으로 바뀐후 계속 빨간색으로 남아 있었다.

"으음⋯." 톰이 말했다. "데이터 허브가 시작하자마자 문제가 생겼어요⋯." 그는 터미널 윈도우에 빠르게 타이핑을 했다.

맥신은 주위 사람들이 욕하는 소리를 들었고, 맥신은 무엇이 잘못됐는지 알아내려고 노트북 앞에 있는 톰과 합류했다. 맥신은 톰이 왜 데이터 허브가 멈췄는지에 대한 단서를 찾기 위해 끝이 없어 보이는 자바 스택의 흔적을 스크롤하는 것을 봤다. 톰은 소리를 지르며 "잡아 내지 못한 예외의 일종이겠지만 도움 되는 오류 메시지를 찾을 수가 없어요⋯"라고 했다.

섀넌이 테이블 저편에서 소리를 질렀다. "여러분, 데이터베이스에 대한 액티브 커넥션이 하나도 보이지 않고 있어요."

브렌트는 공포에 질린 표정으로 얼굴을 들었다. "제기랄, 내가 데이터베이스 커넥션 문자열 바꾸는 걸 잊었나?"

브렌트가 허공으로 눈길을 돌리자 맥신은 부드럽게 물었다. "좋은 가설이에요, 브렌트. 지금 무슨 생각을 하고 있어요? 뭔가 떠오른 건가요?"

무아지경에 있다가 깜짝 놀란 듯 브렌트는 맥신을 돌아봤다. "데이터베이스 연결 문자열이 어디에 저장돼 있는지 기억이 안 나요! 환경 변수인가? 아니면 설정 파일에 있나? 아는 사람 있어요?"

"환경 변수예요. 채팅방에 그게 어디 있는지 올리고 있어요." 푸르나가 말했다. 맥신은 팀이 주도적으로 행동하는 것을 지켜봤다.

20분 후에 필요한 수정을 마쳤고, 데이터 허브를 백업한 후 다시 실행시켰다. 모두들 안도의 한숨을 쉬었다. 막혔던 트랜잭션이 모두 처리되면서 모든 것이 다시 녹색으로 변했다. "좋아요, 환경 변수에서 몇 가지 설정을 놓친 다른 두 곳을 찾아냈어요. 지금은 모두 버전 관리 환경에 들어갔어요. 이번에는 문제가 없어야 하는데. 모두 다시 시도할 준비가 되셨나요?" 톰이 묻자, 다들 아까처럼 자신만만하지는 않아도 엄지를 치켜 들어보였다.

다시, 데이터 허브 배포가 시작되는 것을 모두가 지켜봤다. 테스트 환경에서 테스트가 실행되고, 파일이 운영 환경 서버에 배포되고, 데이터 허브가 중지되고, 서버에 새로운 파일이 복사되고, 데이터 허브가 다시 시작되고, 메시지가 스크롤되기 시작했다.

이번에는, 이전에 멈췄던 부분에서 0.5초 정도 잠깐 정지돼 있었지만, 그다음에는 그 누구도 읽을 수 없을 정도로 빠르게 수많은 로깅 메시지가 스크롤됐다. 톰은 기뻐서 이상한 소리를 지르면서도, 데이터 허브가 다시 제대로 요청을 처리하기 전에 많은 것이 여전히 진행돼야 한다는 것을 알고 있기에 노트북에서 눈을 떼지 못하고 있었다.

잠시 후 데이터 허브 상태 옆에 있는 빨간색 표시가 녹색으로 바뀌었다. 어떤 사람들은 박수를 쳤지만, 대부분 어떤 축하도 시기상조라는 것을 알기에 운영 환경 텔레메트리 쪽으로 재빨리 눈을 돌렸다. 맥신은 로깅 메시지가 서서히 나타나다가 멈추더니 운영 환경 관련 그래프가 다시 상승하기 시작하는 것을 봤다.

방에 있던 사람 대부분이 환호성을 터뜨렸다. 맥신은 브렌트의 심기가 불편한 것을 알아차렸다. 첫 번째 데이터베이스 연결 오류 때문에 자기 자신에게 화가 난 것 같았다.

톰은 "데이터 허브가 트랜잭션을 다시 처리하고 있습니다. 배포 작업을 실행하는 중입니다!" 톰은 활짝 웃으며 주위를 둘러봤다. "도크사이드에 축하하러 갈 사람 있나요?"

"이제 모두가 왔으니, 여러분이 해낸 놀라운 일을 위해 제대로 건배할 수 있겠네요!" 커트가 활짝 웃으며 말했다. "여러분은 오늘 매우 **중요한** 분들의 주목을 받았지만, 모두 함께하기로 했으니 안심하셔도 됩니다!"

커스틴이 잔을 들었다. "여러분, 진심으로 축하드립니다. 여러분은 프로젝트 관리자 한 명도 없이 모든 일을 다 해냈습니다, 그래서 훨씬 더 좋네요!"

모두가 웃고 박수갈채를 보냈다. 브렌트도 웃고 있었다.

"아아, 정말 멋진 타이밍이에요." 그들을 향해 걸어오는 누군가에게 잔을 들어 올리면서 커트가 말을 이었다.

맥신을 고개를 돌려 봤다. '세상에나!' 맥신은 놀랐다.

매기 리다. 도크사이드에 참여하는 사람들이 점점 더 고급스러워지고 있었다. 커트는 미소를 지으며 밀했다. "새로 빙문하신 VIP를 만나 보겠습니다."

"안녕하세요, 여러분." 맥신 옆에 자리를 잡으며 매기가 말했다. "성공적인 데이터 허브 배포를 축하하러 이곳에 오게 돼 기쁘네요."

커트가 데이터 허브 팀원들을 매기에게 소개하자, 매기는 일어서서 모두에게 자신을 소개했다. "여러분이 데이터 허브 팀과 함께하고 있다는 것이 놀랍습니다. 그리고 제품 관리자들은 여러분이 하는 일이 우리가 새로운 제품 패키지들을 빠르게 만드는 데 얼마나 도움 되는지에 놀라울 정도로 흥분하고 있습니다." 매기는 말했다. "우리는 고객에 대해 아주 많이 알고 있으며, 고객이 문제를 해결하는 데 도움 되는 정보를 활용하고 싶습니다. 우리가 제대로 활용할 수 있다면 당연히 수익 목표를 달성할 수 있습니다. 그게 바로 우리가 하는 일입니다. 다가오는 추수감사절과 크리스마스 시즌이 얼마나 중요한지 여러분께 말할 필요는 없겠죠."

"우리를 기꺼이 도와주신 것에 감사하고 싶고, 앞으로도 여러분과 함께 일하기를 정말 고대하고 있습니다." 매기가 말했다. "여러분이 하는 일은 중요하고, 그 일은 회사의 성공에도 중요하다고 생각합니다."

매기는 모든 사람의 큰 박수 소리에 맞춰 잔을 들었다.

맥주 피처와 와인잔 너머로, 매기는 거기에 모인 사람들에게 고생한 이야기를 하는데, 그중 일부는 맥신을 놀라게 하는 한편 걱정하게 했다. 매기 팀은 겨우 두 개의 기록 관련 시스템을 통합했을 뿐이었다. 여전히 제품, 가격, 프로모션, 구매를 포함한 거의 20개의 API 통합이 기다리고 있었다.

더 효과적인 제안을 만들기 위해 많은 데이터 과학자를 고용했지만, 여전히 데이터 웨어하우스 팀을 기다려야 했다. 서로 다른 모든 시스템, 자동차 서비스 이력, 그들의 고객 충성도 프로그램, 그리고 그들의 브랜드 신용카드에서 나온 구매 이력을 기다리고 있었다. 이사회 발표를 위해 데이터를 요청하는 임원이 아닌 경우, 가장 단순한 데이터 요청도 데이터 웨어하우스 개발 및 QA 프로세스를 느릿느릿 거쳐 가기 때문에 6개월이나 걸렸다. 그리고 브렌트가 발견한 것처럼, 그들이 얻는 데이터는 종종 잘못된 형태이거나, 읽을 수 없거나, 불완전하거나, 설상가상으로 부정확했다.

매기와 팀이 불평하자 데이터 웨어하우스 관리자는 모든 사람에게 그들에게 들어오는 데이터 요청에 보조를 맞추고 있다는 것을 보여주는 그래프를 이메일로 보냈지만, 그것은 사람들이 요청을 포기하거나 무엇이든 요청하는 것을 중단했기 때문이다.

그들 앞에 놓인 문제가 분명해지자 커트는 맥신에게 눈을 돌렸다. "매기는 이미 프로모션 업무를 지원하기 위해 많은 개발 팀을 배정받았지만, 그 사람들도 분명히 어느 정도의 도움이 필요할 거예요. 지금까지 들은 얘기를 토대로 가장 큰 차이를 만들기 위해 누구를 데리고 가고 싶으세요?" 커트는 테이블 주위에 있는 사람들을 손으로 가리켰다. "여기서 제일 좋은 사람으로 골라 가실 수 있어요. 데이터 허브 개발 팀과 QA 팀에서 누구라도 고를 수 있어요. 그냥, 반란군 중에서도 괜찮아요."

"제일 좋은 사람으로 고르란 말이죠. 좋네요, 커트." 맥신은 그곳에 있는 그들의 최고 기술자들을 동물구조단체에 놓여 있는 한 바구니의 강아지들인 것처럼 상상하지 않으려고 애쓰며 코웃음을 쳤다.

맥신은 그동안 자신이 축적해 온 머릿속의 목록을 하나씩 체크해갔다. "아키텍처와 서로 깊이 얽혀 있는 컴포넌트를 분리해 본 경험이 있는 사람이 필요해요. 데이터베이스에 정말 능숙한 사람이 필요하고요. 왜냐하면 크고 중앙 집중화된 피닉스 데이터베이스와 모든 기록 시스템에 대한 의존도를 줄일 필요가 있거든요. 새로운 배포와 운영 모델을 지원하려면 인프라 기술이 정말 좋은 사람이 필요합니다. 그리고 우리 스스로 다시 운영 환경에서 실행할 가능성이 높기 때문에 보안과 운영 업무 분야에서 뛰어난 기술을 가진 사람들이 필요하고요."

맥신은 잠시 생각했다. "전 개발과 아키텍처에 투덜이 데이브, 아담 그리고 푸르나를 데려갈게요. 데이터베이스, 인프라 및 운영에는 드웨인과 브렌트를, 보안과 데이터에는 섀넌을 데려가죠."

맥신이 사람들의 이름을 부르자, 그들은 더 바싹 자세를 잡고 앉으며 웃었다. 맥신은 드웨인과 브렌트를 가리켰다. "인프라와 데이터베이스에 아마 두세 명의 인력이 더 필요할 것 같은데, 아마도 클라우드에 새로운 것들을 많이 만들어 낼 것 같거든요. 팀에 합류시키고 싶은 사람이 있어요?"

드웨인과 브렌트는 서로를 바라봤다. 드웨인은 웃으며 말했다. "멋진 엔지니어들로 후보자를 가려볼게요."

커트에게 맥신이 말했다. "프로모션 개발자들을 만나 본 적이 없어서 그들의 기술이 어느 정도인지는 몰라요. 다만 추수감사절에 늦지 않게 변화를 줄 필요가 있으니 곧 개발 작업을 해야 하고, 모든 프로모션 팀이 생산성을 향상할 수 있도록 해야 해요. 우리가 이미 만든 플랫폼에 그들을 합류하거나 그들이 필요로 하는 것을 만들거나 구매하죠."

맥신이 톰을 가리켰다. "프로모션 팀처럼 하려면 서너 명의 개발자를 더 뽑고 싶네요. 톰, 뽑고 싶은 사람 있으세요?"

톰이 고개를 끄덕이자, 맥신이 커트에게 말했다. "그렇게만 해도 열두 명이에요. 벤치를 싹 비워 달라고 어떻게 사람들을 설득할지 모르겠네요. 관리자 중 누구도 자기들의 최고 인재를 잃고 싶어 하는 사람은 없을 텐데."

커트는 매기를 바라봤다. "목표를 달성하려면 윗사람들을 설득해서 속도를 만드는 데 크게 투자해야 할 겁니다. 그러실 수 있을까요?"

"잠깐만요. 모두 절 위해 그렇게 해준다고요?" 매기는 갑자기 약간 미심쩍은 표정을 지으며 말했다. "뭐가 있는 거죠?"

커트가 웃었다. "실제로 비즈니스에 중요한 큰 문제를 해결하고자 하는 변절자이자 기술자 집단을 보고 계신 겁니다. 정상적인 경로를 거치려고 했었지만 효과가 없어서, 기술 중간 관리자 대신 비즈니스와 직접 협력할 기회를 여기에 만든 거죠. 성공하면 신뢰라는 것을 얻을 수 있죠. 이 새로운 작업 방식을 사람들이 지지해 준다면 정말 좋겠어요."

커트는 계속 어깨를 으쓱하며 말을 이어갔다. "만일 잘 되지 않으면 우리는 모두 그런 일이 없었던 것처럼 행동할 것이고 다시는 괴롭히지 않겠다고 약속하죠."

잠시 생각한 후 매기가 말했다. "좋아요. 좋은 소식 하나 전달하겠습니다. 전 누구에게도 승인받을 필요가 없어요. 제가 결정해요. 사라는 이미 합류했습니다. 회사의 존립이 여기에 달렸다고 전 믿고 있습니다."

매기는 때맞춰 핸드폰을 내려다보며 말했다. "잠깐만요, 사라예요." 그러고는 답장을 입력했다. "어, 오늘 아침 데이터 허브가 다운된 것 때문에 몇몇 사람에게서 지적받고 있는데, 무슨 일이 일어나고 있는지, 누가 그 문제를 일으켰는지, 그들을 본보기로 삼아야 하는지 알고 싶어 하네요."

'잘됐군.' 맥신은 생각했다. 매기와 함께 일하면서 그들은 사라의 세력권 안에 더욱 깊이 빠져들고 있었다.

다음 날 아침, 커트, 맥신, 커스틴, 매기가 다시 크리스 앞에 섰다. 커트가 프로모션 업무에 일시적으로 다 같이 집중하자고 제안하자, 놀랄 것도 없이 크리스는 화가 난 듯했다.

"자넨 내 자리가 필요한가, 커트? 네 행동을 보면 그렇잖아." 그가 투덜거렸다. 그러나 매기는 그에게 블랙 프라이데이 휴가철 프로모션 활동을 지원하기 위한 작업을 가속화할 필요성과 그것이 어떻게 매우 눈에 띄는 빠른 승리를 창출할 수 있는지에 대해 이야기했고, 커스틴은 다른 업무들이 임시 재배치를 흡수할 수 있다고 크리스를 안심시켰다.

크리스는 이맛살을 찌푸렸다. 지난번과 마찬가지로 맥신에게 시선을 돌렸다. "어떻게 생각해, 맥신? 정말 이럴 필요가 있을까?"

맥신은 피닉스 프로젝트의 특징인 정적인 계획과는 매우 다른, 끊임없이 변화하는 계획에 그가 얼마나 불편함을 느낄까 생각하며 크리스를 바라봤다.

"당연하죠, 크리스. 그 부분은 지금 회사에서 개발자가 가장 많이 필요한 곳이에요. 그 문제에 대해서는 조직이나 지난해 만든 연간 계획이 장애가 될 수는 없어요." 맥신이 크리스를 안심시키며 말했다.

크리스는 한 번 더 잠시 맥신을 바라보다가 툴툴거리며 승인해주고는 재빨리 그들을 사무실 밖으로 몰아냈다.

맥신과 커트는 걸어 나가면서 서로에게 살짝 엄지를 치켜들어 보였다.

어제 데이터 허브의 일시적 장애에 대해 책임을 물을 사람을 찾으라는 사라의 시끄러운 요구에도 커트는 어떤 것도 하지 않으려 했다. 그 대신 사람들을 회의실에 모았다.

커트는 회의를 다음과 같은 말로 시작했다. "시스템에 장애가 생길 때마다 예전과는 달리 누구도 비난하지 않는 사후 조치를 하고자 합니다. 이와 같은 방식은 나타난 문제점을 잊어버리기 전에 일어났던 일을 시간순으로 반복하며 그 과정에서 배우려는 것입니다. 예방에는 정직함이 필요하고, 정직하려면 두려움이 없어야 합니다. 놈 커스$^{Norm Kerth}$가 애자일 중요 지침을 통해 말한 것처럼 '우리가 발견한 것이 무엇이든, 우리는 모든 사람이 그 당시 알고 있던 것, 그들의 기술과 능력, 이용 가능한 자원, 당면한 상황에 비춰 볼 때, 그들이 할 수 있는 최선을 다했다는 것을 이해하고 진심으로 믿습니다.'"

"우선 무슨 일이 있었는지 타임라인을 구성하고 세부 사항을 수집하는 것으로 시작해보죠. 그 과정을 돕기 위해, 맥신이 토론의 틀을 제공하고자 운영 환경 텔레메트리와 로그뿐만 아니라 우리의 채팅방 내용도 함께 모았습니다. 목표는 문제에 가장 가까운 사람들이 그들이 본 것을 공유해서 우리가 만든 시스템을 더 안전하게 만드는 겁니다. 단 하나의 규칙은 'X를 했어야 했다'나 '그걸 알았다면 Y를 했을 텐데'라고 말하지 않는 것입니다. 지나고 나서 생각해내는 건 언제나 완벽하기 마련이죠. 위기에서는 실제로 무슨 일이 일어나고 있는지 알 수 없기 때문에 문제 발생 시점처럼 상황을 불완전하게 이해한 후 미래를 준비해야 합니다."

커트는 맥신을 쳐다보며 진행해 달라는 눈치를 줬다. 맥신은 감명받았고, 커트가 이 회의 전에 에릭의 지도를 받았는지 잠시 궁금했다. 만약 지도받은 것이라면, 그것이 마음에 들었다. 하지만 말하는 것을 두려워해서는 안 된다고 커트가 강조했음에도 사람들은 별말이 없었다. 심지어 반란군의 멤버들조차도. 두려움과 비난의 문화가 점점 더 커지고 있는 상황에서, 맥신은 진정한 심리적 안전이 어디에 있는지를 볼 수 있는 행동 모델을 만들기 위해 준비해 왔다. 에릭이 말한 네 번째 이상이었다.

그러나 맥신이 시작하기도 전에 브렌트가 불쑥 말했다. "여러분, 정말 죄송해요. 사실 다 제 잘못이에요. 데이터베이스 연결 문자열을 까먹다니 저도 믿기 어렵네요. 전 결코 그런 실수를 하지 않는데 너무 서두르다 보니…."

브렌트는 며칠 동안 이 사실을 고백하고 싶었던 것처럼 너무 심란해 보였다. 커트는 브렌트의 어깨에 손을 얹고 말했다. "브렌트, 다시 애자일 중요 지침을 생각해보자고. 아무도 잘못한 사람은 없어. 모두 자기가 아는 것을 갖고 최선을 다한 거야. 타임라인 맞춰보는 일이나 계속하자고. 맥신, 계속해주세요."

"그럼요." 맥신이 브렌트에게 윙크하며 자신의 노트북 화면을 TV에 나오게 하며 말했다. "톰이 배포를 시작한 후 모든 테스트는 통과했지만 애플리케이션이 시작되지 않은 시점 이후인 오후 6시 37분에서 타임라인을 시작할까 해요. 상태 지표가 붉은색으로 변했고, 톰이 그걸 가장 먼저 알아차렸죠. 톰, 정확히 뭘 봤죠?"

"배포 툴에서 로그가 스크롤되는 것을 보고 있었고, 예상한 대로 시작 메시지를 봤는데, 그 이후 많은 오류 및 스택 추적stack trace 메시지를 봤어요"라고 말하는데, 톰의 얼굴이 어두워지면서 그때의 위기를 다시 느끼는 듯했다.

"알겠어요." 맥신이 말하며, 방 앞쪽에 있는 TV에 모든 사람이 볼 수 있도록 메모를 붙였다. "그다음엔 어떻게 됐죠? 거의 공황 상태를 느꼈던 기억이 나요. 왜냐하면 모든 준비에도 불구하고 분명 유례없는 혼란을 겪고 있었거든요." 맥신은 쓴웃음을 지으며 덧붙였다. "음…, '너무 무서워서 바지에 지렸어'라는 의미죠."

테이블 주변 사람들이 웃자 톰이 말했다. "맞아요, 저도요. 전 수십 년 동안 스택 추적을 봤지만, 배포 툴에서 본 적은 없거든요. 윈도우가 계속 스크롤되는 걸 멈출 수도 없었고, 읽을 수 있을 만큼 내용이 길지도 않았어요."

맥신은 당시 톰이 너무나 침착해 보였고 로그를 효과적으로 이해할 수 있는 사람이었기 때문에 그때는 문제점을 전혀 알아채지 못했다. 맥신은 톰이 말하는 동안 타이핑을 했다. "있잖아요, 제가 이 신규 툴에서 로그를 보는 것이 익숙하지 않았거든요."

"저도 완전히 이해해요. 저도 그런 적 있거든요…. 그리고 그런 느낌 드는 게 정말 짜증 나는 일이죠." 커트가 대답했다. "하지만 기억해요, 우리가 이걸 하는 이유는 다음 위기를 더 잘 대비하기 위한 거예요. 그때도 우리는 나중에 생각해보면 명확하겠지만 그때는 완전히 새로운 것들에 대해 지금이나 마찬가지로 무지할 거예요…. 이런 과정은 매우 좋은 것 같아요, 톰. 계속하세요. 그다음에 무슨 일이 있었죠?"

그다음 한 시간 동안, 맥신과 다른 사람들은 실제로 일어났던 일에 대해 놀랍도록 상세하고 생생한 타임라인을 만들었다. 다시 한번 맥신은 그들의 일상 업무에 존재하는 모든 불완전함과 덜 다듬어진 부분에도 불구하고 어떤 것이든 운영 환경에서 실행할 수 있다는 것에 경탄했다. 로그 파일들이 너무 빨리 스크롤돼 읽을 수 없고, 설정 파일들이 수많은 장소에 흩어져 있고, 거의 모든 구석구석에 잠재적 실패 지점들이 숨어 있고, 상황마다 튀어나오는 놀라운 일들···. '이 모든 것을 고려해보면, 데이터 허브가 지난 10년 이상 별다른 사고 없이 작동했다는 것은 놀라운 일이네.' 맥신은 생각했다.

맥신은 모든 사람이 데이터 허브가 실제로 작동하는 방식에 대해 뭔가를 배웠다고 확신했는데, 그것은 데이터 허브가 어떻게 작동할 것이라고 그들이 생각했던 것과는 극명하게 대조를 이뤘다. 맥신은 사람들이 바로 수정해야 할 다섯 가지 사항을 정리했는데, 그것들은 향후 장애를 막고 발생되는 문제를 더 빨리 해결할 수 있는 목록이었다.

휴회를 하자 맥신이 웃으며 커트에게 말했다. "회의 진행을 잘했어요." 그녀는 진심이었다. 에릭이 세 번째와 네 번째 이상으로 설명한 바와 같이 일상 업무를 향상시키고 심리적 안전 문화를 육성하는 완벽한 사례였다.

그 회의를 돌이켜 보며, 맥신은 심리적 안전을 가능하게 하는 조건이 얼마나 빈약하고 덧없을 수 있는지 이해했다. 그것은 리더의 행동, 동료, 그들의 기분, 자기 가치관, 과거의 상처 등에 따라 달라진다···. '이런 모든 것을 감안해보면 심리적 안전이 만들어질 수 있다는 것 자체가 놀라운 일이야.' 맥신은 생각했다.

그날 오후 커트, 맥신 그리고 새로 선발된 나머지 사람들은 회의실에 모여 매기와 다른 프로모션 팀 리더들을 만났다.

서로를 소개하는 중에 맥신은 기존 프로모션 팀의 20명 중 대부분이 프론트엔드 개발자라는 것을 알 수 있었다. 그들은 모바일 애플리케이션, 전자 상거래 사이트의 제품 소개 페이지, 매장 내 애플리케이션 그리고 마케팅 직원이 제품 프로모션 라이프사이클 관리에 사용하는 모든 애플리케이션을 책임지고 있었다.

매기가 발표했다. "커트, 맥신 그리고 우리가 절실히 필요로 하는 단기간의 승리를 달성하도록 도와주겠다고 자원해준 데이터 허브 팀의 나머지 엔지니어들에게 모두 감사드립니다. 저는 이 팀이 이뤄야 하는 고차원의 비즈니스 결과를 보여 드리기 위해 슬라이드를 몇 개 정리했습니다."

"우리의 시장 점유율은 감소하고 있는데, 주된 이유는 가장 빠르게 성장하고 있는 부분인 전자 상거래 시장에서 우리의 존재감이 거의 없기 때문입니다."라고 매기는 말했다. "이 부분이 바로 경쟁사와 전자 상거래 리더들이 우리에게서 지분을 빼앗아가고 있는 곳입니다. 좋은 소식은 우리에게는 매우 충성스러운 고객들이 있다는 것이고…. 나쁜 소식은 고객의 평균 연령이 계속해서 증가하고 있다는 것입니다. 경쟁업체들은 우버^{Uber}나 리프트^{Lyft}와 같은 자동차 공유 서비스의 증가로 자동차 소유권이 감소함에도 불구하고, 진정한 시장 고객층인 젊은 고객들의 관심을 확실히 얻고 있습니다. 누가 운전을 하는지는 분명 변화하고 있지만, 매년 운행되는 자동차 마일은 계속해서 증가하고 있습니다. 그러니 자동차 정비에 대한 수요는 위축되는 게 아니라 늘어나야 합니다."

매기는 계속했다. "충성 고객들이 무엇을 사는지, 얼마나 자주 사는지 우린 알고 있습니다. 프로모션 추진을 위해 현재 개인화 및 재고에 대한 지식을 제공하는 데 주력하고 있습니다. 하지만 최근까지도 그들에게 매력적인 제안을 만들기 위해 이런 정보를 사용할 수 없었습니다."

"고객 리서치를 통해 우리의 핵심 고객들이 핸드폰 애플리케이션을 광범위하게 사용한다는 것을 알았습니다." 맥신은 투영된 슬라이드를 가리켰다. "여기 우리가 시장 조사하던 중에 인터뷰한 고객인 토마스의 사진입니다. 그는 52세의 공립학교 교사입니다. 수십 년 동안 자신의 자동차 정비 작업을 직접 했죠. 그건 그가 아버지와 한 일이고 지금은 그가 두 명의 10대 딸들과 아들과 함께하고 있습니다. 그는 아이들이 STEM[2]에 집중하기를 원하면서, 기계에 대한 기본을 이해하고 자립심을 배워야 한다고 주장합니다."

"그는 아내의 차도 유지 보수하며, 시간이 있을 때는 부모님의 차도 봐줍니다"라고 매기는 말했다. "토마스는 자신이 그다지 기술적이라고 생각하지 않지만, 집에는 가족 전체가 사용할 수 있는 컴퓨터가 여섯 대나 있습니다."

"현재 그는 자신이 관리하는 각 자동차에 대한 기록을 보관하기 위해 스프링 노트와 컴퓨터 내 폴더와 파일을 사용합니다. 그는 메시지를 보내는 것은 주로 핸드폰을 사용하지만 아마존Amazon도 사용하죠. 그는 더 많은 유지 보수 절차를 문서로 남기고 싶어 합니다. 그는 파트 언리미티드를 사용하는 것을 좋아하지만, 매장에 전화를 걸기보다는 애플리케이션에서 부품을 찾아보는 게 더 낫다고 합니다. 그는 매장 직원들을 좋아하고 그 사람들의 이름을 대부분 알고 있어서 그런지, 형편없는 자동 전화 시스템에 대해 불평하고 실제 사람하고 통화하기 위해 어떤 버튼을 눌러야 하는지에 대한 녹음 소리 듣는 걸 싫어한다고 말합니다."

맥신이 웃었다. 그런 걸 좋아하는 사람은 없다.

"추수감사절과 크리스마스 시즌을 위해 우리가 너무 많이 갖고 있는 재고를 찾아내고, 그것을 개인화 데이터와 결합해 매력적인 프로모션을 만들고, 전자 상거래 사이트, 이메일, 모바일 애플리케이션을 통해 전달하고 싶습니다. 우린 이런 프로모션을 통해 실제 매출을 올리고 그들이 가치 있는 것을 실제로 구축하고 있다는 것을 증명하기 위해 애플리케이션의 월 평균 사용량을 늘리고자 합니다."

---

2 스템은 과학(Sciene), 기술(Technology), 공학(Engineering) 및 수학(Mathmatics)의 줄임말로, 여러 학문 분야를 함께 묶어 지칭하는 용어. 스템은 일반적으로 학교의 교육 정책 또는 커리큘럼 선택 분야에서 주로 사용한다. - 옮긴이

"피닉스 팀은 이미 고객 및 주문 데이터베이스, POS 트랜잭션, 이행 시스템, 전자 상거래 웹사이트, 마케팅 팀의 광고 캠페인 데이터 등 데이터가 저장된 모든 다양한 시스템에 필요한 모든 인터페이스를 확인했습니다."

"데이터의 매우 중요한 원천 중 하나는 매장 내 재고 시스템입니다. 우린 재고가 너무 많은 아이템을 활용해서 프로모션하고 싶지만, 그 지역에 우리에게 없는 품목을 홍보하지 않으려 매우 조심해야 합니다."

"드디어 몇 년 전에 고객 관계 관리, 즉 CRM 시스템을 출시했습니다. 그러나 제가 어제저녁에 설명했듯이 인구통계학적 정보 같은 고객 기본 정보와 그들이 어떤 자동차를 소유하고 있는지와 같은 우리가 보유한 방대한 양의 다른 자료와 연결하는 것은 정말 힘든 일입니다."

"우리가 뭘 하려는지 아시겠죠? 고객에 대한 단일 뷰^{view}가 있다면 좋겠습니다. 유입 전후 정보, 회사와 관련된 완벽한 이력 등 그들이 구매한 것뿐만 아니라 우리 사이트에서 뭘 했는지, 그들이 둘러본 것, 검색한 것, 신용카드 거래 내역, 수리 내역 등…. 정말 많은 정보가 있습니다!"

"만약 우리가 이 모든 정보를 결합할 수 있다면, 고객이 필요로 하는 것에 관해 자세히 알게 될 것이고, 그들을 훨씬 잘 지원할 수 있을 겁니다." 매기는 애석해하며 말했다.

맥신이 감동한 듯 고개를 끄덕였다. "우리가 결합할 수 있었던 적은 양의 데이터라도 분석해보고, 그들의 행동을 바탕으로 고객 프로파일을 몇 개 만들어보죠. 지금까지 우리가 정의한 고객 타입은 열정적인 레이서$^{Racing\ Enthusiast}$, 절약하는 유지 보수$^{Frugal\ Maintainer}$, 세심한 유지 보수$^{Meticulous\ Maintainer}$, 게으른 유지 보수$^{Catastrophic\ Late\ Maintainer}$, 즐거운 취미$^{Happy\ Hobbyist}$ 등입니다."

"지금은 세심한 유지 보수 타입과 게으른 유지 보수 타입에게 집중할게요. 왜냐하면 이 두 타입은 우리가 생각하는 캠페인의 종류를 구매할 가능성이 가장 높거든요." 매기가 말했다. "세심한 유지 보수 타입은 오일 교환 제품 같은 것을 매달 무조건 구입한다는 것을 알고 있습니다. 하지만, 게으른 유지 보수 타입의 구매 이력을 보면 그 사람들은 더 비싼 공구와 엔진 부품을 끊임없이 축적하고 있어서 일을 끝내라고 살짝 찔러줄 필요가 있습니다."

"스크린을 보시면 우리가 세운 여러 가설을 보실 수 있을 겁니다. 이런 제안들은 고객 세그먼트에서 큰 히트를 칠 걸로 예상합니다. 이 보고서는 우리가 완전히 잃을 위험에 처한 고객들의 속성을 보여줍니다." 매기가 말했다. "문제는 이런 아이디어 중 어느 하나라도 실행하려면 몇 달이 필요하다는 겁니다. 무언가를 하고 싶을 때마다, 피닉스 전체에 수많은 변경 사항을 만들어야 합니다. 피닉스는 3년째 굴러가고 있고, 우리는 아직 목표로 한 프로모션을 전혀 하지 못했습니다. 그리고 실험조차 할 수 없다면 뭘 알아낼 수도 없죠!"

"이런 프로모션 아이디어를 전혀 실행하지 못하셨다고요?" 맥신이 놀라며 물었다. "어떻게 그럴 수 있죠?!"

맥신은 방 안 여기저기에 있는 프로모션 팀이 꿍얼대는 소리를 들었다. 그들은 왜 그런지 설명하기 시작했다.

"저희는 아직도 그 모든 백엔드 시스템에 대해 접근하기를 기다리고 있어요. 접근할 수 있는 유일한 것은 재고 관리 시스템뿐이라고요." 누군가가 불평했다. "유입 시점 고객에 대한 모든 데이터는 이미 갖고 있어요. 유입 후 고객의 라이프타임 가치에 관한 정보가 필요해요."

"통합 팀이 새로 통합하는데 6개월에서 9개월이 걸립니다"라고 다른 누군가 말했다.

"재고 관리 시스템을 검색하고자 하면, 우리가 요청한 일의 업무 부하나 우리가 복사하려는 데이디의 양 때문에 우리가 직접 못하게 하죠." 세번째 사람이 말했다.

"대다수 백엔드 시스템의 API는 우리가 원하는 데이터를 제공하지 않아요. 우리는 그 팀들이 필수적인 API를 제공해주기를 몇 달 동안 기다려 왔어요."

"데이터 웨어하우스 팀에게서 정확한 데이터가 오기를 아직도 기다리 고 있는 이유는 그들의 보고서가 항상 잘못됐기 때문이에요. 지난번에는 우편번호 칸에 사람들의 성이 들어가 있더라고요."

"새로운 데이터베이스 인스턴스를 만들어주기를 기다리고 있어요." 여 기저기서 프로모션 정체에 관한 이유가 쏟아졌다.

프로모션 팀에는 피닉스가 한 많은 약속을 이행할 수 있는 아이디어를 쏟아내는 20명의 개발자가 있었는데, 백엔드 시스템에서 모두 병목으로 지체되고 있었다.

갑자기, 맥신은 그들을 도울 수 있다고 강하게 확신했다. 그러나 한편 으로는 이 개발자들이 자신들의 일을 완성하지 못한 채 얼마나 무력했는 지에 놀랐다.

맥신과 데이터 허브 팀의 나머지 엔지니어들은 서로에게 미소를 지었 다. 이것을 본 커트도 미소 지으며 두 손을 앞으로 접었다. "우리가 도울 수 있을 것 같은데요."

거의 90분 동안 신나게 토론과 브레인스토밍을 한 후, 다들 좀 쉬러 갔다. 매기는 커트와 맥신을 한쪽으로 데리고 갔다. "정말 대단했어요. 그렇게 오랫동안 도와 달라고 외쳤지만, 누구와 이렇게 이야기할 수 있었던 것은 이번이 처음이었습니다."

"글쎄요, 저흰 아직 아무것도 하지 않았는데요." 커트는 말했다. "하지 만 바라건대 다음 주 말까지 진척이라고 할 만한 것을 만들 수는 있을 겁 니다."

맥신은 힘차게 고개를 끄덕였다. 맥신은 몇 초간 매기를 바라보다가 어 젯밤부터 묻고 싶었던 질문을 던졌다. "좋은 제품을 만드는 데 무엇이 필요할까요? 그리고 개발자로서 우리가 어떻게 도울 수 있을까요?"

"어디부터 시작할까요?" 매기가 말했다. "대개 현재의 고객이나 우리가 원하는 고객을 이해하는 데서 출발합니다. 그런 다음 우리는 일반적으로 고객층을 세분화해서 각 고객 세그먼트가 직면하는 일련의 문제를 파악합니다. 일단 그걸 알게 되면, 시장 규모, 고객에 다가갈 수 있는 편의성 등 우리가 어떤 문제를 해결하고자 하는지 알 수 있습니다. 그 이후에는 가격과 포장, 개발 제안, 제품 포트폴리오의 전반적인 수익성 그리고 그것이 전략적 목표 달성에 어떻게 영향을 미치는 가와 같은 더 전략적인 문제에 대해 생각합니다."

"저희 제품 관리자들은 이 영역에서 생존할 수 있어야 합니다." 매기는 계속했다. "대부분의 훌륭한 제품 조직들은 여러분이 만드는 제품의 사용자를 더 잘 이해하고 공감할 수 있도록 고객 페르소나를 만듭니다. 그것이 우리가 하는 많은 UX와 민족지적 연구ethnographic research를 하는 이유거든요. 이런 페르소나를 위해 우리는 그들의 목표와 포부를 분명히 하고, 일상 속 그들에게 무엇이 문제를 일으키는지 알아내고, 그들이 일상 업무를 어떻게 수행하는지를 표현합니다. 만약 그걸 잘 정의할 수 있다면, 드디어 우리가 원하는 비즈니스 성과 안에 표현되는 일련의 사용자 스토리를 만들게 됩니다. 우리는 시장에서 이런 모든 가정을 시험하고 검증하며 항상 배워야 합니다."

맥신은 "고객을 이해하기 위한 이런 끈질긴 노력에 박수를 보냅니다"라고 했다. "다섯 번째 이상이 생각나네요."

매기는 의아한 듯이 맥신을 바라봤다.

"나중에 설명할게요." 맥신이 말했다.

"저기요, 고객에게 그렇게 관심이 많다면 모든 직원과 관리자에게 하는 것과 똑같은 매장 내 교육을 들을 수 있을 거예요. 2주 전에 새로 온 영업 관리자들이 여기 본사로 와서 일주일 동안 지역 매장에서 지낼 거예요. 원하신다면 토요일에 새로운 직원 교육이 있을 거예요. 같이 가실래요?" 매기가 물었다.

맥신의 입이 떡 벌어졌다. 맥신은 항상 이런 프로그램과 함께할 수 있는 사람들을 부러워했는데, 매기가 맥신에게 프로그램에 참여할 기회를 제공한 것이다. "맙소사, 가고 싶어요. 솔직히 거의 7년 동안 여기 있으면서 이런 제안을 받은 적이 없어서 좀 안타깝네요."

"전 저희 제품 책임자들과 관리자 수준에 있는 사람들과 그 윗선에 있는 사람들이 그 프로그램을 듣도록 하고 있습니다." 매기는 말했다. "제가 준비하도록 할게요."

"등록시켜 주세요!"

토요일 아침이었다. 맥신은 욕실 거울 앞에 서서 '안녕하세요, 맥신입니다. 어떻게 도와드릴까요?'라고 쓰여 있는 명찰이 똑바른지 확인했다.

맥신은 마침내 이 프로그램에 참여하게 돼 매우 흥분됐다. 파트 언리미티드에서는 임원급 리더 전원이 매장에서 1년에 두 번 최전선에 있는 직원으로 일해야 했다. 허세를 부리는 점장으로서가 아니라, 금전등록기 뒤나 매장에서 일하는 정규 직원으로서 말이다. 이것은 파트 언리미티드가 1914년 문을 연 이후 꾸준히 해 온 일이었다.

TV와 핸드폰 등 다양한 기술 문명을 이용해서 거실에서 빈둥거리고 있는 가족에게 맥신은 재빨리 작별 인사를 하고 차로 달려갔다. 매장 연수 첫날부터 지각하고 싶지 않았다. 맥신은 시간을 엄수하는 사람이고, 맥신이 보고할 매장 관리자도 같으리라 생각했다.

전날 저녁, 맥신은 아이들과 함께 집에서 하는 자동차 정비에 관한 유튜브 비디오를 3시간 동안 봤다. 1984년형 토요타 터슬의 오일을 교환하는 것이 20년 전과 정확히 똑같다는 사실에 안도했다. 내연 기관의 발명 이후 오일 교환은 그대로 오일 교환이다. 지금도 맥신은 누군가에게 돈을 지불하기 싫어 여전히 가족 차에 있는 윈도우 워셔액을 직접 다시 채웠다. 하지만 그녀가 직접 엔진 오일이나 트랜스미션 오일을 바꾼 지는 수십 년이 지났다.

맥신이 매장에 들어서자, 즉시 어색한 기분이 느껴졌다. 모두 20대인 네 명의 젊은 남자와 한 명의 여자 그리고 40대의 나이 든 남자가 보였다.

자신이 첫 번째로 도착한 사람이 아니라 약간 짜증이 난 상태에서 맥신은 매장 관리자인 맷을 마주 보며 반원형으로 서 있는 사람들에 합류했다. 맥신은 이전에 매장에 와본 적이 있어서 그 관리자를 알아봤다. 그는 30대 초반으로 훈련 교관처럼 보였다. 그는 시계를 힐끗 쳐다보더니 맥신에게 작게 고개를 끄덕이며 알아봤다는 뜻으로 미소 지었다.

"안녕하십니까. 전 매장 관리자인 맷입니다. 전 이 매장이나 반경 60마일 이내에 있는 네 곳 매장 중 한 곳에서 일하게 될 신입 사원인 여러분에게 오리엔테이션을 하려고 합니다. 여러분 모두 운이 좋으십니다. 엘크 그로브가 우리 회사 본사가 있는 곳이라서, 거의 천 개에 가까운 다른 매장에는 없는 매장 편의 시설들이 여기엔 있습니다."

"파트 언리미티드는 1914년에 시작됐으며, 홈 정비사의 니즈에 부응하는 데 있어 가장 뛰어나다는 자부심이 있습니다. 우리는 부유하고 유명한 사람들에게 사치품을 파는 게 아닙니다. 매일 출근하기 위해, 아이들을 학교에 태워 주기 위해 자동차에 의존하고, 일상생활을 위해 믿을 수 있는 교통수단이 필요한 우리 같은 사람들에게 봉사합니다."

"우리 매장은 고객이 차를 계속 운행하는 데 필요한 부품을 제공하는 것을 목표로 하고 있습니다. 우리 제품은 작동하는 차와 그들의 차를 며칠 동안 묶어 놓는 카센터나 서비스 스테이션으로 가야 하는 매우 비싼 이동 사이에 존재하는 모든 것입니다. 우리의 일은 그들이 어려움을 피할 수 있도록 돕는 겁니다."

맥신은 소름이 돋았다. 맥신은 맷이 회사의 비전을 얼마나 일관되게 전달하는지 보고 놀랐다. 이건 마치 스티브가 타운 홀에서 이 대사들을 전달하는 것일 수도 있었다. 그 말을 매장 관리자에게 들으니 너무 좋았다. 경영자나 공장장들이 하는 말을 듣는 것과는 달랐다. 왜냐하면 여기 일선이야말로 가장 중요한 곳이기 때문이었다.

"앞으로 이틀 동안 파트 언리미티드 매장에서 해야 할 업무와 고객을 돕는 전문가가 되는 데 필요한 모든 툴을 보여 드리겠습니다." 맷이 말했다. "마지막에 시험이 있으니, 집중해 주십시오. 이 훈련을 받은 사람들의 4분의 1이 시험을 한 번에 통과하지 못합니다. 여러분이 필기하고 시험 준비하는 것을 돕기 위해 파트 언리미티드 매뉴얼과 공책, 펜을 준비했습니다. 최고 점수를 받으시는 분께는 상이 있습니다."

맥신은 동료 학생들을 둘러보며 그들을 경쟁자로 보고 싶은 충동을 억눌렀다. '얘들은 그냥 애들이잖아.' 맥신은 생각했다.

맷은 매장을 돌며 다양한 카테고리의 품목과 각 품목의 비축 이유를 설명했다. 그는 크고 두꺼운 책꽂이를 가리켰다. "여기 있는 책들은 고객을 돕기 위해 사용할 겁니다." 그 책들은 마치 맥신이 어릴 때 보던, 얇은 면도날 같은 신문지 종이로 된 10센티미터 두께의 거대한 전화번호부처럼 보였다.

"고객들은 종종 교체할 부품을 찾거나 여러분이 진단해야 할 문제를 들고 올 때가 있습니다." 맷은 설명했다. "여러분이 할 일은 그분들이 필요로 하는 것을 찾도록 돕는 겁니다. 재고가 있다면 판매하는 거죠. 재고가 없다면 재고가 있는 우리 매장 중 하나를 찾는 데 필요한 일을 하는 겁니다. 누구나 사용할 수 있는 웹사이트가 있긴 하지만, 거기서 필요한 부품을 실제로 찾아내기가 매우 어렵습니다. 답을 찾는 가장 좋은 방법은 이 책들 속에 있습니다."

맥신은 줄지어 늘어선 책을 의심스럽게 바라봤다. 기술이 책 무더기에 패배했다는 생각이 너무 싫었고, 무엇이 현재의 애플리케이션을 사용하는

데 그렇게 번거롭게 만드는지를 알아내야 한다고 메모했다.

"이 부분을 제대로 이해하는 것이 중요합니다." 맷은 말했다. "누군가에게 잘못된 브레이크 패드를 팔면, 그들은 차를 잭으로 올리고, 바퀴를 모두 떼고, 부품이 왜 맞지 않는지 알아내려 애쓴 후에야 문제점을 찾게 될지도 모릅니다. 더 나쁜 상황은 고속도로에서 속도를 줄이려고 할 때 느끼거나, 가로수에 부딪힌 후에 알게 되는 거죠."

"우리는 자기 자신을 의사라고 생각합니다." 맷이 계속 이어갔다. "고객을 다치게 하고 싶지 않습니다. 그리고 그런 일을 피하는 가장 좋은 방법은 처음부터 올바른 부품을 찾아주는 겁니다. 이 책들을 통해 그 일을 하는 겁니다."

맷은 책 하나를 집어 들고 모든 사람에게 똑같이 하라고 요청했다. "2010년형 토요타 타코마가 있는 고객이 있는데, 뒷좌석에 플로어 매트가 필요합니다. 부품 번호 몇 번을 팔아야 할까요?"

맥신은 마지못해 책 한 권을 집어 들었다. '금세기에 현대적인 상거래 기업이 여전히 종이로 된 책에서 물건을 찾고 있다고?' 맥신은 생각했다. 이건 도서관에서 종이로 된 도서대출표를 사용하는 것과 같잖아. 맥신의 자녀들은 들어본 적도 없는 것일 테다.

맥신이 그 책을 가볍게 훑어봤다. 그 책은 메이커, 모델, 그리고 연도별로 알파벳순으로 정리돼 있었다. 맥신은 토요타스, 타코마스 그리고 2010년까지 4분의 3을 훑어봤다.

맥신은 자기가 본 것에 신음했다. 2010년식 모델에도 서로 다른 구성으로 된 표가 많았다. 엔진 실린더 수, 엔진 크기, 2인석, 4인석, 짧은 휠베이스, 긴 휠베이스 등 다양하고 많은 부품이 있었다.

한 젊은이는 "차의 구성에 따라 달라지는군요. 좌석은 몇 개죠?"

"맞아요." 매트가 웃으며 말했다. "올바른 부품을 찾아내는 것은 여러 가지 요인에 근거합니다. 그리고 고객은 잘 모릅니다. 그럴 때는, 그들과 함께 그들의 차로 가서 정보를 찾을 수 있도록 도와주면 됩니다. 가장 빠른 방법은 이 작은 양식에 모든 정보를 기록하는 겁니다." 그는 종이 한 장을 들었다. "이것만 들고 여러분은 차에 한 번 나가보기만 하면 됩니다."

"네, 맥신?" 맥신이 손을 들자 맷이 말했다.

"이 정보를 알아내기 위해 컴퓨터를 사용할 방법은 없나요?"라고 말하면서도 맥신은 자신이 이미 파트 언리미티드에서 일하고 있다는 사실을 알려주고 싶지 않았다.

맷은 깔깔대고 웃었다. "이 방법이 훨씬 쉬워요. 서류상으로 이걸 어떻게 하는지 먼저 보여 드리고 나서 컴퓨터 시스템을 사용할 건데, 그때 알게 되실 거예요. 왜 우리가 모두에게 책 활용을 권하는지."

'당황스럽네.' 맥신은 생각했다. '직원들을 위해 이런 시스템을 구축하느라 그 고생을 하는데, 우리가 만들어낸 것이 너무 불편해서 사람들이 여전히 구식 종이 시스템을 사용한다니.'

퇴근할 때가 되자 맥신은 지쳐버렸다. 생각했던 것보다 자동차 정비와 진단에 대해 훨씬 더 많이 배웠다. 맥신은 매장 직원들이 왜 자동차가 시동이 걸리지 않는지, 엔진에서 나오는 이상한 소음이 무엇을 의미하는지 알아내는 데 얼마나 많은 시간을 소비하는지 몰랐다.

고객이 서비스 스테이션에 가지 않도록 도우려면 문제를 정확하게 진단하는 것이 중요했다. 서비스 스테이션이 고객에게 필요 없는 것에 요금을 부과하는 사례는 많았다.

고객이 스스로 문제를 해결하도록 도울 수 있다면 그들은 많은 돈을 절약할 수 있다. 반면에, 직원들은 엔진에 손상이 있거나 문제가 전자 엔진 관리 시스템과 관련된 경우와 같이 문제가 고객들이 직접 수리할 수 있는 범위를 훨씬 벗어나는 일인지 알 필요가 있었다.

그러나 맥신은 매장 직원들을 지원하는 컴퓨터 시스템의 너무나 많은 부족함을 보고 지쳐 있었다. 맷이 맞았다. 그 시스템을 사용하는 것은 악몽과 같았다. VIN[3]과 필요한 부품을 알고 3270번 터미널 세션과 명령어를 입력해야 품절된 부품을 찾아볼 수 있었다. 이것은 사람들 대부분 본 적은 있지만 거의 사용한 적 없는 그 유명한 '녹색 화면' 메인프레임 인터페이스였다.

맥신은 공항에서 최고의 항공사 게이트 직원들이 복잡한 비행편 변경을 위해 이와 같은 시스템을 사용하는 것을 보면 항상 경외심을 느꼈다. 누군가 비행기가 취소되는 바람에 보스턴행 비행기를 예약할 필요가 생겼을 때, 가족들이 같이 앉기 위해 나란히 앉는 좌석이 필요하고 변경 수수료는 지불하고 싶어 하지 않을 수도 있다. 이럴 때 경험 많은 직원이 '현대적인 그래픽 사용자 인터페이스'를 사용해 다른 직원보다 훨씬 먼저 사용 가능한 옵션을 찾기 위해 필요한 모든 정보를 신속하게 입력할 수 있다면 좋을 것이다.

이런 매장 내 일부 애플리케이션은 연습을 조금 하면 매우 효율적이라는 것은 의심의 여지가 없었다. 사실 맥신은 메인프레임 시대에 탄생해 수십 년 동안 시장에서 검증된 SPSS 통계 패키지를 좋아했고, 주피터 노트북Jupyter notebooks, 파이썬Python, R, 태블로Tableau 등의 현대적인 도구를 사용해 사람들보다 앞서갈 수 있었다. 하지만 맥신이 SPSS의 우월함을 이야기하며 객관적인 증거를 내보여도, 사람들은 SPSS가 생경하고 이상하다고 생각했다.

그래서 맥신은 이런 매장 내 시스템 중 일부는 직원과 관리자가 파트 언리미티드 매장을 효과적으로 관리하는 방법을 배우는 데 필요한 기간을 길게 만든다는 것을 알고 있다. 그리고 맥신은 많은 메인프레임 팀 사람들이 UX를 개선하기를 원하지만 몇 년 동안 예산을 받지 못했다는 것도 알

---

3 VIN(Vehicle Identification Number) 자동차 등록 번호 - 옮긴이

고 있었다.

품절된 부품을 주문하는 과정은 훨씬 더 끔찍했다. 다른 매장에서 재고 보고서를 불러와야 하는데 보통 몇 개월 된 정보였다. 그런 다음 전화기를 들고 각 매장에 전화를 걸어 11자리의 제품 코드를 읊으면서 그들이 특정 부품을 갖고 있는지를 일일이 확인해야 했다.

재고가 있다면, 전화기 반대편에 있는 사람이 시스템에 부품 전송 주문을 입력했다. 전체 프로세스에서 가장 쉬운 부분은 부품을 적재장으로 운반하는 것으로, 그곳에서 부품이 배송 트럭에 실려 하루 또는 이틀 안에 배송됐다.

맥신은 더 이상 참을 수 없어서 맷에게 질문했다. "아시다시피, 아마존처럼 생긴 시스템에 부품 조회를 하고 부품 이전을 요청하는 시스템이 있다면 유용할까요?"

맷은 즉시 "정말 그렇고 말고요. 전 사실 직원들이 20분 동안 책을 보거나 다른 매장 직원들과 통화하면서 부품을 찾는 데 시간 보내는 것을 원하지 않습니다. 전 그들이 고객들 앞에 있길 바랍니다. 지역 운영 회의에서 몇 년 동안 그 부분에 대해 계속 불평을 해 왔지만, 회사에서는 해결 중이라고만 합니다. 그런 시스템이 있다면 판도를 바꿀 겁니다. 더 빠른 서비스와 더 만족하는 고객, 그리고 필요한 부품을 재고에서 찾을 수 있는 일이 더 많겠죠."

맷은 계산대 뒤에 있는 카운터를 가리켰다. "이 캐비닛 안에는 회사에서 매장에 배포한 태블릿이 잔뜩 들어 있습니다. 문제는 애플리케이션에 작성해 넣어야 할 필드가 너무 많아서 컴퓨터보다 사용하기가 어렵다는 겁니다. 컴퓨터에는 진짜 키보드라도 있죠. 몇 달 동안 아무도 태블릿을 사용하지 않았습니다."

맥신은 속으로 너무 창피했다. 확실한 건 자신들이 만든 제품의 결과를 보기 위해 매장에서 시간을 보내는 사람이 많지 않다는 것이다.

집에 돌아온 후, 맥신은 크고, 귀엽고, 하얀 털 뭉치로 가득한 두 번째 새 강아지인 마시멜로와 함께 놀았다. 그것은 제이크의 생각이었고, 맥신은 그들이 두 시간이나 운전해서 아이들과 함께 강아지를 데려왔다는 것에 놀랐다.

아이들이 방으로 들어가자 남편은 강아지 두 마리를 산책시키겠다고 나간 후, 맥신은 노트북을 꺼내 출장 보고서를 타이핑하면서 시간을 보냈다. 맥신은 모든 관찰 결과를 매장 직원의 일상 업무 영역과 직원들이 상호 작용해야 하는 애플리케이션별로 분류해 정리했다. 그 일이 끝날 때쯤 보니 거의 12페이지나 됐다.

맥신은 메모를 많이 하는 사람이었다. 어디선가 읽은 것이 기억났다. "분명히 말하려면 분명하게 생각할 줄 알아야 한다. 분명하게 생각하려면 그것을 분명하게 쓸 줄 알아야 한다." 맥신은 사람들에 대해 관찰한 것을 다른 사람들도 이해할 수 있도록 문서로 작성하는 데 시간을 들이고는 했다. 맥신은 자신이 관찰한 것을 객관적으로 설명하기 위해, 핸드폰으로 찍은 사진을 첨부하거나 추천 내용을 적기도 했다.

파트 언리미티드 이전에 맥신은 CEO가 직접 백서를 쓰는 회사에서 일했는데, 그 백서는 고객과 직원 사이에서 널리 읽혔다. 맥신은 언젠가 마케팅 직원에게 그런 일은 시키면 되는데 왜 굳이 직접 글을 쓰느라고 시간을 보내는지 CEO에게 물은 적이 있었다.

그는 문제를 명확하게 검토하는 것이 중요하다고 생각했고, 글을 쓰면 쓸수록 리더들이 갖고 있어야 할 매우 중요한 논리적인 엄격함이 강화돼서 좋다고 말했다. "모든 영향을 충분히 생각하지도 않은 채 어떻게 회사에 전략적인 방향을 지시할 수 있겠는가?"

그 말은 맥신에게 오래도록 인상을 남겼다. 그 이후로, 특히 맥신이 나이가 들면서 시간을 들여 글을 쓰려고 노력했고, 글은 맥신이 모든 것에 더 광범위한 영향을 줄 수 있게 해줬다.

맥신은 어제 관찰한 몇 가지를 머릿속에 머물게만 해서는 안 된다는 것을 알고 있었다. 정보들은 매장 직원들이 의존하는 애플리케이션을 만들고 유지하는 것을 일상 업무로 삼고 있는 사람들 앞에 있어야 했다.

한 시간가량 초안을 작성하는 일을 마치고는 노트북을 닫았다. 맥신은 모든 사람이 그 문서를 읽을 것으로 생각하지 않는다. 그것은 프레젠테이션이 필요하다는 것을 의미했다. 오늘 사진을 많이 찍긴 했지만, 다행히 평소보다는 훨씬 적었다. 다른 훈련생들은 그 누구도 사진을 찍고 있지 않았고, 맥신은 눈에 띄고 싶지 않았다.

재빨리 채팅방에서 커트와 매기에게 메모를 보냈다.

여기 1일 차 출장 보고서예요. 눈에 보이는 것이 너무 많아요. 프로모션 목표를 진전시키기 위해 우리가 해결할 수 있는 쉬운 것들이 많네요.

편집되지 않은 보고서를 첨부해요. 커트, 내일 나랑 같이 훈련받을 수 있어요? 당장은 아니라도 우리가 도울 수 있는 일이 산적해 있네요.

다음 날 아침, 맥신은 어제 입었던 셔츠를 건조기에서 꺼냈는데, 다림질을 해야 한다는 생각에 욕이 나왔다. '쭈글쭈글한 셔츠를 입고 갈 수는 없잖아.' 맥신은 생각했다.

항상 그렇듯이 맥신은 15분 일찍 매장에 도착했다. 기쁘게도 커트는 아침 늦게라도 도착할 수 있을 거라고 했다.

다른 훈련생들이 도착해서는 모두 맷을 따라 서비스 구역으로 갔다. 몇 개의 대형 매장에 이런 서비스 구역을 만드는 다년간의 파일럿 프로젝트가 있었다. 그것은 고객들에게 엄청난 인기를 끌었다.

오늘 아침 훈련은 자동차 배터리를 진단하는 것이다. 고객들이 매장에 오는 큰 이유 중 하나는 차가 시동이 걸리지 않아서다.

"이건 기초적인 것을 소개하는 겁니다. 그래도 이미 훈련을 받고 수료한 사람과 함께 일하기 전에는 혼자 이 일을 하실 수는 없을 겁니다." 그들은 15년 된 혼다 어코드 옆에 섰는데, 그곳에는 파트 언리미티드 작업복을 입은 기술자가 많은 기기에 연결된 케이블을 배터리에 연결하고 있었다.

맷은 정비사가 작업하는 단계를 설명했다. "이제는 데이터를 컴퓨터에 입력하는데, 그렇게 해서 고객을 위한 진단 보고서를 생성합니다." 맥신은 맷이 설명을 계속 이어가는 과정을 관심 있게 지켜보면서, 때때로 정비사에게 하고 있는 일에 관해 질문을 던졌다.

그들이 정비사가 일하는 것을 지켜보는 동안 커트가 서비스 구역으로 걸어 들어왔다. 그는 맥신처럼 파트 언리미티드 유니폼을 입고, "안녕하세요, 제 이름은 커트입니다"라는 이름표도 달고 있었다. 그의 셔츠는 약간 구겨져 있었다. 보통 꽤 깔끔 떠는 편인데 오늘 아침에는 서둘렀나 보다.

커트가 맥신 옆에 서자, 맷은 그에게 고개를 끄덕이며 미소 지어 보였다.

맥신은 정비사가 일하는 것을 지켜봤다. 1분이 지나자 맥신은 질문을 안 할 수가 없었다. "이렇게 많은 데이터를 왜 입력해야 하죠? 이 사람이 단골 고객이어도 이 모든 걸 다 입력해야 하나요?" 맥신은 가능한 한 같이 있는 훈련생들처럼 말하려고 노력했다. 이 훈련은 그 사람들을 위한 훈련이라서 맥신은 이 훈련에 해를 끼치는 일은 하고 싶지 않았다.

맷은 웃으며 정비사에게 돌아섰다. "진단할 때마다 얼마나 많은 정보를 다시 입력해야 합니까?"

'안녕하세요, 제 이름은 에밀리입니다'라고 적힌 명찰을 단 정비사가 고개를 저었다. "많이요. 고객 주소를 입력하는 데 시간이 걸리긴 하지만 차량 ID 번호는 최악이에요. 열일곱 자로 돼 있다 보니 잘못 입력하기 십상이죠. 그리고 나서는 제조사, 모델, 연도를 입력해야 합니다. 대부분의 다른 시스템에는 VIN으로 자동으로 입력되는데 말이에요. 여기 있는 어떤 사람들은 VIN을 별것 아닌 것으로 여기지만, 그건 아닌 것 같아요."

"아직도 이해가 안 가요. 왜 이렇게 많은 정보를 입력해야 하는 거죠?"

가장 나이 어린 훈련생이 물었다.

"회사가 하라고 하네요"라고 말하자 훈련생들이 피식 웃음을 터뜨렸다. 20대로 보이는 그들도 세상 사는 게 시들해 보였다. 마치 백오피스의 관료들을 이미 상대해본 것처럼 말이다.

'진정한 기업 관료주의에 갇혀 있는 것이 어떤 것인지 상상도 못 할 걸'이라고 맥신은 생각하며 자신이 피닉스 지옥에서 겪은 시련을 회상했다.

"근데 정말이에요"라며 맷은 말을 이어갔다. "회사는 고객 프로필을 작성하기 때문에 이 정보를 원합니다. 언젠가 손님이 매장에 들어오면, 그들이 누구인지, 그들이 소유하고 있는 차는 무엇인지, 제조사와 모델이 무엇인지 알게 될 겁니다…. 그렇게 되면 그 정보를 다시 입력하지 않아도 될 거예요. 여기서 휴대용 스캐너로 VIN을 스캔해서 입력을 자동화시키려는 계획이 있지만 몇 년째 진행 중이라는 걸 알고 있습니다."

맥신은 커트가 여기 온 지 5분이 채 되지 않았음에도 불구하고 좌절감에 빠져 입술을 굳게 다물고 있는 것이 보였다. '좋아.' 맥신은 생각했다. '나만 좌절하고 있는 게 아니잖아.' 맥신은 커트가 그 좌절감을 어떻게든 행동으로 옮길 것이라고 확신했다.

맥신은 진단 랙^{rack}에 있는 컴퓨터를 유심히 바라봤다. 그것은 LCD 화면에 연결된 일종의 데스크톱처럼 생겼지만, USB와 직렬 포트 등 잘 모르는 다른 부속품들이 있는 주변 장치도 있었다.

맥신은 맷이 하는 말을 들었다. "배터리 문제로 고객들이 계속 오게 되는데, 그것은 아마도 그 고객들이 자주 차를 운전하지 않아서 배터리 충전이 시동을 거는 데 필요한 수준 이하로 떨어지기 때문일 겁니다." 맷은 말을 이어갔다. "그럴 때는 배터리가 방전되는 것을 막을 수 있는 자동차 배터리 충전기를 구입하도록 추천하세요. 저도 무척 좋아하는데요. 그걸 구매한 이후로 다른 차 엔진에 연결해서 시동을 걸 필요가 없어졌습니다. 25달러에서 100달러까지 다양한 종류가 있습니다. 전 49달러짜리 모델을 구매했습니다.”

맥신은 맷이 고객들이 필요로 할 것 같은 자동차 부품과 고객이 말하는 증상을 반복적으로 연결하는 방법에 주목했다. 맥신은 왜 일부 매장 관리자들이 고객 만족도, 직원 생산성, 직원 유지뿐만 아니라 평방 피트당 최고의 매출을 올리는 등 다른 사람들을 능가하는지를 알 수 있었다. 맷은 새로운 직원들에게 바람직한 행동을 가르치고 있었다.

“어떤 사람들이 여러 개의 배터리를 구입했는지를 컴퓨터 시스템이 알려주면, 우리도 미리 추천을 할 수 있어 좋겠네요.” 커트가 덧붙였다.

“그렇게 되면 정말 좋을 겁니다.” 맷이 말했다. 그 대화에 훈련생들을 참여시키기 위해 맷은 사람들을 돌아보면서 말을 이어갔다. “아시다시피, 저희는 판매 수수료를 지불하지 않습니다. 왜냐하면 그런 정책이 가끔은 고객을 최우선으로 생각하지 못하게 만들기 때문입니다. 하지만 판매 목표를 초과하면 모든 사람이 멋진 보너스를 받기 때문에, 고객에게 좋은 일을 하면 당연히 저희도 좋은 거죠.”

“이제 배터리 검사와 관련된 것을 좀 알게 되셨으니, 그 결과가 나온 이 보고서를 고객에게 드리면 됩니다”라고 말하며 맷은 7페이지짜리 보고서를 보여줬다.

이틀째 훈련이 마무리됨에 따라, 맥신은 자신들이 구축한 시스템을 사용하면서 매장 직원들이 겪는 어려움을 생각해봤다. 결과적으로 맥신은 기가 꺾이기보다는 영감을 받을 수 있었다. 이런 문제를 해결하면 매장 직원들의 일은 쉬워질 것이고, 고객들의 차는 더욱 잘 유지될 수 있을 것이다.

주말 내내 맥신은 다른 반란군으로부터 지속적인 정보를 받고 있었다. 그들은 프로모션 팀이 다가오는 블랙 프라이데이 행사에 필요한 데이터를 얻을 수 있도록 열심히 일하고 있었다. 그러나 그들은 기업 내 장벽 속에서 데이터에 대한 상반된 정의, 프로모션 업무를 가장 잘 지원할 데이터베이스 기술에 대한 어려운 선택, 데이터 과학자와 분석가들이 직접 협력하며 겪는 예상치 못한 문제 등 많은 어려움에 직면해 있었다.

맥신은 내일 모든 사람을 만나 모든 것을 자세히 알아볼 수 있기를 고대했다. 해야 할 신나는 일이 너무도 많았다!

PART 3

11월 10일 ~ 현재

———

월요일 아침, 맥신은 깜짝 놀랐다. 그 팀은 다시 한번 맥신의 예상을 넘어섰다. 그들은 모두 회의실에 모여 신속하게 현황을 검토하고 도움이 필요한 분야에 관해 이야기를 나눴다.

"시작하기 전에, 우리가 해야 할 일이 있다고 생각해요." 매기가 말했다. "우리가 하고 있는 이 일에 암호명이 필요합니다. 우리가 뭔가 큰 것을 향해 나아가고 있다면, 이름이 있어야 합니다. 성취가 늘어날수록 우리가 하는 일에 대해 더 많은 이야기를 해야 할 것이고, 그렇게 되면 우리를 계속 반란군이라고 부를 수는 없을 겁니다."

"프로모션이라고 하면 안 될까요?" 누군가가 물었다.

"어, 그건 팀 이름이에요." 매기가 대답했다. "데이터 허브 사람들이 합류한 이후로 팀이 매우 많이 바뀌었고, 새로 시작한 일이 정말 많습니다. 우리가 일하는 방식이 예전과 크게 달라서 새로운 이름이 필요할 것 같아요."

아이디어가 정신없이 빠르게 나오기 시작했다. 심각한 이름도 나왔다. 율리시스, 파에톤, 일리아드…. 미국 우주 프로그램의 이름도 나왔다. 머큐리, 아폴로, 제미니….

"그것들은 너무 심각하고, 너무 피닉스와 비슷하게 들리는데요." 섀넌이 말했다. "전 어느 누구도 우리가 하는 일과 피닉스 프로젝트 사이에 유사성이 있다고 생각하지 않기를 바라거든요."

"전적으로 동감이에요." 브렌트가 말했다. "앞으로 어떤 프로그램도 다시는 '피닉스'라고 부르지 못해도 전혀 신경 쓰이지 않을 거예요."

"영화 제목은 어때요? 〈킬 빌〉, 〈블레이드 러너〉, 〈스타워즈〉?"라고 섀넌이 제안했다. 다른 이들은 음악 밴드 이름, 포켓몬, 보드게임, 던전 앤 드래곤의 무기 이름 등을 내놨다.

"유니콘 프로젝트는 어때요?" 드웨인이 반은 농담조로 말했다. "그건 꽤 특색 있잖아요."

맥신이 크게 웃었다. 그 이름이 마음에 들었다. '유니콘'이라는 용어는 첨단 기술 스타트업과 에릭이 이야기한 페이스북, 아마존, 애플, 넷플릭스 그리고 구글과 같은 FAANG을 가리키는 데 자주 사용됐다. 파트 언리미티드는 1세기나 된 오래된 말이지만, 뒷받침해주는 올바른 문화, 기술 프랙티스, 아키텍처를 갖고 유니콘이 할 수 있는 모든 것을 할 수 있다는 것을 증명해 보일 것이다. 사실, 유니콘은 뿔 달리고 화려한 무지개색으로 칠해진 말이지 달리 무엇이겠는가?

'그리고 우리의 경쟁 상대는 FAANGs가 아니라 우리와 같은 산업에 있는 다른 기업들과 우리 시장을 잠식하고 있는 아주 작은 소프트웨어 신생 기업들이지….' 맥신은 생각했다. 스타트업들은 능력이 출중하지만 일할 수 있는 자원이 부족하다는 것을 맥신은 개인적인 경험을 통해 알고 있었다.

이것은 소규모 기업이 큰 기업을 때려눕히는 이야기가 아니다. 빠른 기업이 느린 기업을 이기는 것에 관한 이야기다. 지난 두 달 동안 맥신이 확실하게 증명한 것은 위대함이 질식당할 수는 있지만 회복될 수도 있다는 것이다.

"전 좋은데요." 맥신이 말했다. "스티브가 모든 타운 홀 미팅에서 '유니콘'이라고 말하는 걸 상상해봐요. 그걸로 하죠."

모두가 웃었다. 드웨인은 "음, 이 말이 정말 하늘을 날 수 있을까요? 승인받아야 하는 거 아니에요?"

맥신이 크게 웃었다. "승인요? 우리가 언제는 누군가의 승인을 받아야 했나요? 승인 안 받아도 괜찮아요. 우리 마음이죠. 그래요, 유니콘 프로젝트." 맥신은 입에 붙나 안 붙나 보려고 소리 내 말해봤다. "그걸로 해요."

그들은 다른 무엇보다도 유니콘 프로젝트를 블랙 프라이데이와 휴가철 홍보 캠페인뿐 아니라 향후 훨씬 더 많은 행사에 힘을 실어줄 맞춤형 추천과 홍보 능력의 새로운 이름으로 결정했다. 오르카^{Orca}는 유니콘 프로모션 업무를 지원하면서 함께 일할 분석 및 데이터 과학 팀의 이름이다. 그리고 나왈^{Narwhal}은 유니콘이 사용할 새로운 데이터베이스와 API 게이트웨이 플랫폼이다. 유니키티^{Unikitty}는 데이터 허브 팀과 피닉스에서 신중하게 선택된 다른 팀에서 사용하고 있는 지속적 통합 및 배포 플랫폼의 이름이다.

맥신은 기분이 좋았다. 생각해보면, 이미 오래전에 그들 팀에 고유한 이름을 부여했어야 했다. 맥신은 형성^{form}, 격동^{storm}, 규범^{norm} 그리고 성과^{perform} 과정을 거치는 터크만^{Tuckman}의 팀 형성 단계를 항상 좋아했다. 맥신은 규범과 성과 단계를 시작할 준비가 돼 있었다!

그리고 팀명은 개인뿐만 아니라 그룹 전체의 정체성을 형성하는 데 도움을 주며, 팀 목표가 개인의 목표보다 더 중요하다는 생각을 강화해준다.

"그럼, 저도 사람들 앞에서 '유니콘'이라고 말해야 하네요." 매기가 투덜거렸다. 그러나 맥신은 매기가 은근히 기뻐하고 있다고 생각했다.

그날 오전 늦게, 맥신은 격월로 열리는 타운 홀 미팅을 위해 강당으로 들어갔다. 타운 홀 미팅은 맥신이 유배된 후 두 번째였고, 한 달 전에 있었던 처참한 릴리스 이후로는 처음이었다. 맥신은 특히 스티브가 그 주제를 어떻게 다룰지에 관심이 있었다. 매기는 블랙 프라이데이 캠페인에 대한 그들의 희망과 열망에 대해 회사 전체를 대상으로 슬라이드 한 장으로 발표할 것이라고 팀원들에게 말했다.

지난번과 마찬가지로 맥신은 무대와 최대한 가까운 곳에 자리를 잡았다. 하지만 이번에는 동료들에게 둘러싸여 있었다. 커트는 뒷줄에 앉아 있었고, 맥신은 무대 뒤에서 매기가 마이크를 달고 있는 모습을 보고 기분이 좋아졌다.

정확히 9시, 스티브는 무대에 올라 그의 67번 타운 홀 미팅에 온 모두를 환영했다. 그는 연간 목표뿐만 아니라 비전과 미션에 대해서도 이야기하고자 했다. "전 피닉스 롤 아웃과 관련된 모든 문제와 다가오는 블랙 프라이데이 캠페인에 대한 우리의 희망에 관해 이야기하는 데도 시간을 들이고 싶습니다." 스티브가 말했다.

스티브는 이전의 모든 타운 홀 미팅에서 그랬던 것처럼 열심히 일하는 고객들이 일상생활을 영위할 수 있도록 차를 계속 운행하게 돕는 파트 언리미티드의 미션에 관해 열정적으로 이야기했다. 주말 내내 매장 관리자와 새로운 최전선의 직원들과 함께 일한 후, 맥신은 스티브가 이런 조직 목표를 끈질기게 반복하는 것이 회사에 있는 사람들의 일상 업무에 어떻게 반영되고 있는지를 많이 이해하게 됐다.

"우리의 비즈니스는 운영상의 우수성과 탁월한 서비스에 의존하는 사업입니다. 우리는 고객들에게 간단한 약속을 합니다. 그들의 차를 계속 운행하는 데 도움이 되는 부품과 서비스를 제공할 것이라는 약속 말입니다. 우리가 피닉스를 운영 환경에 배포했을 때, 우리는 사람들을 실망시켰습니다. 고객을 실망시키고, 직원들을 실망시키고, 투자자들을 실망시켰습니다."

"지킬 수 없는 약속을 고객들과 했습니다. 우리가 그들에게 제공한 상품은 재고가 없거나 구매할 수 없었고 심지어 수백 개의 신용카드 번호를 공개하기도 했습니다. 우리가 실망시킨 고객들에게 많은 돈에 해당하는 바우처를 나눠줬지만 잃어버린 신뢰를 다시 살 수는 없습니다."

"그리고 그것은 우리 고객들뿐만이 아닙니다. 중요한 내부 시스템 중 많은 부분이 다운돼 직원 수천 명이 일상 업무를 하지 못했습니다. 회사의

CEO로서, 제가 이 부분에 책임감을 느낍니다."

"저는 이 안에 있는 사람들이 우리 고객들에 대한 의무를 다하기 위해 할 수 있는 모든 것을 했다는 걸 인정하고 싶습니다. 지난 두 달 동안, 저는 기술 책임자 역할도 했다는 것을 여러분 중 다수가 알고 있을 겁니다." 그는 말했다. "웃지는 마십시오. 알다시피 전 기술과 관련된 일에는 거의 모든 도움이 필요하거든요. 그리고 전 기술 팀들이 했던 놀라운 일들을 인정해주고 싶습니다."

"그 이후로, 전 R&D 부서장인 크리스 앨러스, IT 운영 부서장인 빌 팔머와 함께 근본적으로 다른 몇 가지 일을 함께하고 있습니다. 그중에는 30일간의 피처 동결도 포함돼 있었습니다. 기술에 종사하는 사람들은 문제를 해결하고 기술 부채를 갚기 위해 노력했습니다."

"기술 부서에 있지 않은 사람들을 위해 잠깐 말씀드리자면, '기술 부채'는 고충과 노고를 유발하고 소프트웨어 엔지니어들의 민첩성을 떨어뜨리는 것입니다." 그는 말했다. "그건 마치 공식을 망가뜨리거나 오류를 생성하지 않고는 더 이상 변경하기 어려운, 수년간 계속 땜빵해 온 스프레드시트 같은 겁니다. 그러나 기술 부채는 회사 내 가장 복잡한 프로세스를 실행하는 시스템을 포함해 훨씬 더 큰 규모로 우리에게 영향을 미칩니다."

"조직 전체를 통틀어 많은 사람이 그 일의 필요성을 계속해서 제기했습니다." 스티브는 말했다. "제가 몸담았던 제조 산업도 마찬가지로, 지속 가능한 작업 속도를 유지하고 작업 중인 일의 수를 제한하는 것이 중요한데, 그렇게 해야 공장에서 작업을 계속 원활하게 수행할 수 있기 때문입니다. 그리고 그게 바로 우리가 지금 하는 일입니다."

"이번 분기는 성공 아니면 실패일 겁니다. 우리는 9월에 피닉스를 출시하겠다고 전 세계에 약속했지만, 우리가 연기한 모든 피처 때문에 기대했던 판매 수익을 얻지 못하고 있습니다. 이제는 휴가철 구매 시즌을 앞두고 분기점에 진입했습니다. 시간이 없습니다."

"우리가 배운 교훈에 대해 소매 제품 마케팅 수석 책임자인 매기 리가 발표해주겠습니다"라고 스티브가 말했다. "어서 나오세요, 매기."

매기는 맥신이 지금까지 본 모습 중 가장 긴장한 것처럼 보였지만, 사람들은 대부분 알아채지 못할 것이다. 매기가 말했다. "여러분도 아시다시피, 피닉스는 항상 고객들이 필요한 고품질의 부품을 더 빠르고, 더 쉽고, 더 싸게 살 수 있도록 지원하는 것이었습니다. 지난 몇 년 동안 그것을 실현할 수 있는 기반을 구축했지만, 그런 능력을 활성화할 수는 없었습니다…. 아직까지는요."

"스티브, 크리스, 빌 덕분에 저는 재무와 회계, 마케팅, 프로모션, 소매 운영, 그리고 매우 중요한 피닉스 목표를 어떻게 전달할 수 있는지 알아내기 위해 훌륭한 기술 그룹과 함께 일할 수 있는 특권을 누렸습니다. 우리는 고객에게 추천해서 프로모션 팀이 재고로 갖고 있는 수익성 있는 제품을 판매할 수 있기를 원합니다."라고 매기가 말했다. "수년간 쌓인 고객 구매 데이터가 있고, 우리 브랜드로 된 신용카드가 있기에 고객의 인구학적 통계와 선호도를 알고 있습니다. 고객에게 이런 프로모션을 할 수 있다면, 회사에 실질적인 변화를 가져올 수 있고 고객들에게 믿을 수 없을 만큼 높은 가치를 창출할 수 있을 것으로 생각합니다."

"그리고 그것이 제가 유니콘 프로젝트를 소개하는 것에 흥분하는 이유입니다." 매기가 말하는데, 청중 모두가 그 기발한 이름에 웃음을 터뜨리자 매기도 미소를 지었다. "얼마 전에 이런 일이 일어날 수 있도록 해주는 급진적인 아이디어를 갖고 제게 다가와 준 커트 레즈닉과 맥신 챔버스 그리고 도움을 주고자 하는 엔지니어들의 공로를 인정하고 싶습니다. 우리는 1년 중 물품이 많이 팔리는 시점 중 하나인 블랙 프라이데이를 지원하기 위해 믿을 수 없을 정도로 효과적인 캠페인을 벌일 것을 목표로 피닉스 프로젝트 전체의 지원을 받아왔습니다. 하지만 지금 우리의 목표는 지금까지의 모든 기록을 싹 다 갈아치우고 회사 역사상 최고의 판매를 달성하는 날로 만드는 겁니다."

매기는 말을 이어갔다. "블랙 프라이데이에 수백만 명의 고객에게 캠페인을 시작하고 일을 제대로 진행시키기 위해 앞으로 2주 동안 테스트를 실시할 예정입니다. 고맙습니다. 그리고 행운을 빌어 주시길 바랍니다." 매기는 미소를 지었고, 무대 밖으로 나가기 전에 모두에게 손을 흔들어 준 후 스티브와 악수했다.

"고마워요, 매기." 스티브가 말했다. "수년 동안 피닉스 프로젝트를 옹호했던 사람들을 포함한 몇몇 사람은 이 프로젝트가 효과가 없을 거라고 말합니다. 하지만 매기와 그녀의 팀은 저를 신봉자로 만들었습니다. 제가 일해 온 경력을 미뤄 보면, 열정적으로 임무를 성취하는 데 헌신하고 올바른 기술과 능력을 갖춘 사람들로 이뤄진 팀이 있을 때마다, 그들의 성취는 하늘을 가를 듯이 폭발적이었습니다. 그래서 저는 그런 사람들에게 감히 대적하면 안 된다는 것을 알게 됐습니다. 그러니 유니콘 프로젝트에 행운을 빕니다!"

맥신이 환호하며 크게 휘파람을 불었다. 맥신은 또한 스티브가 사라의 부재에 대해 간접적으로 언급한 것에도 주목했다. 맥신은 주위를 둘러보며 좋은 소식인지 나쁜 소식인지 모르겠지만 사라가 어디에도 보이지 않는다는 것을 확인했다.

그다음 며칠 동안, 팀은 전적으로 블랙 프라이데이 전까지 확실한 프로모션을 위해 필요한 일에 집중했다. 다들 다급한 일에 파묻혀 있었다. 맥신은 커트에게 경험 많은 사람이 더 필요하다고 다시 주지시켰다.

"제가 한발 앞섰네요." 커트가 말했다. "크리스에게 휴가 중에 있는 윌리엄을 데려오라고 했어요. 유니키티 팀을 돕게 하려고요."

"말도 안 돼." 맥신이 믿지 못하겠다는 듯이 말했다. 맥신은 크리스가 어떻게 반응했을지 생각하며 웃었다. "어떻게 해서 무기한 휴직 상태에 있는 그를 오게 만들었어요?"

커트가 웃었다. "제가 몇 년 동안 선행하면서 쌓아온 모든 호의를 활용했다고 보시면 돼요. 윌리엄을 데려오기 위해 모든 사람에게 크리스를 향해 로비해 달라고 시켰죠. 윌리엄보다 이런 환경을 만드는 데 도움 줄 수 있는 더 나은 사람은 없거든요. 그가 억울한 유배 생활에서 돌아오는 것도 기분이 좋고요."

맥신은 진심으로 동의하며 팀이 필요로 하는 것들을 전달하는 커트의 능력에 다시 한번 감명을 받았는데, 그는 공식 조직도가 제시하는 것과는 매우 다른 방식으로 조직을 활용할 수 있었다.

한편, 나왈 팀은 다양한 팀에 필요한 모든 것을 고려해 실행 가능한 API 게이트웨이와 데이터베이스 솔루션을 찾으려 고군분투하고 있었다. 걸려 있는 것이 너무 많았다. 처리해야 할 데이터양은 엄청났고, 작동하지 않을 때의 결과는 끔찍할 것이다.

이것은 야심 찬 사업이었고, 맥신에게는 매력적인 일이었다. 나왈은 백엔드 시스템을 변경할 필요 없이, 투덜이 데이브가 그렇게 불평했던 거의 모든 API 문제로부터 모든 사람을 보호할 것이다. 개발자들이 필요한 데이터에 쉽게 접근할 수 있고 멀리 떨어진 사일로에서 그들의 문제를 해결할 수 있는 다른 회사 데이터를 쉽게 찾을 수 있는 핵심 역할을 할 것이다. 그리고 섀넌은 나왈이 인증과 PII 익명화에 관한 정책을 시행하도록 해서 이 모든 데이터를 안전하게 보관할 수 있도록 지원했다.

나왈의 주요 부분은 백엔드 시스템이 너무 느리거나, 변경하기 너무 어렵거나, 필요한 모든 트랜잭션을 실제로 수행하기에 너무 비싸면 언제든지 주요 회사 기록 시스템의 복사본을 보관한다는 것이다.

"결정을 내려야 해요." 드웨인은 수요일 오후 늦게 그가 소집한 큰 회의에서 말했다. 맥신에게 드웨인은 "믿지 않아도 상관없지만, 우리는 모두 순수한 NoSQL 솔루션을 훨씬 더 선호해요. 그게 유니콘 팀의 성능 요구를 조정하며 만족시킬 수 있는 곳으로 필요한 모든 데이터를 가져오는 가장 빠른 방법이라고 생각해요."

"브렌트와 팀은 테스트용으로 하나, 운영용으로 하나를 사용할 수 있는 NoSQL 클러스터를 실행하고 있어요." 드웨인은 말했다. "그리고 데이터 ETL 프로세스…. 어, 추출, 변환, 로딩이 생각보다 잘 진행되고 있고요. 확장 팀은 현재 상업용 툴과 자체 개발 툴을 조합해 사용하면서 거의 20개나 되는 서로 다른 기록 시스템에서 우리의 데이터베이스로 데이터를 복사하기 위해 많은 기술들을 꿰맞추는 중이고요. 좋은 소식은 생각보다 더 빨리, 더 신속하게 진행되고 있다는 거예요…."

"하지만 난제가 있기는 해요"라고 드웨인이 말했다. "NoSQL에 문제가 생길 경우를 대비해 모든 데이터를 NoSQL과 MySQL 데이터베이스 양쪽에 보관할 계획이었어요. 근데 ETL을 경험해보고 몇 가지 대규모 테스트를 해보고 나니 다른 걸 생각하지 말고 그냥 순수하게 NoSQL로 가야 한다는 생각이 들었어요. 백엔드 데이터베이스 2개를 지원하면 속도도 느려지고, 목표했던 생산성 우위도 전혀 얻지 못할 수 있거든요."

"우와!" 맥신은 놀라며 말했다. 이것은 맥신이 예상했던 것보다 훨씬 더 대담한 시도였다. 사실, 사람들이 TEP-LARB를 만들게 된 것은 아마도 이와 같은 결정 때문이었을 것이다.

이 회사에는 이렇게 크고 미션 크리티컬한 것은 고사하고 운영 환경에 NoSQL을 주도적으로 사용한 사람은 아무도 없었다. 연구 및 실제 운영 환경에서 경험을 얻을 시간이 거의 없는 상황이라면, 신중함과 실용성이 중요한 프로젝트에서는 이처럼 위험할 수도 있는 일은 아예 시도조차 못하게 막을 것 같았다. 맥신은 팀원들에게 그런 생각을 말했다.

"일반적인 상황이라면 저도 그 의견에 동의할 거예요, 맥신. 가장 큰 위험은 운영이라고 생각하겠죠." 브렌트는 맥신의 걱정스러운 표정을 보고는 말했다. "그러나 훨씬 더 큰 위험은 기업 내 모든 곳에서 복사하고 있는 이 모든 표 사이의 관계적 무결성을 잃는 것이라고 생각해요. 알다시피, NoSQL 데이터베이스는 우리가 익숙한 대부분의 데이터베이스처럼 관계적 무결성을 강요하지는 않아요. 하지만 그런 무결성 검토를 API 수준에서 하게 만든다면 괜찮을 것 같네요."

비록 신경은 쓰이지만, 맥신은 긴급한 문제를 해결하려는 최고의 기술자들을 보는 것이 흥미진진하다는 것을 인정했다. 맥신은 여러 가지 질문을 했고, 때로는 반복해서 질문하면서 그들의 생각을 면밀히 살폈다. 결국 그들은 모두 NoSQL에 올인하자고 서로를 설득했다.

"좋아요, 퇴로를 막아버리죠." 맥신이 마침내 말했다. 다른 선택을 할 시간이 없었다. 맥신은 이 정도의 불확실성을 좋아하지는 않았지만 팀을 믿었다.

이것으로 개발자들의 민첩성이 개선된다는 것은 부인할 수 없지만, 그 어느 때보다도 맥신은 엔지니어링 관점에서 그들이 얼마나 제약받고 있는지 깨달았다. 더 많은 시스템에 대해 일하기 위해서는 정말로 더 큰 팀이 필요했다. 맥신은 이것이 커트와의 다음 회의에서 논의해야 할 첫 번째 화두가 될 것임을 상기했다.

다음 이틀 동안, 팀들은 유니콘 프로젝트에서 그들이 맡은 몫을 다했다. 맥신은 대부분 시간을 전체 작업에서 가장 위험한 부분이라고 생각하는 부분에 할애했는데, 그것은 모든 데이터를 나왈 NoSQL 데이터베이스로 가져가고 모든 팀에 필요한 데이터에 접근할 수 있게 해주는 것이었다. 맥신은 그들이 배수진을 쳤기 때문에 돌아갈 수 있는 지점을 이미 벗어났다는 것을 알고 있었다.

가장 어려운 부분은 20개의 다른 비즈니스 시스템에서 데이터를 가셔오는 메커니즘이 아니었다. 그 대신, 그 데이터들을 사용할 수 있는 통일된 어휘와 분류법을 만들려고 시도하는 것이 어려운데, 거의 모든 비즈니스 시스템은 비슷한 것에 대해 서로 다른 이름을 갖고 있기 때문이다.

실제 매장들은 매장 내 판매되는 제품에 대해 5가지 다른 정의를 갖고 있는데, 여기에는 수십 년 전에 인수한 회사에 있던 정의까지 포함돼 있다. 제품이 카탈로그로 작성되는 방법에는 6가지가 있었다. 상품 카테고리와 가격은 서로 맞지 않았다. 가격 책정이나 프로모션에 관한 사업 규칙은 아주 오래되고 고정적이었다. 회사 전체의 비즈니스 분석가들을 불러들여 그것을 이해하고 그것들을 어떻게 나타내야 하는지에 대한 결정을 내리는 데 도움을 받았다.

맥신은 정확성이 '지금은 충분하다'라며 명확하고 일관된 주장을 해야 할지, 합의를 끌어내기 위해 며칠 동안 결정을 연기하자고 주장해야 할지 깊은 고민에 빠졌다. 이 결정이 앞으로 수십 년 동안 파트 언리미티드에 영향을 미칠 수 있기 때문이다. 엔터프라이즈 시스템에 대한 폭넓은 경험이 없었다면, 맥신은 이런 유형의 결정을 내리는 데 필요한 판단력이 없었을 것이라는 확신이 들었다. 특히 마감 시한을 고려하면 말이다.

다가오는 데모 데이에 다들 집중하는 가운데, 각 팀은 블랙 프라이데이를 앞두고 마지막 날에는 시스템에 대해 자기들이 맡은 부분을 보여줄 것이다. 매기가 그 데모 데이 전반을 이끌 것이고, 이해관계자들 대부분은 물론 모든 기술 경영진도 참석할 것이며, 최종적인 '고 · 노 고go/no go'에 대한 출시 결정으로 마무리될 것이다.

많은 이해관계가 얽혀 있는 가운데, 팀원들이 빠르게 진행 상황을 파악하고 팀원들에게 어떤 도움이 필요한지를 공유하는 일일 엔지니어링 팀 스탠드업 회의에 맥신은 모든 팀원을 참석하게 했다. 팀 리더가 걸림돌을 빠르게 처리하면서 회의를 신속하고 효율적으로 운영하는 것을 보고 맥신은 마음이 흡족했다.

이렇게 빡빡한 일정에서는 하루하루가 중요했다. 추수감사절이 일주일 앞으로 다가왔다. 맥신은 유니콘 스탠드업 회의에 앉아 열심히 귀를 기울였다. 프로모션 팀 중 가장 선임인 데이터 과학자 두 명 중 한 명이 눈에 띄게 허둥지둥하고 있었다. "데이터 웨어하우스 팀의 고객 리스트 중 필요한 필드의 1%가 아직 부족해서, 물리적 매장 주문 데이터의 절반 가까이를 지금까지도 일치시키지 못하고 있습니다."

"그리고 데이터 분석을 해야 하는데, 나왈 데이터베이스는 우리가 예상한 것보다 믿을 수 없을 정도로 빠릅니다. 문제는 우리가 할 모든 통합 때문에, 쿼리는 여전히 너무 느립니다." 그는 계속해서 말했다. "마감 기한을 감안하면, 이걸 한두 번밖에 못 해볼 것 같은데, 만약 결과가 지금 나온 것과 같다면 블랙 프라이데이의 론칭 준비에 충분하지 않습니다. 그리고 지금 우리에게 있는 데이터를 사용한다면, 그 프로모션은 정말 형편없는 것이 될 것이 확실합니다. 오늘 아침에 텍사스에 있는 사람들에게 스노타이어에 대한 제안을 보냈을 수도 있는 잘못된 경우도 발견했습니다."

'아니, 젠장!' 맥신이 생각했다. 데이터 과학자들을 엔지니어링 회의에 초대하는 데 너무 오래 걸린 결과가 이런 것이다. 맥신은 큰 소리로 말했다. "좋아요, 오늘 오전 늦게 긴급 단독 회의를 소집할게요. 커트와 매기를 꼭 참석시키고 나왈 팀도 참석하게 할게요. 이 문제들과 해결할 방법에 대해 10분간의 브리핑을 준비해 주실래요?"

그가 고개를 끄덕이자 맥신은 핸드폰을 꺼내 커트에게 전화를 걸었다.

두 시간 후, 모든 사람이 회의실에 모여 분석과 프로모션 팀들이 겪고 있는 문제들을 함께 들었다. 15분 후, 맥신은 그 문제의 규모로 인해 진심으로 기분이 좋지 않았다.

분석 팀이 거의 진전을 보이지 못한 것은 당연했다. 그들이 하고자 하는 것은 그들의 인프라로는 도저히 불가능한 일이었다. 데이터는 그들이 처리할 수 있는 것보다 더 큰 규모였다. 맥신은 즉시 데이터 과학자들이 만들고 있는 쿼리가 나왈 팀을 위해 만든 쿼리와 서로 어울리지 못한다는 것을 알게 됐다. 나왈은 회사 전역에 걸친 다양한 팀의 API 요청을 처리하는 데는 탁월하지만, 분석 팀이 해야 할 일에는 그다지 효과적이지 못하다는 게 드러난 것이다.

더욱이 유니콘 팀은 여전히 필요한 자료를 얻지 못하고 있었다. 데이터 웨어하우스 팀이 개발 조직에서 얻은 20줄의 SQL을 QA 그리고 운영 환경으로 가져가는 데 4개월이 걸렸다. 게다가 그럴 때마다 리포트가 망가지거나 잘못된 데이터를 보여줬다. 지난달 어느 부분에선가 스키마 변경이 회사의 거의 모든 리포트를 망가뜨렸다. 맥신에게는 피닉스 프로젝트에 있었던 것과 같은 문제지만, 이번에는 코드가 아니라 유니콘 팀에 필요한 데이터였다.

데이터 웨어하우스 팀은 여전히 실제 매장과 전자 상거래 매장의 제품, 재고 및 고객에 대한 서로 다른 정의를 조정하지도 못했다. 새로 생성된 나왈 팀은 이미 그들보다 훨씬 앞서 있었다.

맥신이 손가락으로 테이블을 두들겼다. 맥신은 그들이 또 다른 피닉스 규모의 관료적 난관에 부딪혔다는 것이 믿기지 않았다. 데이터 웨어하우스가 그들에게 필요한 많은 것들을 깔고 앉아 있었다.

사람들이 이야기를 계속하는 사이 맥신은 화이트보드의 숫자를 응시했다. '이건 효과가 없을 거야.' 맥신은 생각했다. 프로모션 계획을 현재 계획된 대로 실현할 방법이 현실적으로 없다고 말하기 위해 맥신은 커트에게 복도로 나가자고 따로 신호를 보내야겠다고 생각했다. 그들은 유니콘 팀에게 계획을 대폭 축소하도록 설득할 필요가 있었다. 아니면 반란군이 그 계획을 버리고 비즈니스상 성과를 내기 위해 협력할 다른 프로그램을 찾아야 할지도 모른다.

유니콘 팀이 성공하려면 어떻게든 거대한 데이터 웨어하우스에서 분리돼 해방될 필요가 있었고, 어쩌면 나왈까지 그래야 할지도 모른다. 그들이 해야 할 엄청난 계산과 쿼리를 지원하려면 말이다.

"무슨 생각을 하는지 알아요." 맥신이 커트의 주의를 끌려고 하자 섀넌이 말했다. "불가능해 보이죠? 하지만 전 거의 5년 동안 데이터 웨어하우스 팀에서 이것에 대해 생각해봤어요. 제가 몇 년 동안 하고 싶었던 걸 보여 드릴게요."

그다음 30분 동안 섀넌은 그동안 분명히 생각해보고 깊이 연구해 온 긴장되는 계획을 제시했다. 섀넌은 기술을 리딩하는 기업들이 자신들의 데이터 문제를 규모에 맞게 해결하기 위해 구축한 것과 유사한, 완전히 새로운 이벤트 스트리밍 버스를 통해 제공되는 스파크 같은 빅데이터 컴퓨팅 플랫폼을 구축하자고 제안했다. 이런 새로운 방법은 수백, 심지어 수천 개의 CPU 코어를 계산에 투입할 수 있게 하면서 현재라면 며칠 또는 몇 주가 걸리는 분석을 몇 분 또는 몇 시간 내 수행할 수 있게 해줄 것이다.

맥신은 이런 기술에 익숙했다. 이런 기법은 그 유명한 2004년 구글의 맵map · 리듀스reduce 연구 논문이 발표된 후 폭발적으로 증가했는데, 이 논문은 구글이 함수형 프로그래밍의 핵심 기법을 사용해 상품 하드웨어에 대한 전체 인터넷의 색인을 대량으로 병렬화하기 위해 사용했던 기법을 기술했다. 이것은 이후 하둡Hadoop, 스파크Spark, 빔Beam 그리고 NoSQL이 데이터베이스 환경을 혁신한 것처럼 이 분야를 변화시킨 많은 다른 흥미로운 기술을 발명하게 했다.

섀넌은 새로운 이벤트 스트리밍 기술이 이 새로운 데이터 플랫폼을 어떻게 바꿀 것인지 설명했다. "거의 모든 비즈니스 규칙 변화가 데이터 허브 팀이 변경해야 하는 상황을 만드는 현재와는 달리, 이 새로운 계획은 서비스와 데이터의 대규모 분리를 가능하게 할 거예요. 그건 개발자들이 중간 코드를 작성해야 하는 중앙 집중화된 팀이 없어도 독립적으로 변경을 할 수 있게 해줄 겁니다. 그리고 중앙집중식 데이터 웨어하우스와 달리, 정확한 데이터를 정리, 수집, 분석 그리고 나머지 조직에 전달하는 책임은 각 비즈니스 및 애플리케이션 팀으로 분배될 것인데, 그곳 사람들은 그 데이터가 실제로 의미하는 바를 가장 잘 알고 있는 팀이죠."

섀넌이 말을 이어갔다. "데이터를 안전하게 보관하는 것도 중요하고, 우리가 보관해서는 안 되는 PII를 저장하지 않는 것도 중요하고, 데이터를 암호화하는 것도 필요할 뿐만 아니라, 데이터를 도난당했을 경우 파트 언리미티드에 발생할 수 있는 위험에 대한 관리도 매우 중요하죠." 섀넌은 모든 데이터의 보안을 개별 팀에 맡기지 않고 이 플랫폼이 보장하도록 하는 방법에 대해 열정을 보이고 있었다.

맥신에게 가장 매력적인 것은 이 방안이 불변의 이벤트 소싱 데이터 모델도 지원할 수 있다는 점이다. 이것은 수십 년에 걸쳐 축적된 현재의 무질서한 복잡성을 엄청나게 단순화하는 계기가 될 것으로 보였다.

게다가 빨랐다. 데이터 허브와 향후에 만들어질 기업의 모든 애플리케이션이 결국 이 새로운 메시지 버스에 모든 것을 쏟아 넣을 것이기 때문에 빨라야만 했다. 모든 고객 주문, CRM의 모든 고객 활동, 전자 상거래 사이트와 마케팅 캠페인 관리 시스템의 모든 것, 매장 및 카센터의 모든 고객 활동 등 모두 다.

섀넌이 발표를 마치고 팀의 질문에 대답하자 커트는 창백해 보였다. "농담하는 거죠. 아직 나왈 시작하는 걸 승인도 못 받았어요. 그리고 이 모든 걸 추가한다면…. 처리나 저장 공간도 네 배는 늘려야 할 거고…. 잠재적으로는 클라우드에 훨씬 더 민감한 데이터를 보내게 될 텐데." 그는 화이트보드를 가리키며 이렇게 말했다. "아이고, 크리스는 폭발할 거예요. 그가 이 일에 나설 리 만무해요."

브렌트조차도 살짝 얼굴이 안 좋았다. "항상 이런 걸 운영해 보고 싶었는데…. 한 번에 구축하기엔 새로운 인프라가 너무 많네요. 이건 제가 보기에도 좀 무모한 것 같아요."

맥신은 커트의 표정을 잘 살핀 다음, 섀넌과 두 개의 화이트보드 전체에 그려진 그림을 잘 살펴봤다. 그리고 나서는 잠시 커트와 브렌트의 불편함을 즐기며 웃었다. 하지만 맥신은 그들이 어떻게 생각하는지 알았다. 카지노에서 모든 것을 잃은 도박꾼들은 아마도 올인하기 전에 이런 일이 있었던 것을 되돌아보고 신중하게 생각하는 순간이 있었을 것이다.

"비즈니스가 요구하는 것에 보조를 맞춰 우리가 기술적 우월성을 확립하려고 하는 건가요, 아니면 수십 년 전에 구축된 물건들로 족쇄가 채워진 상황에서 계속 절뚝거리며 경영진에게 포기하고 좋은 아이디어는 그만 좀 내놓으라고 말할 건가요?" 맥신은 말했다.

맥신은 섀넌의 아이디어가 몹시 위험하지만 좋은 아이디어라고 생각했다. 맥신은 "내 모든 직관력과 경험에 따르면 우리가 가진 데이터 아키텍처는 회사의 모든 영역에 영향을 미치는 또 다른 병목 현상을 만들었어요. 이건 단순한 개발보다 훨씬 더 큰 문제예요. 일상 업무의 일부로 데이터가 필요한 사람들은 자기들이 필요한 것을 얻지 못하고 있죠"라고 말했다.

"그래요." 매기는 몽둥이로 얻어맞은 것 같은 얼굴로 말했다. "그 말이 정말 맞아요! 5개 팀에 걸쳐 25명의 데이터 과학자와 분석가가 있는데도 필요한 데이터를 전혀 얻지 못하고 있죠. 하지만 그 사람들만 데이터를 원하는 게 아니에요. 마케팅에 종사하는 대부분이 데이터를 읽거나 활용합니다. 운영은 대부분 데이터에 관한 것이고요. 판매 운영과 관리는 모두 데이터에 관한 것입니다. 사실, 파트 언리미티드 직원의 절반이 매일 데이터에 접근하거나 활용할 것이라고 확신합니다. 그리고 우리는 수년 동안 모든 것이 데이터 웨어하우스 팀을 통해 나와야 하는 방식 때문에 손발이 묶여 있었습니다."

"솔직히, 여러분 같은 프로들이 도와줘야 합니다." 매기는 부끄러워하며 말했다. "내부적으로 관리하는 데이터 시각화 플랫폼도 몇 개 있지만 우리는 소프트웨어를 하는 사람들이 아니에요. 사실 올해 초 벤더가 우리더러 서버 시간대를 변경하라고 했을 때 우리는 주문 데이터를 모두 손상시켰어요."

브렌트가 끙끙대자, 맥신은 그가 벤더나 매기의 서버 관리자에 대해 모욕적인 말을 하는 것을 가까스로 자제하고 있는 것 같아 안심됐다.

갑자기 몰입한 것처럼 흥미를 보이고 계산하는 듯한 커트의 표정을 보고 맥신은 빙그레 웃었다. 맥신은 이런 종류의 고통과 스트레스받는 일에 대해 듣는 것이 그가 행동하도록 동기를 부여하는 방법이라는 것을 잘 알고 있었다. 매기는 "유니콘 팀을 활용해서 가장 중요한 능력부터 작게 시작하죠. 우리는 이미 나왈과 함께하고 있는 모든 ETL 작업을 활용하고, 운영 위험을 크게 줄일 수 있도록 클라우드에서 관리형 서비스를 활용하고, 그 안에서 실전 테스트를 거친 데이터 플랫폼 서비스를 사용하도록 하죠. 제 생각에는…."

맥신은 그다음 4시간 동안 아무도 방을 떠나거나 그만두지 않은 것을 두고 자축했다. 그 대신 그들은 화이트보드를 놓고 앞다퉈 모두가 잠정적으로 연구해보기로 동의하는 계획의 큰 줄거리를 생각해냈다. 그들은 이벤트 스트리밍 플랫폼을 뒤로 미루지만, 맥신과 섀넌은 더 많은 안정적인 데이터 변환을 제공하고, 버전을 관리하고, 데이터가 입력되기 전에 정확한 형태와 크기를 확인하기 위한 자동화된 테스트를 구축하고, 맥신은 보고 들은 모든 데이터 사고를 방지할 수 있는 많은 것들을 만들고 이끌 것이다.

커트와 매기는 크리스와 빌과 함께 구체적인 논의를 시작해 위협을 느낄 수도 있는 데이터 웨어하우스 팀과의 정치적 싸움을 피하겠다고 약속했다. '그건 합리적이네'라고 맥신은 생각했다. 데이터 웨어하우스 팀은 수십 년 동안 이 데이터를 관리해 왔으며 이제 우리가 데이터를 자유롭게 만들어 원하는 사람이라면 누구든지 티켓을 열지 않고 요청만 하면 이용할 수 있게 만들 것이다.

이 모든 계획에도 불구하고, 완전히 실패할 가능성도 있다는 것을 알고 있었다. 맥신은 화이트보드에서 브렌트가 중얼거리는 소리를 들었다. "아이디어는 마음에 들어요. 하지만 우리가 추수감사절까지 이 모든 것을 끝낼 방법은 없어요."

맥신의 아이들이 말하는 것처럼 브렌트가 틀린 말을 하는 것은 아니었다. 하지만 그들이 지금 데이터를 이용하는 방식은 효과가 없지만, 더 나은 방법이 있다는 것을 보여줄 기회였다. '용기와 함께 끊임없이 긍정적일 필요가 있다면 지금이 바로 그때야!'

마침내 브렌트가 "이 프로젝트를 팬더라고 부르죠." 맥신은 모든 일이 잘 풀릴 수 있다는 희망을 가졌다.

데모 데이의 전날 밤, 많은 팀이 저녁 늦게까지 일했다. 다음 날 아침, 블랙 프라이데이 프로모션 데모가 구내식당에서 시작될 것이라 모든 사람이 그곳에 모였다. 커트는 매기에게 그들의 노력 뒤에 숨은 '왜'라는 이유를 이해하는 세션을 시작해 달라고 요청했지만, 사람들은 블랙 프라이데이가 이제 며칠 남지 않았다는 것을 알고 있었다. 또한, 유니콘 프로젝트에서 일하는 사람들은 회사의 생존이 그들의 노력에 달렸다는 게 과장이 아님을 알고 있었다.

유니콘 프로젝트는 이제 세간의 이목을 끌고 있었다. 그리고 맥신은 오늘 일이 잘 풀리지 않으면 회사도 타격을 입고, 매기, 커트 그리고 자신도 곤경에 처한다는 것을 알고 있었다.

매기가 말을 시작했다. "다들 알고 계시겠지만, 블랙 프라이데이가 코앞으로 다가왔습니다. 우리의 목표는 유니콘 프로젝트가 실질적인 수익을 창출하고, 이를 오르카, 나왈, 팬더, 모바일 애플리케이션 팀이 가능하게 지원하는 것입니다. 재고 정보와 개인화 데이터를 사용해 프로모션을 추진하고 재고 가용성과 같은 유용한 정보를 애플리케이션으로 불러오는 데 초점을 맞출 것입니다. 영향을 주고 싶은 구체적인 결과는 수익, 모바일 애플리케이션과 전자 상거래 사이트의 반복적인 방문, 긍정적인 반응을 끌어내는 캠페인입니다."

매기는 잠시 멈췄다. "그리고 이 방에는 특별한 손님으로 IT 운영 담당 부서장인 빌 팔머가 오셨는데, 부서장님이 인버전 프로젝트를 만드는 것을 도왔기 때문에 프로모션 업무에 우리가 많은 에너지를 집중할 수 있었습니다. 또한 이 모든 계획을 신속하게 추진하는 것을 돕고 있는 운영 부서에서 파견 온 대규모 인원이 있습니다. 우선 오르카 팀을 대표해서 온 저스틴입니다."

"전 저스틴이고, 프로모션을 만드는 데 사용된 데이터를 생성하는 팀에 있습니다. 매기가 언급했듯이, 우리 목표는 고객에 관해 알고 있는 모든 것을 바탕으로 최고의 프로모션을 창출할 수 있는 능력을 마케팅에 제공하는 것입니다."

"데이터는 회사의 생명선입니다." 저스틴은 계속 말했다. "마케팅 쪽 사람들은 대부분 회사의 업무를 지원하기 위해 데이터에 접근하고 사용합니다. 섀넌과 그 팀이 만든 팬더 플랫폼 덕분에 우리는 필요한 자료를 드디어 얻을 수 있게 됐고, 그 자료를 신뢰하며, 온갖 종류의 통계 기법과 때로는 머신러닝 등을 사용해 고객이 필요로 할 만한 것을 예측할 수 있게 됐습니다. 이걸 사용해 저희는 제안과 프로모션을 만들고 있습니다. 고객을 이해하고 그들이 요구하는 것을 제공해야만 조직의 미래가 구축될 것이며, 그 일을 잘하려면 이 데이터를 이해해야 합니다."

섀넌은 저스틴이 오르카의 성공에 대한 개요를 설명하자 미소를 지었다. "지난 2주 동안, 저희 목표는 최우선 활용 사례를 지원하는 데 필요한 모든 쿼리를 얻는 것이었습니다. 가장 많이 팔리는 품목은 무엇인지, 어떤 고객 세그먼트에서 그 품목들을 구입했는지 그리고 그 반대의 경우까지 파악해야 합니다. 각 고객 세그먼트에 대해서는 그들이 가장 자주 구매하는 상품을 파악해야 합니다."

"훌륭한 프로모션은 우리가 이미 보유하고 있는 재고를 최적의 가격으로 판매하는 것입니다. 우리도 모르는 사이 고객들이 기꺼이 지불하려는 금액보다 낮은 가격으로 제품을 팔고 싶지는 않습니다. 그리고 실험을 해봐야 가격이 얼마인지 알 수 있습니다." 저스틴은 말했다.

"저희는 모든 사람이 이런 쿼리를 생성 및 실행하고, 프로모션 후보를 만들고, 그 데이터들을 공유할 수 있는 간단한 웹 애플리케이션을 구축했습니다." 저스틴은 계속했다. "스크린을 보시면 사진과 함께 잘 팔린 품목을 모두 보실 수 있을 겁니다. 꽤 훌륭하지만 지루하기도 한데, 이 SKU들이 실제로 무엇인지 빨리 이해하기는 매우 어렵습니다. 전자 상거래 사이트에 이 모든 제품에 대한 이미지가 있다는 것을 알게 돼서, 저희는 맥신과 나왈 팀에 링크 공유를 부탁했습니다. 그랬더니 몇 시간 안에 티켓을 오픈할 필요도 없이 저희에게 링크를 제공해줬습니다! 그날 퇴근 전까지 저희는 겨우 10줄 코드로, 그 이미지들을 저희가 만든 애플리케이션에서 보여줄 수 있었고, 덕분에 팀원 모두가 더 빠르고 효과적으로 더 매력적인 제안을 할 수 있었습니다. 그 일은 모두를 만족시켰습니다." 저스틴이 활짝 웃으며 말했다.

맥신은 데이터 허브 코딩 파트너였던 톰이 방 앞쪽에 있는 저스틴과 합류하는 것을 봤다. 톰은 "프로모션 팀이 무엇을 하려는지 이해하고 나니, 애플리케이션을 만들기가 쉬웠습니다. 나왈 사람들이 API를 제공해줘서 요즘의 웹 프레임워크 중 하나를 사용해 보여준 것뿐입니다. 나왈 데이터베이스 API가 얼마나 멋진지에 대해 저스틴이 말한 것에 전적으로 동의합니다. 그건 엄청나게 빠릅니다. 저는 큰 서버에서 실행하는 데 몇 분 또는 몇 시간이 걸리는 쿼리를 사용하고 있습니다. 그래서 나왈 팀에 경의를 표하고 싶습니다. 전 완전히 충격받았습니다. 그들의 도움이 없었다면 그 일을 해낼 수 없었을 겁니다."

맥신은 활짝 웃었고, 브렌트와 드웨인 역시 만면에 미소를 머금었다.

저스틴이 준비된 마지막 슬라이드를 보여줬다. "저희는 마케팅 팀과 협력해 가장 우선순위가 높은 두 고객 페르소나인 '세심한 유지 보수 타입'과 '게으른 유지 보수 타입'에 대한 프로모션 캠페인을 마무리하고 있습니다. 각 페르소나에 대해 저희는 팬더 데이터 및 클러스터 분류를 사용해 추천 후보 제품과 번들 권장제품을 생성했는데, 이는 아직 검토 및 조정 중에 있습니다. 일단 그 작업이 끝나면 제품 및 가격 데이터베이스에 결과를 로딩해 캠페인을 실행할 수 있도록 도울 겁니다."

누가 시키지도 않았는데 마케팅 담당 선임 중 한 명이 앞으로 걸어 나가며 말했다. "모두의 노고를 인정하고 감사드리고 싶습니다. 이것은 믿을 수 없을 정도로 흥미진진하고 인상적입니다. 저는 이 팀이 몇 주 동안 얼마나 많은 일을 해냈는지에 놀랐습니다. 저희는 거의 2년 동안 이 일을 했지만 지금처럼 흥분된 적은 없었습니다. 오르카 팀으로부터 모든 데이터를 받아서 추수감사절 주말 내내 내놓을 제안을 손보는 중입니다. 저희가 수백만 달러의 수익이 나도록 할 수 있을 것 같습니다!"

매기는 그와 저스틴에게 감사 인사를 하고 모여 있는 사람들과 함께 박수를 보냈다. 그러고 나서 파트 언리미티드의 모바일 애플리케이션의 수석 개발자인 마크를 불렀다. 마크는 30대 중반의 키 큰 남자였다. 그의 노트북은 각종 벤더와 기술 스티커로 뒤덮여 있어 어떤 종류의 노트북인지조차 알 수 없었다. "좋은 아침입니다. 전 여러분이 생각하고 있을 질문에만 대답하고 싶습니다. 그래요, 우리는 현재의 모바일 애플리케이션을 만든 팀이라는 겁니다. 두 개 다 말입니다. 자랑스러워할 입장은 아니지만, 사용자들이 애플리케이션을 평가할 때 별 0개를 줄 수 없는 게 너무 다행이라고 생각합니다."

사람들이 웃었다. 파트 언리미티드 애플리케이션은 최근 몇 년 동안 이 회사의 수치였다. "고치고 싶은 게 너무 많은데 모두 다른 프로젝트에 투입돼서 최근까지 모바일 애플리케이션에 풀타임 개발자가 한 명도 없었습니다. 하지만 매기가 말했듯이, 상황이 바뀌었습니다. 모바일은 고객들이 우리와 소통하기를 원하는 방식이기 때문에 고객들이 원하는 것에 초점을 맞춘 페르소나 중심으로 팀을 재구성했습니다." 마크는 말했다. "저희는 빠르게 성과를 내기 위해 제품 책임자들과 긴밀히 협력하면서 나왈 팀이 한 일을 최대한 활용해왔습니다."

"그동안은 매장의 재고에 접근한 적이 한 번도 없었습니다. 저희는 고객에게 가장 가까운 매장이 어떤 특정 부품을 보유하고 있는지 보여주자는 아이디어가 마음에 들었습니다. 고객 핸드폰의 위치 데이터를 사용하거나 고객들이 우편 번호를 입력하도록 할 수 있습니다. 지금 페이지 모양은 이렇고…."

마크는 화면에 아이폰 시뮬레이터와 파트 언리미티드 애플리케이션을 불러왔다. "나왈에게 재고 정보를 얻는 것은 믿을 수 없을 정도로 쉬웠습니다. 제품 페이지를 클릭하면 주변 모든 매장에 있는 아이템의 가용성을 볼 수 있습니다. 이제는 물건 예약을 할 수 있으므로, 고객이 픽업할 때까지 매장에 있다는 것이 보장됩니다. 그것 또한 나왈이 있어서 가능했습니다. 지금은 부품 가용성이 구매에 어떤 영향을 미치는지에 대한 정보를 수집하고 있어서 이것이 얼마나 큰 영향을 미치는지 계산하는 중입니다."

맥신은 감동했다. 이전에 이런 것을 본 적이 없어서 그들이 만든 것이 마음에 들었다.

그리고 마크가 애플리케이션에 대해 사과했음에도 불구하고, 맥신은 애플리케이션이 정말 좋아 보인다고 생각했다. 그녀는 많은 모바일 애플리케이션이 풍부한 정보를 제시하면서 보기에 얼마나 멋진지 항상 놀라워했다. 이제는 파트 언리미티드 애플리케이션도 그렇다. 맥신은 그녀와 다른 개발자들이 만든 엔지니어링 프로토타입에 익숙해져 있는데, 그것은 1990년대 웹사이트와 비슷했다. 모바일 애플리케이션 팀에서는 전문 디자이너들이 작업하고 있었음이 분명했다. 요즘 소비자들이 요구하는 게 이런 세련미다. 애플리케이션이 초라해 보이면 두 번 다시 열기는커녕 사용하지 않을 것 같다.

"이런 변화들은 애플리케이션 스토어에 이미 올라가 있습니다. 고객들에게 이 서비스를 제공하기 위해 저희가 해야 할 일은 스위치를 누르는 것뿐입니다." 마크는 말했다. "저희는 또한 마케팅 팀이 실험을 수행하는 것을 돕기 위해 나왈에 수많은 데이터를 로깅하고 있습니다. 특히 컨버전 속도를 높이기 위해 사용자에게 검색 결과와 제품 페이지에서 어떤 것을 제시하고, 어떤 것을 제시하지 말아야 하는지에도 관심을 기울이고 있습니다. 나왈의 성능은 굉장합니다. 그중 어느 것도 사용자 경험을 느리게 하지 않습니다."

마크는 계속 이어갔다. "내부적으로 수백 차례 반복했고, 모든 사용자 텔레메트리를 이용해 실제 고객들에게 실험할 준비가 돼 있습니다. 이전에는 이런 일을 전혀 할 수 없었습니다. 이 일은 저와 저희 팀에 환상적인 경험이었습니다. 계속 분발해주시길 바랍니다!"

매기는 마크에게 감사 인사를 하고 사람들에게 박수를 유도한 후, 말을 계속했다. "여러분은 지금 우리가 발전시킨 것들을 데모로 확인했습니다. 이 모든 것은 우리가 매우 흥미진진한 추수감사절 프로모션을 실행할 수 있다는 자신감을 줍니다."

"여러 가지 방법으로 자료를 자르고 짜 맞추면서 최고의 프로모션 활동을 고안하면서 한 달을 보냈습니다." 매기는 계속해서 말했다. "필요한 계산을 하기 위해 클라우드에서 많은 컴퓨팅 자원을 사용할 수 있었습니다. 매일 저녁 권장 사항 보고를 시작하고 완료될 때까지 수백 개의 컴퓨팅 인스턴스를 가동한 다음 마무리했습니다. 지난 4일 동안 이 일을 했고, 현재 매우 잘 작동하고 있습니다. 그렇죠, 브렌트? 맞죠, 섀넌?"

방 앞쪽에 앉아 있던 브렌트와 섀넌은 환한 웃음으로 대답을 대신했다. 맥신은 특히 브렌트가 결과에 많은 투자를 하고 있다는 사실에 기뻤다. 브렌트가 이렇게 행복하고 즐거워하는 것을 본 적이 없는데, 그로 인해 맥신은 두 번째 이상을 생각하게 됐다. 섀넌은 팬더를 제대로 띄운 것을 당연히 자랑스러워했다. 이 새로운 플랫폼이 없었다면 그 팀들이 이런 프로모션을 창출할 수 없었을 것이다.

팬더는 이미 팀들이 데이터를 기반으로 작업하는 방식에 큰 변화를 일으키고 있었다. 자동화된 테스트를 통해 데이터 업로드 오류를 바로 찾아내고 있었다. 팀들은 조직 전체의 어떤 데이터에도 쉽게 접근할 수 있고, 새로운 데이터를 쉽게 추가할 수 있어 새로운 아이디어를 실험하고 시험해 볼 수 있는 전체 집단 지식^{collective knowledge}에 기여할 수 있었다. 맥신이 들어보지 못한 많은 도구를 활용해 수십 개의 새로운 보고서와 분석을 수행할 수 있게 됐다.

맥신이 특히 놀란 부분은 이런 발견과 실험의 결과조차 팬더 데이터 플랫폼으로 다시 들어가, 이미 그곳에 있는 데이터를 더욱 풍부하게 한다는 점이다. 에릭의 세 번째 이상과 같이, 학습한 것을 보고 퍼뜨리는 것이 곧 일상 업무의 개선이다.

매기는 많은 제품이 있는 슬라이드를 보여줬다. "제 고객 계정을 위해 생성된 유니콘 프로모션입니다. 보시다시피, 제 구매 내역을 보고는 제게 스노타이어와 배터리가 15% 할인 중이라는 것을 알려줍니다. 전 실제로 우리 회사 웹사이트에서 그것들을 모두 구입했습니다. 정말 필요했으니까요. 회사는 바로 돈을 벌었습니다. 왜냐하면 그 아이템들은 재고 과잉인 제품이고 이윤이 높기 때문입니다."

"그리고 여기, 웨스를 위한 유니콘 프로모션이 있습니다." 매기는 웃으며 다음 슬라이드를 보여줬다. "레이싱 브레이크 패드와 연료 첨가제를 할인 정보와 함께 받은 것 같은데요. 관심 있는 품목인가요?"

"나쁘지 않아요!" 웨스가 소리쳤다.

"이런 초기 실험의 놀라운 성공을 고려해 제가 제안을 하고 싶습니다." 매기는 말했다. "계획대로 무슨 일이 일어나는지 보기 위해 1%의 고객들에게 이메일 캠페인을 하고 싶습니다. 모든 일이 잘되면 블랙프라이데이에 전력 질주하는 겁니다."

매기는 운영 조직의 리더를 바라봤다. "훌륭한 계획 같군요." 빌이 말했다. "웨스, 하지 말아야 할 이유가 있나?"

방 앞쪽에서 웨스가 말했다, "운영 조직 관점에서, 안 할 이유가 생각이 나지 않는군요. 힘든 일은 이미 모두 끝났어요. 만약 크리스, 윌리엄, 마케팅 팀이 코드가 작동하고 있다는 확신이 있다면 도전해보라고 말하고 싶습니다."

매기는 환호성을 지르며 "여러분, 이제 계획이 섰네요. 다 같이 해보죠!"라고 말했다.

맥신은 다른 사람들과 함께 환호하다가 문득 호기심이 발동해 주위를 둘러봤다. 사라가 보이지 않았다. 모든 인정을 받으려면 이런 시기에 분명 여기 있고 싶어 했을 텐데…. 사라가 자리에 없다는 사실이 맥신을 불안하게 만들었다.

환희에 찬 분위기에도 불구하고, 블랙 프라이데이 프로모션을 완벽하게 준비하려면 아직 멀었다는 것을 모두 알고 있었다. 매기가 말했듯이, 이 계획은 금요일에 본격적인 캠페인을 하기 위한 그들의 준비 상태를 테스트하기 위해 소규모 고객을 상대로 시범 운영하는 것이다. 그들은 오전 11시에 단지 1%의 고객을 대상으로 캠페인을 실시할 방침이다. 모든 사람이 이미 사무실에 있어서 긴급 상황에 신속하게 대처할 수 있는 한낮에 작업할 예정이다. 이 과정에서 취약점과 약점을 찾아낸다면 금요일 이전에 고치는 데 도움이 될 것이다.

맥신은 이 결정만으로도 조직이 얼마나 변했는지 알 수 있었다. 두어 달 전이었다면 어떤 테스트나 시도조차 이뤄지지 않았을 것이다. 분명히 캠페인을 자정부터 시작하도록 일정을 잡았을 것이고, 모든 팀은 밤새도록 사무실에 있어야 했을 것이다.

오전 9시 1% 미니 론칭에 대비한 막바지 세세한 부분을 열심히 처리하면서 모두 작전실에 모였다. 오르카 팀은 여전히 고객에게 하는 제안을 미세 조정하고 있었다. 맥신은 그들이 아직도 어느 고객 세그멘테이션을 목표로 하고 있는지 결정하는 중이라는 것을 알고 약간 놀라긴 했지만, 그들이 당황하지 않는다면 맥신도 당황하지 않을 것이다. 그들은 지난 몇 주 동안 그 정도의 신뢰를 얻었다.

비록 고객 메일링 리스트에 있는 1%의 고객에게만 이메일을 보내겠지만, 여전히 걸린 것이 많았다. 각 세그먼트가 어떻게 반응하는지를 알아보기 위해, 세심한 유지 보수 타입이나 게으른 유지 보수 타입뿐만 아니라 모든 페르소나 프로필에 거의 10만 개의 이메일을 보낼 것이다.

수많은 일이 여전히 잘못될 수 있었다. 만약 응답률이 초기 실험에서와 같은 비율을 보이지 않는다면 유니콘 프로젝트에 달려 있던 모든 희망과 꿈은 물거품이 될 것이다. 잘못된 아이템을 홍보했거나, 그 아이템의 재고가 없거나, 주문 처리를 제대로 못 하면, 고객들을 화나게 할 것이다.

이 캠페인에는 파트 언리미티드에서 처음인 것이 많았다. 이메일을 핸드폰으로 읽을 시 모바일 애플리케이션이 열리는 것은 이번이 처음이었다. 애플리케이션으로 프로모션을 진행하는 것 역시 처음이다. 이 애플리케이션을 설치한 사람들은 시간이 한정된 세일 상품에 관한 알림을 받는데, 프로모션 팀은 심지어 자기들이 고민해서 작성한 이메일보다 응답률이 더 높을 것으로 예상하고 있었다.

지난주 내내, 그들은 모바일 애플리케이션에서 실험을 진행했다. 사진, 사진 크기, 글꼴, 광고 문안 등을 바꿔가며 프로모션 아이템을 다르게 제시해서 전환율을 극대화하는 것에 초점을 맞춰왔다. 이 과정에서 얻은 교훈은 이메일 캠페인에서도 고려됐다.

이런 모든 실험의 결과는 애플리케이션 내 모든 고객 활동과 함께 다음번에 할 실험과 시도에 대한 지침이 되도록 다시 팬더에 입력했다. 많은 데이터를 수집했지만 분석 팀은 더 많은 데이터에 관심을 가졌다. 팬더 데이터 플랫폼에 감탄하는 사람들은 계속 늘어나고 있었다.

모바일 애플리케이션 팀도 제품이 제대로 표시되는지, 버튼은 실제 제대로 작동하는지 확인하기 위해 24시간 작업하면서 구매 과정도 최대한 간소화하려고 노력 중이었다. 많은 고객이 신용카드 번호를 입력하는 시점에 구매를 그만두는 것을 알아낸 후, 주문 포기율을 낮추기 위해 핸드폰

카메라를 사용해서 입력하거나 페이팔과 애플페이와 같은 다른 지불 옵션을 제공해 신용카드 정보를 입력하는 대체 기술을 활용했다.

핸드폰 브라우저 사용보다 모바일 애플리케이션 활용이 매출 상승에 더 크게 기여한다고 보고 투자하는 것은 도박에 가까웠다. 하지만 분명하고 끊임없이 학습해서 제대로 된 정보를 바탕으로 패를 던진 도박이었다.

'준비와 연습 시간은 끝났어. 이제 게임을 시작할 시간이야.' 맥신은 생각했다. 기술 팀들이 하나둘 모여들기 시작할 때, 나왈 데이터 팀은 이미 스크린 주위에 옹기종기 모여 체크리스트를 확인하며 앞뒤로 속삭이고 있었다. 모든 것이 그들이 기대하는 트래픽을 처리할 수 있는지를 검토하는 중이다. 지난 한 주 동안 브렌트와 그의 팀은 전체 시스템에 대한 스트레스 테스트를 진행했는데, 그것은 주기적으로 기술 환경의 일부 트래픽을 넘쳐나게 하는 테스트였다. 그리고 비난하지 않는 사후 검토를 하면서 실제 론칭 때 살아남기 위해 망가진 것들을 어떻게 고쳐야 할지 협력하며 궁리했다.

이런 '카오스 엔지니어링Chaos Engineering' 훈련 결과는 몇 가지 놀라운 것이 망가지는 결과를 낳았다. 그러나 다들 부지런히 일하면서 큰 론칭 행사를 최선을 다해 준비하도록 노력했다. 며칠 전, 그들이 사용한 외부 서비스의 한계를 늘리지 않았기 때문에, 제안 생성 과정을 소규모로 테스트한 것에 계속 실패했다. 비용을 절약하려고 모든 것을 축소하는 습관에 젖어 있어서, 테스트 전에 규모를 늘리는 것을 누군가 잊어버렸던 것이다.

'우리가 이 일에 전문가가 되려면 아직 갈 길이 멀구나….' 맥신은 생각했다.

사람들이 팀 사이에서 매우 유동적으로 움직이기 때문에 누가 어느 팀에서 일하는지 알기 어려울 때가 있다. 에릭의 예측대로 모든 사람이 목표가 무엇인지 알면 팀들은 그 목표를 가장 잘 달성하기 위해 스스로 조직을 변화시킬 것이다. 특히 두 달 전에 있었던 큰 피닉스 론칭과 비교해 사람들이 서로 어떻게 행동하고 반응하는지를 보며 맥신은 놀라워했다. 서로 다른 분야의 사람들(개발, QA, 운영, 보안, 심지어 데이터 및 분석까지)은 매일 적수가 아닌 동료로 함께 일하고 있다. 공동의 목표를 향해 일하는 것이다. 그들은 학습과 탐험의 여정을 함께하고 있으며, 실수는 피할 수 없는 일이라는 것을 깨달았다. 더 안전한 시스템을 만들고 지속적인 개선을 하는 것은 이제 일상 업무의 일부로 간주됐다.

'이것은 에릭이 몇 주 전에 설명한 일상 업무의 개선이라는 세 번째 이상에 걸맞네.' 맥신은 생각했다.

데이터 허브의 선구적인 작업 덕분에, 코드는 이제 어떤 문제도 비난이나 과도한 위기 없이 신속하게 해결되면서 매끄럽고, 신속하고, 대부분 사고 없이 하루에도 여러 번 운영 환경으로 배포됐다. 지금도 맥신은 작은 론칭의 성공을 위해 팀들이 막판 변경 사항을 추진하며 운영 환경으로 배포하고 있는 것을 지켜봤다.

20분 전, API 하나가 '500' HTTP 오류를 내보내고 있다는 것을 누군가 알아차렸다. 어제 누군가가 실수로 '400' 사용자 측 오류를 '500' 서버 측 오류로 잘못 분류한 코드 변경을 커밋했던 게 분명하다. 웨스는 사람들을 모았고, 맥신은 작은 론칭이 1시간도 채 남지 않은 상황에서 웨스가 수정된 것을 배포하라고 권하자 깜짝 놀랐다.

"만약 그걸 고치지 않으면, 이런 오류들은 실제 장애가 일어날 때 잠재적으로 중요한 신호를 알리지 못할 거예요." 웨스가 말했다. "우리는 이런 한 줄짜리 변경 사항을 안전하게 배포할 수 있다는 것을 반복해서 증명해 왔어요."

가장 좋았던 부분은 오류를 감지하고 수정한 것을 배포한 개발자였다. '마침내 개발자들을 신뢰하게 됐군.' 맥신은 생각했다. 누군가가 한 달 전에 웨스가 이런 것을 지원할 거라고 말했다면 믿지 않았을 것이다.

그리고 무엇보다도, 맥신이 가장 두려워한 깃은 개발자들이 정신이 없는 가운데 나왈 플랫폼의 데이터 무결성을 해치는 일인데 다행히 그런 일은 일어나지 않았다. 개발자들의 장비를 그대로 두면 개발자들은 주변의 모든 것을 자기 관점에서 최적화하는 경향이 있다. 이것은 단지 개인의 편협하고 이기적인 성향일 뿐이다. '그래서 아키텍트가 필요한 거지.' 맥신은 생각했다.

버전이 관리되는 API를 통해 개발자들이 데이터에 접근했기 때문에, 상황은 잘 통제된 상태로 유지됐고 팀들은 독립적으로 계속 일하고 있었다. 맥신은 안심을 넘어 의기양양한 기분까지 만끽할 수 있었다. 그들은 시스템 전체를 최적화하고 전체 조직의 안전과 보안을 보장하기 위해 이런 플랫폼을 설계했었다.

"이메일과 모바일 애플리케이션으로 알림을 보냅니다. 3, 2, 1…. 자, 갑니다, 여러분." 마케팅 론칭 관리자가 차분한 목소리로 말했다. 맥신이 시계를 쳐다봤다. 오전 11시 12분이다. 이메일과 모바일 애플리케이션 알림은 현재 10만 명의 고객에게 발송되고 있었다.

예상치 못한 두 가지 문제로 론칭은 12분 지연됐다. 나왈 시스템에서 설정 문제가 발견됐고, 캠페인에 이메일 주소가 너무 많아 팬더에 있는 이메일 목록을 다시 계산하고 재생성해야 한다는 것을 누군가가 알아차렸다. 유니콘 팀이 새로운 데이터를 신속하게 생성해 기록적인 시간에 업로드하자 맥신이 섀넌을 향해 엄지를 들어 올렸다.

하지만 한편으로 맥신은 론칭 과정에서 이런 세부 사항들이 너무 늦게 포착된 것에 약간 조바심이 났다. 다른 한편으로는 그래서 리허설을 하는 것이고 모든 사람이 작전실에 모여 있는 이유였다. 이런 종류의 막판 수정을 해줘야 하는 사람들이 모두 이 방에 있고 모두가 그래야 말이 된다는 데 동의했다. 매기, 커트, 팀의 리더 그리고 다른 많은 사람이 여기에 모였고, 웨스와 주요 운영 조직의 소속 인원도 있었다.

맥신이 주위를 둘러봤다. 오늘도 사라는 어디에도 보이지 않았다. 사라가 나쁜 짓을 꾸미고 있는 건 아닌지 의심스러워하는 게 비단 맥신뿐인지 궁금했다.

맥신은 방 안의 다른 사람들이 보고 있는 것에 시선을 돌렸다. 벽에 걸린 커다란 모니터였다. 모두 숨을 죽이고 있었다.

화면에는 보낸 이메일의 수와 주문 입력에 관한 수많은 그래프가 가득했다. 그것으로 얼마나 많은 사람이 제품 페이지를 보고, 쇼핑 카트에 제품을 추가하고, 계산 버튼을 누르고, 주문이 처리되고, 주문이 완료됐는지를 볼 수 있었다. 하단은 어디에서 주문 포기가 가장 많이 발생하고 있는지는 물론 예약된 주문 수와 매출 수를 보여줬다.

이런 그래프 아래에는 다양한 컴퓨팅 클러스터에 대한 CPU 로드, 서비스 및 데이터베이스에서 처리 중인 트랜잭션 수, 네트워크 트래픽 등 기술적인 성능 지표들이 있었다.

맥신은 팬더로 인해 가능해진 엄청난 계산과 관련된 몇 개의 프로토타입을 볼 수 있었다. 하지만 지금, 대부분의 그래프는 0이다. 몇몇 CPU 그래프는 20%에 머물렀다. 휴면 상태로 가지 않도록 어느 정도 유지하는 서비스들이었다. 론칭 리허설 중 하나에서 핵심 시스템이 휴면 상태로 빠진 후에, 시스템이 재가동되고 확장되는 데 6분이나 걸렸을 때 그들은 충격을 받았었다.

아직 아무 일도 일어나지 않았다. 1분이 지나갔다. 또 1분이 지나갔다. 맥신은 그 론칭이 완전히 실패작이었나 걱정하기 시작했다. 아마도 인프라에 무언가 끔찍한 일이 일어났나 보다. 아니면 이메일을 받지 못하게 하는 다른 끔찍한 일이 일어났을 수도 있었다. 그도 아니면 가장 두려워했던, 끔찍한 추천이 현실로 나타나서 눈이 내리지 않는 지역에 사는 사람들에게 스노다이어를 제안했을지도 모른다.

제품 페이지 뷰 그래프가 갑자기 10, 20, 50선을 넘어 쭉쭉 올라가자 맥신은 안도의 한숨을 내쉬었다.

맥신을 포함한 모든 사람이 환호했다. 맥신은 피닉스 릴리스 때처럼 인프라가 무너지지 않기를 기도하며 기술적인 지표들을 응시했다. 맥신은 실제로 주문이 처리되고 있다는 것을 보여주는 CPU 부하가 여러 보드에 올라가기 시작하자 안도했다.

몇 분 후, 5천여 명에 달하는 사람들이 주문 입력 프로세스의 다양한 단계에 있었다. '지금까지, 아주 좋아!' 계속해서 올라가는 숫자를 보고 맥신은 생각했다. 다시 사람들은 처리된 주문의 수가 계속해서 증가하자 환호했다. 10개의 주문이 완료됐고, 그다음 20개…. 계속 증가하고 있었다. 흥분 속에 진행된 이 캠페인으로 창출된 수입은 1천 달러가 넘었다.

모든 것이 계획한 대로 작동하고 있었다. 맥신은 방 안에서 박수가 터져 나오는 소리를 들으며 미소 지으면서도 계속해서 그래프를 응시했다.

그러다가 맥신의 표정이 일그러졌다. 완료된 주문 그래프가 평탄해지면서 250개 수준에서 고정됐다. 다른 그래프들도 움직이지 않는지 살펴보지만 다른 그래프는 여전히 증가하고 있었다. 맥신은 TV 주위에 한 무리의 사람들이 몰려들며 멈춰 선 그래프를 가리키는 것을 봤다.

분명히 뭔가 잘못되고 있었다.

"거기 좀 조용히 합시다!" 웨스가 큰 소리로 외쳤다. 그는 몇 분간 침묵하다가 돌아서서 마침내 말했다. "웹과 모바일로 제품을 주문하고 실제로 무슨 일이 일어나고 있는지 얘기해줄 사람들이 필요해요! 주문이 진행되지 못하게 막는 뭔가가 있어요!" 맥신은 이미 핸드폰에서 애플리케이션을 열고 있었다. 장바구니에 추가하기 버튼을 누르고는 깜짝 놀라 눈을 깜박였다. 맥신은 소리쳤다. "아이폰에서 장바구니에 상품을 넣으면 모바일 애플리케이션이 충돌해요…. 애플리케이션이 멈추더니 사라지네요."

"빌어먹을!" 방 저편에서 누군가가 욕을 했다. 다른 사람이 소리쳤다. "안드로이드에서는 오류 메시지가 떠요! '오류 발생'이라는 대화창이 나와요."

바로 옆에 있던 섀넌이 소리쳤다. "웹 쇼핑 카트가 오류를 일으키고 있어요. 제출 버튼을 누르면 웹페이지가 나오는데, 저한테는 빈 페이지만 보여요! 상품이 배송 가능한지 확인할 때 백엔드에 있는 뭔가가 잘못되고 있는 것 같아요."

웨스는 방 앞쪽에서 말했다. "고마워, 섀넌. 스크린샷을 모두 #launch 채널로 보내줘. 좋아, 다들 잘 들어요! 모든 클라이언트 플랫폼에서 오류가 발생하고 있어요. 섀넌은 우리가 하는 백엔드 호출 중 하나가 문제라고 생각하고 있고. 어쩌면, '예약 가능' API 호출이나 '배송 가능' API 호출일 수도 있어요. 누구 아이디어 있나요?"

맥신은 웨스가 작전실을 운영한다는 것이 얼마나 대단한 것인지에 감사하며 행동에 돌입했다. '그래, 저 친구는 성질이 나쁘긴 해.' 맥신은 생각했다. '그래도 이 방에 있는 다른 누구보다 더 많은 장애를 처리해왔어.' 이렇게 중요한 론칭에 그런 경험이 있다는 것은 매우 좋은 일이었다. '우리 개발자들은 우리가 하는 일에는 능숙하지만, 이런 종류의 위기는 운영 조직이 매일 하는 일 중의 하나일 거야.'

섀넌의 가설이 옳다는 것을 확인하는 데는 오래 걸리지 않았다. 주문 입력 백엔드 시스템에 생긴 문제였다. 특정 클러스터에 있는 시스템의 CPU 사용량은 100%에 고정돼 있었다. 불행히도, 가장 타격을 받고 있는 시스템은 회사의 거의 모든 핵심 재무 업무를 처리하는 주요 ERP의 일부분이었다. 이는 30년 넘게 운영되고 있지만, 거의 15년 된 버전에서 개선되지 않고 있었다. 너무 많이 단편적으로 고치다 보니 지금은 업그레이드가 불가능했다. 그래도 적어도 5년마다 새로운 하드웨어를 장착하기는 했다. 하지만 속도를 높이기 위해 CPU 코어를 더 많이 추가할 손쉬운 방법이 없었다.

상황을 보니, 심지어 1%의 작은 프로모션조차 정체시키고 있었다. 쿼리가 되돌아오는 데 점점 더 오랜 시간이 걸리고 있었으며, 클라이언트 요청은 대기하다 종료되기 시작하는 것을 맥신은 볼 수 있었다. 이런 클라이언트는 한꺼번에 쿼리 재전송을 시작해서 백엔드 데이터베이스를 과부하시킬 만큼 더 많은 요청을 유발했다.

"천둥 무리 문제Thundering herd problem[1]로 보여." 웨스는 클라이언트의 동시 요청 시도가 서버를 멈추게 만드는 문제를 언급하며 중얼댔다. "백엔드에는 아무것도 손댈 수 없어. 어떻게 하면 요청을 재시도할 때 모든 클라이언트가 물러나게 할 수 있지?"

"모바일 애플리케이션을 변경할 수는 없지만 재시도하기 전에 전자 상거래 서버가 더 오래 기다리도록 할 수는 있어요." 브렌트가 말했다. 웨스는 브렌트와 맥신을 가리키며 말했다. "해봐!"

맥신과 브렌트는 전자 상거래 팀과 협력해 모든 웹 서버에 새로운 구성 파일을 배포했다. 그들은 이 모든 변경 사항을 10분도 안 돼 운영 환경으로 배포할 수 있었다.

다행히 그걸로 재앙을 막을 수 있었다. 맥신은 데이터베이스 오류율이 감소하기 시작하고 완료된 주문 수가 다시 서서히 증가하기 시작하자 안도감을 느꼈다. 그다음 두 시간 동안 몇 가지 다른 일이 잘못되기는 했지만, 맥신과 브렌트가 처리해야 했던 '동시 요청 대응' 서버 문제만큼 심장이 멎는 일은 더 없었다.

45분 후, 그들의 목표인 3천 개의 완료된 주문을 넘어, 이십오만 달러의 수익을 올린 후에도 주문은 여전히 들어오고 있었다. 매기는 몰래 빠져나갔다 온 것이 틀림없었다. 왜냐하면 두 시간 후 맥신은 샴페인 병을 들고 있는 사람들과 함께 매기가 다시 방으로 들어오는 것을 봤기 때문이

---

1 천둥 무리 문제란 클라이언트 서버 구조에서 서버의 서비스 가용량이 부족한 상황에 클라이언트로부터 요청이 한꺼번에 몰리는 경우, 제대로 요청을 처리하지 못하는 문제 상황을 말한다. – 옮긴이

다. 매기는 샴페인 병 하나를 열고 잔에 붓더니 첫 번째 잔을 맥신에게 건네줬다.

모두가 잔을 손에 들자 매기는 활짝 웃으며 자기 잔을 높이 들어 올렸다. "세상에, 여러분. 너무 힘든 하루였어요. 그리고 얼마나 놀라운 팀워크인지 몰라요! 초기 결과 중 일부를 여러분과 나누고 싶은데, 와, 대단합니다. 사람들이 계속해서 프로모션에 반응하고 있어요. 이 시점에서 보면 거의 3분의 1이 우리 캠페인에 응답했습니다. 이건 의심의 여지 없이 우리가 이전에 달성한 것의 5배는 되는 가장 높은 전환율이에요!"

매기는 핸드폰을 꺼내더니 화면을 흘깃 봤다. "여기에 팀원들이 미리 계산해 둔 몇 가지가 있습니다. 우리 제안을 받은 사람 중 20퍼센트 이상이 우리가 추천한 제품을 보러 갔고, 6퍼센트 이상이 구입했습니다. 이런 숫자는 본 적이 없어요! 이 일을 성사하는 데 도움 준 모든 분께 감사드립니다."

"그리고 기억하세요. 우리가 홍보한 품목은 거의 다 수익률이 높은 물건이거나 선반에 앉아 먼지를 뒤집어쓰고 있었습니다. 그래서 오늘 우리가 판매한 모든 품목은 수익에 유달리 큰 영향을 미칠 거예요!" 매기는 환호성을 지르며 잔을 비웠다. 모두 웃고 따라 했다.

"이런 결과를 바탕으로 블랙 프라이데이에 전 고객층을 대상으로 할 유니콘 프로모션 캠페인은 고^{60}입니다! 그 결과가 이번 테스트 캠페인에서 우리가 본 것과 비슷하게 나온다면 엄청난 휴가 시즌이 될 거예요….."

"어, 그리고 다시 한번 강조하지만 이건 내부자 정보입니다. 이 정보를 이용해 파트 언리미티드 주식을 거래하면 감옥에 갈 수 있습니다. 우리 CFO인 딕 랜드리가 고용 계약에 따라 여러분의 기소를 돕겠다고 말해주라고 히더군요." 매기가 미소 지으며 말했다. "하지만 그 밀을 하고 나니, 블랙 프라이데이에 우리가 해내리라는 것은 더욱 믿어 의심치 않습니다!"

맥신을 포함해 모두가 다시 큰 소리로 환호했다. 매기는 조용히 하라는 제스처를 하며 커트와 맥신에게 한마디 소감 발표를 청했다. 맥신은 웃으며 커트에게 먼저 하라고 손짓했다. 커트는 "여러분, 정말 놀라운 일이에요! 정말 자랑스럽습니다. 맥신?"

맥신은 아무 말도 하고 싶지 않았지만 궁지에 몰리자 자리에서 일어나 잔을 들었다. "오래되고, 강력한 체제에 강력한 엔지니어링 작업이 어떻게 이뤄지는지를 보여준 반란군들을 위해!"

다시 모두가 환호하며 웃었다. 좌중이 잠잠해지자, 맥신이 말했다. "좋아요, 이제 그만하죠. 블랙 프라이데이에 우리는 오늘보다 100배의 부하를 예상할 수 있을 거예요. 분명히 이전에 한 번도 경험한 적이 없는 수많은 문제에 부딪힐 겁니다. 그래서 우리는 지금과 그사이에 할 일이 생겼네요. 어떻게 하면 가장 잘 준비할 수 있을지 생각해봅시다."

커트가 덧붙였다. "목요일이 추수감사절인 만큼 내일 최대한 많은 사람을 제시간에 집으로 보내고 싶어요. 그러니 어서 일을 시작합시다! 그리고 론칭을 지원하기 위해 금요일 일찍 사무실에 올 사람들이 필요합니다."

그들은 시스템이 한꺼번에 다운되는 것을 막고 예상외로 민감한 백엔드 서버를 더 잘 보호하기 위해 이메일과 모바일 애플리케이션 알림에 시간차를 두는 것에 동의했다. 브렌트는 로드 밸런서를 재구성해 트랜잭션 속도를 제한할 수 있는 아이디어를 생각해냈다. 이것은 모바일 애플리케이션과 전자 상거래 서버에 고객 오류를 야기하겠지만, 백엔드 시스템이 다시 충돌하는 것보다 훨씬 낫다는 것에 모두 동의했다.

"빨리 시작합시다. 우리는 추수감사절에 맞춰 이곳에서 나가게 될 겁니다!" 브렌트가 활짝 웃으며 말했다. "여러분, 즐거운 추수감사절 보내세요!"

브렌트의 예상대로 모든 작업은 그다음 날 5시 전에 끝냈다. 몇 가지 예외만 제외하고 사람들은 퇴근하기 시작했다. 맥신은 뒤처진 사람들을 쫓아내려고 사무실을 돌고 있었다. 추수감사절 전날이어서, 맥신은 5시 30분

전에는 여기서 나가고 싶었다. 맥신은 브렌트까지 내보낸 것에 자랑스러워했다.

떠날 수 없었던 한 팀은 데이터 분석가들이었다. 1%의 테스트가 엄청난 성공을 거두었기 때문에, 그들은 금요일까지 수백만 명 고객을 위한 모든 추천 생성을 끝마쳐야 했다. 팬더의 컴퓨팅 로드는 계속 증가하면서 나왈 데이터 플랫폼에 있는 프로모션 데이터를 계속 업데이트하고 있었다. 맥신은 웃으면서 생각했다. '클라우드 컴퓨팅 제공 업체들에서 올 엄청난 양의 청구서가 쌓이고 있지만 마케팅 부서에서는 사업상 혜택이 너무 대단할 것이기에 불평하는 사람은 없겠군.'

맥신은 커트에게 작별 인사를 하기 위해 들렀지만 사라가 그와 열띤 토론을 벌이는 것을 보고는 긴장한 가운데 얼어붙었다.

"…그리고 내가 5시 이후에 이 건물을 돌아다녔는데, 여기엔 아무도 없군요. 커트, 당신이 이걸 알고 있는지 모르겠지만, 회사는 사라지기 직전이에요. 모두 열심히 일해야 한다고요." 사라는 울분을 터뜨리며 말했다. "일단 강제 야근이 필요한 것 같네요. 피자를 더 시켜주면 기꺼이 남아서 일할 거예요."

"그리고 사람이 없는 것도 말이 안 되는데." 사라는 계속해서 말했다. "앉아서 책을 읽는 사람이 많더군요! 책 읽으라고 월급 주는 게 아니라 일을 하라고 돈을 주는 거라고요. 그건 꽤 분명하지 않나요, 커트?" 커트는 무표정으로 응수했다.

"그 얘기는 크리스에게 해봐요. 직장에서 책을 금지하는 것은 나보다 윗사람이 할 일이겠군요." 사라는 커트를 째려보더니 획 하니 나가버렸다.

커트는 맥신에게 목매달고 싶다는 뜻의 손짓을 해 보였다. "정말 이상해요." 커트가 말했다. "사라는 개발자들에게 단지 타이핑하라고 돈을 준다고 생각하나 봐요. 개발자들에게 사고하고 비즈니스 성과를 달성하라고 돈을 주는 대신 말이에요. 그리고 우리는 개발자들에게 배우라고 돈을 주는 거잖아요. 그래야 우리가 성공하니까요. 직장에서 책을 금지하는 것을 상상할 수 있겠어요?" 커트는 웃으며 머리를 가로저으며 말했다.

맥신이 커트를 쳐다봤다. 사라의 신념은 일상 업무의 개선이라는 세 번째 이상과 심리적 안전이라는 네 번째 이상과는 반대였다. 개발자들이 성취할 수 있었던 유일한 방법은 사람들이 실험하고, 배우고, 실수를 저질러도 안전하다고 느끼고, 발견과 혁신과 학습의 시간을 낼 수 있는 문화를 만들었기에 가능했다는 것을 맥신은 알고 있었다.

"할 말이 없네요, 커트. 사라를 설득하는 데 성공하면 내게도 알려줘요." 맥신이 웃는 얼굴로 손을 흔들며 말했다. "추수감사절 잘 보내요."

맥신은 환상적인 추수감사절을 보냈다. 아버지가 돌아가신 후 처음 있는 일이며, 블랙 프라이데이 준비 과정이 어떻게 돼가는지 보려고 몰래 핸드폰을 들여다봤지만, 모든 사람이 집에 와 있는 것을 즐겼다.

이제는 애완견인 와플스가 제법 커져 18킬로그램이 넘었는데, 추수감사절의 하이라이트는 사람들 앞에 놓인 큰 칠면조 조각을 와플스가 잡아채 맥신이 혼비백산했던 일이다. 와플스가 그런 짓을 한 것은 처음이라고 제이크가 모두에게 맹세했다.

다 같이 설거지를 하고, 맥신은 일찍 잠자리에 들었다.

맥신은 다음 날 아침 일찍 사무실에 가야 했다.

오전 3시 30분, 맥신은 다른 팀원들과 함께 사무실에 있었다. 기술 팀들은 론칭 체크리스트를 검토하면서 몇 시간 후에 시작될 요청의 급증에 대비하고 있었다. 그들은 처음 구성한 팀에 합류하지 못한 더 많은 사람을 포용하기 위해 여러 회의실을 잡았다. 그 일은 화요일에 치른 1%의 테스트보다 더 큰 사건이었다. 각 회의실에는 U자 모양의 대형 테이블이 있어 모양이 다 비슷한데 거기에는 30여 명이 앉아 있었다. 맥신은 기술 팀이 모인 방에서 하루를 시작했다.

확장된 작전실에는 나왈과 오르카 팀이 모니터링 팀, 웹 프론트엔드 팀, 모바일 팀 그리고 제품, 가격 책정, 주문, 주문 처리 등을 담당하는 수많은 백엔드 서비스 팀이 옆에 있었다. 채팅방에는 더 많은 기술 팀이 대기하고 있었다.

이 모든 서비스는 고객에게 제품을 제시하고 주문받기 위해 원활하게 실행돼야 했다. 벽에 있는 거대한 TV 모니터에는 웹사이트 방문 횟수, 최고 제품 페이지의 통계 그리고 상태 체크 결과와 그 방에 있는 모든 서비스에서 나온 최근의 오류를 보여주는 보다 기술적인 그래프가 있었다.

작전실에는 이런 기술적 지표를 보여줄 두 번째 TV가 설치돼 있었다. 그리고 오늘, 비즈니스와 기술 리더들, 유니콘과 프로모션 팀 전체, 심지어 재무와 회계 부서에서 온 사람들까지 더 많은 인원이 그 자리에 있었다. 중요한 사람들은 모두 이 캠페인이 어떻게 진행되는지 보기 위해 와 있었다.

새벽 4시 30분, 맥신은 주요 작전실에서 커트, 매기와 어울렸다. 매기는 뭔가 도와줄 것을 찾고 있었지만, 모두가 자신이 무엇을 하고 있는지 잘 알고 있는 것 같았다. 이쯤에서 매기는 방해만 될 뿐이었다. 캠페인 시작 30분 전이었다.

사라도 이곳에 있었다. 맥신이 보기에, 사라는 프로모션 제안 중 하나의 가격과 홍보 카피에 대해 누군가에게 장황하게 연설을 늘어놓는 것 같았다.

매기 역시 그 무리에 있는데, 기분 좋은 표정은 아니었다. "저기요, 저도 그 제안들이 완벽하기를 바라지만, 변경할 수 있는 건 어제까지였어요. 그렇게 많은 사람에게 나가는 광고 문안을 수정하게 되면 위험이 너무 큽니다. 론칭이 한 시간 더 늦어질 수도 있어요."

"이 정도면 당신한테는 충분할지 모르지만, 나에게는 확실히 부족하네요. 고치세요. 지금 당장요." 사라가 더 이상 타협의 여지 없이 말했다.

매기는 한숨을 쉬며 걸어가 커트와 맥신에게 합류했다. "수정을 좀 해야겠네요." 매기가 눈을 굴리며 말했다. "당연하겠지만 이걸로 론칭이 적어도 한 시간가량 늦춰지겠네요."

"옆 사무실에 있는 기술 팀에게 가서 말할게요"라고 말하며 방을 나서는 커트는 얼굴을 찡그렸다.

한 시간 후, 마침내 모든 것을 다시 시작할 준비가 됐다. 매기는 방 앞에서 물었다. "이의 없으시면 론칭은 오전 6시에 하죠. 지금부터 15분 후입니다."

론칭이 시작됐을 때 맥신은 비즈니스 작전실에서 다른 사람들처럼 대형 TV 모니터를 보고 있었다. 2분 만에 1만 명이 넘는 사람이 웹사이트를 방문해 주문 프로세스를 거치기 시작했고, 방문 비율이 계속해서 증가하고 있었다. 그리고 다시, 모든 CPU 부하가 상승하기 시작하는데 테스트 론칭 때보다 훨씬 더 높았다.

주문 완료 건수가 500건을 넘기자 사람들의 박수가 쏟아졌다. 맥신은 이번 론칭에 동원된 고객의 규모에 놀라움을 금치 못하고 있었다.

맥신은 시스템을 강화시킨 모든 노력이 이번 론칭을 지루하게 만들기를 바라며 숨을 죽이고 있었다. 그녀는 주문 건수가 계속 증가하는 것을 지켜봤다. 화요일과 마찬가지로 증가세가 평탄해질 때까지….

"빌어먹을, 빌어먹을…." 맥신이 중얼거렸다. 분명히 뭔가 잘못되고 있었다. 주문 프로세스의 같은 부분에서 말이다. 무언가가 사람들의 쇼핑 카트 체크아웃을 막고 있었다.

웨스가 외쳤다. "누군가 장바구니에 무슨 문제가 있는지 말해줘! 관련 데이터나 오류 메시지가 있는 사람?"

섀넌이 처음으로 다시 목소리를 높였다. 맥신은 섀넌이 제일 먼저 이야기하는 그 기이한 능력에 경탄을 금치 못했다. "웹 쇼핑 카트가 오류를 일으키고 있어요. 주문 처리 옵션이 표시되지 않아요! 제 생각에 일부 주문 처리 서비스가 실패하고 있는 것 같아요. 채팅방에 스크린샷을 붙여 넣고 있어요."

방 저편에서 누군가가 큰 소리로 외쳤다. "iOS 모바일 애플리케이션이 또 다운됩니다." 웨스는 욕설을 내뱉었다. 모바일 애플리케이션 개발 팀 관리자도 욕설을 내뱉었다.

갑자기 맥신은 모든 소리가 들리지 않았다. 그 순간 맥신은 갑자기 데이터 허브가 문제를 일으키는 것은 아닐까 두려웠다. 맥신은 모바일 팀에서 누군가가 소리치는 것을 들었을 때까지 충분히 생각해보려고 계속 애쓰고 있었다. "웨스! 계산하기 버튼을 누르자 애플리케이션이 다운됐어요. 모든 거래내역이 표시됐어야 하는 시점이었는데. 백엔드 서비스를 호출하는 시간이 너무 경과된 것 같아요. 그런 일이 일어날 수 있는 모든 부분을 고쳤다고 생각했는데 하나를 놓친 게 분명해요. 어떤 서비스 호출이 문제를 일으키고 있는지 알아내는 중이에요."

"데이터 허브로의 호출일 수도 있나요?" 맥신이 톰에게 속삭였다.

톰은 "잘 모르겠어요"라고 말하더니 생각에 잠겼다. "모바일 애플리케이션에서 우리 쪽으로 직접 호출되는 건 없는 것 같은데…"

노트북에서 맥신은 운영 환경에 있는 데이터 허브 서비스에서 로그를 불러들여 지금 직접 이런 일을 할 수 있다는 것에 감사하며, 뭔가 특이한 것을 찾아내려 애썼다. 맥신은 다른 비즈니스 시스템에 네 번의 발신 호출을 생성하는 몇 가지 수신 주문 이벤트를 살펴봤다. 그것들은 모두 성공하고 있는 것 같았다.

별다른 문제를 찾지 못한 채 맥신은 웨스와 커트, 크리스가 모여 있는 시끄러운 방 앞쪽으로 시선을 돌렸다. 그들이 활발하게 토론하고 있는 것을 보고 맥신도 합류했다. 맥신은 웨스가 질문하는 것을 들었다. "…그래서 어떤 서비스가 안 되는 거야?"

크리스와 커트가 잠시 논의하는데, 웨스는 인내심을 잃은 듯 보였다. 웨스는 방 전체를 돌아보며 웅성거리는 소리를 완전히 덮을 만큼 큰 소리로 말했다. "여러분, 잘 들으라고! 쇼핑 카트를 갖고 오는 것과 주문을 완료하는 것 사이의 트랜잭션 경로에 무언가가 안 되고 있어. 맥신, 이런 거래와 서비스 호출 이름이 다 뭐죠?"

맥신은 질문을 받고 놀랐지만, 재빨리 11개의 API 호출과 서비스를 줄줄이 말했다. 브렌트가 세 개를 더 말하자, 웨스는 "고마워, 맥신. 고마워, 브렌트"라고 말했다.

방에 있는 사람들을 향해 웨스가 소리쳤다. "좋아! 다들 모든 서비스가 제대로 작동하는지 확인해봐!"

몇 분 후 그들은 문제를 발견했다. 고객이 쇼핑 카트를 확인하면 주문 내역, 결제 옵션 및 배송 옵션이 제시됐다. 모든 것이 맞으면 고객은 주문 버튼을 눌렀다.

이 페이지가 모바일 애플리케이션이나 웹에 표시될 때, UPS, FedEx와 같은 공급자처럼 고객의 위치를 기준으로 다음 날 항공 및 육상의 어떤 배송 옵션을 이용할 수 있는지를 파악하기 위해 백엔드 서비스를 호출했다.

이 서비스는 운송 업체를 향한 많은 외부 API를 요청했고, 그중 일부가 실패하고 있었다. 브렌트는 파트 언리미티드 서버가 이렇게 많은 쿼리를 보내게 한 적이 없었기 때문에 그들 중 하나의 서버가 속도에 제한받는 것이라고 의심했다.

맥신은 그렇게 사소한 서비스 때문에 전체 론칭이 위태로워진다는 것을 믿을 수 없었다. 맥신은 미소를 지으며 이것을 메모했다. 왜냐하면 이것이 새로운 기준new normal이 될 가능성이 크다는 것을 알기 때문이다. '하지만 이렇게 중요한 것을 외부 서비스에 의존해서는 안 되지.' 맥신은 생각했다. '서비스가 다운되거나 우리를 차단해버리면 우리가 적절하게 그 상황을 처리해야만 하잖아.'

맥신은 방 앞에 옹기종기 모여 있는 기술 팀 리더들에 합류했다. "배송 API가 문제 있다면, 우선 지상 배송 옵션만 제시하죠. 지상 배송은 항상 가능하잖아요. 이견 있으세요?"

주문 처리 서비스 팀 리더는 고개를 끄덕이고는 웨스, 매기와 함께 세부 사항을 빠르게 처리했다. 그들은 모든 배송 업체에서 정보를 얻을 수 없다면 차량 배송만을 유일한 선택 사항으로 제시할 것이라고 바로 결정했다.

에러 페이지가 나가게 놔두는 것보다는 주문받아 천천히 배송하는 방법이 더 좋았다.

팀 리더는 "코드 변경을 배포할 수 있도록 10분에서 15분 정도 시간을 주세요. 계속 진행 상황을 알려 드릴게요"라고 말하고 방에서 뛰어나갔다.

10분 후, 맥신은 주문 처리 팀이 수정한 것을 운영 환경으로 배포하겠다고 발표하기를 기다리며 서성거리고 있었다. 그 발표가 나면 하이파이브를 하며 축하할 것이다. 누군가 소리칠 때까지도 맥신은 기다리고 있었다. "웨스! 웹 서버 페이지 요청 시간이 초과돼 프론트엔드 서버가 다운되고 있어! 이건 '404' 오류가 아닌데? 두 대의 서버가 재부팅되고 있고 클라이언트가 '연결할 수 없음' 오류를 발생시키기 시작하고 있어!"

맥신은 대시보드를 보며 그녀가 본 것에 얼이 빠졌다. 전체 웹 서버 팜은 CPU 사용률이 100%로 고정돼 있으며, 일부는 제대로 작동하지 않고 있었다. 페이지 로딩 시간은 700밀리초에서 20초 이상으로, 마치 영원히 멈춘 듯한 느낌인데, 그나마도 여전히 상승 중이었다.

이것은 웹페이지에 대한 요청이 이행되지 않았기 때문이며, 일부 사람들은 웹페이지에서 아무것도 볼 수 없다는 것을 의미했다.

웨스도 그래프를 응시하고 나서, 핸드폰으로 웹페이지를 로딩하려고 시도했다. "확인했어. 내 모바일 브라우저에는 아무것도 로드되지 않아. 웹 서버 팀, 무슨 일이야?" 웨스는 큰 소리로 외쳤다.

"그들은 옆방에 있어요." 커트가 말했다. "제가 가서 알아볼게요." 맥신도 뒤를 따랐다.

그다음 10분 동안, 그들은 문제의 심각성을 알아차렸다. 기록적인 수의 사람들이 전자 상거래 사이트를 방문하고 있었다. 이럴 것을 예상했고, 그래서 브렌트가 실제로 그런 무거운 부하를 감당할 수 있도록 직접 만든 보트 군대로 장애물들을 폭파시키는 것처럼 불필요한 것들을 치워버렸던 것이다.

하지만 그들은 중요한 것을 놓쳤다. 고객 프로필에 근거해 제품 추천을 받은 실제 고객들이 그들의 사이트에 오는 것을 테스트하지 않았다. 이것은 그들이 지난주에 새롭게 급조해서 만든 부분이었다. 이 컴포넌트는 로그인한 실제 고객 정보만을 갖고 올 뿐 필요한 관련 정보들을 가져오지 못했다.

실제 고객이 사이트를 방문했을 때 이 컴포넌트는 프론트엔드 서버에서 여러 데이터베이스 검색을 수행했는데, 그 정도로 큰 규모는 테스트하지 않았던 것이다. 이제 그 프론트엔드 서버들은 엄청난 메모리 부하 때문에 마치 카드로 만든 집처럼 무너져 내리고 있었다.

"프론트엔드 서버를 어떻게 존속시킬 것인가에 대한 아이디어가 필요해, 아무리 미친 아이디어라도 상관없어!" 웨스가 방 앞에서 말했다. 그 문제의 심각성은 모두에게 분명하게 드러났다. 들어오는 전체 트래픽의 70%가 웹을 통해 이뤄졌다. 주문 유입의 가장 큰 부분은 여전히 웹이기 때문에, 만약 웹 사이트가 계속 다운된 상태라면 모든 블랙 프라이데이 목표는 웹페이지와 함께 다운될 것이다.

"더 많은 서버를 투입하는 건요?"라고 누군가가 말했다. 웨스는 즉시 "해! 아니, 브렌트, 너 말고. 넌 여기 있고, 다른 사람 시켜. 다른 아이디어 있는 사람?"

더 많은 아이디어가 나왔지만, 대부분 아이디어가 묵살됐다. 브렌트는

"추천 컴포넌트가 비정상적인 서버 부하의 원인이 되고 있어요. 트래픽이 내려갈 때까지 작동하지 않게 할 수 있을까요?"

맥신이 속으로 신음했다. 그것을 작동시키기 위해 얼마나 열심히 일했는데, 이제 그들은 사이트를 계속 운영하기 위해 그 컴포넌트들을 떼 내야 할지도 모른다.

"재밌군. 뭐, 그럴 수도 있고 안 그럴 수도 있겠지?" 웨스가 방 안에 있는 사람들에게 물으며 말했다.

한 무리의 관리자들과 기술 리더들이 맥신과 브렌트와 함께 모여, 재빨리 아이디어를 짜냈다. 그들은 마침내 HTML 페이지를 변경하면서 추천 컴포넌트 부분의 실행을 막기로 했다. 서버 측 코드 변경이 필요하지는 않았지만, 맥신이 생각하기로는 너무나도 주먹구구식이다. 프론트엔드 팀의 리더는 "HTML 페이지를 바꿔서 10분 안에 모든 서버로 내보낼 수 있어요."라고 말했다.

"해!" 웨스가 말했다.

맥신은 HTML 파일을 조심스럽게 수정하는 두 명의 엔지니어를 어깨너머로 지켜봤다. 그들은 HTML에 실수하면 서버의 코드 변화만큼이나 철저하게 웹사이트를 파괴할 수 있기 때문에 매우 조심했다. 작업을 마치고 나서 그들은 함께 개선 내용을 검토하고, 형상 관리 시스템에 변경 사항을 커밋하고, 운영 환경에 배포하기 시작했다.

3분이 지나도 프론트엔드 성능에 아무런 영향이 없자 다들 놀랐다. 변화가 있는지 보기 위해 계속 기다렸지만, 서버는 계속 죽어가고 있었다. "무슨 일이야? 우리가 놓친 게 뭐지?"라고 엔지니어가 말하는데, 분명히 그의 수정된 HTML 파일이 브라우저에 로딩되고 있다는 것을 계속해서 확인하면서 침착함을 유지히려고 에썼다.

"사이트에서 제공하는 HTML에서 변경된 것을 볼 수 있어요." 맥신은 큰소리로 발표했다. "추천 컴포넌트를 표시하는 다른 경로가 있나 본데요?"

웨스는 그들 뒤에서 지켜보고 있었다. "여러분, 새로운 HTML 파일이 운영 환경에 배포됐지만, 여전히 CPU에 과부하가 걸려 있어. 추천 컴포넌트를 아직도 어딘가에서 부르고 있는지 확인 좀 해줘. 가설과 생각을 말해!"

그들이 컴포넌트를 부를 수 있는 곳이 하나 더 있다는 것을 발견하는 데 4분이 더 걸렸다. 맥신은 그들이 개선한 다른 HTML 파일을 배포하고 60초 후에 CPU 부하가 30% 감소하는 것을 보고 안도했다.

"축하해, 팀." 웨스는 말하다가 멈추고 미소를 지었다. 웨스는 계속해서 말을 이어갔다. "하지만 그것만으로는 서버를 계속 가동시킬 수 없어. 부하를 줄이기 위해 우리가 또 뭘 할 수 있지, 여러분?"

많은 아이디어가 나왔고, 더 많은 아이디어가 묵살됐지만, 어떤 아이디어는 즉시 실행됐다. 가장 일반적인 그래픽 이미지를 로컬 웹 서버에서 CDN^{Content Distribution Network}으로 옮기자 마침내 서버 부하를 50% 더 감소시킬 수 있었다. 이런 것들을 완전히 실행하는 데 거의 1시간이 걸렸지만, 사이트가 완전히 다운되는 것을 막기에는 충분했다.

그렇게 그날 하루가 갔다. 수백 개의 일이 잘못됐는데, 어떤 것은 크고, 어떤 것은 작았으며, 한 번에 한 가지 문제만 있는 것이 아니라 서로 연관이 있었다. 사후 검토처럼, 그들은 자신들이 만든 엄청나게 크고 복잡한 시스템을 얼마나 불완전하게 이해하고 있었는지, 그리고 이제는 극한 조건에서 계속 작동시켜야 한다는 것을 알게 됐다.

시간이 쏜살같이 지나갔다. 영웅적인 행동들이 모든 것을 계속 실행할 수 있게 해줘서 피곤하면서도 미소를 보이며 하이파이브를 하는 순간들이 있었다. 주문 완료 건수는 계속 증가했고, 맥신은 들어오는 주문율이 오후 3시경에 최고조에 달해 최악의 상황이 지나가고 있을 수도 있다는 희망으로 안도하고 있었다.

이상하게도 맥신은 곁눈질로 사라가 시큰둥해 보이는 것을 잠깐 엿봤지만, 이마저도 더 이상 신경 쓰지 않았다. 맥신은 자기 팀이 장애물이 된 모든 위기를 잘 처리하고, 빠리 적응하고 학습하며 얼마나 잘 해냈는지 자랑스러웠다. 그리고 사람들은 이 모든 역경이 대단한 것이라는 것을 잘 알았다. 그것은 유니콘 프로젝트에 의해 가능해진 블랙 프라이데이 프로모션의 엄청난 성공에 의한 결과이기 때문이었다.

4시가 되자 최악의 상황은 지나갔다는 것이 확실해졌다. 주문 처리량은 여전히 믿을 수 없을 정도로 높지만, 이전의 최고점에서 50%가 떨어졌다. 실패 횟수와 위기가 발생할 뻔한 횟수는 덜 당황스러운 비율로 줄었고, 사람들은 긴장을 풀기 시작했다. 그 증거로, 웨스는 지금 유니콘과 커다란 불꽃이 옆면에 새겨진 파트 언리미티드 야구 모자를 쓰고 있었다. 그는 지나가는 모든 사람에게 모자를 나눠주며 주위 사람들과 웃고 농담을 했다.

5시 조금 전에 매기는 방 앞으로 나갔고, 직원들이 샴페인 병과 플라스틱 컵을 날랐다. 모두가 잔을 들자 매기가 말했다. "정말 고생하셨습니다, 여러분! 우리가 해냈어요!"

모두가 환호했고, 맥신은 잔을 비웠다. 맥신은 지쳤지만, 오늘 그들이 한 모든 일로 나온 비즈니스 결과를 듣고 싶어 견딜 수 없었다.

"이것은 이 회사가 해왔던 것 중 가장 큰 디지털 캠페인입니다." 매기가 말했다. "오늘 우리는 그 어느 때보다 많은 이메일을 보냈습니다. 그리고 많은 모바일 애플리케이션 알람을 내보냈습니다. 응답률은 가장 높았습니다. 전환율도 가장 높았고요. 오늘이 회사 역사상 전자 상거래 매출이 높은 날이었습니다. 오늘 판매 마진은 다른 어느 날보다 높을 것 같습니다. 유니콘 프로젝트가 해낸 걸로는 어떤가요?"

맥신도 소란스럽게 웃으며 주위의 사람들과 함께 큰 소리로 환호했다.

매기는 계속했다. "최종 금액이 나오려면 며칠 걸리겠지만, 오늘 하루만 2천 900만 달러 이상의 수익이 예약됐다는 것을 제 뒤의 화면에서 볼 수 있습니다. 지난해 판매 기록을 훨씬 뛰어넘었습니다!"

매기는 잠시 방 안을 둘러보더니 다시 환호성을 지르고는 천천히 말했다. "이것은 파트 언리미티드에게 분수령입니다. 이것이 우리가 몇 년 동안 달성하고자 했던 것입니다. 이것은 우리도 유니콘 같은 일을 할 수 있다는 것을 보여주는 것입니다. 이 일은 많은 사람의 관심을 끌게 될 거고, 이제 우리가 할 일은 더 큰 꿈을 꾸는 겁니다. 함께 일하는 훌륭한 비즈니스와 기술 팀이 무엇을 할 수 있는지를 보여줬고, 비즈니스 리더들의 꿈과 목표, 포부를 높여야 합니다."

"더 크고 더 좋은 일은 아직 오지 않았습니다, 여러분." 매기가 말했다. "하지만 그동안 우리 모두 축하할 자격이 있습니다. 어, 그 말은, 웨스가 축하해도 안전하다고 했을 때죠. 커트와 맥신, 이리 올라와서 한마디 해주시죠."

커트는 맥신에게 방 앞으로 같이 나오라고 손짓하면서 웃으며 매기와 합류했다. "프로모션 팀을 지원했던 굉장한 기술 팀을 위해! 많은 위험을 감수했고, 이 회사에서는 한 번도 해보지 못한 일들을 했어요. 방금 매기가 말했듯이 우리는 회사의 실적에 중대한 변화를 가져올 기회를 얻게 됐습니다."

커트는 맥신에게 시선을 돌리는데, 분명 맥신이 무슨 말을 하기를 기대하고 있는 듯했다. 맥신은 잠시 모두를 바라봤다. "전 이 일의 일부가 된 것이 너무나 자랑스럽습니다. 커트 말이 맞아요. 우리 모두가 위험을 감수하고 여기까지 왔어요. 그리고 우리 모두 이번 여정을 통해 많은 걸 배운 것 같네요. 제가 불과 두어 달 전에 피닉스 프로젝트로 처음 유배된 이후 우리가 얼마나 많은 일을 해냈는지 믿기지 않아요. 유니콘 프로젝트에서 일하는 것은 지금까지 제가 해왔던 일 중 가장 보람 있고 재미있는 일 중 하나였고, 오늘처럼 자랑스러웠던 적은 없었습니다."

"그리고 오늘 밤 여러분과 함께 축하하고 싶어 안달이 나네요. 왜냐하면 커트가 도크사이드에서 술을 산다고 들었거든요. 하지만 한 가지 할 말이 있습니다." 맥신은 사람들의 환호가 잠잠해지기를 기다리다가 말했다. "오늘 우리가 이룬 것은 놀랍고 멋지지만, 우리는 아직 갈 길이 멀었다는 겁니다. 우리는 기본적으로 막 종이 쿠폰 프로모션을 하는 방법을 알아낸 블록버스터Blockbusters와 같습니다. 그 정도로 파트 언리미티드를 구할 수 있다고 생각한다면 분명 제정신이 아닐 거예요."

"매기 말이 맞아요. 우리는 이제 진짜 싸움을 시작하려는 겁니다. 아직 죽음의 별Death Star을 폭파하지 않았어요. 전혀 아니죠. 그 별은 아직 저 밖에 있어요. 오늘 우리가 한 일은 이제 X 윙을 어떻게 조정할지 알아낸 것뿐이에요. 우리의 세계는 여전히 심각한 위험에 처해 있습니다." 맥신은 계속했다. "하지만 드디어 그 싸움에서 이길 수 있는 도구, 문화, 기술적 우수성, 리더십을 갖추게 됐죠. 전 우리가 블록버스터나 보더스Borders, 토이저러스Toys'R'Us 또는 시어스Sears가 아니라는 것을 증명하는 다음 단계를 기다리려니 안달이 나네요. 우리는 이기기 위해 여기 있는 것이지, 전통적 매장의 몰락으로 인한 또 다른 희생자가 되려는 것이 아닙니다!"

하고 싶은 말을 한 맥신이 고개를 들자 모두의 얼굴에서 충격받은 표정이 보였다. '이런!' 맥신은 도크사이드에서의 사적 대화를 위해 그 연설을 남겨뒀어야 했을지도 모른다는 것을 깨달았다. 그때 맥신은 매기가 말하는 것을 들었다. "맙소사, 맥신 말이 정말 맞아요! 스티브와 사라한테 그 말을 써먹어야겠어요. 두 번째 라운드를 기다리기 힘드네요!"

모든 사람이 웃고 나서 손뼉 치며 환호하기 시작하는데, 매기는 그들 중 가장 시끄러웠다. 사라의 이름이 나오자 맥신은 어리둥절하며 주위를 둘러봤다. 사라는 어디에도 보이지 않았다. '매우 나쁜 징조인데….'라고 맥신은 생각했다. '평소라면 자기도 인정받기 위해 여기에 있어야 하는데. 아니면 뭔가 잘못돼서 누군가에게 덤벼들기 위해서거나.' 하지만 맥신은 너무 흥분해서 더 이상 신경 쓰지 않기로 했다.

도크사이드에 제일 먼저 도착한 사람은 커트와 맥신이었다. 그들은 테이블을 여러 개 밀어서 붙여놓고 곧 들이닥칠 사람들을 위해 맥주 피처를 여럿 주문했다. 커트는 맥신을 똑바로 바라봤다. "그건 그렇고요, 지금이야말로 맥신이 해준 모든 일에 대해 제가 얼마나 고마워하는지 말할 수 있는 좋은 타이밍인 것 같아요. 맥신이 없었더라면 이런 일을 할 수 없었을 텐데…. 맥신이 왔을 때 반란군이 달라졌어요."

이 말을 들은 맥신은 빙그레 웃었다. "천만에요, 커트! 우린 훌륭한 팀이에요. 그리고 이 모든 일에 나를 끌어들여 줘서 정말 고마워요."

사람들이 줄줄이 들어오기 시작하자 맥신은 자리에 앉아 술을 한 모금 마시며 철저하게 즐겼다. 맥신은 2주 전에 에릭이 바텐더에게 친구가 소유한 포도밭에서 나온 특별한 포도주 저장고에서 가져온 와인으로 항상 맥신을 대접하라고 지시했다는 것을 알게 됐다.

맥신은 몇 병을 사려고 했지만 가격이 얼마인지 알고는 망설였다. 듣자하니 에릭이 여기서 맥신에게 엄청나게 할인해줬던 것이다. 맥신은 특별한 날에 남편과 함께 마시기 위해 한 병을 샀다.

맥신이 와인에 대해 생각하고 있다는 것을 안다는 듯, 에릭이 도착해 맥신의 옆자리를 차지했다. "둘 다 축하하네. 오늘 정말 잘했어. 이제 두 사람은 스티브와 딕에게 실험과 학습이 모든 사람의 일상 업무의 일부인 역동적인 학습 조직을 만드는 것이 미래에 얼마나 필요한지를 보여줄 필요가 있어. 스티브가 제조 부사장이었을 때, 그는 안전을 개선하고, 노동을 줄이고, 품질을 높이고, 흐름을 증가시키기 위해 공장 노동자들이 한 수백 가지의 제안을 생산 시설에 투입했다는 것을 매우 자랑스러워했다는 게 참 재밌지. 그것 또한 지속적인 실험의 한 형태거든. 이제는 프로젝트 관리와 기능 사일로의 횡포로부터 해방된 훨씬 더 큰 수준에서 움직일 필요가 있어."

"다섯 번째 이상은 냉혹한 고객 중심에 관한 것인데, 고객이 신경 쓰지 않는 기록의 내부 계획이나 기능적 사일로를 측정하기 위한 방법보다는, 고객에게 가장 좋은 것을 위해 진정으로 노력하는 것이지." 에릭이 말했다. "대신 우리의 일상적인 행동이 고객의 삶을 향상시키고, 고객에게 가치를 창출하며, 그들이 비용을 지불할 것인지에 대해 질문하는 거야. 고객이 기꺼이 비용을 지불하지 않는다면, 어쩌면 그것은 전혀 하지 말아야 하는 일인지도 몰라."

에릭이 일어나자 바텐더 중 한 명이 새로 딴 와인병을 들고 도착했다. 에릭은 그것을 받아 맥신 앞에 놓으며 윙크를 했다. "축하해, 맥신. 이따가 늦게 다시 보지!"

그는 6명의 동료가 걸어 들어오자 바로 떠났다. 매기는 맥신과 커트에게 고개를 돌려 물었다. "그게 다 무슨 말이죠?"

"저도 파악하려고 노력 중이에요." 맥신이 말했다. "하지만 다음 주까지 기다릴 수 있는 건 아닌 것 같은데요. 어쩌면 오늘 밤늦게 이야기할 시간이 있을지도 모르겠어요…. 하지만 지금은 우리 모두 축하하죠!"

다음 날 아침 맥신이 깨어났을 때 머리가 욱신거렸다. 도크사이드 축하 행사 외에도, 맥신과 남편은 늦은 밤까지 그들이 좋아하는 TV 시리즈를 보면서 몇 잔 더 마셨다. 맥신은 잠이 든 것도 몰랐다. 갑자기 피로가 몰려오며 곯아떨어졌기 때문이다.

토요일 아침이라 다시 잠을 자고 싶었지만, 핸드폰을 들여다봤다. 채팅방에는 매장에서 진행 중인 문제에 대한 수다가 한참이었다. 점장들은 홍보 품목에 대한 압도적인 수요 때문에 문제를 겪고 있는 듯했다. 어떤 물건들은 재고가 전혀 없었고, 고객 한 명당 15분이나 걸려 예약 주문을 작성했고, 각각의 주문을 또 다른 엉성한 사내 주문 시스템에 입력해야 했다.

입점 애플리케이션 팀들은 매장에 파견돼 속도를 높이는 방법을 알아내려 애쓰고 있었다. 누군가는 프로세스를 단순화하기 위해 간단한 태블릿 애플리케이션을 만들 수 있을 것으로 생각했다. 맥신은 그 아이디어가 마음에 들었고, 그들이 매장의 관리자와 직원들을 기쁘게 할 수 있는 해결책을 생각해낼 것이라고 전적으로 확신하고 있었다.

맥신은 이 문제가 맥신 없이 해결될 수 있을 것 같아 만족해하며 미소 지었다. 지난 한 달 동안 맥신은 동료들을 믿고 존경하며 그들이 하는 일을 높이 평가하게 됐다.

맥신은 제이크가 어제 그녀와 온 가족을 위해 산 코믹콘^{Comic-Con} 티켓들을 보며 활짝 웃었다.

베이컨과 계란 냄새가 났다. '제이크가 아침을 만들고 있나 보네.' 맥신은 생각했다. 아마도 밥을 먹고 다시 잠을 청할 수 있을 것이다. '사는 게 점점 나아지고 있어.'

16장

• 12월 5일 금요일

일주일 후, 맥신은 이제껏 본 회의실 중 가장 화려한 회의실에 앉아 있었다. 그녀는 2호 빌딩에 있었는데, 그곳은 최고 경영진들의 사무실이 있는 곳이었다. 이 건물은 거의 70년이나 됐고, 나무 패널로 벽을 만든 기업 건물 부지 안에서 가장 오래되고 높은 건물 중 하나였다.

맥신에게 누가 그 테이블에 앉아 있는지를 보는 것은 초현실적이었다. 맥신은 이렇게 많은 고위 간부와 회의한 적이 없었다. 테이블 상석에는 스티브, 딕, 사라 그리고 맥신이 알아보지 못하는 세 명의 다른 간부가 있었다. 타운 홀 미팅 외에 스티브나 딕과 같은 방에 있는 것은 이번이 처음이었다.

맥신은 에릭도 테이블에 있다는 사실에 놀랐다. 스티브와 딕은 에릭이 그곳에 있는 것에 익숙한 듯 그에게 별로 주의를 두지 않고 있었다.

매기가 방 앞쪽에 서서 발표 준비를 하는 동안, 맥신은 지나간 시대의 풍요를 상징하는 방 안을 둘러봤다. 맥신은 커트에게 그림을 만지거나 벽에 걸려 있는 화려한 것 중 어떤 것도 훔치지 말라고 말해야 할 것 같았다.

그것은 마치 브릿지 승무원들이 우주선 함대를 출격시키는 방법에 대한 조언을 구하기 위해 엔지니어링 팀에서 온 레드셔츠들을 선장의 숙소로 초대해서 차를 마시기로 한 것 같은 느낌이었다.

그리고 그게 바로 실제로 지금 일어나고 있는 일이라는 생각이 들었다.

매기는 최고 경영진들에게 유니콘 프로젝트의 맹목적이고 놀라운 성공, 맥신이 경고했던 무시무시한 위협 그리고 그들에 대한 제안을 발표하기 위해 브리핑하고 있었다.

스티브가 고개를 끄덕이자 매기는 놀라운 블랙 프라이데이 통계를 살펴보면서 발표를 시작했다. 이전에 매기가 발표하는 것을 본 적이 있음에도, 맥신은 여전히 매기에게 매료됐다. 매기는 팀들이 이룬 결과 및 그들이 만들어낸 놀라운 사업 성과를 훌륭하게 묘사하면서 열정적으로 발표했다.

"…모든 활동의 결과는 여러분이 보고 계신 이 공식적인 수익액에 나타나 있습니다. 블랙 프라이데이 캠페인 때문에 저희는 올해 예상 수익률 run-rate business에 추가로 거의 3천 500만 달러의 수익을 올렸습니다. 거의 모든 주문이 웹이나 모바일 애플리케이션을 통해 들어왔습니다." 매기가 말했다. "여러 이유가 있지만, 저희는 이것 대부분이 부가 수입이라고 믿습니다. 다시 말해, 이런 캠페인이 없었다면 얻을 수 없었을 수익입니다. 지금까지 불가능했던 수많은 방식의 실험을 통해 고객층을 분석해 나온 결과였습니다. 이것은 저희가 만든 5개의 놀라운 기술 플랫폼과 어떤 프로모션이 가장 효과적으로 판매를 촉진할 것인지에 대해 뛰어난 예측을 하기 위해 시스템의 모든 데이터를 사용함으로써 가능했습니다."

"저희는 1년 혹은 그 이상 진열대에 놓여 있던 재고품들을 옮겨서 불필요한 운영 자본을 소진할 수 있었습니다." 매기는 말했다. "앞으로도 휴가철 내내 똑같이 흥미진진한 프로모션을 할 수 있다고 가정할 때, 7천만 달러의 수익이 늘어날 것으로 예상합니다. 분석가나 월가 등에 저희가 예보를 보냈던 것보다 20%나 높은 수치입니다."

그 말에 좌중이 웅성이기 시작했고, 딕이 입을 열었다. "그렇게 되면 순이익이 4년 동안 보지 못했던 수준까지 상승할 수 있겠군요, 스티브." 딕이 말했다. "실제로 애널리스트들을 놀라게 한 지 너무 오래됐지요, 좋은

면에서 말이에요."

테이블 주위에서 웃음소리가 났고, 스티브는 짐짓 아무렇지 않은 척했지만 흐뭇한 미소가 얼굴에 슬몃 피어올랐다. 맥신은 사람들의 만족감을 표정으로 확인했다. 눈살을 찌푸리고 주기적으로 핸드폰을 꺼내 누군가에게 맹렬히 문자를 보내고 있는 사라를 제외하고.

맥신은 스티브와 사라 사이의 이상한 역학 관계에 어리둥절해 하며 그들을 쳐다봤다. 매기는 계속 말을 이어갔다. "좋은 소식이 더 있습니다. 저희는 유명한 매장 관리자들이 사용하는 방법을 다른 점장들도 활용할 수 있도록 매장 시스템을 개선하는 데 중점을 두고 있습니다. 직원들이 사용하는 태블릿에 여러 가지 새로운 기능을 추가해 부품의 가용성을 개선해 찾거나 다른 매장에서 가져올 수 있는지 등의 작업을 쉽게 할 수 있도록 조치했습니다."

"아마도 더 중요한 것은 모든 태블릿 애플리케이션에서 매장 직원들이 고객을 돕는데 불편을 주는 질문들을 없앴다는 겁니다." 매기가 말했다. "고객 이름이나 전화번호를 먼저 묻곤 했는데 이전에는 절대 건너뛸 수 없는 단계였습니다. 직원들이 그 태블릿을 사용하지 않았던 것이 당연했습니다!"

"지난 60일 동안 저희가 실시한 파일럿 매장의 판매는 거의 7%가 증가했습니다." 매기는 설명했다. "이런 점을 감안하면 비파일럿 매장은 유사하거나 동일 매장에서 마이너스 판매를 해왔습니다. 이런 성과는 매우 주목할 만하며, 고객 서비스가 개선되면 판매가 증가한다는 파트 언리미티드의 핵심 가치를 볼 수 있습니다."

"요즘 대부분 기업과 마찬가지로 저희는 고객 만족도를 평가하기 위해 순추천고객지수^{NPS}를 사용합니다. 고객들에게 0에서 10까지의 숫자로 친구들에게 저희 매장을 추천할 가능성이 얼마나 되는지 물었습니다. 9~10점은 프로모터, 7~8점은 중립, 나머지는 저희 매장을 깎아내리는 사람들입니다. 점수 계산을 위해 프로모터 퍼센트에서 깎아내리는 사람의 비율을 뺐습니다. NPS가 30점이면 좋은 것이고, 50점 이상은 대단한 것입니다."

"거의 10년 동안 저희는 15점 정도를 맴돌았고, 경쟁자들 사이에서 바로 중간에 있었습니다. 하지만 그 점수는 대부분 항공사가 얻는 점수이기 때문에 자랑할 만한 점수가 아닙니다." 매기는 말했다. "블랙 프라이데이 프로모션 후에 작은 실험을 했습니다. 저희는 프로모션 품목을 산 사람과 일반 인구를 전반적으로 비교해봤습니다. 프로모션 때 물건을 산 고객들은 나머지 고객보다 11점이나 더 높은 점수를 줬습니다. 그리고 매장으로 배송해주고 새로운 매장 애플리케이션이 있는 파일럿 매장을 보면 거의 15점이나 더 높은 점수를 선회합니다."

"제가 일해오면서 이런 것을 본 적이 없습니다." 매기는 말했다. "그 매장들은 지금 저희 경쟁사들보다 더 높은 점수를 받고 있으며, 이케아^{Ikea} 같은 몇몇 아주 뛰어난 소매업체들과 동등한 상태입니다. 윈도우 워셔액을 파는 매장에서 그건 꽤 놀라운 일이라고 생각합니다."

매기는 다음 슬라이드로 넘어갔다. "저희 매장 관리자들도 직원들의 참여와 사기가 향상됐다고 보고하고 있습니다. 한 매장 관리자의 말을 인용하면 이렇습니다. '저희 매장 직원들은 새로운 매장 시스템을 좋아합니다. 제 직원 중 한 명은 실제로 울었습니다. 그녀는 예전 시스템으로는 고객들을 도울 수 없었기 때문에 스스로 멍청하고 무력하게 느꼈을 뿐만 아니라 좌절했었다고 말했습니다. 저희 팀과 고객들에게 진정한 변화를 만들어준 당신과 당신 팀에게 정말 감사드립니다!'"

맥신은 테이블 여기저기에서 감명받아 중얼거리는 소리를 들었다. 스티브가 활짝 웃었다. "수백 년 동안 그랬고 아마 수천 년 이상 더 그럴 걸세. 직원 참여와 고객 만족만이 중요한 거지. 옳은 일을 하고 현금을 효과적으로 관리하면 다른 재무 목표들은 모두 알아서 될 거야."

맥신은 궁금증을 참지 못하고 딕에게 물었다. "숫자를 다루는 분이시니까 여쭙는데, 스티브가 한 말을 정말 믿으세요? 꽤 대담한 주장이잖아요, 그렇지 않은가요?"

딕은 그 질문을 해줘서 정말 고맙다는 듯이 웃었다. "정말 믿어요, 특히 숫자를 다루는 사람으로서. 가장 존경받는 기업 중 몇몇은 전성기에 다 그랬습니다. 예를 들어 제록스, P&G, 월마트, 모토로라…. 이제는 토요타, 테슬라, 애플, 마이크로소프트, 아마존에 이르기까지 지표를 달성하는 방법은 바뀌었지만, 지표들의 중요성은 여전히 똑같습니다."

"아멘, 딕." 에릭이 말했다. "잘했어, 매기, 커트, 맥신."

매기는 맥신처럼 활짝 웃으며 말했다. "그런 일이 일어나는 것을 보니 너무 흥분되고, 정말 우리가 상황을 변화시키고 있는 것 같습니다. 제일 좋은 것을 마지막으로 남겨 뒀습니다. 6개월 전, 저희는 이 업계에서 가장 형편없는 모바일 애플리케이션을 갖고 있었습니다. 여러분 모두 애플리케이션을 설치하셨겠지만 2분 이상 사용한 사람은 없을 겁니다."

매기는 미소를 지으며 테이블 주위에서 멋쩍게 웃고 있는 사람들을 둘러봤다. "너무 죄책감 느끼지는 마세요, 저도 그랬으니까요. 이것이 진짜 문제라는 것을 모두가 알고 있었습니다. 애플리케이션을 사용해야 할 설득력 있는 이유를 만들 수 없다면, 고객들이 신경 쓰는 실제 문제를 해결하지 못한다면, 애초에 왜 애플리케이션을 만들었을까요?"

"저희는 고객들이 바라는 바와 니즈를 파악하기 위해 많은 시간을 들였습니다." 매기는 말했다. "고객들이 더 많은 것을 생각하며 돌아올 수 있도록 저희가 무엇을 만들 수 있는지 고민하면서 몇 가지 가설을 정의해봤습니다. 이것이 저희가 세운 가설입니다."

매기는 다음 슬라이드로 가서 1954년부터 제조된 모든 자동차에 부착된 VIN 스티커 사진을 보여줬다.

"이 VIN 번호를 입력하는 것은 파트 언리미티드 직원들에게 골칫거리입니다." 매기의 말에 방 안 곳곳에서 잘 알고 있다는 킥킥거림이 터져 나왔다. "여러분은 모두 매장에서 일해 보셨습니다. 이게 얼마나 어렵고 실수하기 쉬운지 아실 겁니다. 저희는 고객들이 각자의 자동차에 대한 프로필을 만들기 위해 애플리케이션을 사용할 수 있게 했습니다. 핸드폰 카메라를 이용해 자동차에 있는 VIN을 스캔하기만 하면 자동차 관련 정보가 자동으로 채워집니다. 제조사, 모델, 연도, 심지어 카팩스Carfax나 다른 서비스에서 기록을 가져올 수도 있습니다."

"이제 고객들이 매장 안으로 걸어 들어가면, 매장 직원들은 고객의 기록을 불러오기 위해 고객 핸드폰에 있는 QR 코드를 읽을 수 있습니다. 저희 직원들은 종이 한 장에 14자리 VIN을 기록하기 위해 가끔 눈비를 맞아가며 고객의 차까지 걸어갈 필요가 없습니다."

"매장 관리자 중 한 명이 그러더군요. '이걸로 판도가 바뀌겠습니다. 고객들에게 좋을 뿐 아니라 직원들에게도 좋은 일입니다. 처음으로 저희가 환자의 차트를 가진 의사가 된 듯한 느낌이었어요. 고객의 이력이나 고객에게 중요한 것을 알게 됐고, 그들의 차가 계속 운행하도록 더 잘 도울 수 있습니다. 이전의 여러 해보다 지난 한 달 동안 감사하다는 말을 더 많이 들었습니다!'라고 말이죠."

"이로 인해 흥미로운 비즈니스 기회가 창출될 수 있습니다. 잠재적으로 고객들을 위한 모든 종류의 유지 보수 프로그램을 만들 수 있습니다. 그들의 소비량에 따라 자동으로 부품을 받아보는 구독 프로그램을 생각해 볼 수 있었습니다. 필요한 작업을 예약하거나 저희가 직접 진행하기 위해 서비스 지점과 협력할 수 있습니다." 매기는 다음 슬라이드로 진행하면서 말했다.

"제가 보기에, 이 모든 프로그램의 성공으로 파트 언리미티드의 미래를 획기적으로 바꿀 수 있는 몇 가지 기회가 있는 깃 같습니다"라고 말하는 매기는 지금까지의 브리핑 중 그 어느 때보다 진지해 보였다.

"블랙 프라이데이 프로모션 후, 맥신은 저희가 전쟁에서 승리하기까지는 아직 갈 길이 멀다고 했습니다. 쿠폰 캠페인이 더 나아져도 블록버스터를 구하지 못한 것처럼, 저희는 여전히 '디지털 혁신'이나 '전통적 매장의 몰락론'에서 살아남는 방법을 찾으려면 멀었습니다. 이 분기가 잘되더라도 저희가 죽음의 별을 폭파시킨 것은 아직 아닙니다. 그 별은 아직도 저 밖에 있기 때문에 어떻게 전투에 참여해서 이길지를 알아내야 합니다. 그렇지 않으면 쇠퇴하거나, 관련성이 떨어지거나 또는 최악의 경우 멸종의 위험에 처하게 됩니다."

맥신은 자신이 얼굴을 붉히는 것을 느끼면서도 간부들에게 계속 주의를 기울였다. 맥신은 매기가 발표의 정점을 찍으려는 것을 알고 있었다.

"유니콘 프로젝트는 저희가 다른 누구보다 고객을 더 잘 이해함으로써 어떻게 시장을 지배할 수 있는지를 배우는 시작일 수 있습니다." 매기는 말했다. "저희는 이 시장을 거의 1세기 전에 만들었습니다. 저희가 제안하고 싶은 것은 유니콘 프로젝트처럼 다음에 승리할 팀을 찾기 위해 가장 유망한 사업 아이디어를 찾아볼 더 많은 팀을 후원하자는 겁니다."

"제가 프로모션을 통해 배운 것은 그것이 지극히 실험적인 과정, 즉 탐구와 학습의 연습이라는 겁니다. 모든 아이디어가 성공으로 연결되는 것은 아닙니다." 매기는 말했다. "승리하는 아이디어가 하나 나올 때 실패하는 아이디어는 더 많습니다. 그리고 그렇게 승리하는 아이디어 중 일부는 완전히 제정신이 아닌 것처럼 보여 일반적인 중간 관리자나 위원회의 승인을 결코 받지 못했을 겁니다. 문헌에 의하면 일반적으로 전략적 아이디어의 3개 중 1개만 긍정적인 결과를 가져오고, 3분의 1만 실제로 물질적인 방법으로 변화를 일으킨다고 합니다."

"그리고 그것은 크고 전략적인 아이디어에 해당됩니다." 매기가 말을 이었다. "피처 프로모션, A/B 테스트 또는 알고리듬 테스트의 경우 5%의 테스트가 효과가 있다는 사실에 흥분하실 수도 있습니다."

"저희는 빠르게 추측하고 실험하고 검증할 수 있도록 시장에서 우리의 독특한 지위를 이용할 수 있는 광범위한 사업 아이디어를 탐구할 수 있는 헌신적이고 힘이 있는 그룹이 필요합니다." 매기가 계속했다. "잘 안 되는 것은 빨리 접고 성공하는 것에 몰두할 방법이 필요합니다."

"유니콘 프로젝트는 저희가 그런 일을 할 만한 능력이 있다는 것을 보여줍니다. 하지만 이번에는 조직 최고위층의 후원과 지원을 받아서 해야 합니다."

맥신은 스티브가 미소를 짓는 것을 봤는데, 그는 단순히 관심만 있는 게 아니라 즐기는 듯 보였다. 그는 큰 박수를 보내며 무슨 말을 하려는데, 에릭이 큰 소리로 먼저 말했다.

"리^{Lee} 양이 정말 맞는 말을 하는군, 스티브." 에릭은 낙서로 가득 찬 듯한 수첩에서 눈을 떼며 말했다. "자네는 매기, 커트, 맥신의 영웅적인 업적 덕분에 마침내 침체에서 빠져나올지도 모르는 한 세기 된 사업을 책임지고 있는 거야. 자네 주변에 있는 모든 건 자네가 한 호라이즌^{Horizon} 1이나 돈 되는 비즈니스의 성공을 토대로 하고 있지. 그리고 매기가 암시하고 있듯이, 호라이즌 2, 3에 아무것도 없다고 말이야."

맥신은 주위를 둘러보며 에릭이 방금 한 말에 혼동된 사람이 자신만이 아님을 확인했다. 스티브는 에릭의 불합리한 추론에 기분 나빠하는 것 같지는 않았다. 대신 그는 물었다. "호라이즌 1, 2, 3은 뭐고 그게 왜 중요하죠?"

"훌륭한 질문이야." 에릭이 일어서며 말했다. "호라이즌 1, 2, 3의 개념은 『제프리 무어의 캐즘 마케팅』(세종서적, 2021)이라는 책으로 아주 유명한 제프리 무어 박사 때문에 널리 알려졌지. 책에서는 고객 채택^{customer} ^{adoption} 곡선을 현대의 비즈니스 계획에 도입했어. 그는 고객 채택을 가우스 분포 곡선이라고 봤고, 혁신자, 조기 수용자, 조기 다수자, 후기 다수자, 최후 수용자 등으로 명명했어. 그렇지만 난 세 개의 호라이즌에서 성공을 거두기 위해 우리 자신을 더 잘 조직하는 데 도움을 주는 네 구역^{Four}

^{Zones}으로 더 잘 알려질 것으로 생각하네."

"호라이즌 1은 고객, 비즈니스 및 운영 모델이 잘 알려져 있고 예측 가능한 성공적인 캐시 카우^{cash cow1} 비즈니스야. 자네한테는 각각 수입의 60퍼센트와 40퍼센트를 차지하는 제조업과 소매업에 해당하지. 다만, 그 두 사업 모두 연간 10억 달러 이상의 매출을 올리지만 경쟁업체와 혁신 기업들의 거센 공격을 받고 있지." 에릭이 설명했다.

"비즈니스 대부분은 시간이 흐를수록 퇴색하는데, 수익성 있는 모든 비즈니스에는 경쟁자들이 모여들기 때문이지. 거래 비용에서의 판매 감소라는 경제적 논리는 거부할 수 없고 피할 수 없는 거야." 에릭은 말했다. "그래서 호라이즌 2 비즈니스가 중요한 거지. 그게 회사의 미래를 나타내거든. 새로운 고객, 인접 시장 또는 다른 비즈니스 모델을 갖고 회사의 경쟁력을 알릴 수 있다네. 이런 노력은 수익으로 이어지지 않을 수도 있지만, 여기서 더 높은 성장 가능성을 발견하게 되지. 기업의 리더들이 차세대 호라이즌 1 비즈니스를 창출하는 게 여기서부터야. 자네에게는 호라이즌 2의 비즈니스 매출액이 1억 달러에 달할 때 그런 전환이 일어나지."

"호라이즌 2의 노력은 학습 속도에 초점을 맞추고 광범위한 아이디어를 탐구하는 호라이즌 3에서 나온다는 것을 아마 짐작했겠지." 에릭은 말했다. "여기서 가장 중요한 것은 아이디어를 프로토타입화하고 시장 리스크, 기술 리스크 및 비즈니스 모델 리스크라는 세 가지 질문에 최대한 신속하게 답변하는 걸세. 이 아이디어로 실제 고객의 니즈가 해결되는가? 기술적으로 실현 가능한가? 그리고 재정적으로 실현 가능한 성장 엔진이 있는가? 만약 그중 어느 대답이라도 '아니오'라면 그 아이디어를 바꾸거나 없애야 할 때인 거지."

---

1 BCG 매트릭스에서 도입된 용어로, 수익 창출원으로 확실한 자금원을 의미한다. 발전 가능성은 작지만 꾸준한 수익을 내는 기업 또는 제품을 말한다. – 옮긴이

에릭은 "긍정적인 답이 나온다면 그 아이디어는 비즈니스 사업부 조직이 호라이즌 2를 시작할 수 있는 권한을 얻을 때까지 계속 개발하는 거야"라고 말하고는 잠시 말을 멈췄다. "자네가 가진 분명한 문제는 자네한테는 호라이즌 2 비즈니스가 사실상 없고, 호라이즌 3은 아예 없다는 걸세."

"스티브, 자넨 직관을 잘 따르는 사람이지. 호라이즌 3이 가진 기회를 살펴봐야 한다는 것을 잘 알고 있을 걸세. 그리고 호라이즌 1과 3이 얼마나 다른지도 알고 있을 거야." 에릭은 말했다. "호라이즌 1은 프로세스와 일관성, 규칙과 준수 그리고 관료 체계를 바탕으로 번성하는데, 이들은 비상한 탄력성을 만들어내지. 이는 대단한 것들을 수십 년에 걸쳐 일관되게 전달하는 메커니즘이야."

"대조적으로, 호라이즌 3에서는 빠르게 나아가야 하고, 끊임없이 실험해야 하며, 호라이즌 1을 지배하는 모든 규칙과 프로세스를 어기는 것이 허용돼야 해." 그는 계속해서 말했다. "매기의 말대로 빠른 반복, 많은 투자를 하고 호라이즌 2 비즈니스를 시작할 때까지 더 열심히 해야 하지. 이때가 바로 새로운 방법이 만들어지고 숙달되는 시점인데, 이것은 그 조직이 다음 세기까지 생존하는 데 도움이 될 거네."

"그리고 이 시대에는 호라이즌 3에서 만큼은 속도가 중요하지." 에릭은 말했다. "제약pharmaceutical 사업에서 시장에 제품을 출시하는 데 필요한 노력은 엄청난데, 신약을 만드는 데 10년에 걸쳐 수십억 달러가 들지. 복제약이 허용되면 가격 프리미엄을 받을 수 있는 능력이 사라지기 때문에, 아이디어가 생기면 바로 특허를 내서 20년 동안은 지적 재산권을 보호를 받을 수 있어."

"스티븐 스피어 박사는 하루라도 시장에 빨리 나갈 수 있다면 수백만 달러 이상의 추가 수익을 올릴 수도 있다고 했어. 만약 자네가 처음으로 시장에 먼저 나간다면 전체 상품 카테고리에서 얻을 수 있는 수입의 50%를 획득할 수도 있을 걸세. 2위는 25%를 차지하고 3위는 15%를 차지하지.

그 이후에 들어온 기업들은 시간과 돈을 완전히 낭비하게 될 뿐이야."

"속도가 중요해. 아니, 더 정확히 말하자면 아이디어에서 시장에 제품을 출시할 때까지의 리드 타임$^{lead\ time}$인 셈이지." 에릭이 계속했다. "그리고 어느 호라이즌에 있든 간에 지금은 소프트웨어의 시대야. 현재 거의 모든 비즈니스 투자는 소프트웨어를 포함하고 있네. 그리고 그 말은 맥신이 그렇게 훌륭하게 해냈듯이 개발자 생산성을 높여야 한다는 것을 의미하는 것이지."

에릭은 시계를 보고 자기 물건을 주워 담기 시작했다. "마지막 한 가지 주의는 주고 가지. 호라이즌 1과 호라이즌 3은 서로 충돌하는 경우가 많아." 그는 의미심장하게 사라를 가리켰다. "확인하지 않으면 호라이즌 1의 리더들은 회사의 모든 자원을 소비하고 있을 걸세. 그들은 자신들이 회사의 생명줄이라는 것을 언급하겠지만, 단기적으로만 그렇지. 재투자 대신 수익성을 극대화하고 비즈니스에서 현금을 뽑아내는 본능이 있으니까. 다만, 이것은 '가치 관리'라는 논지일 뿐이고, 그 반대는 '성장 관리'라네. 스티브, 자네가 성장을 원한다면 호라이즌 2와 3을 보호해야 하고, 거기서 생성된 모든 배운 바를 회사 전체에 퍼뜨려야 해."

에릭은 맥신을 바라봤다. "자넨 데이터 허브와 유니콘 프로젝트에서 배운 모든 것이 어떻게 피닉스 프로젝트의 원래 목표를 달성하는 것을 가능하게 했는지 봤지. 하지만 배워야 할 것이 아직 많아. 그리고 학습 조직을 만드는 것이 곧 가장 중요한 일이 될 걸세."

에릭은 스티브를 돌아봤다. "자넨 독특한 학습 문화를 만들어 세계에서 가장 안전하고 존경받는 제조 조직을 만들었는데, 그곳에서 신체적인 안전은 조직의 모든 사람이 포용했지." 에릭이 이어서 말했다. "심리적 안전이 신체적 안전만큼이나 역동적이고 학습적인 조직을 위한 전제라면 어떡하겠나?"

에릭은 다시 시계를 봤다. "인제 그만 가봐야겠네, 여러분." 그가 문으로 향하며 말했다. "꼭 가봐야 할 점심 데이트가 있거든. 모두에게 행운을 비네! 회사의 존립 여부는 분명히 거기에 달렸어."

모두가 에릭이 여행 가방을 끌며 방을 나가는 것을 바라봤고, 맥신이 생각에 잠긴 듯한 스티브를 돌아봤다. 맥신은 기술 조직에 대한 공포의 문화를 바꾸기 위해 스티브의 협조를 얻어내야 한다고 에릭이 제안했던 것을 기억했다. '에릭이 나를 위해 그런 말을 했다는 게 믿을 수 없네.' 맥신은 생각했다.

맥신은 자신이 해야 할 일을 생각하려고 애쓰고 있는데 사라가 일어섰다. "스티브, 매기와 팀이 해낸 것에 감사하지만, 전 이것이 손해 보는 제안이라고 생각해요. 회장 겸 보스인 밥 스트라우스는 이 회사의 미래에 대해 심각한 의구심을 갖고 있어요." 사라가 말했다. "이른바 '호라이즌 3' 활동이라는 무모한 모험을 하는 데 연구개발 비용을 증가시킬 수는 없어요. 저희는 저 밑에 있는 모든 신생 기업과 경쟁할 DNA도 없고, 동시에 저 위쪽에서 제조와 소매 측면에서 동시에 양면 싸움을 계속할 수 없다는 것을 계속해서 증명해 왔어요."

"두 개의 호라이즌 1 비즈니스는 어려움을 겪고 있어요. 이쯤 되면 회사를 쪼개서 팔자는 밥의 생각은 주주가치를 살리는 유일한 희망이에요. 절대 아무도 그걸 한꺼번에 사는 건 관심이 없어요." 사라가 말했다. "올 1월 이사회를 준비하는 동안 밥과 새 이사인 앨런은 성장 과정이 너무 위험하다고 제게 말씀하셨어요. 사실, 전 이윤 증대를 위해 즉시 또 한 번의 인원 감축이 있어야 한다고 생각합니다."

"그게 주주들을 위한 올바른 일이고 투자 은행들과 함께 로드쇼를 시작할 때 인수 기업들에 확실히 더 매력적으로 보일 거예요." 사라는 말을 이어갔다. "그게 바로 제가 특별 이사회 소위원회에서 밥과 앨런과 회의할 때 제안할 내용이에요."

사라는 자신의 소지품을 모았다. 그러고는 맥신이 사악한 사람이라고 표현할 수 있는 표정으로 스티브에게 말했다. "사장님께서는 그 회의에 초대받지 않았더라고요. 안타깝네요. 그 회의가 어떻게 진행되고 어떤 결정이 나왔는지는 알려드릴게요."

맥신은 사라가 문을 열고 나가는 것을 다른 사람들과 함께 지켜보면서 왜 스티브가 사라를 해고할 수 없는 건지 궁금해졌다. 스티브는 왜 사라의 저런 터무니없는 행동을 참고 있는 거지? 맥신은 잠시, 전에 느꼈던 흥분과 자부심이 사라지는 것을 느꼈다. 사라는 유니콘 프로젝트가 성취한 모든 것을 정말로 무시할 수 있었을까? 다 헛수고였을까? 맥신은 미스터리하게 사라졌던 사라를 제외하고 모든 사람이 성공적인 블랙 프라이데이 론칭 후 축하하고 있던 때를 회상했다.

문이 닫히는 것을 지켜보며 맥신은 사라가 그들의 노력을 무시하거나 약화시킬 것이라고 느꼈던 최악의 두려움이 말도 안 되는 게 아님을 깨달았다.

스티브는 몇 분 동안 문을 응시하다 긴 한숨을 내쉬었다. 스티브는 회의실에 있는 나머지 사람들에게 시선을 돌렸다. "사라와는 달리 난 성장에 걸겠네. 우리가 성장하지 않는다면, 우리는 줄어들고 있는 것이고, 그건 내가 여기 파트 언리미티드에 있는 이유가 아니야. 우리가 호라이즌 3을 선택해야 한다는 것은 의심의 여지가 없어. 딕과 나는 이미 이 시나리오를 모델로 삼았지. 매기의 혁신 업무에 자금을 대기 위해 500만 달러를 떼어줄 것을 제안하네." 스티브가 말했다.

매기의 제안이 아직 기회가 있을지도 모른다는 것을 깨닫고 맥신의 가슴이 뛰었다. 그러자 스티브가 말했다. "하지만 사라가 밥에게 직원과 경비를 줄여야 한다고 설득한다면 우리를 무릎 꿇게 할 수 있을지도 몰라."

"아마 밥과 나머지 이사회는 그렇게 근시안적이지는 않을 겁니다." 딕이 대답했다. 회의적인 스티브의 표정에 딕은 말했다. "글쎄요, 만약 그런 일이 생긴다면, 다른 걸 생각해내 보시죠. 그동안 500만 달러로 뭘 할까요? 어떻게 하면 효과를 볼 수 있을까요?"

그다음 세 시간 동안 계획의 윤곽이 잡혔다. 커트와 매기, 맥신은 빌 팔머에게 직접 보고하는 이노베이션 팀의 일원이 될 것이다. 커트와 매기는 조직도에서 같은 위치를 차지하며 비즈니스 및 기술적 결과에 대한 책임을 공유하는 공동 리더^{two in a box}가 될 것이다.

"새롭고 유망한 아이디어를 개발하고 시장 리스크, 기술적 리스크, 비즈니스 모델 리스크를 탐색해볼 책임을 지는 거야." 스티브는 요약하기 위해 말을 이어갔다. "각 세부 계획에는 고객 확보, 단골 활용, 고객 만족도 등의 비즈니스 결과 지표가 명확히 정의돼 있을 걸세. 각 분기 말에 각 세부 계획에 대한 진행 상황을 검토하고 결정을 내릴 거야. 프로젝트에 대한 자금 지원을 계속하거나, 없애거나, 다른 좋은 아이디어에 그 팀을 재배정하거나, 프로젝트에 더 몰두하거나, 호라이즌 2로 가겠지. 또한 전체 프로그램을 확장할지, 축소할지도 결정할 걸세."

"자네들이 할 일은 거의 한 세기나 된 비전을 더 잘 뒷받침하기 위해 기술을 활용하는 새로운 방법을 찾는 거야. 고객들이 일상생활을 할 수 있도록 차를 계속 운행하도록 도와주는 것이지."

그는 빌에게 시선을 주며 말했다. "가장 좋은 아이디어를 잡으려면, 가서 이노베이션 위원회를 만들게. 매장 관리자, 영업 관리자, 기술자, 엔지니어, 기술 조직까지 조직 전체에서 가장 존경받는 50명을 찾아."

빌은 고개를 끄덕이며 클립보드에 메모했다. 맥신은 테이블 주위의 사람들이 동의한다는 듯 고개를 끄덕이는 것을 봤다.

휴회하면서 스티브는 모두에게 이렇게 말했다. "난 빌이 이 업무를 잘 이끌 것이라고 믿네. 이것은 우리가 전에 해본 적이 없는 일이라서 모두에게 새로운 일이 되겠지. 그러니 우리가 자네와 자네의 업무를 지원하기 위해 무엇을 할 수 있는지 알려주게."

"알겠습니다." 빌이 말했다. 빌은 자신의 클립보드를 가리키며 말했다. "전 이미 사장님께서 도와주셨으면 하는 일에 대한 목록을 만들었습니다." 빌이 줄줄이 말을 이어가자, 스티브는 빠르게 회사 전체의 자원을 동원했다. 맥신은 빌이 스티브에게서 필요한 것을 얼마나 효율적으로 얻는지에 경탄했고, 스티브가 빌이 쓸 수 있도록 배정해준 자원에 감탄했다.

회의가 끝난 후 빌은 커트, 매기, 맥신에게 5번 빌딩까지 함께 가 달라고 부탁했다. 걸어가는 내내 맥신은 커트와 매기가 회의가 어떻게 진행됐는지에 대해 얼마나 기분이 좋은지 얘기하는 것을 들었다. 맥신은 언제나 침착하고 직선적으로 보이는 빌과 함께 일하게 돼 흥분하고 있는데, 빌은 벌써 그가 얼마나 효과적으로 큰 계획을 추진할 수 있는 사람인지를 증명해 보였다.

맥신이 보기에 반란군은 승리하는 데 필요한 모든 후원, 자금, 지원, 에너지를 갖고 있어 그들의 승리가 눈앞에 보이는 것 같았다.

하지만 여전히 사라에 대한 의문이 남았다. '만약 그녀가 밥 스트라우스를 설득해서 회사를 분할하고 매각하는 데 성공한다면 사악한 제국이 승리하겠지. 하지만 아무리 사라라고 해도 그걸 해낼 수는 없지 않겠어?'

17장

• 12월 12일 금요일

"우리가 우리 사람을 다 잃고 있다니 무슨 소리예요?" 커트는 충격을 받은 표정으로 말했다.

스티브와 딕과 회의를 함께한 후 1주일이 지났고, 맥신은 합의된 계획이 급속도로 진전되고 있음에 기뻐했다. 빌, 매기, 커트는 이노베이션 위원회를 구성하기 시작했고 유니콘 프로젝트 업무는 어느 때보다 빠르게 진행됐으며, 대규모 크리스마스 휴가 프로모션 론칭에 대비하고 있었다.

오르카 팀은 계속해서 추수감사절 캠페인의 자료를 연구했으며, 그들이 배운 것을 통합함으로써 이번에는 훨씬 더 높은 응답률을 보일 것이라고 확신했다. 그들이 한 모든 실험의 결과는 다시 팬더 데이터 플랫폼으로 쏟아져 들어가고 있었다. 그들은 또한 그 결과로 발생할 부하를 대비하기 위해 기반 시설을 계속 강화하고 있었다.

하지만 지난 금요일 스티브와 딕과의 흥미로운 회의 이후 그들이 당연하게 여겼던 많은 것이 더 이상 확실하지 않아 보였다. 그래서 크리스가 커트와 맥신을 사무실로 부른 것이다.

"그 사람들은 결코 '네 사람들'이 아니야, 커트. 유니콘 프로젝트를 위해 엔지니어들을 임시로 빌려 간 거잖아." 크리스가 말했다. "엔지니어들은 이미 몇 주 후에 시작되는 새 회계 연도의 다른 프로젝트에 배정됐어. 그 프로젝트 모두 인원이 꽉 차 있는 중요한 사업 프로젝트라고. 그 자원을 재배치했기 때문에 비즈니스 관리자들이 마구 항의하며 반란을 일으키려고 뭉쳤어."

"그런데 왜 지금이에요?" 커트가 믿을 수 없다는 듯이 물었다. "다들 그렇게 발끈한 이유가 뭐죠?"

크리스는 무미건조하게 웃었다. "사라가 사람들을 부추기고 다니며 휘젓고 있는 거지. 빌은 스티브와 딕과 또 다른 회의를 하려고 해. 사라가 쓰고 있는 속임수를 처리할 방법을 찾으려고."

"사라가 음…. 반란에 반란을 일으키려고 휘젓고 다니다니 믿을 수가 없네요." 사라가 그의 작전을 훔쳤다는 데 기분이 상한 듯 커트가 중얼거렸다.

그날 오후 빌은 다음과 같이 메모했다.

계획대로 계속하시죠. 그 자리를 어떻게 다시 채워야 할지 생각해 볼게요. 거대한 정치적 싸움의 와중에 옴짝달싹 못 하고 있네요. 사라와 이사회의 파벌이 한편이고, 우리는 스티브와 딕과 함께 반대편에 서 있습니다.

그들은 온종일 사라가 정말로 믿을 수 없을 정도로 효과적인 기업 게릴라 전사라는 것을 알게 됐다. 사라는 지난 일주일 동안 그들을 상대로 성공적인 반란을 일으켰다.

맥신은 사라가 자신을 완전히 열받게 만들어 내키지는 않았지만, 사라가 계략이 풍부하다는 점에는 감탄했다. 맥신은 사라가 그냥 포기하고 떠나기를 바랐다.

"여러 면에서 사라는 놀라운 사람이에요." 맥신은 저녁 식사 때 남편에게 말했다. "조금 다른 세상이었다면 사라는 좋은 일을 하는 놀라운 권력자가 될 수도 있었을 거예요. 이게 수퍼히어로 영화라면 사라는 어떤 충격적인 사건 후에 악당으로 변하는 재능 있는 사람일 거예요. 그리고 지금 사라는 자신이 찾을 수 있는 모든 기쁨을 짓누르기 위해 그녀만의 길을 나선 거죠."

월요일 아침, 커트와 매기는 그들을 약화시키려는 사라의 노력을 막기 위해 빌과 만났다. 맥신은 유니콘 프로모션 캠페인과 피닉스 핵심 애플리케이션 모두를 위태롭게 하는 기술적인 문제로 투덜이 데이브와 작업을 재개하느라 참석하지 않고 뒤에 남았다. 지난 한 달 동안 그들은 더 낫고 더 안전하게 변경 사항을 만들 수 있도록 피닉스를 위한 수많은 자동화된 테스트를 구축하기 시작했다. 그 일은 믿을 수 없을 정도로 성공적이었다. 그러나 워낙 많은 테스트가 있다 보니, 테스트를 실행하는 데 몇 시간씩 걸렸고, 개발자들은 긴 테스트 시간을 기다리고 싶지 않아 변경 사항 체크인하는 것을 피하기 시작했다.

게다가 자동화된 테스트 중 일부는 간헐적으로 실패하고 있었다. 지난주, 맥신은 자신의 테스트가 실패한 개발자로서 지켜만 보기 민망해 다시 실행했지만 또 실패했다. 그래서 그는 카지노의 슬롯머신인 것처럼 세 번째로 테스트를 실행했다. 이번에는 패스였다. '이렇게는 개발 조직을 운영할 수 없겠는걸.' 맥신은 당황스러운 혐오감을 느끼며 생각했다.

이것이 곧 개발자들에게 새로운 병목 현상이 되리라는 것을 인식한 맥신은 팀들이 여러 서버에서 테스트를 실행할 수 있도록 피닉스 테스트 작업을 병행시켰다. 그러나 사람들은 병행 테스트를 실행하면 피닉스가 때때로 교착 상태에 빠지거나 완전히 다운되는 현상을 발견했으며, 테스트 중에 문제가 생긴다면 운영 환경에도 차질이 생길 수 있다는 것을 알았다.

"맥신, 피닉스 주문 처리 모듈 어딘가에서 잡아내지 못한 예외로 범위를 좁혔어요." 투덜이 데이브가 말했다. 맥신은 투덜이 데이브와 또 다른 엔지니어와 함께 노트북을 열어 놓고 있었다. 맥신은 자신의 노트북에 있는 코드를 불러오고는 몸을 움찔했다. "와!" 맥신은 파일을 스크롤해 내려가면서 말문이 막혔다.

"맞아요." 투덜이 데이브가 웃으며 말했다. "주문 장소까지 배송이 가능한지 판단하는데 코드가 2천 줄이나 되는 거예요. 많은 아키텍트가 15년 전에 이 프레임워크를 만들었는데 피닉스가 나오기 한참 전이죠. 심지어 TEP-LARB도 이걸 보고는 끔찍한 실수라는 것을 깨달았지만, 그 프레임워크를 만든 사람들은 이미 오래전에 회사를 떠났어요."

맥신은 계속 스크롤하면서 어떤 비즈니스 로직도 찾을 수 없고 단지 상용구만 있는 코드뿐이라 너무 놀랐다. 주문, 주문한 물품, 물품 세트들이 몇 달 전에 중학교 여학생들이 작성한 코드처럼 위험할 정도로 계속해서 반복되고 있는 루프가 있었다. 구체적인 서브 타입 없이 열거형이나 다형적 슈퍼 타입들을 통해 원하는 데이터를 얻기 위한 타입 테스트, 다운캐스팅downcasting, 형변환coercing 그리고 온갖 종류의 끔찍한 변환뿐만 아니라 모든 곳에서 널 체크null checking가 이뤄지고 있었다. 너무 많은 객체 함수object method가 있어 맥신은 머릿속에 그것들을 똑바로 열거할 수 없을 정도였다. getOrderLines, getItemLines, getShippingLines….

맥신은 입을 열었지만 아무 말도 나오지 않았다. "이건…. 믿을 수 없네요." 마침내 맥신은 순간적인 두려움과 불신감을 느끼며 말했다. 맥신은 눈을 감고 어떻게 해서든 낙관적인 생각을 하면서 호어Hoare의 원리를 떠올리려 했다. "코드를 작성하는 데는 두 가지 방법이 있다. 코드가 너무 단순해 버그가 확실히 없거나 코드가 너무 복잡해서 눈에 띄는 버그가 없다."

"신사분들, 우리 모두 이 쓰레기들을 치울 겁니다." 맥신은 무모할 정도로 자신 있게 말했다. 심지어 투덜이 데이브조차 겁먹은 것처럼 보였다. 맥신은 "이건 간단한 코드여야 해요. 우리가 해야 할 일은 주문에서 위치를 찾는 것뿐이잖아요? 할 수 있어요!"라고 촉구했다.

그들은 두 시간 동안 코드 주위에 테스트 함수를 작성하며 로직이 어떻게 작동하는지를 확실히 이해한 다음, 유사 로직들을 함수로 만들어 활용하는 형태로 리팩토링하기 시작했다. 맥신은 계층 구조를 잘 구조화시킬 수도 있지만, 섀넌의 팬더 프로젝트에 영감을 준 그 유명한 구글의 맵/리 듀스처럼 타입^{type}, 맵^{map}, 리듀스^{reduce}, 필터^{filter} 기능을 사용하며 함수형 프로그래밍 원리를 고수했다.

정오가 되자 그들은 2천 줄의 코드를 500줄로 줄였다. 투덜이 데이브가 활짝 웃었다. "대단해요, 맥신. 이 코드를 만질 만큼 용감한 사람이 나온 건 아마 5년 만에 처음일 겁니다."

다른 개발자가 "8년이요"라고 말했다. "이 코드 멋진데요! 그리고 문제 를 찾은 것 같아요. 여기 트라이/캐치$^{try/catch}$ 블록^{block}에 싸여 있지 않은 코 드가 몇 개 있어요."

개발자의 노트북을 살펴보고, 맥신은 즉시 그들이 문제를 발견했다는 것을 알았다. "잘했어요!" 먼지를 다 털어내고 보니 문제가 명백히 드러 났다.

그들이 점심을 먹으러 간 동안 맥신은 남아서 아이디어를 시험해 보고 싶었다. 맥신은 노트북에 새 창을 열었다. 팀이 오전 내내 만져온 자료를 복사하고, 클로저^{Clojure}[1]로 코딩을 처음부터 다시 하기 시작했다.

45분 후, 투덜이 데이브가 돌아와서 맥신에게 샌드위치를 건네줬다. 데 이브는 "뭘 보고 그렇게 히죽히죽 웃고 있는 거죠?"라고 물었다.

"아, 그냥 작은 실험의 결과예요"라고 맥신은 말했다. "코드를 더욱 단 순하고 작게 만들고, 예외 처리 필요성을 없앨 수 있는지 알아보기 위해 빌트 인 데이터 타입과 표준 라이브러리만을 사용해서 함수형 프로그래밍 언어로 코드를 다시 작성해봤어요."

"그런데요?"하고 투덜이 데이브가 재촉했다. 맥신은 노트북을 돌려 그 에게 보여줬다.

"맙소사." 데이브는 믿을 수 없다는 듯이 맥신의 노트북 화면을 응시하

---

1 리치 히키(Rich Hickey)가 창안한 함수형 프로그래밍 언어로, LISP의 아류 언어다. – 옮긴이

며 말했다. "코드 50줄."

맥신은 그들이 맥신의 결과와 비슷하거나 그 이상의 것을 만들어보고 싶어 할 것을 알고 있기에 웃었다. 맥신에게도 이것은 지역성과 단순성이라는 첫 번째 이상을 달성했음을 보여주는 믿기 힘든 것이었다.

오늘 아침 그들이 한 작업은 병렬화된 테스트를 가능하게 만들면서도 엄청나게 빠르게 동작하도록 만들었고, 미래에 엄청난 생산성 향상을 창출할 것이다. 이는 개발자들이 어떤 오류에 대해서도 훨씬 더 빠른 피드백을 얻어, 개발 작업 수행에 박차를 가할 수 있게 만들 것이기 때문이다. 이것은 기술 부채와는 정반대로, 마치 여러 기능이 우리에게 유리하게 작용하는 것과 같다. 이런 개선 사항이 개발자들을 조금 더 생산적으로 만들 수 있다면, 항상 많은 성과 향상으로 이어질 것이다.

맥신은 투덜이 데이브가 자신들의 성공에 아직도 들떠 흥분한 상태로 그의 노트북을 여는 것을 보며 미소를 지었다. 데이브는 "이런!"이라고 말했다.

데이트의 화면에는 유니키티^{Unikity}[2] CI 상태 페이지가 나타나 있었다. 맥신은 점심 전에 그들이 체크인한 해결책이 자동화된 테스트를 통과했는지를 들여다봤다. 녹색 신호를 기대했지만 테스트가 아예 실행되지 못했다. 그들 앞에는 50개가 넘는 테스트가 기다리고 있었다.

"안 좋은데요." 투덜이 데이브가 말했다. "유니키티 CI 클러스터 전체가 다운됐어요. 모든 사람의 빌드가 꼼짝 못 하고 있어요."

짜증이 난 맥신은 그의 화면을 훑어봤다. 욕이 나왔다. 그들의 빛나는 승리와 영광의 순간을 누군가 망치고 있었다.

투덜이 데이브는 "#ci-unikitty 채널이 맛이 갔어요. 아무도 테스트를

---

2 유니키티는 레고와 워너 브라더스 애니메이션이 레고 무비에 등장하는 동명의 등장인물을 주인공으로 내세워 제작한 미국의 텔레비전 애니메이션이다. 이 책에서는 테스트를 포함한 지속적 통합(CI, Continuous Integration) 클러스터 이름이 유니키티라는 것을 말하고 있다. – 옮긴이

못 하겠네요"라고 말했다.

유니키티가 다운될 때마다 화가 난 고객들, 즉 그들의 동료 개발자들이 많았다. 유니키티가 프로젝트가 아니라 제품처럼 소중하게 관리해야 하는 내부 플랫폼이라는 증거로 이보다 더 좋은 게 어디 있겠는가. 고객을 행복하게 하고 싶다면, 절대 이래서는 안 됐다.

그들은 유니키티 팀을 사방으로 찾아다니다가, 회의실에서 드웨인, 커트 그리고 두 명의 엔지니어가 브렌트의 노트북 주위에 몰려 있는 것을 발견했다.

"좋은 타이밍이네요. 개발 관리자들은 자기 팀이 일을 끝낼 수 없다고 소리를 질러대고 있으니까요." 커트는 옹기종기 모여 있는 사람들 사이에서 고개를 들며 말했다. 맥신은 그의 초췌한 얼굴을 보고 깜짝 놀랐다. 커트의 눈 밑에 진한 다크서클이 생긴 것을 본 맥신은 '한두 주 정도는 힘든 시간을 보내고 있었군'이라고 생각했다. "지금까지도 그랬지만 특히 지금은 이런 데 신경 쓸 수가 없어요…."

"이게 우리가 늘 원했던 거잖아요? 고객들!" 맥신이 활짝 웃으며 말했다. "우리가 만들고 있는 인프라를 사람들이 소중하게 여기길 원했잖아요? 음, 소원은 이미 이뤄진 거네요. 결국 그들이 신경을 쓰지 않았다면 불평도 하지 않을 거잖아요."

엔지니어링 팀의 3분의 1 정도가 일상 업무에 유니키티를 사용하면서 CI 프로세스를 채택하는 것은 놀라웠다. 하지만 늘어난 수요를 따라잡기 위한 확장에는 어려움을 겪고 있었다.

맥신은 시계를 봤다. 정오가 다 돼 갔다. 개발자들은 점심 먹으러 가기 전에 코드를 체크인하는 경향이 있었는데, 그게 아마도 유니키티에서 무언가를 중단시킨 듯했다. 맥신은 '유니키티가 다른 것보다 더 많은 성장통을 겪고 있는 거네'라고 생각했다.

커트는 한숨을 내쉬었다. "채팅방을 들여다보면, 많은 개발 관리자가 이렇게 쉽게 망가지는 빌드 서버가 짜증 나서 유니키티에서 팀을 빼내고 있다고 말하네요. 그들은 옛날 방식으로 빌드하려고 해요."

맥신의 미소가 얼어붙었다. "농담이죠?" 피닉스 프로젝트에서 맥신의 첫날과 같은 그 끔찍한 시절로 돌아가는 것은…. 참을 수 없다. 그것은 차질을 빚는 데 그치는 것이 아니라 진정한 재앙이 될 수 있기 때문이다.

무슨 일이 있는 거지? 피닉스 개발자들과 블랙 프라이데이 런치와 유니콘 프로젝트의 성과로 그들이 이룬 모든 업적이 사라지는 것처럼 느껴졌다. 자신들이 해방시켜 생산성을 향상시킨 모든 개발자가 질질 끌려가며 서서히 늪 속으로 다시 끌려 들어가고 있었다.

유니키티 팀이 마침내 사태를 수습한 때가 거의 4시 30분이었다. 그러나 대기 중이던 많은 빌드와 테스트가 있었기 때문에 모든 작업이 끝나려면 거의 자정이 될 것이다.

"네트워크 스위치 고장이었다니 믿을 수 없네요." 드웨인은 말했다.

맥신도 믿을 수 없다는 듯이 고개를 저었다. 또 다른 유니키티 하드웨어 문제는 당혹스러웠다. 그것은 처음부터 커트와 팀이 조직의 거의 구석구석까지 샅샅이 뒤져 가져올 수 있는 장비를 긁어모아 만든 것이었기 때문이다.

디스크 고장, 전원 장애가 있었는데 이젠 네트워크 하드웨어 문제라니. 맥신은 고도로 숙련된 기술자들이 스크류드라이버screwdrivers를 들고 돌아다니며, 서버 케이스를 열고는 인프라스트럭처와 씨름하는 것을 보고 싶지 않았다.

맥신은 물론 그동안 일하면서 하드웨어와 씨름하거나, 아이들과 함께 비슷한 일을 하면서 가졌던 좋은 기억이 많았다. 맥신이 젊은 엔지니어였을 때, 그녀는 히역장에 있는 가장 최신의, 가장 갓 출시된 장비들로 가득 찬 거대한 상자를 열고 그것들을 조립하는 것을 좋아했다. 당시 맥신은 백업 테이프를 돌리기만 해도 즐거워했다.

이제 이런 유형의 작업은 매우 낮은 가치로 보이는데, 특히 파트 언리미티드의 디지털 미래를 어떻게 조명할 것인가를 알아내야 할 시기라는 것을 생각해보면, 그들이 해야 할 작업도 기회비용을 고려해야 할 것이다.

그들의 일은 코드를 만드는 것이지, 코드가 실행되는 실제 하드웨어 때문에 먼지를 뒤집어쓰는 것이 아니었다.

"이런 말 하긴 싫지만, 유니키티가 다 죽어가는 것 같아요." 맥신이 드웨인에게 말했다. "브렌트가 책상 밑에서 찾아낸 하드웨어로 이런 중요한 일을 계속할 수는 없어요. 단순히 하드웨어 문제만이 아니에요. 각 빌드 서버 상황이 조금씩 달라요. 내 컴파일 작업이 빌드 서버 #3에서 실행되지 않았을 때처럼 10배는 오래 걸려요. 이것을 실행하는 데 너무 많은 시간을 소비하고 있네요. 뭔가 해야겠어요, 조만간."

"저도 동감이에요. 지금 다들 너무 바쁘거든요." 드웨인은 어깨를 으쓱하며 말했다. 맥신은 그것에 대해 왈가왈부할 수 없었다.

예상한 대로 치러야 할 대가가 컸다. 팀 회의에서 커트는 말했다. "크리스가 릭도 초대한 직원들과의 회의에서 모든 사람이 보는 가운데 나를 호되게 혼냈어요. 크리스는 유니키티와 경쟁할 수 있는 경쟁력 있는 CI 서비스를 만들겠다는 계획을 제시했어요."

"릭이라구?!" 드웨인은 맥신이 느낄 정도로 완전한 충격과 불신감을 표현하며 물었다. "그는 CI 서비스가 뭔지도 모를걸!"

커트가 털썩 주저앉았다. "사라는 유니키티가 회사 전체를 위태롭게 하고 있어서 우리가 그걸 폐쇄해야 한다고 떠들고 다니기 시작했어요."

테이블 전체에 침묵이 감돌았다.

"여기서 일어나는 모든 안 좋은 일에 사람들이 다 우리를 비난하는 게 신기할 따름이네요. 어제 2층 화장실이 고장이 났는데 그것도 우리 탓이래요." 투덜이 데이브가 말했다.

커트의 전화벨이 울렸다. 커트는 핸드폰을 집어 들고 화면을 몇 분 동안 응시했다. 그러고는 맥신을 바라봤다. "가야 해요. 빌이 방금 매기와 회의를 소집했어요. 안 좋은 일이 더 있나 봐요."

매기는 비서 엘렌이 커트와 매기를 빌의 사무실로 들이자 빌이 고개를 드는 것을 봤다. "문제가 생겼어요"라고 말하며 빌은 일어서서 클립보드를 집어 들었다. "2호 빌딩에서 15분 후에 스티브와 딕을 만날 겁니다. 걸어가면서 얘기해줄게요."

그들이 밖으로 나가자 빌은 말했다. "사라는 밥과 나머지 이사진에게 모든 비용을 동결하도록 설득했고, 즉시 효력을 발휘했어요. 그리고 스티브는 이노베이션 업무에 할당하려던 500만 달러가 거절당한 것을 방금 알게 됐어요."

빌은 고개를 저었다. "사라 참 대단한 여자죠?"

"전 사라에게서 너무나 많은 것을 배웠어요. 사라는 상품화 계획에 있어서는 대단한 전문가지만, 소프트웨어 프로젝트를 이끈 적은 없어요." 매기가 말했다. "사라는 모든 사람에게 기대감을 높였어요, 그건 좋은 일이지만 사람들과 팀들을 관리하는 데는 분명 맹점이 있어요…. 확실히 인재를 키우는 타입은 아니죠."

"네, 제 생각도 그렇네요." 빌은 얼굴을 찡그리며 말했다. "오늘 회의는 진짜 느낌이 안 좋은데요."

큰 회의실로 걸어 들어가면서 맥신은 즉시 뭔가가 잘못됐다는 것을 알았다. 스티브와 딕뿐 아니라 크리스도 그 자리에 있었다. 놀랍게도 커스틴도 있었고, 매우 불길하게도 HR의 부서장인 로라 벡도 있었다.

'회의에 HR 부서장이 참석하는 건 좋은 일이 아닌데….' 맥신은 생각했다. 뜻하지 않게도 맥신은 에릭이 방 뒤쪽에 서서 벽에 걸려 있는 역사적 사실화를 보고 있는 것을 발견했다. 에릭이 맥신에게 재빨리 손을 흔들었다.

'적어도 사라는 회의에 참석하지 않나보군.' 맥신은 생각했다.

"다들 앉지." 스티브는 인쇄된 스프레드시트에서 우울한 얼굴을 들면서 말했다. "아마 우리가 수익을 발표하기 전까지는 비용을 증가시켜서는 안 된다고, 사라가 이사회를 성공적으로 설득했다는 말을 들었을 거야."

"불행히도, 그게 나쁜 소식의 전부는 아니야." 스티브가 말했다. "어젯밤 이사회에서 회사 전체 비용을 3%까지 줄이라고 지시했지. 사라와 새 이사 앨런은 모든 사람에게 블랙 프라이데이 프로모션의 성공으로 엄청난 새로운 효율성이 확보됐으니 그만큼 많은 사람이 필요하지 않다고 설득했지."

맥신은 회의실 여기저기서 '헉' 소리가 나는 것을 들었다. 맥신은 토할 것 같은 기분이었다. 아니면 울거나. 아니면 둘 다.

'이런 일이 일어나고 있다니 믿기질 않네.' 맥신은 생각했다. '나도 일정 부분 책임이 있는 것 같아. 결과적으로 유니콘 프로젝트를 그렇게 성공하게 만들고 이노베이션 업무의 씨앗을 심은 것과 관련이 많이 있으니까.'

그리고 어찌된 일인지, 맥신이 그토록 자랑스러워하는 성공적인 노력은 이제 무고한 사람들의 실직을 유발하게 된 것이다. '젠장, 사라….' 맥신은 생각했다.

"미안하군. 유니콘으로 수익이 증가한 것을 감안하면 이게 놀랄 만한 소식이라는 것을 잘 알고 있네. 이사회와 더 많은 시간을 가질 수 있다고 생각했는데." 스티브가 말했다.

"자네들은 아마 이미 계산했을 거야." 스티브가 계속 말했다. "이 목표를 이루기 위해서는 회사 전체의 인원을 150명 정도 줄여야 하네. 그리고 내부 운영에서 이노베이션 업무에 자금을 대기 위해서는 추가로 500만 달러의 비용을 삭감하거나 사람들을 40명 더 줄여야겠지."

영향받는 사람들의 숫자가 계속 증가하자 맥신은 테이블 주변에서 더 많은 사람이 숨을 들이쉬는 걸 들었다. 맥신은 숨을 쉴 수 없었고, 눈에서 눈물이 차오르는 게 느껴졌다.

맥신은 HR 부서장 로라를 바라봤다. '그래서 이 회의가 그걸 위한 회의 중 하나가 되는 거군.' 이제 감원 목표가 정해졌으니, 모든 사람은 우선 자기 몫을 유지하려고 애쓰면서 자신의 영역을 방어할 것이다. 일단 할당 인원을 합의하면 사람들은 제거할 사람의 명단을 생각해낼 것이다. 그러면 그들은 샐리가 샘보다 더 중요한지, 아니면 그 반대인지와 같은 사항을 계속 결정해야 할 것이다.

맥신은 너무 두려웠다. 테이블을 둘러보며 맥신이 말했다. "살아있는 사람들이라고요. 자신에게 의지하는 가족이 있는 사람들이죠. 하지만 이 사람들은 짐을 싸서 문밖으로 걸어 나가게 될 사람들이기도 하죠. 사람들이 하나둘 떠나는 것을 지켜보면서, 언제 자기 이름이 불릴지 두려움에 떨며 관리자들이 언제 그 숫자를 다 채울지 궁금해할 거라고요. 그리고 나면 스티브 사장님의 예약 메일이 회사 전체로 발송돼서는 숙청은 끝났다고 발표하겠죠. 낙관적인 달콤한 발언과 물론 모두에게 더 적게 받고 더 많이 일해야 한다고 요구하면서요."

모두 고개를 떨궜다. 맥신은 이 일과 아무 관련이 없기를 바랐다. 일이 원래대로 되돌아가기를 바랐다. 반란군에 참여하지 않았기를 바랐다. 단지 개발자들을 생산적으로 만들기 위해 빌드만 돌아가게 해주고 싶었을 뿐이었다. 누가 남고 누가 떠나야 하는지를 결정하는 일을 돕는 게 반란군이 될 것이라고 맥신은 상상도 하지 못했다.

'만약 내가 반란군에 가담하는 것이 이렇게 이어질 줄 알았다면…' 맥신은 주위를 둘러보며 생각했다. '크리스가 시키는 대로 고개를 숙이고 분란을 일으키지 않고, 조용히 내 할 일만 했을 거야.'

딕은 고개를 저으며 "최소한 1월까지는 시간이 있을 줄 알았어요"라고 말했다. "이번 회의 목적은 운영비를 1천 500만 달러 삭감하는 계획을 이사회에 제출하기 위한 준비를 하는 데 있습니다. 그리고 이노베이션 업무에 자금을 대려면 2천만 달러를 줄여야 합니다."

"스티브와 저는 이미 각 사업부의 수장을 만났고, 그들에게 2천만 달러 목표의 일부를 삭감할 계획을 작성해 달라고 부탁했습니다." 덕이 말했다. "그래서 여러분이 모두 이 회의실에 있는 겁니다. 여러분 모두 IT 조직에서 200만 달러를 줄이기 위한 계획을 세워주셨으면 합니다. 여러분의 그룹 전체에서 약 15명에 해당합니다."

맥신이 계산해봤다. 그것은 회사의 전체 기술자 중 4%가 넘는 것이다. "안 돼요! 이건 끔찍한 일이에요. 이 모든 것을 감당하면서 이노베이션 업무에 자금을 댈 수는 없어요. 이 사람들을 잘라야 할 만큼 가치가 있는 게 아니에요." 맥신이 말했다. 맥신은 모든 사람이 자신을 향해 돌아서는 것을 봤는데, 어떤 사람은 냉담한 얼굴을 하고 있고 어떤 사람은 동정심을 갖고 쳐다보는데, 마치 산타가 실제로 존재하지 않는 것을 발견한 아이인 것처럼 맥신을 쳐다봤다.

"맥신, 이 테이블에 있는 사람들은 정리 해고에 너무 익숙해 있어요"라고 빌이 말했다. "오늘 해야 할 가장 중요한 일은 이노베이션 업무에 자금을 댈 방법을 찾는 것으로 생각하고 있을 거예요. 그렇지 않으면 당신이 해내고 성취한 모든 것이 헛수고가 될 거예요. 우린 단지 조금 더 느린 죽음을 선택할 뿐인 거죠. 만약 우리가 새로운 일을 하는 데 투자하지 않는다면, 우리는 여전히 우리가 시작했던 곳, 즉 시장에서 수세에 몰리고 전략에 당하는 것으로 끝나게 될 거예요."

크리스는 맥신에게 시선을 돌렸다. "빌이 맞아요. 하는 게 맞아요."

맥신은 여전히 사람들의 희생에 경악하며 고개를 가로젓기만 했다.

스티브가 맥신을 바라봤다. "그래, 이노베이션 업무를 보호하는 것이 우리가 해야 할 가장 중요한 임무일세. 내가 이걸 믿지 않았다면 그냥 사임하겠다고 협박했을 걸세. 어쨌거나 그들은 나 없이도 비용을 삭감할 수 있으니까. 그러나 이 일은 너무나 중요하기 때문에 이노베이션 그룹이 기회를 얻을 수 있도록 모든 노력을 다해야 하네."

이 모든 것이 맥신의 기분을 더욱 나쁘게 만들었다.

"그런데 왜요? 왜 이런 이노베이션 노력이 그렇게 중요한 거죠?" 맥신이 마침내 스티브에게 물었다.

스티브는 잠시 생각하는 듯했다. "지난주에 에릭이 한 말이 옳았거든. 기업으로서 우리는 실행 가능한 성장 주제를 갖고 있고, 단순히 비용을 절감하는 것 외에 다른 방법으로 가치를 창출할 수 있다는 것을 보여줘야 하지. 정석대로라면 회사를 운영하는 방법에는 두 가지 극단이 있는데, 그건 우리가 어떻게 계획하고 투자 커뮤니티가 우리를 어떻게 생각하는지에 영향을 미치는 사안이지. 한쪽 극단은 앨런과 사라처럼 가치 창출을 하는 방법인데, 단지 비용을 절감하는 거네. 운영에서 빼낼 수 있는 모든 이익을 쥐어짜는 거야. 어떤 회사들은 이 일을 잘 해내고 있고, 어떤 회사들은 수십 년 동안 꾀병을 부리다가 결국 사라지고 말지." 스티브는 설명했다.

"하지만 지금 같은 경우라면, 마치 금융 공학 게임을 하는 상황이지." 스티브는 딕을 가리키며 말했다. "손실을 막는 데 쓸 현금을 마련하려고 자산 매각을 두어 번 해야 했네. 하지만 이건 주택 담보 대출금을 내려고 가구를 내다 파는 것과 같아. 결국, 팔 물건이 바닥나고 더 이상 일일 운영에 자금을 댈 수 없게 되는데, 그건 더 많은 해고를 의미하는 거야."

"다른 쪽을 보면 성장을 위한 회사 건설을 선택할 수 있지. 앞서 말했듯이, 성장하지 않으면 서서히 죽어가기 마련이야. 유니콘 프로젝트는 우리가 실제로 성장할 수 있다는 것을 증명해줬어. 즉, 고객들이 원하는 새로운 상품을 만들고, 경쟁업체에게서 시장 점유율을 빼앗고, 훌륭한 회사들이 하는 일을 함으로써 말일세." 스티브는 엷은 미소를 지으며 말했다. "그리고 수입이 늘어나면 수익도 커지지. 우리는 혁신을 하고 시장에서 더 많은 투자를 할 수 있는 능력을 얻게 되는데, 그건 성장을 가속화하고 미래에 우리의 관련성을 보장해주지."

"투자자들은 성장을 보상해주네." 스티브는 말했다. "우리 주가는 이미 상승했어, 아직 수익도 보고하지 않았는데 말이야. 애널리스트들이 가격 목표치를 상향 조정하기 시작했지. 그 말은 월 스트리트가 우리에게 더 많은 수입으로 보상하고 있다는 것을 의미하는 거야. 몇 달 전까지만 해도 수익이 1.0배도 안 되는 것으로 평가받았는데, 그건 모욕에 가깝지. 그들은 우리가 줄어들 거라고 기대하고 있었거든. 이번 분기 결과를 발표할 때, 그들이 우리를 건전한 소매업자들처럼 평가해주길 바라네. 그리고 시간이 지나면 우리를 훨씬 더 높게 평가할 수도 있겠지. 시장을 정의하고 리드하고 심지어 뒤흔드는 기업으로 말이야."

"빌이 전적으로 옳아, 맥신." 스티브가 말했다. "일을 쉽게 하자면 이사회가 시키는 대로만 하면 돼. 그러나 올바른 일을 하자면 이노베이션 프로그램이 성공할 수 있도록 하는 것이지. 열받는 일이지만 리더로서 더 많이 삭감하는 것이 옳은 일이라는 것은 의심의 여지가 없어. 왜냐하면 그래야 장기적인 성장을 위한 잠재적인 길을 낼 수 있거든."

어떤 부서가 18개의 직책을 없앨 것인지에 대해 협상하기 시작했을 때 맥신은 여전히 속이 메스꺼웠다. 그들은 몇 명의 숙련된 엔지니어를 없앨 것인지 아니면 같은 가격으로 더 많은 수의 주니어 엔지니어를 내보낼 것인지에 대해 토론했다. '관리자들이나 개인 기여자들을 자르자', '직원 또는 하청 업체를 없애자' 등등 의견이 분분했다.

더 이상 참을 수 없게 된 맥신은 방에서 나가고 싶어 잠시 산책하겠다고 양해를 구했다.

30분 후에 돌아왔을 때, 맥신은 크리스가 2개의 개발자와 5개의 QA 직책을 없애는 데 동의했음을 알았다. 대부분 역량이 낮은 엔지니어와 몇몇 관리자였다. 빌은 7개 자리를 없애야 하는데, 관리자뿐만 아니라 헬프데스크, 서버 및 네트워크 관리 직책이었다. 맥신은 그녀가 일했던 예전 MRP

팀은 말할 것도 없고, 데릭이 이 상황에서 살아남기를 바랐다.

놀랍게도 커스틴은 반란군이 팀의 작업 방식을 변화시켰다는 점을 언급하면서 7명의 프로젝트 관리자를 목록에 올렸다. "장기적으로는 의존성 관리를 원하지 않기에 그들을 없앴으면 합니다." 커스틴이 말했다. "그게 바로 우리가 만들어야 할 업무 체계이자 회사 아키텍처이기에 프로젝트 관리자가 덜 필요하겠죠. 맥신은 이 일을 어떻게 할 수 있는지 반복해서 보여줬습니다. 그리고 훨씬 더 많은 것을 할 수 있을 겁니다."

한편으로는 맥신도 회의실에 있는 사람들이 보여주는 전문성에 감명을 받았다. 그러나 감원 대상으로 몇몇 이름이 언급됐다가 커스틴의 팀에서 더 감원하기로 해서 그대로 두기로 하는 것을 들으면서 맥신은 다시 토할 것 같은 기분이 들었다.

에릭은 회의가 시작된 이후 처음으로 테이블 건너편에서 말했다. "생각보다 훨씬 더 많이 감원해야 할 거야." 맥신은 에릭이 그곳에 있다는 것을 잊고 있었다.

"아, 그렇군요." 빌이 말했다.

"지난번에 우리가 만났을 때 제프리 무어 선생의 세 가지 호라이즌을 내가 언급했지만, 그의 코어core와 컨텍스트context에 대한 개념을 설명할 시간이 없었지, 그게 네 구역Four Zones에 관한 것인데 말이야." 에릭이 말했다. "무어 선생은 많은 기업이 세 가지 호라이즌은 이해하면서도 여전히 차세대 혁신에 제대로 투자하지 못한다고 생각했지. 다시 말하면, 컨텍스트에 의해 지배되다 보니 코어에 대한 투자를 너무 적게 한다는 거야."

"코어는 조직의 핵심 역량이야. 고객들이 기꺼이 대가를 지불하고 투자자들이 보상하는 것들을 말하지." 에릭은 말했다. "컨텍스트는 그 밖의 전부야. 구내식당, 건물들 사이를 오가는 셔틀버스 그리고 회사가 운영하기 위해 해야 할 수천 가지 일을 말하지. 그것들은 HR, 급여, 이메일같이 중요한 것들이야. 그러나 고객들은 우리가 직원들에게 제공하는 훌륭한 급여 서비스에 대해 우리에게 돈을 지불하지는 않아."

"컨텍스트를 제대로 관리하지 못하는 것을 무어 선생은 위대한 기업의 킬링 그라운드^{killing ground}라고 불러. 컨텍스트에 부담을 느낀 기업들은 코어에 제대로 투자하지 못해. 기업을 변화시키는 전략은 있지만 거기에는 무자비한 집중력과 끈기도 필요하거든."

에릭은 빌과 스티브를 바라봤다. "기술은 반드시 이 회사의 핵심 코어가 돼야 하는데, 사실 파트 언리미티드의 미래가 거기에 달려 있다는 것을 다들 알고 있을 거야. 그러나 이 회사에서 쓰는 기술 지출 8천만 달러 중 얼마나 코어, 그러니까 경쟁 우위를 적극적으로 구축하고 있는 것이고, 그중 어느 정도가 중요하고 심지어 미션 크리티컬하지만, 여전히 표준화, 관리, 심지어는 전체를 아웃소싱해야 할지도 모르는 컨텍스트에 해당하지?"

빌은 얼굴이 빨개지면서 발끈했다. 지금까지 그는 항상 놀랄 만큼 절제심이 많고 내성적인 모습을 보였지만, 에릭이 신경을 건드린 게 분명했다. "아웃소싱 말씀을 하시는 건가요? 에릭, 우리가 그 많은 걸 겪은 후에 IT를 아웃소싱한 게 우리가 현재 해결 중인 많은 문제를 일으켰다는 것에 동의하지 않았던가요?"

"거의 아니지!" 에릭이 콧방귀를 뀌었다. "자넨 아웃소싱 없이도 제1, 제2, 제3의 이상을 얼마든지 위태롭게 할 수 있다는 것을 증명했지. 사일로 중심이 아니라 진정한 고객 중심으로 돼야 한다는 다섯 번째 이상을 생각해봐. 무어 선생이 물었지. 관리하는 애플리케이션과 서비스 중 무엇에 고객이 기꺼이 돈을 지불할까? 무엇이 진정으로 경쟁 우위를 강화할까? 그리고 무엇을 공급업체에 의지할 수 있지?"

"100년 전, 대부분의 대규모 공장은 CPO^{Chief Power Officer}가 있었어. 전기 발전 프로세스를 운영하는 최고 전력 책임자 말이야. 제조업에서 가장 중요한 역할 중 하나였지. 왜냐하면 전기가 없으면 생산이 안 되기 때문이지. 그것은 코어 프로세스였어"라고 에릭은 말했다. "하지만 그 직책은 지금 완전히 사라졌지. 전기는 전력회사에서 구입하는 인프라가 된 거야. 그건 상호 교환이 가능하고, 주로 가격에 따라 공급업체를 선택하거든. 직접 전력을 생산하는 게 경쟁적인 이점이 되는 경우는 드물어. 그건 이제 단지 컨텍스트일 뿐이야, 더 이상 코어가 아니야. 내부 전력 발전을 제공하는 직원을 많이 둔 조직이 되고 싶지 않을 걸세."

"클레이 크리스텐슨Clay Christiansen 선생이 말한 것처럼 '충분히 좋지 않은 것'은 유지[3]하고 '좋은 것 이상'인 것은 아웃소싱[4]하는 거야." 에릭은 말했다. "구내식당 POS 시스템을 왜 아웃소싱한 거지?"

빌은 턱을 긁적이며 생각에 잠긴 표정이었다. "전 저희 팀이 CISO인 존과 함께 어떤 애플리케이션이 PII와 신용카드 데이터를 저장했는지 알아내려고 했죠. 그건 유독성 폐기물 같은 거예요. 우리는 그걸 보호하느라 시간이나 에너지를 낭비해서는 안 되죠. 그래서 없애버리는 겁니다. 그런 애플리케이션을 찾아보고, 할 수 있다면 그걸 폐기했어요. 그리고 그렇게 못할 땐 서비스로 운영해 줄 수 있는 외부 벤더를 물색했어요."

"바로 그거야." 에릭이 일어서며 말했다. "난 자네와 기술 팀이 다섯 번째 이상에 대해 깊이 생각해보고, 수년 혹은 수십 년 동안 자네를 속박해 온 기술 부채에서 벗어나도록 덜어낼 수 있는 컨텍스트 영역을 찾아보라고 권고하겠네. 자네들을 질질 끌고 다니는 그 모든 것을 없앨 수 있다면 무엇을 해낼 수 있는지 상상해 보라고. 단기적으로는 더 고통스러울지 몰라도 장기적으로는 예상치 못한 결정적인 배당을 발견하게 될 거야."

---

3 지속적인 혁신은 기존 고객을 위해 제품을 개선 및 혁신해 더 나은 기능, 더 나은 성능, 더 많은 옵션 등을 제공하는 것이다. 이와 같은 지속적인 혁신을 기반으로 초기 시장 단계에서 '충분하지 않은 제품'을 이후 단계에서 충분히 좋은 제품으로 전환할 수 있다. 따라서 '충분히 좋지 않은 것'을 유지한다는 것은 지속적인 혁신을 조직이 수행할 때 의미가 있다. – 옮긴이
4 이미 잘 동작하고 효율적인 부분은 외부로 아웃소싱해도 잘 관리할 수 있다는 의미다. – 옮긴이

"스티브, 자넨 운이 좋아. 무어 선생에 따르면 컨텍스트를 관리하는 데 가장 적합한 사람은 빌과 맥신과 같은 사람이거든." 에릭은 말했다. "이런 일은 결코 쉬운 일이 아니야. 비즈니스를 진정으로 이해하는 사람, 회사 전체의 표준화를 끌어낼 수 있는 냉철한 사람, 진정으로 조직 전체의 최고의 이익을 염두에 두고 있는 사람 그리고 기술이 할 수 있는 것과 할 수 없는 것을 아는 사람이 필요하거든."

"수십 년 묵은 기술 부채를 사라지게 할 수 있는 세상을 상상해봐…." 에릭은 말했다. "엉망인 비즈니스 프로세스 위에 구축된 형편없는 자동화를 직접 제거할 수 있는 곳 말이야. 무엇을 남길 것인지, 시간과 에너지를 쓸 수 있는 곳을 신중하고 조심스럽게 선택하는 기분이 어떨지 상상해봐. 딕은 단순함이 효과를 가능케 하고, 복잡함은 그 반대로 돌아가게 한다는 것을 알고 있어. 여기 내부 시스템과 프로세스로 얼마나 많은 비즈니스 수행이 방해받고 있지?"

그 질문이 맥신을 일시 정지시켰다. 회사의 비즈니스와 기술 지형을 단순화하는 것은 생각만 해도 숨이 벅찬 일이었다. 맥신은 복잡한 비즈니스 문제에 대해 일하는 것을 좋아하지만, 그들이 수십 년 동안 쌓인 무의미한 복잡성과 누적된 방치로 인해 방해받지 않는다면 훨씬 더 좋고 쉬울 것이다.

"마지막으로 다른 모든 사람, 특히 스티브에게 하는 말이네." 에릭은 계속해서 말했다. "자네가 감원하는 각각의 직책이 어떻게 흐름을 방해할 수 있는지 신중하게 생각해보게. 특히 첫 번째 이상에 의해 구현되는 의사 결정에서의 지역성이 없을 때 말이야. 예를 들어, 스퀘어 같은 일이 나타나는 상황이 이미 많다면 관리자들을 없애면 어떻게 되지?"

"중간 관리자들은 전략과 실행 사이의 인터페이스지." 에릭은 말했다. "그들은 우선순위를 정해주는 사람이자 교통순경인 거야. 우리는 모두 작은 팀이 독립적으로 일하는 것을 이상적이라고 생각하지만, 팀들의 팀을 관리하는 사람은 누구지? 그게 중간 관리자들이야. 어떤 사람은 그들을 조롱하듯이 '낀 관리자'라고 부르지만, 이 계층의 사람들을 적절히 개발하는 것이 전략을 실행하는 데 중요하다는 것을 알게 될 거야."

"행운을 비네." 에릭이 말하며 일어나려고 몸을 돌렸다. "그리고 버텨, 맥신. 현명하게 선택한다면 지금이 아무리 암울하게 보일지라도 더 좋은 날이 분명 올 거야."

5호 빌딩으로 돌아가는 길에 모두가 말이 없었다. 마침내 맥신이 빌에게 말했다. "원래 말이 없으신가 봐요?"

"가끔은요." 빌이 말하고는 입술을 꼭 다물고 미소 지었다.

"어, 바로 전 회의에 대해 어떻게 생각하세요?"라며 맥신은 모든 사람이 생각하고 있을 것 같은 질문을 던졌다.

빌은 걸음을 잠시 멈추고 맥신을 보며 답했다. "끔찍했어요. 한편으로는 운영 조직의 모든 사람이 항상 하는 훈련 같기도 해요. 적은 것으로 더 많은 것을 하라. 이건 아웃소싱해라. 저것도 아웃소싱해라. 예전에는 그게 말도 안 되게 멍청한 결정들로 이어졌고, 우리 같은 사람들은 몇 년 동안 그 뒤처리를 해야만 했죠. 그리고 사람들이 그게 다 잘못된 일이었다는 것을 알게 되면, 모든 것을 다시 회사로 들여와야 했어요. 재미있는 일은 아니죠."

"하지만 이번에는 다를 수 있어요." 빌은 다시 걸음을 재촉했다. "스티브와 에릭이 절대적으로 옳아요. 이노베이션 프로그램을 보호할 방법을 찾아야 해요. 그게 우리의 장기적인 미래를 위한 열쇠예요. 제가 일하면서 처음으로 우리가 기술을 관리하는 방식을 바꾸고 회사에서 최고 수준의 지원을 받아 올바른 일을 할 수 있을 깃 같아요."

"하지만 쉽지 않을 거예요." 빌이 말했다. "에릭이 컨텍스트와 코어에 대해 한 말이 마음에 들어요. 운영 업무에서 빼내야 할 서비스가 좀 있어요. 생각나는 것 중 하나는 제가 속했던 미드 레인지 그룹이에요. 우린 기술의 갈라파고스섬을 만들었고, 그건 수십 년 동안 좋은 서비스를 제공해 왔지만 산업 전체가 가고 있는 방향에서 너무 멀리 동떨어져 업계 벤더들이 만든 혜택들을 볼 수 없게 된 거예요. 어쩌면 본토로 돌아가는 다리를 건설해야 할 때인지도 모르죠…. 아니면 섬을 완전히 비워버리던가."

빌은 말을 이어갔다. "운영비를 증가시키지 않으면서 옛 팀원 모두를 다시 훈련시키고 새로운 역할을 찾아줄 수 있을지 궁금하네요. 이노베이션 프로그램에는 새로운 직책이 많이 생길 겁니다. 전 그들이 그걸 시도해보면 좋겠어요. 그들은 도메인에 대해 다양한 지식과 잘 정착된 지식을 갖고 있거든요. 만약 우리가 그들을 놓친다면 큰 손해일 거예요. 커스틴의 프로젝트 관리자들도 마찬가지고요."

빌은 생각하면서 계속 묵묵히 걸어갔다. 그것도 괜찮았다. 맥신은 이전보다 훨씬 더 생각이 많아졌기 때문이다. 맥신이 몸담았던 예전 MRP 그룹도 그들만의 갈라파고스 제도의 거주자가 된 걸까?

"이 모든 게 짜증이 나요"라고 말하는 커트는 우울해했다.

그날 나머지 시간 동안 그리고 다음 날까지, 빌, 크리스, 커스틴, 그들의 팀들이 필요한 인원 감축을 위한 계획을 세우려고 애쓰는 동안 맥신과 커트는 그들을 계속 따라다녔다. 비록 스티브가 딕에게 가치와 성장 모두를 도우라고 말했지만, 딕은 그 일을 수행하기 위해 그의 직속 부하 두 사람인 비즈니스 운영 이사와 기업 감사관을 배정해서 지원했다.

맥신은 그들에게 매우 감명받았다. 그들은 회사의 구석구석을 잘 알고 있는 것 같은 냉철한 비즈니스 전문가들이었다.

하지만 그것은 여전히 매우 암울한 작업이기도 했다.

맥신은 산책하거나 이런 회의를 완전히 건너뛰고 싶은 유혹을 느꼈다. 이 일들로 인해 생긴 인적 피해에 너무 큰 스트레스를 느꼈기 때문이다.

하지만 맥신은 옳은 일을 하기 위해서는 그 일이 얼마나 중요하고 심각한 사안인지 잘 알고 있었다. 그리고 무슨 일이 일어나는지 분명히 알고 싶기도 했다.

처음에는 각 부서장이 사람들을 중요 자원, 바람직한 자원, 감원 대상이라는 세 가지 범주로 나눴다. 물론 소수만 세 번째 리스트에 올랐다. 세 가지 카테고리의 이름을 보니 관리자들이 오래전에 내보냈어야 할 사람들을 제거하는 기회로 삼고 있는 게 분명했다.

하지만 그것만으로는 충분치 않았다. 그래서 크리스와 빌은 각 관리자가 '바람직한 자원' 목록에 둔 사람들을 면밀히 조사하고 비교하면서 각 관리자를 다그치기 시작했다. 거의 한 시간 동안 이 지칠 줄 모르는 논쟁 끝에 맥신의 머릿속에 에릭의 말이 떠올랐다.

"잠깐만요, 에릭은 저희에게 흐름의 관점에서 사물을 검토할 필요가 있다고 주의를 시켰어요." 맥신이 말했다. "이런 일을 부서별로, 아니면 인기 투표로 결정할 수는 없어요. 가치 흐름에서 무작위로 사람들을 빼낸다면 제조 공장 네트워크 스위치 세 개에 대한 드웨인의 이야기에서 회계 담당자가 한 것 같은 큰 손해를 입을 수 있을 거예요."

"아직 의사 결정을 위한 충분한 구체성이 없는 우리에게는⋯." 맥신은 말했다. "가장 중요한 일을 신속하게 처리하는 방법을 고민하는 사람이 바로 관리자들이에요. 에릭은 그들을 교통순경과 우선순위를 정하는 사람이라고 불렀죠."

빌과 웨스 둘 다 맥신을 쳐다봤다. 빌은 "좋은 생각이에요. 그럼 이 문제는 잠시 접어두고 대신 코어와 컨텍스트를 구분하는 데 초점을 맞춰보죠. 우리가 제거할 수 있는 광범위한 기술 영역은 뭐가 있을까요?"

맥신은 지금 하는 일의 궁극적인 목표는 운영비 절감이라는 것을 잘 알고 있었다. 그들은 급여를 받는 사람들의 수를 줄일 필요가 있었다.

지난 10년 동안 그가 구축하는 것에 일조해 온 조직을 어떻게 해체할 것인가에 대한 질문을 받고 언짢아진 웨스는 이렇게 중얼거렸다. "뭔가 너무 잘못된 느낌이야. 얼마 전까지만 해도 우리는 이것들이 필요하다고 했어." 그러나 웨스조차도 이 일은 비즈니스적으로 시급하고 중요하다는 것을 인정했다. 빌이 그가 일했던 미드레인지 그룹을 제거해야 할 후보 기술 리스트에 올려놓자 웨스는 신음했다.

"맙소사. 안 돼요, 빌. 그건 어려워요." 웨스는 화이트보드를 응시하며 말했다. "물론 나도 그 팀이 영화 〈원시 틴에이저〉에 나오는 시대에 냉동 됐던 거 아니냐고 놀려댔지만, 다들 좋은 사람이에요. 그리고 그들의 일에 대해 난 불평할 이유가 전혀 없고요."

"고마워, 웨스." 빌은 감사를 표했다. "하지만 솔직히 말하면 우리가 구축한 많은 것을 돈 주고 시킬 SaaS 벤더가 많아. 그렇다면 5명이면 되겠네. 기술 스택 전체를 없애고 그것과 관련된 소프트웨어 라이선스 및 유지관리 계약직도 없앨 수 있어. 그러면 연간 지출액 10만 달러가 되는데 그건 또 절반밖에 안 되는군."

웨스는 말없이 앉아 있었다. "글쎄, 그렇게 말씀하신다면…. 헬프데스크 시스템을 없애준다면 난 추적되지 않는 현금을 한 보따리 주겠어요. 물론 대체 서비스가 있어야 하겠지만, 어쨌든 벤더가 관리하는 게 더 나을 것 같아요. 그리고 이메일 서버도, 우리가 아직도 쓰고 있는 로터스 노츠 Lotus Notes도 마찬가지예요. 믿기지 않겠지만, 한두 명의 관리자가 큰 소리로 불평했었죠. 드디어 그들의 반대를 무시할 수 있는 권한을 갖게 된 것 같네요."

"이 모든 것을 관리하는 업무량을 합치면 세 명이면 충분해요." 웨스가 말했다. "그중 두 명은 곁에 두고 싶어요. 우리가 그 서버들을 없애기 전에 해머로 내리칠 기회를 주고 싶네요."

맥신이 웨스와 빌을 응시했다. 그들은 관대한 사람들은 아니지만, 냉혈한도 아니었다. 사실 맥신은 부서 간 이름 목록을 비교하는 것보다 이런 방식이 더 좋았다.

이들의 이야기에서 영감을 받은 맥신은 용기를 내어 말했다. "어쩌면 MPR^Manufacturing Resource Planning 그룹도 살펴봐야 할지 모르겠네요." 크리스가 깜짝 놀라 맥신을 쳐다보자, 맥신이 말했다. "주문형^on-demand 제조로 전환하기 위해 '예상해서 개발^build to forecast'하는 것에서 '주문받으면 개발 ^build to order'하는 것으로 변경하고 있는 스케줄링 모듈처럼 경쟁 우위에 절대적으로 중요한 것이 있어요. 하지만 나머지 부분은 상업용 패키지로 바꿀 수 있어요. 전 그 전환 과정을 마치기 위해 5명의 개발자를 팀에 남겨두면 10명의 개발자와 QA 사람들 그리고 어쩌면 2명의 다른 운영 조직 사람들까지 놓아줄 수 있을 거예요."

맥신은 기분이 좋지 않았다. 맥신이 숫자를 줄인 대상자 모두 맥신이 추방됐을 때 그녀가 잘되기를 바랐던 멋진 사람들이다. 그것은 맥신이 거의 6년 동안 개발 및 유지하는 것을 도운 시스템이기도 했다. 에릭조차 그걸 경이로운 아키텍처라고 했었다.

그녀는 재빨리 덧붙였다. "그 사람들은 회사에서 가장 뛰어난 엔지니어 중 일부예요. 전 개인적으로 그들 한 사람 한 사람을 보증해요. 만약 그들이 유니콘이나 이노베이션 같은 프로젝트에서 일할 수 있다면 회사에 대한 그들의 기여도는 MRP 시스템보다 훨씬 더 높을 거예요…."

"그 말이 맞네요." 크리스가 자랑스럽게 맥신을 바라보며 말했다. 크리스는 마침내 그 제안이 나온 것에 안심했는데, 그것은 크리스가 온종일 입으로 꺼내길 두려워하고 있던 것이다.

빌은 목록에 있는 미드 레인지 재정 관련, 구내식당 POS, 헬프데스크, 이메일 및 Lotus Notes에 덧붙여 화이트보드에 맥신이 일했던 MRP 그룹을 추가했다. 제거할 수 있는 직책을 세어보니 18개였다. 그것들을 대체할 소프트웨어 서비스는 연간 50만 달러가 들 것이다.

빌은 또 한 칸을 추가했다. "이노베이션 프로그램에 500만 달러 전액이 지원되면, 그걸로 잠재적으로 코어에 33개의 기술직을 창출할 수 있을 거예요. 맥신이 지적했듯이 어쩌면 이 사람들을 다시 고용해 훨씬 더 가치 있는 일을 할 수 있는 거죠."

"그러니까…. 계속 밀고 나가죠. 자, 우리가 더 많은 사람을 코어에 재배치하기 위해 직접 속박을 풀어주고 싶은 건 또 뭐가 있을까요? 고객이 결코 지불하지 않을 데이터 센터에서 실행되는 것은 뭐죠? 급여는 이미 외주를 줬어요. 또 어떤 백오피스 기능을 고려해야 할까요?"

"ERP 시스템이 세 개 있어요." 맥신이 제안했다. "세 개를 모두 통합해야 한다는 건 끔찍한 일이에요. 사실 지금 그 세 개 다 모두 한 회사가 소유하고 있어요. 어쩌면 지금이 이를 악물고 해결해버릴 적기일지도 몰라요."

웨스가 고개를 끄덕였다. "세 개를 하나로 바꾸면 운영 조직의 두세 명 인원이 다른 일을 할 수 있게 될 거야."

"이 방식이 마음에 드는데요." 빌이 말했다. "우리 HR 시스템은 어때요. 그리고 세일즈 커미션 툴과 보상 계획…. 공장에 있는 타임카드 시스템도…."

맥신의 유배를 초래한 급여 지급 중단 사태의 진원지에 있던 타임카드 시스템에 대한 언급에 맥신은 중얼거렸다. "속이 다 시원하네."

"그래, 그리고 데스크톱 백업 시스템도 있네." 웨스가 덧붙였다. "어쩌면 전화 시스템과 PBX까지도. 우리는 제조업체 겸 소매업체지 전화 회사는 아니지…."

웨스의 얼굴이 밝아졌다. "그리고 몇 년 전에 문을 닫았으면 좋았을 데이터 센터가 두 군데 있어. 그 안에 있는 것들 때문에 아마도 그걸 운영하는 데 연간 100만 달러가 들 텐데. 그걸 없애버리면, 또 네 명이 되는군…. 아, 그리고 그 빌어먹을 컴퀴트 서버들…. 이참에 완전히 없애버리면 되겠네. 그 정도면 유지비에서 10만 달러는 되지."

화이트보드에 있는 없애도 되는 컨텍스트 목록이 점점 더 늘어나는 것을 보면서도 맥신은 이제 두려움을 느끼지 않았다. 대신, 이런 것들을 버리는 것이 회사를 느리게 하는 것으로부터 해방시켜주고 엔지니어들이 훨씬 더 가치 있는 분야에서 일할 기회를 제공한다는 것으로 생각하면서 오히려 고무적으로 됐다. 하지만 아직 맥신을 괴롭히는 것이 한 가지 있었다.

"유니키티 CI 클러스터는 지금 다 죽어가고 있어요." 맥신은 말했다. "중요한 컨텍스트지만 생각해볼 컨텍스트죠. 최고의 사람들이 유니키티 작업을 하고 있어요. 개발자 생산성을 높이는 데 큰 차이를 만들었지만, 상업적으로 지원되는 SaaS 벤더를 찾은 다음, 벤더를 찾을 수 없는 일에 그 최고의 유니키티 인력을 투입해야 해요. 자 봐요, 커트. 드웨인하고 브렌트가 유니키티를 관리하는 데 얼마나 많은 시간을 소비했죠?"

"빌어먹을." 커트가 말했다. 그러나 잠시 후 커트는 말했다. "하지만⋯. 네, 목록에 추가해요."

딕의 재무 팀은 그들의 도표를 제시했다. 모두가 응시했다. 그들은 26개의 직책을 없애서 거의 400만 달러의 비용을 줄일 수 있는 것을 확인했다.

그러나 그들이 이노베이션에 33개의 직책을 더 만들면 거의 모든 직책을 다시 채용하는 것이다. 그들이 기꺼이 새로운 것을 배우려고 한다면.

맥신이 미소 지었다.

맥신은 빌이 스티브와 딕의 일정에 얼마나 빨리 회의 시간을 잡을 수 있는지에 놀라워하면서 빌이 CEO와 업무적 관계를 맺고 있다는 사실에 감탄했다. 그들은 오늘 중으로 그 두 사람에게 프레젠테이션할 예정이다. 이와는 대조적으로, 맥신이 크리스와 일정을 잡기까지 몇 주가 걸리는 때도 있었다. 맥신은 자신이 문제인지 크리스가 문제인지 궁금했다.

빌이 그들의 계획을 발표하자, 스티브와 딕은 메모하고 질문하고, 결국 찬성의 의미로 고개를 끄덕였다.

스티브는 팀이 흐름을 유지하면서 가치 흐름에 의해 제거해야 할 분야를 어떻게 파악했는지를 특히 좋아했다. 그러나 빌이 재능 있는 기술자들을 이동시키고 그들이 이노베이션 프로그램에 기여할 수 있도록 그들을 다시 훈련하겠다고 하자 스티브는 눈에 띄게 흥분했다.

"1990년대 내가 제조업에 몸담고 있던 기간에 대규모 인력의 재교육을 감독해야 했지." 스티브는 말했다. "우리는 사람들이 손만 쓰지 않고 머리도 써야 돈을 받는 새로운 시대에 노동자들이 살아남고 번창할 수 있게 하려고 엄청난 투자를 했었네. 내가 한 일 중 가장 성취감 있고 보람 있는 일 중 하나였어. 기술 인력에도 그와 같은 일을 해야 하지."

"내 말은 그냥 벽에 포스터만 붙이자는 것을 의미하는 게 아닐세." 스티브는 말했다. "우리가 정말 우리 사람들에게 투자한다는 뜻이지. 어쩌면 회사의 장기적인 생존을 위해 필요한 차세대 리더와 엔지니어를 배출할 파트 언리미티드 대학이나 다른 장기 훈련을 만들어야 할지도 모르겠네. 우리는 그들이 필요한 기술을 얻으라고 돈을 지불하는 거지."

스티브는 맥신이 전에 보지 못했던 방식으로 흥분되고 살아있는 것처럼 보였다. 딕도 흥분한 표정이었다.

"이번 일에 사장님의 도움이 필요합니다, 스티브 사장님." 빌은 말했다. "사장님께서 저를 이 직책에 앉히시기 전인 불과 넉 달 전에 제가 관리하던 미드 레인지 팀을 예로 들어보겠습니다. 그들은 잘못이 없음에도 코어가 아닌 컨텍스트에 해당하는 비즈니스 프로세스에 들어가 있습니다. 저희는 사람들을 공정하게 대하고 그 사람들이 길고 생산적인 커리어를 갖도록 준비시키는 일을 도울 필요가 있습니다. 귀중한 지식을 갖고 그들을 걸어 나가게 놔두는 건 바보 같은 행동이라고 생각합니다."

"맞아." 스티브가 말했다. 맥신은 안도의 한숨을 쉬었다. '어쩌면 이 모든 것이 결국은 좋은 일을 할 수 있는 힘이 될지도 모르겠어.' 맥신은 생각했다. '도화선에 불을 붙인 것은 사라였지만.'

딕은 메모하며 가끔 계산기를 두드리기도 했다. "1천 500만 달러의 비용 삭감이 필요합니다. 여러분이 제시한 숫자로 거의 다 되긴 했습니다"
라고 말하며 딕이 직원들을 보자 직원들은 고개를 끄덕여 보였다. "제조
업에서는 최저 이윤의 상품 카테고리 생산을 중단하게 될 겁니다. 그러면
50명의 근로자가 영향을 받는데, 그중 15명이 현재 공석인 자리를 채울
겁니다."

"공급자 관리 책임자는 공급자 수를 줄임으로써 200만 달러를 더 절약
할 계획입니다." 딕은 말했다. "이걸로 더 높은 할인을 해 달라고 협상하며
물류비 부담을 줄이는 데 사용할 텐데, 그다지 큰 어려움을 없을 겁니다."

"소매상에서는 최저 실적의 10개 점포를 폐쇄할 것이며 그렇게 되면 약
300만 달러를 절약할 겁니다." 딕이 덧붙였다. "나머지는 조기 퇴직과 일
부 직위를 없애서 확보할 수 있을 겁니다."

딕은 스프레드시트를 보기 위해 잠시 멈췄다. "제 생각엔 꽤 좋은 계획
인 것 같습니다. 제가 볼 때 가장 큰 위험 요인은 이런 새로운 시스템으로
의 전환으로 인한 운영상 위험입니다. 그들은 컨텍스트지만 중요한 것들
입니다. 우리는 비즈니스 프로세스를 이렇게나 많이 한꺼번에 다 바꿔본
적은 없습니다. 그리고 그렇게 하면 안 되는 여러 가지 이유를 댈 아주 불
만이 많은 사람이 생길 겁니다."

"잘 아시겠지만 반대 의견 중 일부는 의심할 여지 없이 옳은 말입니다.
이것은 우리가 만든 수많은 스프레드시트 작업 목록에 불과합니다." 빌은
말했다. "저희 수준에서는 이런 시스템을 중단하는 것이 어떤 영향을 미
치는지, 전환에 무엇이 필요한지 잘 알지 못합니다. 팀과 협력해 무엇이
가능한지 알아보고 현실적인 타임라인을 짜야 합니다."

"좋은 계획입니다, 빌." 딕이 고개를 끄덕였다. "스티브, 빌에게 시간을
벌어줄 방법을 찾아볼 필요가 있습니다."

스티브는 화면에 있는 스프레드시트를 쳐다봤다. "어쩌면 이사회에 그
들이 요구한 3% 삭감 대신, 분기별 수익 발표 전인 1월에 2% 삭감하겠다

는 계획을 전달하고 내년 말까지 4%로 올리겠다고 이야기하지. 그 정도면 만족할 거야."

"나쁘지 않은데요." 딕이 웃으며 말했다. "그렇게 되면 앨런과 그의 의결권 진영들이 매우 만족할 겁니다."

"좋아, 난 이걸 이사회와 함께 잘 만들어보겠네." 스티브는 말했다. "승인만 받으면 이 사실을 회사에 알리고 최대한 공개해서 사람들이 준비할 수 있도록 했으면 하네."

딕에게 스티브는 작은 미소를 지으며 덧붙였다. "미안하네, 딕. 그 수치를 올바른 방향으로 유지하기 위해 그 계산을 한두 분기 더 끌어갈 필요가 있을지도 모르겠어."

맥신은 비용 절감 계획에 대한 최악의 두려움이 실현되지 않아 안도했다. 하지만 마음이 아주 편하지는 않았다. 그 대신, 최악의 사태에 대한 끔찍한 두려움은 지루하고 끊임없이 갉아먹는 불안감으로 바뀌었다.

그날 남은 시간 동안 맥신은 완전히 지쳤고 왼쪽 눈꺼풀은 계속 씰룩거리고 배가 계속 아팠다. 때때로 맥신은 사람들의 눈을 똑바로 바라볼 수 없었다. 빠르게 구글 검색을 해보니 이 모든 것이 아마도 장기간의 스트레스 때문인 것 같았다. 이런 유형의 사람 관리 문제들은 맥신이 항상 관리자 역할을 회피하는 이유였다.

그날 밤 맥신은 일과 관련된 어떤 일에도 신경을 쓰고 싶지 않아 와인 두어 잔을 마시며 남편과 함께 〈왕좌의 게임〉 '피의 결혼식' 편을 시청하며 쉬려고 노력했다. 하지만 마지막에 나오는 학살의 무자비한 잔인함과 무의미한 폭력에 놀랐고, 사라가 확실히 최선을 다했음에도 불구하고 직장 내 대량 학살이 일어나지 않는다는 것이 얼마나 다행스러운 일인가에 대해 맥신과 제이크는 웃었다.

18장

• 12월 18일 목요일

목요일 아침에 일어나자 맥신은 푹 쉬었다는 느낌이 들었고 마음이 들떴다. 꿈도 꾸지 않고 잘 잔 덕분이었다. 또 다른 이유가 있다면 오늘이 이노베이션 아이디어의 최종 후보들을 이노베이션 위원회 전체를 대상으로 발표할 예정이기 때문이었다. 약속대로 빌은 회사 전체에서 가장 존경받는 사람 중 50명을 선발해 인원을 배정하고 시도해 볼 최초 세 가지 이노베이션 아이디어를 선택하는 책임을 졌다.

이 세 가지 아이디어 발의자들은 각각 맥신이 손수 선정한 팀을 기반으로 90일 안에 아이디어의 실행 가능성을 살펴보고, 시장 리스크, 기술 리스크 및 비즈니스 모델 리스크를 조사하고 합의된 비즈니스 성과를 달성하면 된다. 이것이 바로 그들이 그렇게 보호하려고 열심히 싸운 호라이즌 3 작업이다.

맥신은 스티브가 회사 전체를 대상으로 누구든 아이디어를 제출할 수 있다고 발표하자 일주일 만에 수백 건의 아이디어가 제출돼 놀랐다. 위원회에 참여하면서 맥신은 그것을 모두 읽었고 그들의 창의성과 사려 깊음에 고무됐다. 고객들이 가진 실제 문제들을 다루려고 시도했고, 그중 다수는 파트 언리미티드가 제공할 수 있는 기발한 방법을 보여줬다.

맥신은 이런 문제들을 탐구하려는 사람들의 내재적 동기가 얼마나 강한지에 경탄했다. 위원회는 상위 30개의 안을 심의해 선정했고, 오늘 그들 모두가 타운 홀 미팅을 하던 큰 강당에서 이노베이션 위원회 전체를 대상으로 발표할 예정이었다.

각 발표 팀은 이번 주 내내 몇몇 위원과 미리 이야기할 수 있었고 원하는 코칭과 지도를 받을 수 있었다. 맥신은 위원회 위원들이 그들의 시간을, 특히 명절 직전임에도 얼마나 큰 배려를 했는지 아주 마음에 들었다. 발표하는 사람들에게 이런 상호 작용은 유용한 네트워크를 만드는 데 도움이 될 것이고 그들의 경력을 향상시키는 데 도움이 될 것이다.

맥신은 강당에 가서 이노베이션 발표 준비를 도울 수 있도록 우선 급한 일 먼저 처리하려고 자신의 자리로 걸어갔다.

맥신이 자리에 앉자, 투덜이 데이브에게서 문자 메시지가 왔다.

이런 젠장. 이메일을 확인하세요.

맥신이 이메일을 열고 제목을 보자, 식은땀이 흘렀다. "아, 안 돼…."

발신: 사라 몰튼(소매 운영 SPV)
수신: 모든 IT 직원
참조: 회사 임원
날짜: 12월 18일 오전 8시 5분
제목: 인사 및 직책 변경

즉시 시행되는 것으로, 매기 리(수석 리테일 제품 마케팅 담당 이사)는 당사 매장에서 긴급한 재고 조사를 지원하기 위해 재배치됐습니다.

이 문제들이 시간상 매우 중대하기 때문에, 매기는 이노베이션 위원회 업무를 포함한 모든 업무에서 손을 떼게 됩니다. 모든 의사소통과 결정은 저에게 전달해 주십시오.

또한, 커트 레즈닉(QA 관리자)은 밝힐 수 없는 이유로 모든 업무에서 정지됐습니다. 모든 이노베이션 위원회 관련 문제는 릭 윌리스(QA 관리자)에게, 기타 모든 문제는 크리스 앨러스(R&D 부서장)에게 전달하십시오.

감사합니다.

－ 사라

_____

충격을 받은 맥신은 이메일을 뚫어져라 쳐다봤다. 맥신은 방금 일어난 일의 심각성을 완전히 이해할 수 없었다. 사라는 호라이즌 3을 위한 노력의 싹을 잘라버렸다. 호라이즌 1과 가치에 대한 자신의 탐색을 방어하기 위해 사라는 이노베이션 위원회 작업이 시작되기도 전에 확실히 끝장을 내버렸다.

이상하게도 맥신은 화가 나지도 슬프지도 않았다. 맥신의 무감각은 아마도 사라의 대담한 움직임에 모든 정신적 퓨즈가 나갔기 때문인 것 같았다. 믿을 수 없었지만 사라가 파트 언리미티드에서 피의 결혼식을 직접 구상했다는 것을 깨달았다.

수화기를 들고 미친 듯이 커트와 매기에게 전화를 시도했지만 둘 다 받지 않았다. 그들에게 무슨 일이 일어나고 있는지 물어보는 문자를 보냈다. 누구도 답을 주지 않았다.

자신이 할 수 있는 일을 생각하려고 애쓰면서 오랫동안 허공을 응시했다. 맥신은 고개를 들어 사람들이 자기 책상 주위에 모여들고 있다는 것을 알아차렸다. 투덜이 데이브, 드웨인, 브렌트, 섀넌, 아담, 푸르나, 엘렌…. 극도로 흥분한 목소리로 투덜이 데이브가 물었다. "도대체 무슨 일인 거죠? 누구 아는 사람이라도 있어요?"

아무도 몰랐다. 커트나 매기와 연락이 닿는 사람이 없었다. 커스틴이나 크리스, 아니면 빌도 그 문제에 대해 알지 못했다.

주니어 장교와 브릿지 크루들이 모두 자취를 감췄고, 레드셔츠들만 홀로 남겨졌다.

세 번째로 맥신은 커트에게 또 다른 문자 메시지를 보냈다.

뭐가 어떻게 되고 있는 거죠? 어디 있어요? 다들 겁먹고 있다고요!

"반란군은 이걸로 끝인 건가요?" 브렌트는 모든 사람이 생각하고 있는 바로 그 질문을 했다. "우리 모두 문을 닫는 건가?"

"정신 차려요." 섀넌이 눈을 굴리며 말했다. 하지만 맥신도 섀넌이 떨고 있다는 것을 알 수 있었다. 왜냐하면 실제로 무슨 일이 일어나고 있는지 아무도 모르기 때문이다. 맥신은 모두의 두려움을 진정시켜주는 성숙한 어른인 척하려고 애썼지만, 마음 깊은 곳까지 떨고 있었다.

맥신이 브렌트를 바라봤다. 어쩌면 이 위대한 모험은 정말로 끝났는지도 모르겠다. 아마도 빌이 다음 차례일 것이다. 이런 기업 쿠데타가 어디까지 올라갈까? 어쩌면 스티브도 잘렸는지도 모른다. 사라가 정말 이 전쟁에서 이겼을까?

맥신은 사라가 우주선인 엔터프라이즈호의 다리에 있는 선장 자리에 앉아, 완전히 새로운 크루들과 의기양양하게 웃으며 옛 경비원 숙청을 끝마치고 있는 모습을 상상해봤다. 어쩌면 사라는 다음 반란군들을 저지하기 위해 패배한 적들의 머리를 모두 기둥에 걸어둘 수도 있을 것이다.

사라는 엔진실까지 내려가 커트와 매기와 관련된 모든 레드셔츠를 숙청할 것인가? 평소라면 이런 생각이 터무니없다고 일축했을 것이다. 브릿지 크루는 레드셔츠에 신경 쓰지 않잖아?

그러나 사라가 그들의 모든 노력을 해칠 음모를 꾸민 방식을 보니 그생각을 다시 하게 됐다. 사라가 전체 레드셔츠 목록을 샅샅이 뒤져서 착한 레드셔츠와 나쁜 레드셔츠로 나누고는 칸과 그의 추종자들이 커크 선장에

432

게 복수하기 15년 전처럼 나쁜 레드셔츠들을 세티 알파^{Ceti Alpha} V 행성으로 유배시키는 것을 상상하는 것은 어렵지 않았다.

'사라는 아니야…. 사라는 아마도 지금 당장 그들을 체포해서 미래에 생길 노여움의 가능성을 차단하기 위해 별의 한가운데로 그들을 날려버릴 거야.' 맥신은 생각했다. 사라에 대해 원하는 것을 말해봤자 그녀는 분명히 한 수 앞을 생각할 것이다.

맥신이 시계를 봤다. 강당에서 발표가 시작될 때까지 45분밖에 시간이 없다. 매기는 업무 중에 실종돼 계획대로 회의를 이끌 수 없을 것이며, 스티브 역시 나타나지 않을 것이라는 생각이 들었다.

'누가 호라이즌 3을 구하지?' 맥신은 주위를 둘러봤다.

그 순간, 맥신은 이제 모든 것이 자신에게 달려 있다는 것을 깨달았다.

맥신은 책상 위의 전화기를 들고 스티브의 내선 번호로 전화를 걸자 그의 비서 스테이시가 전화를 받았다.

"안녕하세요. 전 맥신 챔버스예요. 스티브와 딕과 함께 이노베이션 위원회에 관한 회의를 할 때 커트와 매기와 함께 거기에 있었어요. 커트와 매기가 정직당했다는 메시지에 모두는 약간 겁에 질려 있는 상태예요. 스티브는 9시에 이노베이션 발표에 참석할 예정이었는데, 오실 수 있나요?"

"안녕하세요, 맥신." 스테이시가 전화기 반대편에서 말하는 것이 들렸다. "놀라운 타이밍이네요. 저도 막 전화하려던 참이었거든요. 스티브가 전할 말씀이 있으시다고 해서요. 스티브는 '이노베이션 발표 회의를 맡아 달라. 행운을 빈다!'라고 하셨어요. 가능하면 가시겠지만 가셔도 아마 몇 분밖에 못 계실 거예요."

스티브의 비서는 스티브나 딕이 나중에 문자할 수 있도록 맥신의 핸드폰 번호를 물었다. 맥신이 스테이시에게 번호를 주자 그녀가 말했다. "잘하세요, 맥신! 모두 응원하고 있어요."

맥신은 전화를 끊고 가장 짧은 순간 자신의 책상을 응시하며 자신이 해야 할 일을 생각해봤다.

"자, 다들 정신 차려요." 맥신이 말했다. "이노베이션 발표 회의에 가야죠."

"하지만 매기와 커트가 사라한테 당했잖아요! 누가 진행하겠어요?" 섀넌이 물었다.

"우리가요." 맥신이 그녀의 물건을 모으면서 말했다.

커다란 강당의 맨 앞줄에는 팀들이 발표할 준비를 하면서 생기는 집중적인 흥분과 초조함이 엿보였다. 사라의 이메일을 보고 빠진 사람이 있어도 맥신은 눈치채지 못했다.

맥신은 그 회의를 진행하는 사람들을 찾아 무대 위로 올라갔다. 맥신은 A/V를 관리하는 것 같은 사람을 찾아 9시에 회의실 전체에게 이야기할 수 있도록 마이크를 준비해 달라고 요청했다. 3분 후다.

브렌트는 팀들이 제안서를 발표하는 순서가 인쇄된 일정표를 맥신에게 건네준 다음 타운 홀 관리자에게 무대 뒤에 사람들을 줄 세우라고 말했다. 맥신이 브렌트에게 감사의 인사를 하자 브렌트는 활짝 웃었다. "행운을 빌어요, 맥신! 필요한 게 있으면 뭐든 말해요!"

맥신은 청중을 살펴보고 맨 앞줄에 앉아 제안서를 판단하라고 선택된 위원들을 바라봤다. 그들은 각 팀이 10분간 발표하는 것을 들을 것이다. 그들 뒤에는 자신의 아이디어를 발표할 팀을 지켜보기 위해 온 수백 명이 있었다.

매기는 최고 수준의 의사 결정자가 생각하는 것만을 신경 쓰려는 사람들의 건강하지 못한 경향을 언급하면서 'HIPPO 효과(가장 많은 월급을 받는 사람의 의견)'를 완화하기 위해 특별한 주의를 기울였다. 이에 대응하기 위해 매기는 이노베이션 위원회 전체에게 발표를 잘 듣고 무엇이든 물어보되, 자신들의 투표와 순위는 비밀에 부치도록 지시했다.

스티브를 찾으려고 주위를 둘러봤지만 그는 보이지 않았다. 시계를 봤다. 시간이 됐다. 맥신은 타운 홀 관리자에게 손을 흔들고 준비가 됐다고 몸짓으로 말했다. 타운 홀 관리자는 헤드셋으로 맥신에게 뭔가를 말하고 나서 숫자를 거꾸로 세기 시작한다. 3, 2, 1….

"안녕하세요, 전 맥신 챔버스입니다." 맥신은 밝은 불빛에 눈을 찡그리며 마이크에 대고 말했다. "음, 매기 리가 이 회의를 이끌기로 돼 있었는데요. 이메일에서 보셨겠지만, 재고 조사를 하라는 긴급한 임무를 맡게 됐습니다."

맥신은 군중 속에서 터져 나온 웃음소리에 놀랐다. 웃기려고 한 말이 아니어서다.

"스티브 사장님은 회사의 자랑스러운 역사와 우리가 고객들의 차를 계속 운행하도록 어떻게 지원할 것인지에 대해 몇 마디 하시기로 돼 있었습니다. 또한 회사에서 혁신을 육성하는 것을 얼마나 중요하게 생각하는지에 관해서도 얘기하려고 했지만, 지금은 이 자리에 함께할 수 없게 됐습니다. 우리는 이 발표를 평가하기 위해 회사에서 가장 존경받는 몇몇 분으로 놀라운 그룹을 만들었습니다. 수백 건의 제안서가 들어왔고 전 그 제안서를 일일이 다 읽어봤습니다."

"모두 다 놀라운 제안이어서 그중 30개만 고르는 게 너무 어려웠습니다. 하지만 선정했고, 그 30개 팀이 오늘 여러분에게 발표할 겁니다." 맥신은 자신의 목소리가 갈라지지 않고 초조한 게 드러나지 않기를 바랐다. 몸에서 쏟아지는 땀을 감추기 위해 재킷이라도 입었더라면 하고 생각했다. "각 팀에는 10분씩 발표 시간이 주어지고, 질의응답 시간은 5분입니다. 다 끝나면 위원회가 심의하고 스티브는 다음 타운 홀 회의에서 3명의 수상자를 발표할 것입니다."

"저희 팀과 저는 제시하는 아이디어의 실행 가능성을 시험하기 위해 각 팀과 함께 일할 수 있는 특권을 갖게 될 것입니다." 맥신은 활짝 웃으며 말했다. 오늘 아침 일이 떠오르면서 눈시울이 뜨거워지기 시작했다. 맥신은 갈라지는 목소리로 말했다. "저는 여러분이 발표에 큰 노력을 기울여 준 데 감사드리며, 이 일을 이루기 위해 많은 희생을 치렀기에 그것들을 현실로 만들고자 최선을 다할 것을 약속합니다."

좌중의 박수갈채와 열띤 환호성이 쏟아졌다. 맥신은 뭉클함에 눈물이 차오르는 것을 느꼈다. 싱긋 웃으며 엄지를 치켜드는 타운 홀 관리자를 바라봤다. 앞에 놓인 종이를 보는데 맥신의 두 손이 눈에 띄게 떨리고 있었다. 맥신은 무대 위로 첫 번째 팀을 불러올렸다.

무대 뒤로 가자 브렌트가 옆에 나타나 맥신에게 말했다. "우와, 맥신. 정말 멋졌어요. 모두가 아이디어를 발표할 수 있게 돼서 정말 기뻐요…. 엄청난 일들이 일어났는데도…. 그렇죠?"

맥신은 미소를 지으며 브렌트를 재빨리 안아주고는 도와줘서 감사하다고 말했다. 맥신은 팀이 하는 발표로 관심을 돌렸다. 맥신은 자신이 듣고 있는 아이디어가 마음에 들었다. 한 매장 관리자는 우버나 리프트 등 차량 공유 업체 운전자들의 고유한 니즈를 해결해주자는 아이디어를 제시했다. 또 다른 사람은 일반적인 유지 보수 업무에 대한 고객 안내 서비스를 제안했다.

강당 전체에서 화제를 불러일으킨 첫 번째 아이디어는 카센터나 서비스 스테이션에 대한 등급제였다. 이 등급제는 즉시 '카센터 옐프^{Yelp for Garages}'라는 별명을 얻었다. 그 아이디어는 파트 언리미티드 고객들이 다른 고객들과 서비스 스테이션에 대한 경험을 공유하도록 하는 것이었다.

맥신을 흥분시킨 또 다른 제안은 오전 휴식 시간 후에 나왔다. 한 고위급 영업부장이 서비스 스테이션 고객들에게 4시간 배달 서비스를 하자는 아이디어를 제시했다. 이렇게 하면 필요한 부품이 필요할 때 신속하게 제공될 수 있다는 것을 알기에 서비스 스테이션은 더 많은 수리 서비스를 제공할 수 있을 것이다. 최근 4시간 이내 배달을 해주는 경쟁력 있는 스타트업이 등장했고, 서비스 스테이션에 직접 판매하는 파트 언리미티드 사업부는 이 때문에 이미 내년도 매출 전망치를 10%나 줄였다.

이 팀은 파트 언리미티드가 경쟁업체와 겨뤄 이길 수 있으며, 그렇게 되면 가장 중요한 서비스 스테이션 고객과의 관계를 개선할 것이라고 확신했다. 그 아이디어를 낸 사람이 "우리의 모든 역량을 감안해보면 이 스타트업을 완전히 치워버릴 수 있을 겁니다"라고 말하자 강당은 환호성으로 넘쳐났다.

다른 발표 중 일부도 매우 훌륭했지만, 오후 중반쯤 됐을 때 맥신은 아주 좋은 발표를 봤다. 물론 그것은 브렌트, 섀넌, 드웨인, 웨스가 발표하고 있기 때문이기도 했다. 그들이 무대에 오를 때 맥신은 응원하지 않을 수 없었다. 그들이 너무 자랑스러웠다.

그들의 아이디어는 엔진 센서를 팔아 그것으로 인한 주변의 거대한 제품군을 만드는 것이었다. 오일 교환이나 엔진 마모와 같이 작은 문제를 초기에 발견하는 데, 즉 크고 비싼 문제가 돼 눈덩이처럼 문제가 불어나기 전에 자동차 문제를 더 일찍 발견하는 데 초점을 맞추는 것이다. 매장들은 고객들에게 이 수리 서비스를 할인된 요금으로 제공할 수 있다. 왜냐하면 작업을 판매가 저조한 기간에 예약할 수 있기 때문이다.

몇 달 전, 웨스는 애플리케이션(유니콘 프로젝트로 추진된 애플리케이션)에서 자신에게 추천된 아이템 중 하나가 최근 매장에서 판매하기 시작한 엔진 센서라는 것을 알았다. 그 제품은 날개 돋친 듯 팔렸다. 제품은 의외로 깔끔한 장치였다. 그것은 1994년 캘리포니아 대기 자원 운영 법으로 명시돼 오늘날 모든 자동차가 갖고 있는 온보드 진단 포트 2^{ODB-II}에 부착됐다. 이 표준 데이터 커넥터는 배기가스 수준을 포함한 가장 유명한 엔진 특성을 모니터링해줬다.

맥신은 테슬라와 같은 신형 전기자동차의 경우 내연기관이 없는데도 ODB-II 포트가 있다는 사실을 알고 놀랐다.

이 아이디어는 이런 센서 중 하나를 OEM하거나 재판매한 다음, 그 주변에 세계적인 수준의 소프트웨어 생태계를 구축해 현장 진단, 고객에 대한 자문 서비스, 예방 정비 개선 등 모든 것을 돕자는 것이었다. 그들은 또한 보험료 인하를 지원하기 위해 보험 회사와 협력하고, 부모들이 자녀의 운전 습관을 추적하는 데 도움이 되는 애플리케이션을 만드는 아이디어 등도 설명했다.

그 아이디어는 맥신에게 너무 설득력 있게 들려서 발표 도중 자신의 핸드폰으로 즉시 그 센서를 구입했다. 맥신은 항상 아이들이 너무 빨리 운전하는 것이 두려웠다. 발표 마지막에 공정하게 하고 싶은 바람에도 불구하고 맥신은 벌떡 일어나 환호성을 질렀다. 맥신은 이런 아이디어야말로 파트 언리미티드를 흥미진진하고 새롭고 활기찬 곳으로 이끌 수 있다고 생각했다.

맥신의 관심을 끄는 다른 발표들도 있었지만, 맥신은 자신이 누구에게 투표할지 이미 알고 있었다. 결국 맥신은 다시 무대에 올라 말했다. "이런 놀라운 아이디어를 제시해줘서 정말 고맙습니다. 마지막에 투표용지를 모두 모을 예정이고, 스티브가 1월 타운 홀 미팅에서 당선자를 발표할 겁니다. 그때 뵐게요!"

모두에게 손을 흔들고 타운 홀 관리자에게 마이크를 돌려줬다. 맥신은 지쳤다. 다리가 후들거렸고, 서 있어서 허리가 아팠다. 초조한 데다 뜨거운 조명 아래 서 있으면서 흘린 땀 때문에 자신에게서 냄새가 나지 않기를 바랄 뿐이었다.

다른 반란군 대원들과 다시 만났을 때 맥신은 그날을 떠올렸다. 맥신은 이노베이션 발표에 대해 안도감과 활력을 느꼈다. 조직 개편과 인력 변화는 힘들겠지만, 만약 그들이 이런 흥미로운 일들을 실현시킨다면 정말 가치가 있을 것이다. 그리고 더 좋은 것은, 맥신은 그것을 실현하는 데 도움을 준 것에 대한 만족감을 항상 느낄 수 있을 것이다. 하지만 이제 그들은 커트와 매기에게 그리고 사라진 브릿지 크루들에게 무슨 일이 일어났는지 알아내야 했다.

이노베이션 프로그램이 성사될지에 대해서도.

5시가 지나 다들 평소처럼 도크사이드에서 만나기로 했다.

사람들이 바에 도착하자, 맥신은 계속해서 누군가 새로운 소식이 있는지 물어봤다. 아니면 공유할 새로운 루머라도 있는지. 그러나 아무도 들은 것이 없었다. 잠시 완전한 침묵이 흘렀다. 사라의 이메일을 제외하면 더 이상의 공식적인 회사 커뮤니케이션이나 발표는 없었다.

맥신이 모두에게 "있잖아요, 무슨 일이 일어나든…. 매기와 커트가 해고되더라도, 우리는 호라이즌 3 프로젝트를 성공시키기 위해 할 수 있는 모든 것을 해야 해요. 비록 휴가철에도 그 팀들과 함께 일해야 한다고 해도 말이에요. 그들이 순조롭게 출발할 수 있도록 도와야 하고, 그 프로젝트들이 성공할 가능성을 높여야 해요…. 이번에 뽑힌 세 팀의 이름이 저한테 있어요. 나와 뜻을 함께할 사람?"

"우리 모두요, 맥신." 섀넌이 말했다. "경쟁자를 돕는 거라고 해도 말이죠."

"우리 모두 같은 팀이에요, 섀넌." 브렌트가 눈을 굴리며 말했다. "우리가 실제로 경쟁하는 건 아니잖아요. 우린 시장과 경쟁하는 거예요."

"무슨 뜻인지 알잖아요." 섀넌이 말했다. "누가 이겼어요?"

맥신은 주위를 둘러보고 모두가 고개를 끄덕이며 세 파일럿 팀을 돕겠다는 것을 봤다. "꽤 확실했어요. 근소한 차가 있지도 않았어요. 심사위원들의 최우선 선택은 엔진 센서 프로젝트…."

맥신이 다른 팀을 발표하기 전에 모두가 환호하며 섀넌, 브렌트, 드웨인 등을 두들기며 축하했다. "웨스가 오고 있어요." 섀넌이 말했다. "지금 그에게 문자로 알리는 중이에요."

"…그리고 또 다른 두 팀의 수상자는 서비스 스테이션 등급 팀과 4시간 부품 배송 팀이에요." 맥신이 웃으며 말했다. "개인적으로는 4시간짜리 배송 프로젝트를 돕고 싶은데, 그 아이디어는 조직의 여러 부분에 관여하고 있거든요. 난 그런 거 너무 좋아요."

투덜이 데이브가 손을 들더니 말했다. "전 서비스 스테이션 등급 프로젝트요." 그러고는 엔진 센서 그룹을 제외하고 그들이 나머지 프로젝트를 알아서 나누자 맥신이 웃었다. "팀 리더들 소개를 이메일로 보내줄게요."

드웨인은 모두를 위해 맥주를 따르고 맥신은 그녀가 가장 좋아하는 '에릭 스페셜' 와인을 마셨다. 그들은 음식을 주문하고, 맥신은 세 팀을 도크 사이드에 초대하기로 했다. 만약 그들이 올 수 있다면, 그들은 계획을 미리 시작할 수 있을 것이다.

맥신은 심호흡을 했다. 맥신은 이제 호라이즌 3 프로젝트가 돌아가도록 할 의무를 성공적으로 이행했다. 자신이 할 수 있는 모든 일을 다 했다. 마치 병원에서 아기가 나오기를 기다리는 사람들처럼, 혹은 산모와 아이에 대한 소식을 기다리는 것처럼 안도와 침울하고 초조하고 조마조마한 느낌이 마구 뒤섞인 기분이었다. 웨스가 마침내 나타났지만 빌이나 다른 사람들에 대한 소식은 없었다.

여섯 시다. '지금쯤이면 확실히 브릿지에서 무슨 일이 있는지에 대한 어떤 결단이 내려져야 하는데.' 맥신은 생각했다.

30분이 지나갔다. 한 시간. 두 시간.

그리고 맥신은 웨스가 소리치는 것을 들었다. "아 맙소사. 이메일 확인해봐!"

맥신이 핸드폰을 확인했다.

매기 리는 리테일 운영과 이노베이션 위원회 업무를 재개합니다. 역할과 책임에 대해 궁금한 점이 있으면 이메일로 보내주십시오.

곧 파트 언리미티드의 흥분되는 미래에 대한 더 많은 뉴스를 공유하겠습니다. 다음 타운 홀 미팅에서 봅시다!

감사합니다. 그리고 즐거운 휴가 보내십시오!

– 스티브

맥신은 테이블 곳곳에서 환호성을 들었지만 사라는커녕 여전히 불확실한 커트의 운명이 분위기를 가라앉혔다. 웨스는 핸드폰을 바라보다 활짝 웃으며 외쳤다. "빌과 매기, 커트가 오고 있어."

누군가가 제때 맥주 피처를 여럿 더 주문했다. 커트는 두 팔을 머리 위로 의기양양하게 뻗은 채 미소를 지으며 문을 통해 걸어 들어왔다. 그의 뒤에는 매기, 커스틴, 빌이 있었다.

테이블에서 환호성이 터져 나오고, 도크사이드 바의 나머지 사람들도 동참했다. 결국 그들은 테이블에 앉아 술을 들이켜더니 마침내 그들 입에서 이야기가 나왔다.

"영화 〈브라질〉 같았어요!" 커트는 웃으면서 자랑스럽게 말했다. "서류 때문에 죽을 지경이었다니까요. 사라는 제가 어긴 모든 규칙을 조사하겠다고 HR과 조사를 시작한 거예요. 타임카드를 제출하지 못한 거, 비용 보고서 정책을 준수하지 않은 거, 자본 지출 지침을 준수하지 않은 거, 예산 책정 프로세스 준수하지 않은 거, 부정확한 직원 코드 등등."

맥신은 빌이 커트를 쳐다보는 것을 봤다. 맥신은 그가 이제 커트를 더 가까이서 감시할 것인지 궁금했다.

"…그리고, 음, 또 다른 것이 있었어요." 커트가 말했다. "다른 관리자와 부적절한 관계를 맺었다는 거죠. 하지만 우린 서로를 위해 일하지 않았고, 그녀는 사실 저보다 선배여서 그 부분에 대해서는 즉시 HR에 말했죠. 우리는 지금까지 5년 동안 행복한 결혼 생활을 하고 있어서 그걸로 문제되진 않을 게 거의 확실해요."

"오, 커트." 맥신은 그것이 심각한 것이 아니라 안심됐다. "사라는 정말 이 일에서 벗어날 수 있을까요?"

"당분간은요. 추후 조사가 있을 때까지 60일간 제 급여가 정지됐어요." 커트가 말했다. "스티브도 일단 매기를 곤경에서 벗어나게 했고요. 하지만 사라는 아직도 활개 치고 있어요. 모든 것이 호라이즌 3 프로젝트의 성공에 달린 것 같아요. 스티브의 일도 거기에 달려 있어요. 만약 이 프로그램이 성공하지 못하면, 사라는 우리가 알고 있는 이 파트 언리미티드의 새로운 CEO가 되겠죠."

맥신은 매기, 커트, 빌에게 오늘 있었던 일과 그들이 이노베이션 프로젝트를 지원하기 위해 어떻게 세 팀으로 나눴는지를 알려줬다.

맥신은 매기가 활짝 웃는 것을 봤다. "정말 놀랍군요, 맥신. 수고하셨습니다. 그 얘긴 내일 하죠. 그 전에 모두에게 제가 술을 한 잔씩 살게요! 지옥 같은 하루였어요!"

"우리는 여전히 계속 일하는 겁니다, 여러분!" 빌이 말했다. 뒤늦게 생각이 났는지 빌은 미소를 지으며 커트를 가리켰다. "어, 우리 대부분 말이에요…. 60일 후에 봐요, 커트."

그는 맥신에게 시선을 돌리더니 말했다. "오늘 있었던 호라이즌 3 잘해줬어요. 다음 달이 중요하니 망치면 안 돼요." 빌은 미소를 지으며 덧붙였다. "제가 어떻게 도울 수 있는지 알려주세요. 말 그대로 이보다 더 중요한 건 없습니다."

목요일 늦은 밤까지 놀았지만, 사람들 대부분 2주간의 휴가를 떠나기 전인 금요일에는 일찍 업무가 시작됐다. 그러나 이노베이션 파일럿 프로젝트의 운명이 불확실하다는 것은 모두가 알고 있었다. 누구도 가능한 한 빨리 일을 끝내야 한다는 데 대한 확신은 따로 필요 없었다. 1월 타운 홀 미팅에서 뭔가, 그것이 무엇이든 보여주겠다는 생각 자체가 고무적인 목표였다.

그러나 휴가철 판매 성수기도 다가오고 유니콘 프로젝트에 대한 작업은 끊임없이 계속되고 있었다. 인프라 쪽에서는 브렌트의 카오스 엔지니어링 노력 때문에 사람들이 그 어느 때보다 자신감에 차 있었다. 지난 몇 주 동안, 그들은 운영 환경에서의 부하 테스트를 늘렸고 심지어 운영 환경에 결함까지 발생시켜 유니콘 캠페인으로 인해 발생할 수 있는 엄청난 주문 물량이 초래할 수 있는 장애 상황을 겪으면서까지 확인했다.

많은 네트워크 케이블의 플러그를 뽑는 것을 포함한 이런 테스트들을 계획하는 데 있어서 브렌트는 믿을 수 없을 정도로 치밀하다는 것을 증명했다. 놀랍게도, 3개월 전 피닉스 론칭 때와 같이 엄청난 장애가 발생하는 대신 모든 것에 문제가 생기면서도 계속 시스템은 운영됐다.

며칠 동안 반란군은 홀리데이 프로모션 론칭을 지원하기 위해 열심히 일했다. 맥신이 보기에 다행스럽게도 홀리데이 론칭이 추수감사절 론칭보다 더 순조롭게 진행되고 있으며 초기 사업 성과가 매우 좋아 보였다.

매기가 옳았다. 훌륭한 프로모션을 만드는 것은 일종의 학습 게임이며, 유니콘 팀 전체가 많은 것을 배웠고 파트 언리미티드 사가 이를 통해 엄청난 이익을 보고 있다는 것은 명백했다.

홀리데이 매출이 최고조에 달하자 반란군은 세 개의 고마운 이노베이션 팀을 돕는 쪽으로 집중했다. 그들은 장애 상황을 겪지 않았음에도 불구하고, 서로 비난하지 않는 사후 검토를 수행했다.

사후 검토에서는 끔찍할 정도로 나쁜 일은 일어나지 않았다. 하지만 커트가 그들에게 상기시켰듯이, 이 모임의 목적은 배우는 것이었다.

그 시간은 너무 좋아 눈을 뗄 수 없는 시간이었고, 맥신은 심각한 일이 일어날 수도 있었던 몇 번의 아슬아슬한 실수들에 대해 알게 됐다. 사람들은 시스템을 더욱 안전하게 만들 수 있는 엔지니어링 작업에 열성적으로 자원했다. 그때 맥신은 팀 외부의 사람들이 그들을 지켜보기 위해 얼마나 많이 왔는지를 알게 됐다.

비난하지 않는 사후 검토에 참여해 달라는 초대를 사람들에게 많이 보냈지만, 맥신은 이렇게 많은 엔지니어가 나타나리라고는 예상하지 못했다. 사실, 자리가 모자라 많은 사람이 온라인으로 참가해야만 했다. 이런 포럼들은 이제 회사에서 가장 혁신적이고 흥미로운 것들에 대해 배우는 가장 빠른 방법이라는 평판을 얻었다.

"그녀는 어디 있는 거죠?" 영업부장 데브라가 회의실을 서성거리다가 손목시계를 들여다보며 물었다.

"걱정 마세요, 올 거예요." 맥신이 말했다.

"걱정 말라고요? 농담이죠? 모든 게 걱정돼요!" 데브라가 말했다. "모든 곳에서 비용이 늘어나고 있어요. 제가 매장 관리자라면 우리가 제안하는 이 모든 수작업에 겁날 거예요. 빌은 심지어 안전 완충 장치를 만들기 위해 서비스 스테이션에 부품을 비축해야 한다고 제안하고 있다니까요. 서비스 스테이션이 우리한테 미리 돈을 주는 것도 아닌데 말이에요! 게다가 우리더러 계획보다 2주 빨리 첫 번째 테스트 마켓 파일럿 프로그램을 하라고 몰아붙이고 있어요!"

맥신이 웃으며 말했다. "말 되는데요. 파일럿 프로젝트를 죽이는 가장 빠른 방법은 이 서비스 스테이션들이 다운되게 하는 거예요. 만약 빌이 추가된 재고에 대해 기꺼이 지불할 용의가 있다면, 그러라고 하세요. 보통 그는 더 풀어주기보다는 더 많은 제약 조건을 밀어붙이는 사람이잖아요."

데브라가 걷다 말고 멈췄다. "맞아요. 고객 중심. 다섯 번째 이상이요."

"바로 그거예요." 맥신이 말했다. "고객 만족과 직원 참여가 매우 큰 현금 유동성을 가져올 것이라는 스티브의 믿음을 우리는 확실히 테스트하게 될 거예요."

데브라는 처음으로 미소를 지으며 말했다. "점장들이 얼마나 열광하며 관여하고 있는지 놀라울 정도예요. 저희는 그들에게 엄청나게 의존하고 있어요. 그들은 그 많은 일을 처리하기 위해 매장 내 직원을 더 늘릴 것이고, 급박할 때 아무도 없으면 점장들이 직접 이 부품들을 배달해 줄 거예요."

"이건 다 자료가 너무 설득력이 있기 때문인 것 같아요." 데브라는 계속했다. "이 모든 것을 실현해주신 데 다시 한번 감사드릴게요. 영업 사원을 관리하면서 배운 게 있다면, 사실이 필요한 게임을 할 때는 절대로 사견을 듣지 않는 거예요."

맥신이 웃었다. "전 별로 한 게 없어요. 모든 분석을 종합한 건 그쪽 팀이었잖아요. 저희는 그냥 그들이 필요로 하는 모든 데이터가 그들이 접근할 수 있는 장소에 있는지 확인했을 뿐이에요."

"전 그렇게 생각하지 않아요." 데브라가 말했다. "우리가 하는 투자가 너무나 많아요. 각 파일럿 서비스 스테이션에 대한 구매 이력이 필요했고, 부품 가용성과 리드 타임과 맞춰봐야 했고, 유통 센터와 매장과의 거리, 교차 배송 비용, 운송 능력 구축 방법에 대한 모든 불확실성은 말할 것도 없고…. 아직도 우리가 모르는 것이 너무 많아요!"

맥신이 고개를 끄덕였다. 많은 이해관계에도 불구하고(혹은 그것 때문인지 모르지만) 맥신은 집중, 흐름, 즐거움이라는 두 번째 이상 덕분에 즐기는 중이었다. 팀과 함께 분석 작업을 하고, 회사 전반에 떨어져 있는 사일로와 협력하며 교통 문제를 연구하고 있었다. 맥신은 이것이 어떤 MBA 프로젝트보다 낫다고 생각했다. 왜냐하면 이건 실제 상황이기 때문이다.

비록 데브라가 모든 수작업 과정에 대해 초조해했지만, 맥신은 이것이 그들의 상품을 테스트하고 그것들을 이행하기 위해 어떤 능력이 필요한지에 대한 가설을 확인하기 위해 최소 기능 제품^{Minimum Viable Product}을 만드는 일이라는 것을 알고 있다. 그들이 크고 파괴적인 프로세스를 전개하는 데 많은 투자를 하기 전에 이런 빠른 반복과 학습은 일상 업무의 개선이라는 세 번째 이상의 좋은 예다.

마찬가지로, 팀 내 모든 전문 지식과 그들이 필요로 하는 데이터를 가까이에 두는 것은 지역성과 단순성이라는 첫 번째 이상에 대한 훌륭한 예다. 사람들이 기꺼이 내놓으려고 하는 미친 생각들은 확실히 네 번째 이상인 심리적 안전의 존재를 보여줬다.

"왜 웃어요?" 데브라가 맥신을 응시하며 물었다.

맥신은 그저 고개를 가로저었고, 운영 이사와 직원들이 회의실로 줄지어 들어오는 것을 보자 그들에게 인사했다.

19장

• 1월 13일 화요일

발신: 스티브 마스터즈 (파트 언리미티드 CEO)

수신: 파트 언리미티드 전 직원

날짜: 1월 13일 오전 8시 45분

제목: 사라 몰튼은 더 이상 이 회사에 근무하지 않음

즉시 시행되는 것으로, 사라 몰튼은 가족과 더 많은 시간을 보내기 위해 휴직 예정입니다. 매기 리가 리테일과 관련된 모든 업무를 인수할 것이고 파멜라 샌더스는 제품 마케팅, 애널리스트 관계, 홍보 업무를 맡게 될 것입니다. 다른 문제는 저한테 문의하십시오. 지난 4년 동안 회사에 기여해준 모든 것에 대해 사라에게 감사드립니다.

다음 타운 홀에서 봅시다!

– 스티브

발신: 앨런 페레스(웨인 요코하마 이쿼티 파트너, 운영 파트너)

수신: 스티브 마스터즈(CEO)

날짜: 1월 13일 오후 3시 15분

주제: 놀라운 분기 축하드립니다

스티브, 기밀입니다.

주목할 만한 분기에 대해 축하드립니다. 그들이 말했듯이, 두 개의 데이터 포인트 가 트렌드가 되지는 않겠지만 보는 것만으로도 재미있군요. 이번의 기록적인 블랙 프라이데이와 크리스마스 휴가 판매 실적과 수익에 대한 기여는 주목할 만하며 회 사의 재정 상태를 확실히 변화시켰습니다. 성장 스토리가 구체화되고 있는 기미가 희미하게 생겼군요.

이 전환 과정 내내 우리가 당신을 지지했다는 것이 기쁩니다. 분기를 잘 마감하시 기를 빌고, 이번 분기의 최종 숫자를 기대하겠습니다.

앨런

PS: 사라가 당신의 비전에 믿음이 없었다는 게 유감이군요. 사라는 아주 멋진 자산 이 될 수 있었을 텐데요.

맥신은 1월의 타운 홀 미팅에서 두 번째 줄에 앉아 있었다. 사라가 떠난 다는 소식에 맥신은 웃음을 멈출 수가 없었다. 그보다 더 좋은 소식은 커 트가 복직됐고 모든 잘못에 대해 혐의를 벗었다는 메모를 크리스가 내보 냈다는 것이다. 커트는 맥신 옆에 앉아 있었고, 맥신의 기대와 달리, 둘 다 오늘의 안건에서는 작은 역할을 맡았다.

오전 10시 정각에 스티브는 마이크를 켜고 청중 모두에게 연설했다.

"안녕하십니까, 여러분. 새해 복 많이 받으세요. 환상적인 홀리데이 시즌과 방금 수익 결산을 끝낸 내용을 고려할 때, 올해가 회사에 가장 좋은 해가 될 것입니다!" 강당에 모인 사람들이 박수를 치며 환호했다. 맥신은 그 회사의 놀라운 분기에 대한 환상적인 언론 기사를 봤다. 스티브는 회사의 임무에 대해 평소처럼 반복하고는, 12개월 동안 있었던 회사의 놀라운 실적에 대해 좀 더 자세히 말해줬다. 우레와 같은 박수 소리에 그는 매기에게 무대에 오르라고 요청했다. "긴급한 재고 감사를 잘해준 것과 리테일의 SVP라는 새로운 직책을 축하합니다!"

이 타운 홀 미팅이 있기까지 회사 전략에 대해서는 항상 사라가 이야기했었다. 맥신은 매기가 그 자리를 대신하고 회사 전체 앞에서 인정을 받는 것이 너무 기쁘고 자랑스러웠다.

"감사합니다, 스티브"라고 말하는 매기는 디자이너 정장을 멋지게 차려입고 있었다. "짧게 하겠습니다. 12월에 우리는 전 분야에 걸쳐 기록을 세웠습니다. 수익, 평균 주문 규모, 프로모션 품목의 전환율 그리고 마진. 심지어는 고객 만족도까지도요."

"피닉스가 세운 놀라운 토대 덕분에 유니콘 팀은 모바일 애플리케이션, 전자 상거래 사이트, 물리적 매장으로 사람들을 몰아가기 위한 프로모션 기능을 빠르게 창출할 수 있었습니다. 물론 마케팅뿐만이 아닙니다. 매장 직원과 기술 팀을 포함한 놀라운 통합 작업 덕분이었습니다." 매기는 말했다. "특히 커트 레즈닉과 맥신 챔버스 그리고 유니콘 프로젝트 팀 전체의 놀라운 업무에 대해 언급하고 싶습니다."

매기는 무대에서 맥신과 커트를 가리키더니 자리에서 일어나 모두에게 손을 흔들어 달라고 했다. 맥신은 이를 악물며 모두에게 손을 흔들었다.

매기는 일련의 그래프를 설명했다. "…요컨대, 이 놀라운 실적 덕분에 스티브와 딕은 거의 2년 반 만에 처음으로 수익성 있는 분기를 발표했습니다."

맥신은 사람들이 열광적으로 응원하는 것을 들으며 이것이 회사의 미래에 얼마나 중요한지 깨달았다. 매기는 활짝 웃으며 말했다. "확실한 건, 이제 시작이라는 것입니다. 스티브는 우리가 현재에 안주하게 놔두지는 않을 겁니다. 사실 그는 목표를 높였고, 우리는 그 목표를 달성할 방법을 찾기 위해 동분서주하고 있습니다. 모두 정말 고맙습니다!"

스티브는 매기에게서 마이크를 받고 나서 매기의 위대한 성과에 다시 감사를 표했다. "12월에 개최한 이노베이션 콘테스트 우승자를 공식적으로 발표하고자 합니다. 30개 이상의 팀이 선발돼 회사 전체에서 뽑은 심사위원들에게 그들의 아이디어를 발표했습니다." 스티브가 말했다. "놀라운 아이디어가 많았고 위원회의 결정에 너무 기쁘군요."

더할 나위 없이 기쁘게도 브렌트, 섀넌, 드웨인, 웨스가 스티브에게 상을 받기 위해 무대에 올랐고, 그들뿐 아니라 서비스 스테이션 등급제와 4시간 부품 배달에 대해 발표한 팀들도 무대에 올랐다.

무대 위에 있는 사람들을 가리키며 스티브는 말했다. "놀랍게도 이들 각 팀은 이미 맥신 및 그녀의 팀과 함께 아이디어를 탐색하고, 프로토타입화하고, 검증하기 위해 협력하고 있습니다. 그 결과는 분기별로 여러분에게 보고하겠습니다."

각 팀은 자신들이 계획하고 있는 것을 5분 동안 발표하고, 각각 그들이 이미 만든 것을 보여주고, 다음에 무엇을 할 계획인지, 향후 3개월 동안의 목표 그리고 그들이 도움을 원하는 부분에 대해 발표를 했다.

맥신은 그들이 만든 것에 매우 크게 감명받았다.

스티브는 그들에게 감사 인사를 하고는, 실수를 통해서든 실험을 통해서든 각각의 팀이 배운 내용을 공유해 달라고 요청했다. 그는 "성공한 것과 실패한 것을 공유하는 것이 중요합니다"라고 설명했다.

"우리의 미래는 혁신에 달려 있습니다." 스티브가 말했다. "그건 프로세스에서 나오는 게 아닙니다. 사람한테서 나오는 겁니다." 그는 모든 사람에게 세 개의 호라이즌을 설명하고, 사람들을 컨텍스트에서 코어로 이동시키기 위해 취하는 조치도 설명했다.

"회사로서 우리는 아무도 뒤쳐져 있는 것을 바라지 않습니다. 우리는 파트 언리미티드사의 설립자가 미국에서 가장 숙련된 인력을 창출하는 것을 그의 사명으로 삼았던 1920년대 이후 한 번도 해보지 않은 수준으로 여러분에게 투자하고 싶습니다."

"그러기 위해 저는 이 타운 홀 미팅의 빈도를 격월에서 월 단위로 늘리고, 우리가 만든 채팅방에 모두 초대해서 질문을 제출하거나, 심지어 그냥 이모티콘을 게시할 수도 있도록 하겠습니다." 스티브가 그의 등 뒤 화면에 모든 질문과 이모티콘을 보여줬다.

'흥미진진하고 새롭네.' 맥신은 생각했다.

휴회하기 전에 스티브는 말했다. "아, 한 가지 더 있군요. 빌 팔머를 축하해주고 싶습니다. 그는 CIO로 승진하면서 제가 그 직책을 더 이상 맡지 않아도 되게 해줬죠. 그리고 앞으로 2년 동안 우리가 만든 특별 프로그램을 그가 중단하지 않는다는 조건으로 임시 최고운영책임자로 그를 임명하는 이사회의 승인을 받게 돼 기쁩니다."

맥신이 놀라서 빌 쪽으로 시선을 돌렸다. 맥신은 이렇게 될 줄 전혀 몰랐다. 빌이 스티브와 그렇게 좋은 관계를 맺고 있는 것처럼 보이는 것도 당연했다. 맥신은 빌의 어깨를 주먹으로 툭 치며 말했다. "축하해요, 빌!"

약속대로 스티브는 2월에 또 다른 타운 홀을 열었다. 무대에서 그는 말했다. "매달 타운 홀 미팅 사이에 이런 게 있을 겁니다. 전체 한 시간가량 진행할 예정이고, 주로 작은 발표와 질의응답 시간으로 채워질 겁니다." 스티브는 다시 회사의 비전과 컨텍스트를 관리함으로써 코어를 활성화하는 데 초점을 맞추는 것에 관해 이야기했다.

그가 말했다. "Q&A 전에 발표할 게 있습니다. 우리가 학습 조직이 되지 않으면 다른 조직에 질 것이라는 말을 지난번에 강조한 바 있습니다. 이를 진행하기 위해 '목요일 티칭 데이Teaching Thursdays'라는 것을 추진 중입니다. 맥신 챔버스 덕분이죠."

맥신의 가슴이 뛰었다. 맥신이 그동안 로비해 온 티칭 데이의 실현이 목전에 있다. 기술 조직뿐만 아니라 회사 내 모든 사람을 위한 것이다.

"매주 우리는 회사의 모든 구성원이 배울 수 있는 시간을 만들 것입니다. 이날 모임에서는 2시간 동안 무언가를 가르치거나 무언가를 배우게 됩니다. 주제는 여러분이 배우고 싶은 모든 것입니다. 다른 사일로나 사업부에서 교차 훈련을 하고, 유명한 매장 교육 프로그램에 참여하고, 매장이나 제조 공장에서 시간을 보내고, 여러분의 고객이나 우리의 헬프데스크 직원들과 합석하고, 린 원칙이나 프랙티스에 대해 배우고, 새로운 기술이나 도구를 배우거나, 여러분의 경력을 더 잘 관리하는 방법을 배우십시오. 여러분이 할 수 있는 가장 귀중한 일은 여러분의 동료들에게 멘토가 되기도 하고, 때론 멘티가 되는 것입니다. 그리고 저도 그 자리에 있을 겁니다. 배움은 모든 사람을 위한 것이고, 거기서부터 경쟁 우위를 창출할 것입니다."

그 순간 맥신은 크나큰 직업적 자긍심을 느꼈다. 특히 스티브가 참여 의사를 밝혀 새로운 것을 배우면서 자주 겪는 당혹감을 줄여줬다. 리더들은 그들이 원하는 행동을 위해 본보기를 보여야 한다.

"잘했어요, 맥신." 바로 옆에 앉아 있는 빌이 말했다. "이건 정말 굉장한 일이에요."

맥신은 새어 나오는 웃음을 멈출 수가 없었다. 스티브가 질의응답을 시작했고, 그의 뒤에 있는 화면에는 #ask-steve-town-hall 대화방이 보였다. 약속대로 그는 사람들이 회사에 대해 어떻게 느끼는지 물어보고, 이모티콘으로 돼 있는 답에 투표해 달라고 부탁했다. 대부분 하트나 웃는 얼굴로 답했다. 약 5퍼센트는 똥 모양으로 답했는데, 이걸 보고 스티브는 불만이나 제안 사항을 이메일을 보내 달라고 요청했다.

그다음 주 목요일, 맥신은 40명이 넘는 인원과 함께 구내식당 앞에 앉아 있었다. 목요일이 티칭 데이라 섀넌과 데이터 과학자가 앞에 서서 팬더 데이터 플랫폼의 실제 회사 데이터를 사용해 머신러닝 모델을 만드는 튜토리얼을 하고 있었다. 맥신을 포함한 참여자들은 노트북을 열고 실험실 과제를 따라 하고 있었다.

스티브는 노트북을 펴 놓고 맥신 옆에 앉아 있었다. 맥신이 그의 노트북 옆에 있는 머신러닝 책에 시선을 두자 스티브가 말했다. "왜? 난 수십 년 동안 물류업에 종사했네. 사실 대학원에서 수학을 공부하고 싶었지만 갈 돈이 없었지. 그래도 선형대수와 통계를 좋아했어. 아는 사람 중에서는 내 엑셀 실력이 여전히 최고야. 하지만 나도 아직 배울 게 많아."

맥신은 감동했다. 방을 둘러보니 MRP 출신 동료뿐만 아니라 직위가 없어질 프로젝트 관리자와 QA, 운영 엔지니어도 다수 눈에 띄었다. 몇몇은 마지못해 여기 온 것 같지만, 대부분은 헬프데스크의 데릭처럼 열광적으로 참여했다. '데릭에게는 잘된 일이야.' 맥신은 생각했다.

RIF를 하는 것이 힘들었지만, 여기 있는 사람들이 가장 전문적이면서도 가장 많은 사람이 원하는 기술을 열심히 배우는 것을 보니 맥신은 절로 미소를 짓게 됐다. 티칭 데이가 회사뿐만 아니라 이 엔지니어들에게도 옳은 일인지 걱정했던 것이 싹 가셨다.

맥신은 때때로 새로운 것을 배우면서 오는 심리적 장벽을 잘 이해했다. 그래서 맥신 역시 새로운 것을 배울 필요가 있다는 것을 보여주기 위해 여기에 있는 것이다.

수년 전, 맥신이 MIT 워크숍에 참여했을 때의 강사는 성인 학습자들이 새로운 언어를 배우든, 수영을 배우든, 심지어 골프 레슨을 받든, 새로운 기술을 습득하려고 노력한다는 사실을 자주 숨긴다고 말했다. 그것은 대개 자신이 잘하지 못하는 일을 하는 것이 보여지는 것을 두려워하거나 창피해서 그러는 것이다.

사실, 수십 년 전에 맥신은 수영을 더 잘하고 싶은 마음에 강의를 들었다. 수영장 한가운데서 멈추지 않고는 한 바퀴도 헤엄칠 수 없었기 때문이었다. 맥신은 같이 수영하는 다른 아이들과 어른들 모두가 자신을 비웃고 있다고 상상하자 창피했다. 맥신은 의자에 앉아 모든 사람을 감시하는 것이 직업인 구조대원 때문에 자신의 수영 실력이 자꾸 신경 쓰이기도 했다.

심지어 수영을 잘하지 못하는 자신을 구조대원이 이해해 줄 수 있도록 가짜 절름발이 행세를 했던 게 기억났다. 마침내 맥신은 아이들과 같은 시간에 수업을 받기 시작했고, 몇 년 연습한 후에 한 시간 내내 수영할 수 있다는 것을 자랑스러워했다.

맥신은 수영장에서 자신이 그랬던 것처럼 엔지니어들이 창피해하지 않기를 바랐다. 모든 사람은 배워야 한다. 이것은 티칭 데이에 얼마나 많은 사람이 참가하는지에 깊은 만족감을 느끼는 이유이기도 했다.

2주 후, 맥신은 5번 빌딩의 적재함 바깥쪽 주차장에 있는 커다란 컴퀴트 서버 더미 주위에 서 있었다. 아직 주차장 주변에는 눈이 쌓여 있고 날씨는 여전히 춥지만, 그렇다고 해서 50명에 가까운 인원이 붐비는 것을 막을 수는 없었다.

왜 이렇게 많은 사람이 여기에 있는지 맥신은 알고 있었다. 그녀는 4시간 배달 서비스 외에도 브렌트와 드웨인이 컴퀴트 서버에서 모든 것을 마이그레이션하는 것을 지원하기 위해 계속 작업을 해왔다. 그리고 이제 그 작업이 완료됐으므로, 사람들은 이 오래된 컴퀴트 서버들과 작별하고 싶어 했다.

놀랍게도 스티브, 딕, 빌도 여기에 있었다. 스티브는 "웨스와 그의 팀이 낡고 지친 서버들을 성공적으로 은퇴하게 해준 것을 진심으로 축하하네. 우리의 업무는 고객에게 봉사하는 것인데, 솔직히 말하면 그들은 이런 것들에 신경 쓰지 않아. 이것들을 받쳐주는 데 사용했던 자네들의 모든 노고와 에너지를 거둬들여 코어에 다시 배치한다면 고객들을 더욱 즐겁게 할 수 있을 걸세. 웨스가 다음 타운 홀에서 이 이야기를 공유해준다면 모두가 함께 축하할 수 있을 거야."

"웨스, 자네에게 바통을 넘기지." 스티브의 말에 그곳에 모인 사람들의 박수 세례가 쏟아졌다.

웨스는 앞으로 나가 연설을 했다. "다들 와줘서 고맙습니다. 이것은 데이터 센터에 상주하면서 매일 우리를 괴롭혔던 이런 것들에게 우리가 행할 많은 의식 중 첫 번째입니다. 저는 거의 20년 전에 컴퀴트 서버와 함께 성장했습니다." 웨스는 말했다. "전 제가 아는 거의 모든 것을 이걸로 배웠습니다. 당시 가능했던 기술 중에서도 가장 뛰어났던 기술의 완성이었습니다. 하지만 요즘엔 골칫거리가 됐죠. 그것이 운영하는 미들웨어는 새로운 일을 수행하기 어렵게 만들었습니다. 자주 문제를 일으켰고, 파일 시스템 디스크 검사로 인해 클러스터 전체가 재부팅되는 데 거의 반나절이 걸렸죠."

"우리는 지난 몇 달 동안 상용 서버나 전체 인프라를 클라우드로 옮기기 위해 모든 애플리케이션을 이 기계에서 마이그레이션하기 위해 열심히 노력했습니다." 웨스가 말했다. "그리고 이제 그 일이 완료됐으니, 그것들을 데이터 센터와 우리의 인생에서 내보낼 수 있게 됐습니다."

웨스는 그의 뒤에 있던 거대한 해머를 끌어당겼다. "이 고대의 허깨비들이 일으킨 심야 장애 때문에 많이 불려왔던 사람으로서, 저는 이걸 처음 휘두르는 특권을 제게 주겠습니다. 그러고 나서 누구나 한마디하고 해머로 내리치실 수 있습니다."

웨스는 큰 망치를 머리 위로 치켜들고는 "잘 가라, 1990년대 8U의 끔찍한 쓰레기 더미야!"라고 소리치며 서버 더미로 대형 해머를 내리쳤다. 깨지기 쉬운 부품이 부서지는 귀에 거슬리는 소리가 들리자 맥신이 환호했다. 웨스는 기뻐서 꽥꽥거리며 몇 번 더 해머를 내리쳤다. 웨스는 웃으며 소리쳤다. "와! 기분 좋은데!"

웨스가 대형 해머를 브렌트에게 건네주자 브렌트는 그것을 집어 들고 소리쳤다. "이건 5년 전 밤마다 나를 깨운 벌이야!" 브렌트가 대형 해머를 휘두르자 더 끔찍한 소리가 났다. 그는 "그리고 이건 내 가족과 함께 디즈니랜드에서 보내려던 내 지난 휴가를 망친 것 때문이야!"라고 외치고, 다시 그것을 휘둘렀다.

브렌트가 여기서 멈추지 않고 힘없는 서버에 대한 복수를 계속하자, 맥신은 다른 사람들과 함께 미친 듯이 웃으며 핸드폰으로 대학살의 현장을 기록했다. 브렌트는 마침내 대형 해머를 다음 사람에게 넘겼다. 맥신이 자기도 작별 인사를 하기 위해 줄을 서자 웨스는 맥신에게 미소를 지었다. "이거 정말 놀라운데요. 거의 4톤의 장비를 재활용하려고 내놨어요. 이제 15톤 남았어요!"

몇 주 후, 맥신은 반란군 대원들과 함께 도크사이드에서 시간을 보내고 있었다. 서로의 일을 공유하고 있고, 맥신도 모두가 그녀만큼 즐겁게 시간을 보내는 것 같아 기뻤다.

"이 엔진 센서는 정말 멋진 장치예요! 중국에서 만들어졌지만, 그걸 설계한 회사는 여기서 그리 멀지 않은 곳에 있어요. 아주 작은 가게인 것 같아요." 섀넌이 말했다. "그 기기의 소프트웨어를 수정하는 실험을 몇 차례 했어요. 거기엔 리눅스를 실행하는 ARM 프로세서가 있더라고요. 가까스로 구성을 변경하고 장치를 재가동했기 때문에 이제는 센서 데이터를 그 기기 센서 데이터가 아닌 우리 백엔드 서버로 전송하고 있어요."

맥신은 웃었다. "우리가 하는 일이 서비스 약관을 위반하는 것이기 때문에 합법적이지 않지만, 너무 재미있어요. 합작법인 같은 걸 하든가 아니면 대놓고 우리가 OEM 하는 것을 얘기해보려고 팀을 보내려고요."

"그들의 데이터 수집 기능하고 관련 웹 페이지는 쓸모없는 수준이에요. 거의 매일 문제가 생기거든요." 섀넌은 말을 이어갔다. "클라우드에 거대한 데이터 수집 메커니즘을 구축한 다음 팬더 데이터 플랫폼에 모두 보냈으면 해요. 수백만 개의 장치를 쉽게 다룰 수 있는 것을 만들 수 있어요"라고 말하는 맥신은 분명히 신나 보였다. "이 장치를 만든 사람들에게 우리가 만들고 있는 것을 보여주고, 그들이 할 수 있는 가장 현명한 것은 우리와 협력하는 것이라는 점을 확실히 보여주고 싶어요. 그렇지 않으면 그 사람들은 큰 실수를 하는 걸 거예요."

섀넌의 사악한 미소를 보면서 맥신은 섀넌이 좋은 쪽으로 얼마나 경쟁력 있는 사람인가를 생각했다.

"그건 그렇고 저희 팀에 합류할 의향이 없으세요?" 섀넌이 물었다. "애플리케이션과 데이터 측면에서 정말로 도움이 많이 될 것 같아서요. 브렌트랑 드웨인하고 같이 일하는 건 정말 멋진 일이이에요. 정말 재미있는 프로젝트거든요!"

맥신이 눈을 깜박였다. 그 요청을 영광으로 생각했고, 매우 구미가 당겼다. "하지만 누가 4시간 배달 서비스 자리를 채워주죠?"

섀넌은 주위를 둘러보며 새로운 얼굴들을 가리켰다. "제 생각에 MRP와 미드레인지 팀에서 온 사람 중 누구라도 그 기회를 놓치지 않을 것 같은데요." 섀넌이 웃으며 말했다.

맥신이 고개를 끄덕이며 웃었다. 맥신도 그들이 그럴 거라고 확신했다.

3월 타운 홀 미팅에서 스티브는 어느 때보다 활기찬 모습이었다. 물론 그는 회사의 미션에 대한 이야기로 시작하고는, 그다음 고객의 차가 계속 운행되도록 도울 수 있는 새로운 방법으로 그가 얼마나 기대하고 있는지를 설명했다.

그는 매기를 무대로 올렸고, 매기는 이노베이션 위원회의 2차 회의에서 나온 최신 결과를 공유했는데, 그것은 90일간의 실험과 실행 후 선택된 3개 시책의 진행 상황을 검토한 것이었다.

카센터 추천 서비스는 유망해 보였다. 매장 관리자들은 그 데이터를 보유하는 것을 좋아했지만, 점수가 낮은 카센터 주인들과의 관계를 책임지고 있던 담당 세일즈 관리자들이 초래하는 복잡함은 충분히 문제의 소지가 됐다. 비즈니스 리더는 그런 카센터들을 어떻게 할 것인가에 대한 더 나은 정책을 마련하는 데 더 많은 시간이 필요했다. 이 아이디어를 좀 더 발전시켜보는 것은 중단하기로 결정됐고, 이노베이션 위원회는 그다음으로 높은 평가를 받은 제안서를 시작하기로 했다. 카풀 운전자들을 위한 서비스를 제공하자는 아이디어였다.

매기는 "이전과는 대조적으로 4시간 배달 팀이 저희 예상을 훨씬 넘어서고 있습니다"라고 말했다.

맥신은 데브라가 매기가 있는 무대에 올라, 그들의 서비스 스테이션 세일즈맨들이 그 프로젝트를 얼마나 좋아했는지 설명했다. 파일럿 시장에서는 그들이 처리할 수 있는 것보다 더 많은 고객을 확보할 수 있었고, 배송 속도가 중요한 한정된 수량의 중요 부품을 제공할 수 있었다.

데브라는 "많은 서비스 스테이션은 여러 곳에 지점이 있어서 종종 정비사들이 긴급하게 필요한 부품을 한 장소에서 다른 장소로 운전해 옮겨야 하는데, 그렇게 되면 정비사들이 자동차 정비 작업을 못 하고 있다는 것을 의미한다는 것을 알게 됐습니다. 그들이 우리의 서비스를 이용하겠다고 결정하는 것은 쉬운 일이었습니다."

"그들이 지점 사이에서 배송을 가장 많이 하는 부품 정보를 저희에게 공유해주겠다고 해서 저희는 기뻤고, 그중 어떤 것을 저희가 배달할 수 있는지 알아내고 있는데, 부품 일부는 30분 내 배달이 가능합니다." 데브라가 말했다.

데브라가 큰 박수를 받으며 무대를 떠나자 매기는 엔진 센서 프로젝트에 대한 최신 정보를 제공해줄 섀넌과 웨스를 소개했다. 그들은 현재 제작 중인 모바일 애플리케이션과 웹사이트의 프로토타입을 보여줬고, 그들이 두 개의 센서 회사와 어떻게 협상 중이며, 파트 언리미티드와 독점 계약을 맺기 위해 서로 경쟁하게 만든 것을 설명했다.

그들은 "저희 중 많은 사람이 자동차에 시제품 센서를 사용하고 있는 데, 저희 모두는 더 이상 시제품 센서가 없는 삶을 상상할 수 없습니다"라 고 말했다. "여기 매일의 운전 패턴을 볼 수 있는 예가 있는데요, 지도로 그것을 보여주면서 차가 제한 속도를 초과한 곳을 강조해줍니다. 그리고 여기 유지 관리 프로그램과 오일 온도 과열이나 타이어 공기압이 낮을 때 와 같은 긴급한 기계적 문제를 표시해줄 수 있는 경고를 보여주는 대시보 드가 있습니다. 고객을 돕기 위해 우리가 만들 수 있는 모든 놀라운 기능 이나 애플리케이션에 대해 생각해 보십시오!"

"저희는 5월 타운 홀 미팅 전까지 센서 판매를 가능하게 하고 싶습니 다." 섀넌은 말했다. "파트너를 정하고 모든 구성품이 다 맞는지 확인이 끝나는 대로 주문받기 시작할 겁니다. 소규모 배치로 생산이 되겠지만, 실제 고객 수요가 있는지 알고 싶습니다. 그리고 보안을 제대로 갖추도록 해야 합니다. 회사가 법적인 책임을 져야 하는 자료를 수집하고 싶지 않 고, 고객의 프라이버시를 보호해야 합니다."

맥신은 다른 사람들과 함께 박수를 보내며, 이전에 함께 일했던 MRP 팀의 동료들이 이제는 엔진 센서 팀의 일원이 됐다는 것을 말로 다 표현할 수 없을 정도로 기뻐했다.

약속대로 스티브는 웨스와 그의 팀을 데려와 모든 컴퀴트 서버를 제거 해준 것을 축하하며, 그들에게 회사가 파트 언리미티드 고객들을 위한 가 치 창출에 더욱 집중할 수 있도록 해준 것에 감사했다.

'스티브는 이런 걸 참 잘해.' 맥신은 생각했다. 웨스와 그의 팀이 그들이 건 설하는 것을 도왔던 제국의 해체를 그렇게 자랑스럽게 여길지는 상상도 못 했다.

5월에 있은 타운 홀 미팅에서 매기는 엔진 센서 제품에 관한 새로운 소식을 전했고, 섀넌은 좋은 소식을 공유했다. "저희가 만든 것과 그들의 타깃 시장에서 우리 채널이 얼마나 강력한지를 엔진 센서 회사 임원들에게 보여줬더니, 그들은 파트너십을 체결하는 것에 대해 기뻐했습니다." 섀넌은 활짝 웃으며 말했다. "어쩌면 그들이 파트너가 되지 않으면 우리가 어떻게 할지에 대해 겁을 먹은 건지도 모르겠습니다. 어느 쪽이든, 그쪽에서는 저희가 원하는 사양에 맞춰 변형된 센서를 만드는 데 동의했습니다."

"현재 매주 수천 개의 엔진 센서 주문이 들어오고 있으며, 수요를 따라잡는 데 필요한 모든 것을 하고 있습니다." 섀넌은 말했다. "그리고 나왈 데이터베이스와 팬더 데이터 플랫폼에 대한 저희 투자가 성과를 거두고 있어 매우 기쁩니다. 모든 파일럿 센서가 데이터를 플랫폼에 전송하고 있으며 데이터 과학자와 제품 팀이 데이터를 분석하고 있습니다."

섀넌에게 감사 인사를 하며 매기가 말했다. "놀랍게도 완전히 새로운 종류의 고객들이 저희 매장으로 찾아오고 있습니다. 그중 많은 고객이 자동차 운행을 계속하는 것에 생계가 달린 회사 차량 운행 관리자와 카풀 운전자라는 것을 알게 됐습니다. 이 사람들을 여러 방법으로 도울 수 있다는 것을 저희는 잘 알고 있습니다!"

"또 한 가지 놀라운 것은 많은 고객이 고급 자동차에 저희 센서를 설치하고 있는데, 그중 많은 분이 전기차를 타고 있다는 겁니다. 그들은 기술에 매우 익숙해서 저희가 그들에게 제공하는 정보를 좋아합니다. 그들은 그간의 축적된 데이터와 연계된 기능을 좋아합니다. 이런 인구통계학적 데이터는 매우 바람직한 것으로 모든 종류의 애드온add-on을 포함해 회사에 많은 기회를 열어 줄 수 있을 것입니다." 매기는 계속했다.

"사실 저희는 그들의 타이어 압력이 낮다는 것을 감지하면 그들에게 연락하는 실험을 하고 있습니다." 매기는 말했다. "특히, 테슬라 소유주 대부분이 타이어 공기압이 낮은 상태에서 몇 주 동안이나 운전하고 다닌다는 것을 알아냈습니다. 저희는 그들의 자동차로 차를 몰고 가서 타이어와 유동액을 다시 채워주는 프로그램을 제안하는 것을 테스트했는데, 높은 전환율에 저희 모두 깜짝 놀랐습니다."

"이것은 가격에 그다지 민감하지 않은 시장입니다." 매기가 웃으며 말했다. "훨씬 더 높은 비용을 부과할 수 있다는 것을 확인했습니다. 저는 우리가 높은 이윤을 남기며 그들을 위해 해결해줄 수 있는 다른 문제들이 있다고 생각합니다."

매기는 매장 내 카메라 영상을 머신러닝을 사용해 분석하며 유동 인구를 살펴보는 새로운 계획안을 제시했다. 그들은 이미 관심을 끄는 데 믿을 수 없을 정도로 효과적인 양쪽 진열대를 발견했는데, 그것으로 평소보다 사람들이 더 많이 매장에 머무르게 됐다. 이는 더 많은 제품을 판매하거나, 더 높은 가격을 부과하거나, 심지어 새로운 관련 제품 프로모션을 할 수 있다는 것을 의미했다. 그들은 또한 손님들이 줄을 서서 너무 오래 기다리다 보니 그냥 가버리는 높은 대기열 포기율이 유별나게 높은 매장들을 발견했다. 그들은 이런 매장에 점원을 늘리면 큰 성과를 낸다는 것을 알게 됐다.

이와 마찬가지로 애플리케이션을 설치한 고부가가치 고객이 매장에 들어올 때마다 매장 관리자에게 알려주는 매장 파일럿 프로그램도 있었다. 관리자들은 파일럿 프로그램을 매우 좋아했고, 이미 광범위한 재량권을 사용해 이런 고객들을 항상 기쁘게 할 수 있었다. 고객이 애플리케이션을 사용하지 않는 경우, 신용카드를 긁으면 매장 관리자에게 알림이 갔고 로열티 카드를 제시할 수도 있었다. 이런 고객들은 눈치를 채고 감사의 뜻을 표했다.

이어서 데브라는 4시간 배달 프로젝트에 관한 흥미로운 최신 정보를 공유했다. 데브라가 마무리를 하면서 말했다. "죄송해요. 마지막으로 이야기를 하나 해야겠습니다. 지난번에 저는 새로운 시장에서 배달원을 더 빨리 찾을 수 있는 아이디어가 얼마나 필요한지에 대해 도움을 요청했습니다. 누군가가 현재 배달원의 90퍼센트가 엔진 센서 고객이라는 것을 알아챘습니다. 그래서 가장 최근에 한 파일럿 시장에서는 배송 전문 운전자로 알려진 그 지역의 엔진 센서 고객들에게 이메일을 보냈습니다. 반응이 놀라웠습니다. 일주일 안에 충분한 인원을 확보했습니다. 그건 믿을 수 없을 만큼 놀라운 경쟁 우위가 됐습니다. 이것을 제안해 준 다린 데바라즈에게 감사드립니다!"

스티브가 데바라즈에게 감사하면서 덧붙였다. "기억하십시오. 우리의 사업은 고객 신뢰를 기반하고 있습니다. 우리는 고객들의 사생활과 데이터를 보호하겠다고 약속했습니다. 데이터를 경쟁 우위로 바꾸고 고객을 위해 그것을 보호할 수 있는 팬더 플랫폼을 만들어준 섀넌 코먼에게 감사하고 싶습니다."

맥신이 미소 지었다. 맥신은 팬더 프로젝트가 된 섀넌의 초기 제안이 없었다면 이 중 어떤 것도 이뤄질 수 없었음을 알고 있었다. 그들은 '데이터는 새로운 석유'라고 말하는데, 이것은 회사 전체가 그 가치를 이용할 수 있게 해준 많은 방법 중 일부에 불과했다.

데이터를 민주화함으로써, 데이터를 필요로 하는 사람은 누구나 이용할 수 있게 됐다. 데이터로 인해 팀이 분산되기도 하지만 회사 전체의 방대한 전문 지식에도 접근할 수 있었다. 이런 나눔 학습의 역동성은 분명하고 광범위하게 회사 내에서 가장 전략적인 프로젝트의 효과를 증폭시켰다. '에릭이 자랑스러워하겠는걸.' 맥신은 생각했다.

엔진 센서 프로젝트의 끝도 없고 흥미진진한 상황에서 잠시 벗어나기 위해 맥신은 산책에 나섰다. 이 프로젝트는 의심할 여지 없이 대성공이었다. 최근 1주일에 1만 개 이상의 센서가 판매됐으며, 모바일 애플리케이션이 인터랙티브 디자인 상 후보에 올랐다는 소문이 있었다.

맥신과 그녀의 팀은 즐거운 시간을 보내고 있었지만 도움이 필요했다. 그들은 매기에게 로드맵에 있는 멋진 아이디어들을 실행해보는 것을 가속화하기 위해 다섯 명의 엔지니어를 추가해 달라고 로비를 시작했다.

충동적으로 맥신은 데이터 센터에 들어가 보기로 했다. 주변을 둘러보다 지난 5개월 동안 그것이 어떻게 변했는지에 놀랐다.

이전에 그 데이터센터는 0.5미터 크기 랙rack이 바닥부터 천장까지 설치돼 벽마다 서버들로 가득 차 있었다. 하지만 이제는 랙들이 치워져 길이 30미터, 폭 15미터 되는 완전히 텅 빈 공간이 있었다.

바닥에는 서버에 있던 비즈니스 시스템을 나타내는 표식 테이프 조각과 묘비명과도 같은 종이 푯말들이 있었다.

'이메일 서버: 연간 163,000달러 절감'

'헬프데스크: 연간 109,000달러 절감'

'HR 시스템: 연간 $188,000 절감'

30개가량의 푯말이 있고, 근처 벽에는 '랙 장례식: 지금까지 10톤이 넘는 쓸모없는 장비들이 제거되고 재활용됐다…. 편히 쉴 수 있기를'이라는 문구가 있었는데, '10'이라는 숫자는 X자 표시된 후 손으로 쓴 '13'으로 대체돼 있었다.

또한 게시판에는 제거된 장비의 사진들이 게시돼 있었다. 망가진 컴퓨트 서버 더미 사진을 보던 맥신의 얼굴에 미소가 번졌다.

맥신은 올해 후반 그녀의 예전 MRP 시스템의 많은 부분이 상업적으로 지원되는 제품으로 대체돼서 안전하게 폐기될 수 있다는 것을 알았다. 맥신은 폐기 작업 시점에 그녀의 옛 관리자인 글렌을 도왔다. 글렌의 새로운 목표는 업계 무역 기관 중 하나가 보도한 바와 같이 '세계 최고의 제조 공급망'을 구축하는 것이라고 했다. "우리가 10위권 밖으로 떨어져서 제대로 열받았다고. 3년만 기다려줘! 자네와 스티브의 도움으로 우리는 업계의 부러움을 사게 될 거야."

그들은 마침내 20개의 창고 관리 시스템을 하나로 통합할 것이고, ERP 시스템의 최신 버전으로 이전할 것이다. 특정 핵심 MRP 모듈과 같이 독립된 애플리케이션으로 ERP 외부에서 수행되는 맞춤형 모듈처럼 경쟁 우위를 창출하지 않는 한 거의 모든 맞춤화는 벤더가 제공하는 것으로 전환될 것이다.

글렌이 자신의 야심 찬 목표를 발표했을 때, 그들이 더 많은 최고 수준 기술자가 필요하다는 것이 분명해졌고, 다행히도 그것을 위한 예산을 마련하는 데는 아무런 문제가 없었다. 이 일이 향후 수십 년간 파트 언리미티드에 도움이 될 것임을 모두가 알고 있었기 때문이다.

다른 놀라운 일도 있었다. 그들은 워들리 맵$^{Wardley Maps}$이라는 기술을 사용해 다양한 가치 사슬 중 어떤 부분을 상품화하고, 아웃소싱해야 하며, 구매하고, 지속적이고 경쟁적인 우위를 창출하는 데 필요한 영역만을 사내에 유지하고 더 잘 현지화했다. 그들은 이런 변화 과정을 비즈니스 맥락에서 보면서 기술 스택을 체계적으로 처리하며 활용했다.

그 과정에서 MRP 그룹 바로 옆에서 보석과도 같은 기술 스택을 발견했는데, 그것은 몇 년 동안 흠잡을 데 없이 실행돼 온 그들의 제조 공장에서 나온 모든 장비 센서 데이터를 연동시키는 이벤트 버스였다.

맥신이 이 기술 스택을 발견했을 때, 그것이 섀넌이 처음 팬더에 대한 발표를 하면서 원했던 것이지만 범위에서 제거해야만 했던 바로 그것이었다는 것이 믿기지 않았다. 비록 맥신은 더 일찍 그 생각을 못 했다는 점에 자책했지만, 그녀는 그것을 어떻게 해야 할지 정확히 알고 있었다.

그것은 이제 샤무^{Shamu} 프로젝트의 중심에서 회사 전체에 걸쳐 거의 모든 백엔드 서비스와 API를 건드릴 거대한 아키텍처 변화의 토대를 형성하고 있었다. 맥신은 이것이 회사에서 매우 중요한 기술적 시도 중 하나라는 것을 알았다. 왜냐하면 이 시도가 1년 넘게 맥신을 괴롭혀온 무언가를 해결했기 때문이다. 처음에 유니콘을 작게 론칭했을 때 배송 옵션 서비스가 주문 처리 전체 프로세스를 다운시켰다. 그것은 제품 가용성을 확인할 때마다 깊이 자리 잡은 스물세 번째 API 호출일 뿐이었다.

1년이 지나도 이 문제는 해결되지 않았다. 23개의 API 모두를 10밀리초 이내의 응답을 보장하는 엄청난 비용이 드는 고가용성 서비스를 SLA인 티어 1 서비스로 구축하는 것은 재무적으로 문제가 있었다.

맥신을 늘 괴롭혀온 것은 애당초 왜 23개의 API 호출이 애당초 필요했는지, 왜 밀리초 이내에 응답해야 하는지 그리고 실행하는 데 왜 그렇게 비싼지에 대한 의문이었다. 운송과 배송 옵션이 매 밀리초마다 바뀌는 것은 아니었다. 그것은 매월 바뀌었다. 제품 카테고리는 분기당 1회만 변경됐다. 제품 설명과 사진은 몇 주마다 바뀌었을 뿐이다.

사람들은 결과에 캐시를 사용해 문제를 해결했다고 생각했다. 그러나 맥신이 보기에 함수형 프로그래밍을 통한 불변성이 훨씬 우아하고, 심지어 아름다운 해결책처럼 보였다. 만약 그들이 입력한 것 중 하나가 바뀔 때마다 다시 계산된 값으로 이와 같은 모든 API 요청을 정보로 나타낼 수 있다면, API 호출 수를 23개에서 1개로 줄일 수 있을 것이다.

맥신은 이런 이벤트 소싱 패턴을 설명할 때 사람들이 '아하!' 하는 순간들이 전혀 지겹지 않았다. 고객들이 언제 주문한 물건을 받을 수 있는지 고객에게 알려주기 위해 23개의 API를 호출하는 대신, 맥신은 다음과 같은 과정을 대신 생각해 보라고 했다…. "그것은 마치 나무 위의 나뭇잎과 같아서, 보내는 모든 데이터는 결국 나무줄기로 가고 만다. 한 서비스는 제품에 대해서만 알고, 다른 서비스는 우편 번호나 창고에 대해서만 알고 있다. 또 다른 서비스는 이것들을 결합해, 각 창고에 어떤 제품의 재고가 있는지를 나타낸다. 또 다른 서비스는 이 정보와 배송 옵션을 결합해 고객에게 제품을 얼마나 빨리 받을 수 있는지 알려준다. 그리고 이 모든 정보는 결국 키/값 저장소로 간다."

"모든 것을 이용할 수 있어야 하고 신속하게 대응해야 하는 것은 더 이상 23개의 API 호출이 아니다. 그 대신, 제품 ID와 우편 번호를 입력받아 아무것도 계산하지 않고도 배송 옵션과 배송 시간을 돌려주는 하나의 API 호출뿐이다"라고 맥신은 말했다. "이런 식으로 하면 연간 수백만 달러가 절약될 것이다!"

'그러나 그것은 단지 그것이 만들어낼 가치의 시작이자 일부분에 지나지 않아.' 맥신은 웃으면서 생각했다. 이것은 그들이 수십 년 동안 함께 살아온 혼란에 대한 엄청난 단순화가 될 것이다. 그들은 이것을 고객 주문, 재고 가용성, 고객 충성 프로그램, 서비스 스테이션 업무…. 그리고 거의 모든 것을 위해 활용할 것이다.

앞으로는 이런 모든 서비스를 서로 분리할 것이며, 그렇게 되면 팀들이 더 이상 단일 데이터 허브 팀이 그들의 비즈니스 규칙 변경을 이행하는 것에 의존하지 않고 독립적으로 변경을 할 수 있을 것이다. 모든 것이 잘되면, 그리고 맥신이 잘되게 만든다면, 샤무 프로젝트는 데이터 허브와 회사 전체의 포인트 투 포인트 API 호출^point-to-point API calls을 모두 대체하게 된다.

전사적으로 데이터 및 상태를 추적하는 일이 보다 단순하고, 안전하며, 보다 탄력적이며, 이해하기 쉽고, 저렴하며, 보다 신속하게 제공할 수 있게 될 것이다…. 그렇게 되면 더 나은 비즈니스 성과, 더 행복한 이해관계자, 나아가 더 행복한 엔지니어로 이어질 것이다.

이것은 소규모에 적용되는 함수형 프로그래밍 원칙이 아니다. 그것은 기업 전체가 어떻게 조직되고 설계되는지까지도 적용될 수 있다. 그들의 기술 지형은 이제 기술 리딩 조직들을 닮아 지금 당장은 상상조차 하기 어려운 민첩성을 가능하게 할 것이다. 맥신은 지역성과 단순성이라는 첫 번째 이상을 나타내는 징후로 이보다 더 나은 것을 생각해낼 수 없었다. 맥신은 비록 방법은 모르겠지만 이것이 경쟁 우위를 가능하게 해줄 것임은 확실히 알고 있었다. 이런 일을 하지 않는 회사는 느리지만 피할 수 없는 쇠퇴의 길을 걸어갈 것이다. 이것은 맥신의 사회 경험을 통틀어 가장 큰 승리이자 성취가 될 것으로 생각했다.

자신이 이룬 모든 것, 그리고 반드시 올 모든 승리를 생각하면서 맥신은 마지막으로 여기 왔을 때보다 훨씬 더 공허하게 변해버린 데이터 센터를 다시 한번 둘러봤다.

맥신이 피닉스 프로젝트로 유배된 이후 그녀에게 얼마나 많은 일이 일어났는지 아직도 믿기지 않았다. 그때 맥신이 원했던 것은 오직 그녀의 노트북에 피닉스 빌드를 장착하는 것뿐이었다. 그 겸손한 일을 하는 중에도, 당시에는 자신의 방대한 경험과 기술력에도 불구하고, 극복할 수 없을 것 같은 역경과 장애에 직면했다.

맥신이 거의 포기 상태에 있었을 때 커트가 개발자들을 해방시켜 그들이 해야 할 일을 할 수 있도록 도와달라고 부탁하면서 맥신에게 반란군에 참여해 달라고 접근했었다. 그들은 외관상으로는 미친 것처럼 보이는 부적응자 집단으로, 고대의 강력한 질서를 타도하기 위해 모든 역경에 맞서는 것처럼 보였다.

그들은 엔진실에 갇혀 있던 레드셔츠 한 무리로 시작했다. 나중에 용감하고 마음이 맞는 하급 장교들이 합류했는데, 그들도 도움을 주기 위해 함께 뛰었다. 계속되는 기이한 사건들 속에서, 결국 브릿지 장교들과도 나란히 일하며 생존을 위한 집단 싸움의 판세로 바뀌었고, 심지어 배를 박살 내서 조각난 부품을 팔려고 했던 스타플릿 사령부와의 정치적 싸움에 말려들기도 했다.

맥신은 미소 지었다. 자신이 얼마나 많은 것을 배웠는지, 얼마나 많이 포기하려 했는지, 싸워야 할 전투가 무엇인지, 왜 그 전투가 중요했는지를 알려준 5가지 이상에 대해 맥신은 생각했다. 맥신 곁에서 탁월함을 향한 그녀의 탐구를 지지해준 팀 구성원들이 없었다면 해낼 수 없었을 것이다.

맥신은 6년 동안 자신이 이끌었던 MRP 시스템을 운영하는 서버를 응시했다. 맥신은 MRP 마이그레이션의 완료를 축하하기 위해 주차장에 서서 MRP 시스템이 그동안의 임무를 잘 수행했다는 것에 얼마나 자랑스러워했는지, 그리고 올해 말 사라지게 될 이전의 MRP 시스템을 모두에게 이야기하는 장면을 상상했다.

스티브가 몇 마디 하고 나서 웨스는 맥신에게 대형 해머를 건네줄 것이다.

그 모든 것을 생각하면서 맥신은 미소를 지으며 자기 자리로 되돌아갔다.

맥신이 타운 홀 회의에서 걸어 나왔다. 스티브와 매기는 회사의 놀라운 업적에 관해 이야기했었다. 회사는 성장하고 있으며 업계에서 매우 혁신적인 회사 중 하나로 알려졌다.

스티브는 다시 한번 이사회 의장 역할을 되찾았고, 밥에게 회사에 봉사해줘서 감사하다고 인사했다.

기술 그룹은 맥신이 처음 피닉스 프로젝트로 유배됐을 때보다 거의 두배 규모가 됐다. 맥신은 회사 엔지니어들이 주변의 거의 모든 기술 콘퍼런스에서 그들이 만든 것을 자랑하고, 사람들에게 그들이 채용 중이라고 알리고 다닌다는 것을 자랑스러워했다.

사업부는 더 많은 기술자를 간절히 원했다. 맥신은 자기 시간의 3분의 1가량을 인재를 찾거나 면접하는 데 썼다. 그들은 회사 인근에 있는 훌륭한 기술자를 모두 채용했기 때문에, 이제는 어디에나 있을 수 있는 원격 기술자를 채용했고 거의 모든 대학 캠퍼스에서 적극적으로 채용했다.

그들은 심지어 인재를 끌어들이는 예상치 못한 방법으로 맥신과 그 팀들이 만든 모든 놀라운 새로운 파트 언리미티드의 오픈소스 프로젝트라는 것도 알게 됐다. 기술 리딩 기업들과 마찬가지로, 그들은 경쟁 우위를 창출하지 못하는 다양한 기술을 오픈소스로 제공하기로 했고, 이제 많은 기술이 사용하는 산업 표준이 됐다. 예비 엔지니어들에게 있어서, 오픈소스를 만든 명사와 함께 일할 기회는 부인할 수 없을 정도로 설득력이 있었다.

맥신의 끈질긴 로비에 힘입어 TEP와 LARB는 둘 다 해체됐다. 맥신의 책상에 자랑스럽게 걸린 것은 반란군의 원년 멤버들이 서명한 상장이었다. '맥신 챔버스, TEP-LARB 폐지에 대한 평생 공로상.'

엔진 센서 프로젝트는 그 회사에서 가장 빠르게 성장하고 있는 괴물급 성공을 거뒀다. 거의 20만 대가 팔려서 2천 500만 달러의 수익을 올렸다.

엔진 센서는 지난 휴가철 쇼핑 시즌의 깜짝 히트작이었다. 만반의 준비를 했음에도 불구하고 재고가 충분하지 않았다. 매장 진열대에 진열하는 것만 불가능했던 게 아니라 전자 상거래 사이트에서도 품절됐다. 그들은 휴가철을 앞두고 올 초에 시작한 대규모 생산 주문에도 불구하고 3개월이나 주문이 밀려 있었다.

하지만 모든 차이를 만든 것은 그들의 모바일 애플리케이션이었다. 사람들은 그 애플리케이션을 너무 좋아했으며, 그걸로 엔진 센서를 사고 있었다. 완전히 새로운 인구통계학적 데이터가 매장에 유입되고 있었다. 많은 점장이 맥신에게 20대들이 파트 언리미티드에 오는 것을 처음 봤다고 말했다.

매기는 자동차 렌탈 관리 담당자들과 거대한 자동차 경매 시장을 위해 자동차를 개조하는 업체들이 거대 시장을 형성할 것이라고 확신했다. 그들은 심지어 열성적인 홈 정비사 고객들을 안전에 중요한 리콜 작업을 완료하는 백로그를 줄이려고 안간힘을 쓰는 자동차 제조업체와 연결시키는 것을 생각 중이었다. 그건 '자동차 정비사를 위한 우버Uber for Auto Mechanics' 가 될 것이다.

매우 인기 있는 파트 언리미티드의 모바일 애플리케이션은 국내 몇몇 일류 기업과 수많은 산업 인터랙티브 디자인 상을 수상해 팀 전체의 자부심이 됐다. 그리고 훌륭한 거래로 인해 판매된 각 물품의 이윤은 환상적이었다. 맥신은 센서 제조업체 인수를 위해 활발한 협상을 벌이고 있는 비밀 팀에 속해 있는데, 그 인수가 이뤄지면 수익성이 더욱 높아질 것이다. 맥신은 이 센서가 있는 사람들에게 구독 서비스를 판매하는 것은 진짜 돈이 될 것이라고 확신했다. 사람들은 이것이 2년 안에 1억 달러의 사업이 될 수 있다고 생각했다.

빌은 인수 논의를 이끌도록 배정됐다. 이 계약이 성사되면 센서 회사의 설립자들은 3년간 더 파트 언리미티드에 머무르는 조건으로 각자 부자가 될 것이다.

맥신은 그들과 함께 일하는 것을 기꺼이 받아들일 것이다. 파트 언리미티드의 번창하는 미래를 형성하는 데 도움 될 것이 분명해서다. 섀넌, 브렌트, 드웨인 그리고 맥신이 구축한 놀라운 소프트웨어 기능이 없었다면 그들은 여전히 차고에서 일하고 있었을 것이기 때문에 그 계약에 만족해야 할 것이다.

그중 한 명은 맥신에게 "당신은 우리의 모든 꿈을 실현시켜줬어요. 이 엔진 센서를 만들기는 했지만 이렇게 성공시킬 수 있는 소프트웨어 기술은 없었거든요"라고 말했다. 그것으로 맥신은 기분이 좋아졌다.

이번 인수에 파트 언리미티드는 수천만 달러의 비용을 들이겠지만, 스티브는 파트 언리미티드가 업계 전체가 나아갈 방향을 설정하고 있다는 점을 더욱 확고히 할 것이기 때문에 이 돈이 아주 잘 쓰일 것이라고 단언했다. 딕은 심지어 회의적인 월가의 애널리스트들조차 이것이 그 회사에 훌륭한 조치가 될 것으로 생각한다고 보고했다.

맥신은 4시간 배송 팀을 생각했다. 데브라가 예측한 대로 파트 언리미티드는 스타트업인 경쟁사보다 훨씬 더 많은 자원, 시장에 대한 지식, 서비스 스테이션과 기존의 상업적 관계 그리고 이기기 위해 필요한 어떤 자금이라도 기꺼이 투입하겠다는 의지로 인해 엄청난 이점이 있었다. 그에 비해 스타트업은 돈이 바닥나고 있었다.

데브라와 그녀의 팀은 늦추겠다는 기미도 없이 1천 만 달러까지 수익을 올릴 수 있었다. 전체 직영 판매원에게는 이 새로운 상품을 팔도록 할당량이 책정돼 있었지만, 그것은 빠르게 그들이 판매하기 가장 좋아하는 제품이 되고 있었다. 고객들이 그 서비스를 너무 좋아해서 파트 언리미티드로부터 주문하는 양이 급증했다.

맥신은 매기에게 호라이즌 2로 넘어갈 것을 권했다. 맥신은 빌과 임원들과 협력해 어떤 조직이 그것을 책임질 수 있는지를 파악하고 있는데, 서비스 스테이션 다이렉트 세일즈 부서가 가장 합리적인 결론이었다. 맥신은 그 부서가 가장 신경을 쓰면서도 기꺼이 자금을 대는 사람들과 가장 가까운 곳이라고 생각했다. 기술은 외부적이거나 단지 '조율'하는 것이 아니라, 비즈니스에 내재돼야 한다.

몇 주 전에 맥신은 이 패배한 스타트업 경쟁자가 스티브에게 접근해 인수에 관심이 있는지를 알아봤다는 것을 알게 됐다. 스티브는 빌에게 실사를 하라고 지시했다. 일주일 후에 빌은 그 생각을 나쁜 생각이라고 일축했다. 간단히 말해 파트 언리미티드는 이미 그들의 모든 지적 재산, 노하우, 소프트웨어를 복제했거나 초과한 상태였다.

"소문에 따르면 지금 그 회사는 몇몇 은행가가 둘러보고 있다네요." 빌은 웃으면서 맥신에게 말했다. "그들은 우리보고 다시 생각해보라고 찔러보기 위해 우리 경쟁사들을 돌아다니고 있나봐요. 혹시라도 그쪽에서 물지 않을까 하고 말이죠. 하지만 우리가 이미 시장에서 어떻게 이겼는지를 안다면, 전 그게 우리에게 위협이 될지 정말 의심스러워요."

이것이 바로 사라가 거의 1년 반 전에 파트 언리미티드로 하고 싶었던 것이다. 그 암흑기 동안, 사라는 회사를 나눠서 매각하려고 했고, 맥신과 팀은 이노베이션을 위한 자금을 대기 위해 1천 500만 달러를 구하는 방법을 찾으려고 했다.

다시 한번 그들은 도크사이드 바에 모였다. 바에는 새로 막 개장한 야외 좌석이 있었는데, 이곳은 6월의 여름 저녁을 더 잘 즐기기 위한 반란군이 점령했다. 매기, 커스틴 그리고 모든 비즈니스 분야의 리더들을 포함해서 거의 40명이 있었다. 맥신은 남편도 여기에 함께 있다는 사실에 감격했다.

맥신은 동료 반란군들과 함께 이곳에 있는 게 행복했다. 비록 몇 달이 지나면서, 이 그룹을 반란군이라고 부르는 것은 좀 시대착오적인 것처럼 보이긴 했다. 반란군이 이겼다.

오늘 아침 일찍 빌은 맥신의 승진을 알리려고 그녀를 한쪽으로 데려갔다. 맥신은 빌에게 직접 보고하는, 회사 역사상 최초의 최고 엔지니어 distinguished engineer가 될 예정이었다. 맥신은 제안받은 직무가 정말 마음에 들었다. 무엇보다도 맥신의 업무는 회사 전체에 걸쳐 우수한 엔지니어링 문화를 만드는 것을 지원하는 것이었다. 회사의 최고 지도자들과 정기적으로 만나 그들의 목표를 이해하고 기술이 어떻게 그런 목표를 달성하는 데 사용될 수 있는지 전략을 세울 것이다. 이는 물론 회사가 시장에서 승리하는 데 도움을 줄 것이다.

맥신은 관리자가 되지 않고도 개인 기여자와 뛰어난 기술자들이 올라갈 수 있는 곳이 마침내 생겼다는 사실에 기뻐했다. 맥신의 업무는 좋은 아이디어를 내는 것이 아니었다. 회사 전체에서 그 아이디어가 어디에서 나오든, 신속하고, 안전하고, 확실하게 최고의 아이디어를 전달할 수 있도록 하는 것이다. 맥신은 회사에서 최고의 디자이너를 찾아야 한다고 메모했다. 양방향 디자인 콘퍼런스에서 이틀을 있다 보니, 이 과정이 회사의 성공에도 중요하다는 것을 알게 됐다.

커트는 이제 크리스에게 직접 보고했다. 커트가 곧 엔지니어링 이사로 승진할 것이고 크리스가 마침내 은퇴하고 플로리다에 술집을 열 방법을 궁리하고 있다는 소문이 돌았다. 그 사이 크리스는 별도 부서로서의 QA를 없애고 피처 팀으로 분산시켰다. 운영 조직은 수많은 전문가와 함께 개발자에게 필요한 인프라를 제공한다는 목표를 갖고 개발자들의 생산성을 향상하기 위한 방법을 찾는 데 도움을 주는 플랫폼 팀과 내부 컨설턴트로 빠르게 바뀌고 있었다.

패티는 이제 매력적인 새로운 역할을 맡았다. 그녀는 더 많은 개발자를 컨텍스트에서 코어로 더 빨리 이동시키는 것을 돕기 위해 150개 이상의 애플리케이션 관리를 자원했다. 그리고 재능 있고 동기부여가 된 소규모 엔지니어 그룹의 지원을 받아 그것들을 최저 비용으로 관리하거나 완전히 없애려는 목표를 갖고 유지 보수 모드로 전환했다. 패티는 또한 엔진 센서 제품 팀 내에서 데릭의 지원을 받아 고객 지원 기능을 구축하는 것을 돕고 있었다!

그리고 깜짝 놀랄 만한 상황 전환이 있었다. 이번 주 초 맥신은 마침내 그녀에게 손을 내밀었던 사라와 점심 모임을 가졌다. 맥신이 예상했던 상황은 전혀 아니었다. 처음에는 조심스러웠지만 재미있었고 심지어 몇 가지를 배울 수 있었다. 맥신은 그들이 어느 정도 상호 존중하는 사이가 됐다고 생각했다. 어쩌면…. 나중에 다시 만나기로 약속했다.

더 이상 어수선해지는 것을 참지 못하고 맥신은 일어서서 잔을 탁탁 부딪쳤다. "오늘 밤에 와줘서 모두 고마워요. 축하할 일이 많아요. 반란군으로서 우리는 고대의 강력하고 부당한 체제를 타도하기 위해 출발했어요! 놀라운 역경에도 불구하고 우리가 실제로 해냈다고 생각합니다!" 맥신이 외쳤다.

모두가 소리를 치고 환호성을 지르고, 몇 명은 큰 소리로 "승진을 축하해요, 맥신!"이라고 말했다. 맥신은 승리의 표시로 두 팔을 허공에 쭉 뻗어 올린 다음 자리에 앉았다.

"정말이지, 잘했어, 맥신." 에릭이 말했다. "자네가 가진 그렇게 크고 복잡한 조직은 잠자던 거인이 깨어나고 있는 것과 같아. 자네들의 엔진 센서 제품은 자네들이 추구하고자 하는 3억 달러의 시장을 확인해줬고, 1년 안에 자네들은 거의 10%를 점유했어. 놀라운 솜씨야. 어떤 스타트업이

1년에 3억 달러 시장의 10%를 차지할 수 있을까? 스타트업이 그랬다면 기적이었을거야. 그렇다면 그 회사는 모든 잡지와 신문의 표지를 장식했겠지. 진짜 유니콘이거든."

"그리고 그건 분명 이 새로운 경제의 특성이지. 고객 경험을 혁신하는 힘은 더 이상 FAANG의 영역이 아니야. 페이스북, 애플, 아마존, 넷플릭스, 구글 말이야." 에릭은 말을 계속했다. "그 대신 시장을 흔들고 싶어하는 대부분 조직이 가져갈 수 있는 것이지. 그리고 이미 수십 년 동안 고객과 관계를 맺고 있는 조직이 고객의 이익을 위해 시장을 뒤엎으려는 조직보다 더 나은 게 뭐가 있겠나?"

"파트 언리미티드 같은 회사들은 이미 그들의 인생 여정을 통해 고객과의 관계, 공급망, 고객의 요구와 니즈에 대한 이해를 갖고 있지. 스타트업에 비해 현대 기업은 더 많은 자원과 전문성이 있어. 필요한 것은 집중력과 절박함 그리고 가치 창출 과정을 관리하는 현대적인 방법이야."

"그 증거로 월 스트리트가 이 회사를 어떻게 평가하는지 보라고." 에릭이 말했다. "자네가 반란군에 처음 가담했을 때보다 2.5배 이상 높은 사상 최고치야. 파트 언리미티드는 현재 판매가 끌어줘서 6배 수준으로 평가받고 있는데, 그건 이전보다 거의 4배 규모지. 파트 언리미티드는 현재 모든 물리적 매장 소매업체 중 가장 많은 매장을 보유한 업체로 이 업계에서 화제가 되고 있는 데다가 디지털 혁신 시대에 살아남고 번창하는 새로운 성공 스토리가 되고 있어."

"이건 시작에 불과해. 우리는 의심할 여지 없이 수십 년간의 경제 성장을 이끌어 사회 모든 계층에 번영을 가져다줄 새로운 황금기의 초기 단계에 있는거야."

"우리는 소프트웨어와 데이터 시대가 열리는 시점에 와 있지. 스티브와 매기는 심지어 회사의 장기적인 성공에 가장 중요한 데이터가 무슨 데이터인지까지 생각하면서 고객들로부터 데이터를 구입하고 잠재적으로 전략적인 데이터 소스를 획득하는 방법을 탐구하고 있지. 그리고 스티브는 이미 기술자들이 회사에서 아주 중요한 사람들이라는 것을 알고 있어. 그래서 자네가 뛰어난 기술자인 거야." 에릭이 말했다. "그거 아나? 스티브는 회사에서 가장 중요한 사람들 목록을 침대 옆에 두고서는, 그들을 항상 인지하고 있지. 심지어 디즈니랜드처럼 사람이 많은 공간에서도 말이야. 커트, 브렌트, 섀넌뿐만 아니라 자네도 그 안에 있다는 것을 알고 있나? 10년 전만 해도 일을 잘하는 공장장들과 점장들만 있었지. 이제 그 안에 기술자들도 있다고."

"좋은 시절이 오고 있어, 맥신." 에릭이 말했다.

"정말 맞는 말이에요, 에릭. 작은 것이 큰 것을 이기지 못하죠"라고 맥신이 말했다. "대신 빠른 것이 느린 것을 이기죠. 만일 빠르고 크면 거의 항상 이길 거예요. 유니콘 프로젝트가 그걸 보여줬어요."

발신: 앨런 페레스(웨인 요코하마 이쿼티 파트너, 운영 파트너)

수신: 스티브 마스터즈(CEO)

참조: 딕 랜드리(CFO)

날짜: 1월 11일 오후 4시 51분

제목: 한잔 하시겠습니까?

스티브

1년 좀 더 된 것 같은데, 사장님께서 이사회에서 발표하는 것을 들었을 때 사장님이 미쳤다고 생각했다는 것을 제가 제일 먼저 인정해야겠습니다. '직원들의 참여, 고객 만족, 현금 흐름'에 대해 사장님에 대한 믿음이 있었지만 말입니다.

솔직히 소프트웨어는 차치하고라도 파트 언리미티드가 성장 동력원이 될 것이라고 생각하지는 못했습니다. 하지만 사장님은 우리 포트폴리오에서 볼 수 있는 가장 높은 범위의 성장으로 회사를 도약시켰습니다. 그리고 시장의 성장(가치와 수익성에 비해)에 상당히 높게 몇 배로 기여한 점을 감안하면, 귀사는 지난해 당사의 포트폴리오에서 아주 뛰어난 성과를 낸 기업 중 하나였습니다.

처음에 제가 회의적이었지만, 제가 틀렸다는 것을 증명해 주셔서 매우 기쁩니다. 갑자기 전 회사에서 영웅이 됐습니다. 많은 투자를 받았고, 그중 일부는 한때 각 업계에서 가장 인정받는 브랜드였습니다. 그들은 분명히 유사한 디지털 혁신으로 혜택을 볼 수 있을 겁니다. 저는 이제 우리가 어떻게 그 회사들이 그들의 시장에서 이기도록 도울 수 있을지 궁금합니다.

다음 이사회에 참석하기 위해 엘크하트 그로브에 갈 예정입니다. 그 전날 저녁에 만나서 술 한잔 하시겠습니까? 사장님께서 어떻게 해냈는지 더 배우고 싶고, 우리의 다른 포트폴리오에 있는 회사들에 그 방법이 어떻게 적용될 수 있는지에 대한 생각을 듣고 싶습니다.

조만간 뵙겠습니다.

– 앨런

다음 활동을 통해 조직에 기술 우수 문화를 후원 및 육성한다:

- 멘토링, 후원, 공식 교육 프로그램을 통해 차세대 기술 리더를 육성한다.

- 보안, 성능, 사이트 신뢰성과 같은 기술 분야에 초점을 맞춘 여러 팀을 아우르는 그룹을 구축하고 참여한다.

- 진화할 수 있는 거버넌스 및 아키텍처 검토 기능의 창출을 이끌고 향후 몇 년간 회사의 의무가 잘 이행되는지 확인한다.

  - 경영진이 우려하는 중요 이슈를 검토한다.

  - 이 기능에는 리스크와 보증, 정보와 전자 기록, 아키텍처가 포함된다.

  - 일하는 방식에 대한 피드백을 원하는 팀에게 기술적 지원을 제공한다.

  - 거버넌스 역량 및 직원 실무 및 관련성을 유지하기 위한 조치를 개발한다.

- 회사 브랜드를 발전시키고 채용이 용이하도록 기술 고객을 위해 회사의 대변인이 돼 최고의 기술 업체와 인재 영입을 위해 경쟁한다.

- 데이터 허브를 대체하는 엔터프라이즈 이벤트 소싱 플랫폼인 샤무Shamu 아키텍처, 설계 및 구현을 감독하고, 이를 사용하기 위해 모든 엔터프라이즈 서비스를 전환하기 위한 일정을 감독한다.

다섯 개의 이상

- 첫 번째 이상: 지역성과 단순성
- 두 번째 이상: 집중, 흐름, 즐거움
- 세 번째 이상: 일상 업무의 개선
- 네 번째 이상: 심리적 안전
- 다섯 번째 이상: 고객 중심

유니콘 프로젝트

- 급여 지급 중단: 스티브가 이사회 의장에서 물러남. 빌 팔머가 운영 부서장으로 승진
- 맥신이 급여 지급 중단 사태에 책임지고 피닉스 프로젝트로 배치됨
- 타운 홀: 사라는 피닉스 프로젝트가 론칭될 것이라고 발표/맥신이 커트를 만남
- 피닉스 프로젝트는 공식적으로 내일 론칭 예정/충격이 뒤따름/맥신은 도크사이드 바에서 반란군에 합류
- 피닉스 릴리스/악몽의 시작
- 사라는 승인 규칙 없이 새로운 변경 사항은 없다고 규정
- 피닉스가 마침내 안정됨/커스틴이 반란군에 합류/에릭이 다섯 가지 이상을 소개함
- 커트는 데이터 허브 팀의 관리자로 새 직함을 얻음/맥신과 투덜이 데이브가 커트와 합류/피처 동결에 대한 소문
- 테스트 데이
- 테스트가 지속됨/운영이 이상한 세상에 맥신이 들어감/맥신이 아파 쓰러짐
- 맥신은 데이터 허브가 조직의 제약 사항임을 발견
- 데이터 허브는 사용 가능한 환경을 갖고 테스트 코드를 구축 및

테스트할 수 있게 됨/독립적으로 운영 환경으로 넘기기 위해서는 TEP-LARB를 거쳐야 함

- 반란군은 개발자와 QA가 함께 일하는 방식을 사용하기로 함
- 배포가 데이터의 새로운 제약 사항임
- 매기 리와의 만남
- 데이터 허브 팀이 직접 운영 환경으로 배포하는 것에 대해 LARB 설득 실패/반란군은 크리스가 허락해 주도록 설득함
- 제품 관리가 새로운 제약 사항으로 파악됨
- 매기는 제품 관리자를 데이터 허브로 옮김
- 데이터 허브 단독으로는 처음으로 운영 환경에 배포함
- 비난하지 않는 사후 검토/데이터 허브와 프로모션 팀과의 만남
- 맥신의 매장 트레이닝
- 유니콘 프로젝트를 시작함/타운 홀
- 팬더 프로젝트 시작
- 유니콘 프로젝트 데모 데이
- 블랙 프라이데이 론칭
- 이노베이션 프로그램이 만들어짐
- 예산을 2천만 달러 삭감해야 함
- 이노베이션 프로그램 발표/매기는 재배정되고 커트는 정직 처리됨
- 사라는 더 이상 회사 사람이 아님/커트는 복권됨/타운 홀
- 파트 언리미티드는 다시 업계 리더가 됨/맥신은 최고 엔지니어로 승진됨/반란군의 승리

피닉스 프로젝트

- 급여 지급 중단 사태: 스티브가 이사회 의장자리에서 물러남. 빌 팔머가 운영 부서장으로 승진

- 사라는 빌과 적대관계가 됨/브렌트가 문제로 지목됨/피닉스는 그 다음주 금요일에 론칭되기로 함
- Q3 내부 감사가 다가오는 중
- 빌은 운영 조직이 너무 많은 프로젝트를 수행하고 있다는 것을 발견/시스템을 변경하려는 CAB 회의/빌은 세 가지 방법과 네 가지 유형의 업무에 대한 언급을 하는 에릭을 만남
- 빌은 피닉스 론칭이 좋은 생각이 아니라고 스티브를 설득하려 함/CAB 회의로 좀 더 구조화된 변경 관리 시스템이 만들어짐/주간 CAB 회의 시작
- 심각도 1 사건인 신용카드 처리 시스템 다운/브렌트가 문제를 해결하지만 빌은 브렌트가 바로 문제 그 자체라는 이론을 제시/빌은 패티에게 2주 마다 급한 불을 끄는 연습을 하라고 함
- 빌은 브렌트가 일하는 방식을 바꾸기로 함; 브렌트는 이제 모든 것을 기록하고 작은 수정을 하는 것을 피해야함/CAB 회의에서 프로세스를 다시 수정하기로 결정
- 피닉스 릴리스/악몽이 시작됨
- 피닉스 악몽이 계속됨/PCI 감사들이 현장에 상주하고 빌은 대응하지 못함
- 스티브는 피닉스를 수정하는 데 90일의 데드라인을 주고 그렇게 하지 못할 경우 모든 IT를 아웃소싱할 거라고 함
- 빌은 네 가지 유형의 업무를 알게 됨
- 빌과 스티브는 피닉스에 대해 합의하지 못함/빌은 스티브에게 그 다음날 아침에 사직서를 내겠다고 함
- 빌은 90일 동안 다시 일하기 위해 돌아오기로 함
- 피닉스 수정을 위해 일주일간 피처 동결을 제안함
- 피처 동결 시작

- 존이 사라짐/빌은 프로젝트를 모니터링하기 시작함/패티는 칸반 보드를 만듦/피처 동결이 천천히 끝나가기 시작
- 브렌트는 피닉스 태스크에 일주일 늦음/빌은 대기 시간 차트를 작성
- 빌은 해머헤드 살롱에서 존을 만남/존은 떠나겠다고 함
- 빌과 패티가 매기 리와 만남/피닉스가 하기로 돼 있던 데이터 품질 문제를 수정하지 못한다는 것이 명확해짐
- 딕과의 만남에서 빌은 IT로 인해 중단된 모든 비즈니스 리스트를 파악하기 위해 3주를 달라고 요청함
- 사라는 피처 동결을 우회함
- 피닉스 배포/사라가 브렌트를 시켜 만든 변경 사항이 문제를 야기했다는 것이 밝혀짐
- 유니콘 프로젝트를 시작함/브렌트가 사라의 비밀 임무를 위해 사라짐
- 브렌트의 복귀
- 유니콘 데모/1% 미니 론칭이 제안됨
- 첫 번째 유니콘 미니 론칭이 성공해서 추수감사절 프로모션을 하는 승인을 받음/감사들은 새로운 변경 사항 컨트롤 프로세스에 만족함
- 심각도 1 사건/너무 많은 사람이 파트 언리미티드 홈페이지에 접속해서 전자 상거래 시스템이 다운됨
- 유니콘은 계속 높은 성공을 거둠
- 스티브는 빌에게 COO가 되는 3년짜리 프로그램을 제안함/유니콘 팀은 스티브의 집에서 파티/에릭은 빌에게 데브옵스 핸드북The DevOps Handbook을 쓰라고 함

참고 문헌

──────

『유니콘 프로젝트』는 수많은 책의 영향을 받았다. 아래 목록으로 작성된 것
은 우리가 가장 많이 의지한, 관련 지식에 관해서는 개인적으로 최고라고
생각하는 몇 가지다.

*Accelerate: The Science of Lean Software and DevOps: Building and
  Scaling High Performing Technology Organizations* by Nicole
  Forsgren, PhD, Jez Humble, and Gene Kim (IT Revolution,
  2018).

The Goal: A Process of Ongoing Improvement by Eliyahu M. Goldratt
  and Jeff Cox (North River Press, 1984).

*The High-Velocity Edge: How Market Leaders Leverage Operational
  Excellence to Beat the Competition* by Steven J. Spear (McGraw
  Hill, 2010).

*The Principles of Product Development Flow: Second Generation Lean
  Product Development* by Donald G. Reinertsen (Celeritas, 2009).

*Project to Product: How to Survive and Thrive in the Age of Digital Disrup-
  tion with the Flow Framework* by Mik Kersten (IT Revolution,
  2018).

A Seat at The Table: IT Leadership in the Age of Agility by Mark
  Schwartz (IT Revolution, 2017).

Team of Teams: New Rules of Engagement for a Complex World by
  Gen. Stanley McChrystal with Tantum Collins, David Silverman,
  and Chris Fussell (Portfolio, 2015).

*Technological Revolutions and Financial Capital: The Dynamics of
  Bubbles and Golden Ages* by Carlota Perez (Edward Elgar Pub,
  2003).

Transforming NOKIA: The Power of Paranoid Optimism to Lead Through Colossal Change by Risto Siilasmaa (McGraw-Hill, 2018).

수년 동안 내가 존경하는 사람들과의 많은 대화, 강의, 비디오, 기사, 트윗 및 개인 서신에서 영감을 받았다. 다음은 유니콘 프로젝트의 여러 상황에 직접적 영향을 준 많은 내용을 책에 나오는 순서대로 나열했다.

2장

"Fireside Chat with Compuware CEO Chris O'Malley," YouTube video, posted by IT Revolution, from DevOps Enterprise Summit Las Vegas 2018, https://www.youtube .com/watch?v=r3H1E2lY_ig.

3장

Zachary Tellman, *Elements of Clojure* (LuLu.com, 2019).

6장

"The PMO is Dead, Long Live the PMO - Barclays," YouTube video, posted by IT Revolution, from DevOps Enterprise Summit London 2018, https://www.youtube.com/watch?v=R-fol1vkPlM.

"Better Value Sooner Safer Happier - Jon Smart," YouTube video, posted by IT Revolution, from DevOps Enterprise Summit London 2019, https://www.youtube.com/watch?v=ZKrhdyjGoM8.

7장

Rich Hickey, "Simple Made Easy," *InfoQ*, recorded at QCon London 2012, posted June 20, 2012, https://www.infoq.com/presentations Simple-Made-Easy-QCon-London-2012/.

Nicole Forsgren, PhD, Jez Humble, and Gene Kim, *Accelerate: The Science of Lean Software and DevOps: Building and Scaling High Performing Technology Organizations* by Nicole Forsgren, PhD, Jez Humble, and Gene Kim (IT Revolution, 2018).

Ward Cunningham, "Ward Explains Debt Metaphor," wiki.c2.com, last edited January 22, 2011, http://c2.com/cgi/wiki?WardExplains DebtMetaphor.

8장

"What people think programming is vs. how it actually is," YouTube video, posted by Jombo, February 22, 2018, https://www.youtube.com watch?v=HluANRwPyNo&feature=youtu.be.

Ryan Naraine, "10 Years Since the Bill Gates Security Memo: A Personal Journey," ZDNet, January 13, 2012, https://www.zdnet.com article/10-years-since-the-bill-gates-security-memo-a-personal-journey/.

Bill Gates, "Bill Gates: Trustworthy Computing," *Wired*, January 17, 2012, https://www.wired.com/2002/01/bill-gates-trustworthy-computing/.

Risto Siilasmaa, *Transforming NOKIA: The Power of Paranoid Optimism to Lead Through Colossal Change* (McGraw-Hill, 2018) Kindle, 49.

John Cutler (@johncutlefish), "Case in point (from actual org) * In 2015 reference feature took 15-30d. * In 2018 same (class of) feature took 150-300d primarily bc of 1) tech debt, and 2) fast track silver bullets to drive success theater and/or acquisitions (for same effect) Cc: @realgenekim @mik_kersten" Twitter, September 29, 2018.

John Allspaw, "How Your Systems Keep Running Day After Day – John Allspaw," YouTube video, posted by ITRevolution, from the DevOps Enterprise Summit Las Vegas, 2017, https://www.youtube.com/watch?v=xA5U85LSk0M.

Charles Duhigg, "What Google Learned From Its Quest to Build the Perfect Team," *New York Times*, February 25, 2016, https://www.nytimes.com/2016/02/28/magazine/what-google-learned-from-its-quest-to-build-the-perfect-team.html?smid=pl-share.

"Guide: Understand Team Effectiveness," ReWork, accessed August 21, 2019, https://rework.withgoogle.com/print/guides/572131265 5835136/.

Team of Teams: New Rules of Engagement for a Complex World by

Gen. Stanley McChrystal with Tantum Collins, David Silverman, and Chris Fussell (Portfolio, 2015).

"Quote by W. Edwards Deming," The W. Edwards Deming Institute, February 1993, https://quotes.deming.org/authors/W._Edwards_Deming/quote/10091.

The Principles of Product Development Flow: Second Generation Lean Product Development by Donald G. Reinertsen (Celeritas, 2009).

The High-Velocity Edge: How Market Leaders Leverage Operational Excellence to Beat the Competition by Steven J. Spear (McGraw Hill, 2010).

"Convergence of Safety Culture and Lean: Lessons from the Leaders," YouTube video, posted by IT Revolution, from DevOps Enterprise Summit San Francisco 2017, https://www.youtube.com/watch?v=CFMJ3V4VakA.

Jeffrey Snover (@jsnover), "I literally (and yes I do mean literally) wanted to hide under my desk. I knew that they wouldn't be able to tell who did it (downside of DomainOS) so ... making the phonecall was one of the hardest things I've every done." Twitter, November 17, 2017, https://twitter.com/jsnover/status/931632205020913664.

"Paul O'Neill of Safety Leadership," YouTube video, posted by Steve Japs, February 7, 2014, https://www.youtube.com/watch?v=0gvOrYuPBEA&t=1467s.

"Paul O'Neill The Irreducible Components of Leadership.wmv," YouTube video, posted by ValueCapture, Mar 22, 2012, https://www.youtube.com/watch?v=htLCVqaLBvo.

9장

Bill Sempf (@sempf), "QA Engineer walks into a bar. Order a beer. Orders 0 beers. Orders 999999999 beers. Orders a lizard. Orders -1 beers. Orders a sfdeljknesv." Twitter, September 23, 2014, https://twitter.com/sempf/status/514473420277694465.

12장

Mik Kersten, "Project to Product: Thrive in the Age of Digital Disruption with the Flow Framework," YouTube video, posted by IT Revolution, from DevOps Enterprise Summit London 2019, https://www.youtube.com/watch?v=hrjvbTlirnk.

13장

John Allspaw, "How Your Systems Keep Running Day after Day – John Allspaw," YouTube video, posted by IT Revolution, from DevOps Enterprise Summit San Francisco 2017, https://www.youtube.com/watch?v=xA5U85LSk0M&t=2s.

DD Woods, STELLA: *Report from the SNAFUcatchers Workshop on Coping with Complexity* (Columbus, OH: The Ohio State University, 2017) https://snafucatchers.github.io/.

Gene Kim, Jez Humble, Patrick Debois, and John Willis, *The DevOps Handbook: How to Create World-Class Agility, Reliability, and Security in Technology Organizations* (IT Revolution, 2016).

Gene Kim and John Willis, *Beyond The Phoenix Project: The Origins and Evolution of DevOps* (IT Revolution, 2018).

"DOES15 – Courtney Kissler & Jason Josephy – Mindsets and Metrics and Mainframes . . .Oh My!" YouTube video, posted by DevOps Enterprise Summit, from DevOps Enterprise Summit 2015, https://www.youtube.com/watch?v=88_y1YFsRig.

14장

Jeffrey Dean and Sanjar Ghemawat, *MapReduce: Simplified Data Processing on Lage Clusters*, (Google Inc., 2004) https://static.googleusercontent.com/media/research.google.com/en//archive/mapreduce-osdi04.pdf.

Christoper Bergh, Gil Benghiat, and Eran Strod, *The DataOps Cookbook: Methodologies and Tools that Reduce Analytics Cycle Time While Improving Quality* (DataKitchen, 2019).

"From Startups to Big-Business: Using Functional Programming Techniques to Transform Line of," YouTube video, posted by Microsoft Developer, May 8, 2018, https://www.youtube.com/watch?v=dSCzCaiWgLM.

"Forging a Functional Enterprise: How Thinking Functionally Transforms Line-of-Business Applications," YouTube video, posted by IT Revolution, from DevOps Enterprise Summit London 2019, https://www.youtube.com/watch?v=n5S3hScE6dU&amp=&t=5s.

16장

Stacey Vanek Smith, "Episode 724: Cat Scam," *Planet Money*, NPR, March 13, 2019, https://www.npr.org/sections/money/2019/03/13/703014256/episode-724-cat-scam.

"Digital Transformation: Thriving Through the Transition – Jeffrey Snover, Microsoft," YouTube video, posted by IT Revolution, from DevOps Enterprise Summit London 2018, https://www.youtube.com/watch?v=nKyF8fzed0w&feature=youtu.be.

"Zone to Win – Organizing to Complete in an Age of Disruption, by Geoffrey Moore," YouTube video, posted by TSIA, November 6, 2017, https://www.youtube.com/watch?v=FsV_cqde7w8.

"GOTO 2016 – Zome to Win – Geoffrey Moore," YouTube video, posted by GOTO Conferences, December 7, 2016, https://www.youtube.com/watch?v=fG4Lndk-PTI&t=391s.

"Digital Transformation: Thriving Through the Transition – Jeffrey Snover, Mircosoft," YouTube video, posted by IT Revolution, from DevOps Enterprise Summit Las Vegas 2018, https://www.youtube.com/watch?v=qHxkcndCQoI&t=1s.

"Discovering Your Way to Greatness: How Fining and Fixing Faults is the Path to Perfection," YouTube video, posted by IT Revolution, from DevOps Enterprise Summit London 2019, https://www.youtube.com/watch?v=h4XMoHhireY.

17장

"DOES14 – Steve Neely – Rally Software," YouTube video, posted by DevOps Enterprise Summit 2014, November 5, 2014, https://www.youtube.com/watch?v=BcvCR5FDvH8.

"Typescript at Google," Neugierig.org, September 1, 2018, http://neugierig.org/software/blog/2018/09/typescript-at-google.html.

19장

Kim, Humble, Debois, and Willis, *The DevOps Handbook*.

"More Culture, More Engineering, Less Duct-Tape (DOES17 US) – CSG International," YouTube video, posted by IT Revolution, from DevOps Enterprise Summit San Francisco 2017, https://www.youtube.com/watch?v=rCKONS4FTX4&t=247s.

XI IOT – Facefeed Application Deployment Guide," Nutanix Workshops website, accessed August 20, 2019, https://nutanix.handsonworkshops.com/workshops/e1c32f92-1de8-4642-9d88-31a4159d0431/p/.

Compuware (compuwarecorp), "The racks keep leaving and space keeps opening up in our #datacenter, but our #mainframeswill never leave! #alwaysandforever #ibmz #hybridIT #cloudcomputing #cloud" Instragram, September 7, 2018, https://www.instagram.com/p/Bnb8B4iAQun/?utm_source=ig_embed.

"Keynote: Crossing the River by Feeling the Stones – Simon Wardley, Researcher, Leading Edge Forum," YouTube video, posted by CNCF [Cloud Native Computing Foundation], May 6, 2018, https://www.youtube.com/watch?v=xlNYYy8pzB4.

XI IOT – Facefeed Application Deployment Guide," Nutanix Workshops website, accessed August 20, 2019, https://nutanix.handsonworkshops.com/workshops/e1c32f92-1de8-4642-9d88-31a4159d0431/p/.

에필로그

"Open Source is the Best Insurance for the Future: Eddie Satterly Talks About IAG," YouTube video, posted by The New Stack, December 5, 2017, https://www.youtube.com/watch?v=k0rc NAzLzj4&t=2s.

"DevOps at Target: Year 3," YouTube video, posted by IT Revolution, from DevOps Enterprise Summit San Francisco 2016, https://www.youtube.com/watch?v=1FMktLCYukQ.

Technological Revolutions and Financial Capital: The Dynamics of Bubbles and Golden Ages by Carlota Perez (Edward Elgar Pub, 2003).

"Risto Siilasmaa on Machine Learning," YouTube video, posted by Nokia, November 11, 2017, https://www.youtube.com/watch?v= KNMy7NCQDgk&t=3721s.

The Dockside Bar was modeled after Café Intención, where adidas held regular meetings to plan and eventually pitch their leadership on a digital transformation. This led to the creation of their platform team.

찾아보기

유니콘 프로젝트

애자일로 프로젝트를 구하라

발　행 ｜ 2023년 10월 31일

옮긴이 ｜ 박 현 철 · 류 미 경
지은이 ｜ 진 킴

펴낸이 ｜ 권 성 준
편집장 ｜ 황 영 주
편　집 ｜ 김 진 아
　　　　　　임 지 원
디자인 ｜ 윤 서 빈

에이콘출판주식회사
서울특별시 양천구 국회대로 287 (목동)
전화 02-2653-7600, 팩스 02-2653-0433
www.acornpub.co.kr / editor@acornpub.co.kr

한국어판 ⓒ 에이콘출판주식회사, 2023, Printed in Korea.
ISBN 979-11-6175-794-0
http://www.acornpub.co.kr/book/unicorn-project

책값은 뒤표지에 있습니다.